PETRA HELGA
KAI CHRISTUS

DIE SCHLÜSSEL ZUR WAHREN FREIHEIT

ALL-ES ÜBER DEN EVOLUTIONSSPRUNG DER MENSCHHEIT AUF DIE NEUE ERDE

GREAT LIFE. BOOKS

Umschlaggestaltung: GreatLife.Books, Weinheim
Bildquellen: ©fotolia/ teammonjeta, Petra Helga Weber

Verlag: GreatLife.Books (alea active GmbH)
www.greatlifebooks.de | Hauptstr. 97 | 69469 Weinheim
Herstellung: BoD – Books on Demand, Norderstedt, Germany

ISBN: 978-3-96124-017-3 (Paperback)
ISBN: 978-3-96124-018-0 (Hardcover)
ISBN: 978-3-96124-019-7 (eBook)

Bibliografische Information der Deutschen Nationalbibliothek:
Die Deutsche Nationalbibliothek verzeichnet diese Publikation in der Deutschen Nationalbibliografie; detaillierte bibliografische Daten sind im Internet über http://dnb.d-nb.de abrufbar.

Widmung
Dieses Buch widmen wir allen himmlischen, göttlichen, kosmischen und irdischen Wesen der Einheit, die den Mut haben, sich an ihr wahres Selbst zu erinnern und aus diesem heraus zu wirken.

Distanzierung von Sekten
Wir erklären hiermit, dass wir uns ausdrücklich von „Scientology" sowie von jeder anderen Art von Sekten, Organisationen, religiösen Glaubensgemeinschaften oder Praktiken, die die freie Meinungsäußerung, persönliche Entfaltung, das Wohlergehen oder die persönliche Würde der menschlichen Wesen einschränken, distanzieren. Unser Wirken dient einzig und allein der Selbsterkenntnis und Selbstermächtigung der Wesen sowie der Befreiung der Wahrheit.

WAS DICH ERWARTET

DANKE FÜR ALL-ES

An dieser Stelle möchte ich von ganzem Herzen DANKE! sagen. Als erstes danke ich meiner Familie. Sie hat in den letzten sieben Jahren viel durch meine unentwegte Sinn-Suche ertragen müssen. Für meinen Mann war es ein tiefer Schock, dass ich ihn und die Familie verlassen habe. Waren wir doch immer und für alle das Traumpaar. Er konnte einfach mit der Dynamik meiner stetigen Sinnsuche nicht mithalten. Seine bedingungslose Liebe ermöglichte uns eine friedliche und einvernehmliche Trennung nach 33 Ehejahren. Er hielt mir für meine Forschungsarbeit den Rücken frei und versorgte als liebevoller Papa unsere jüngste Tochter Lena.

Danke an meine wundervollen Kinder Anne und Lena. Sie konnten lange nicht fassen, dass unsere so harmonische Familie plötzlich durch meine Neuausrichtung zerbrach. Trotz aller Turbulenzen und Erschütterungen, die sie durch mich erfuhren, lieben sie mich von ganzem Herzen.

Danke an die Mitglieder der „himmlischen Familie" und an die Potenzialträger der Schöpfung, die dem inneren Ruf folgten und zu uns geführt wurden. Ohne Euch wären wir selbst nie so weit in unserer Selbst-Erkenntnis und dem Erkennen der Zusammenhänge der Schöpfung vorangekommen. Die dynamische Entwicklung der Prozesse in den Seminaren und Coachings erforderte von Euch volle Hingabe und vollstes Vertrauen an ALL-ES. Danke, dass ihr mit der Veröffentlichung Eurer Lebensgeschichten diesem Buch die Reflexion der Lebendigkeit der Evolution ermöglicht habt. Am schwersten fiel es Euch anzuerkennen, welche wichtige, globale Rolle Ihr selbst im Erwachensprozess der Menschheit spielt. DANKE, DANKE, DANKE!

Danke an Ursula und Monique für das Lektorat und die Inspirationen sowie Eure liebevolle Begleitung in den letzten Monaten. Danke an Doris für die Fürsorge. Danke an Carolyn, Robert und Jaime für die technische Unterstützung und den frischen Wind zur Verbreitung der Informationen. Sie erkannten sofort, welche Aufgabe sie als Botschafter der Liebe haben.

Danke an Holger für den Aufbau unserer Internet-Präsenz. Auch er gehört zur großen himmlischen Familie der neuen Zeit.

Von ganzem Herzen DANKE!

ALL-ES AUS ERSTER QUELLE

Die Bücher des verloren gegangenen wahren Wissens über die Menschheit und die Schöpfung werden uns nun endlich zur Zeitenwende geöffnet. Somit können wir über ALL-ES die Wahrheit erfahren. Die Richtigstellungen der menschlichen Historien werden verdeutlichen, dass alles ganz anders war, als wir bisher glaubten. Dieses bisher geheime Wissen öffnet sich jetzt, damit es von nun an jedem erwachten Wesen zur Verfügung steht. Es unterstützt uns, den Evolutionssprung der Menschheit, der kurz bevorsteht, in Freude und Harmonie zu erfahren.

Über eine spezielle von uns entwickelte Informationsfeld-Analyse, die ähnlich wie das Remote Viewing über die Fernwahrnehmung arbeitet, bekamen wir Zugang zu den Texten der bisher verschlossenen Bibliotheken des Wissens der Schöpfung. Es sind keine physischen Bücher, in denen wir studierten, sondern Wissensdatenbanken auf den Ebenen der Schöpfung.

Mit dieser Text-Energie-Lese-Technologie, zusammen mit der Manuskript-Rekonstruktion gelang es uns, die Geheimnisse der Menschheit zu entschlüsseln. Darüber hinaus wurden uns Menschen gesandt, die in ihrer DNA eine ganz spezielle und einzigartige Codierungen von Schöpfungspotenzialen in sich tragen. Sie brachten uns als Schlüsselträger den Zugang zu bestimmten Wissensgebieten. Durch dieses Schlüssel-Schloss-Prinzip eröffneten sich nacheinander neue Bereiche des verlorenen Wissens. Dadurch war es uns möglich, mehrere Geheimnisse des göttlichen und ursprünglichen Wissen zu lüften. Viele glauben noch, dass das vedische Wissen alle Erklärungen zum Ursprung der Menschheit enthält. Nach unseren Forschungen erklärt es zwar die Zusammenhänge der irdischen Seinsformen mit den Energieformen des Universums. Allerdings fehlen die vollständigen Einsichten in die Zusammenhänge der Schöpfung.

Von der bisherigen Wissenschaft sind diese vorliegenden Informationen nicht belegt, da die jetzige Wissenschaft das Wissen schafft, jedoch die wahren ursprünglichen Wahrheiten dabei nicht berücksichtigt.

Der Wahrheitsgehalt der Aussagen dieses Werkes ist über die Anbindung an das eigene Selbst und durch die Wahrnehmung des inneren Wissens prüfbar. Durch das Lesen werden die wesensspezifischen DNA-Codierungen und Erinnerungen des Selbst freigeschaltet.

Darüber hinaus wurden wir von „göttlichen Informanten", wie zum Beispiel der Ersten Quelle, geschult.

Die Informationen beruhen außerdem auf persönlichen Erfahrungen sowie Erkenntnissen unserer Selbste. Das sind die einzigen Quellen, die wir für das Erstellen dieses Buches verwendeten.

Durch die „Selbst-Gespräche" wurde uns unsere Mission in der Endzeit bewusst. Die Zusammenführung aller Informationen brachte uns die Erkenntnis, wo wir herkommen, wer wir wirklich sind und was unsere Aufgabe in dieser Zeit ist.

ALL-ES ÜBER DIESES BUCH

Dieses Buch ist für alle, die nach dem Sinn ihres Daseins suchen. Viele spüren, dass es so nicht mehr weitergeht. Mit jedem Tag verzweifeln sie mehr und mehr. Denn ihr Inneres weiß ganz genau, warum sie sich gerade so fühlen. Sie finden in diesem Buch die Erklärungen für ihre Lebenssituation. Es hilft ihnen zu verstehen, warum gerade alles so chaotisch in ihrem Leben ist. Dieses Buch soll aufklären, erinnern und aufwecken.

Wir sprechen Dich in diesem Buch mit einem vertrauten Du an, da wir alle aus dem Feld der Einheit kommen. So waren wir immer miteinander verbunden und wir sind es bis heute.

Du bist genau so wie ich.

Hier findest Du die Erklärung für ALL-ES und die Informationen sind vollkommen neu und einzigartig.

Kennst Du das? Du kaufst Dir Buch um Buch, um Antworten auf

die Frage nach dem Sinn Deiner Existenz zu finden. Letztendlich hast Du das Gefühl, dass in allen Büchern das Gleiche steht? Das ist auch kein Wunder, denn die meisten Autoren sammeln Bücher aus ihrem Sachgebiet, um daraus die Essenz zu ziehen, vermischen sie dann mit ihrer eigenen Wahrheit und ihrem Erleben und geben das Ergebnis der Menschheit frei als ihre eigene Weisheit. Daraus entwickelte sich über Jahrhunderte eine Kaskade der Verblendung, die heute enorme Ausmaße angenommen hat.

Persönlichkeitsentwicklung bedeutet heute immer noch, einem Scheinideal und mentalen Konstrukten zu folgen. Das führt dazu, dass die eigene Einzigartigkeit vollkommen in Vergessenheit gerät. Warum das so ist? Auch das erfährst Du in diesem Buch.

ALL-ES ÜBER DIE WAHRE APOKALYPSE

Dieses Buch ist die pure Apokalypse. Apokalypse bedeutet aus dem Griechischen übersetzt: Entschleierung oder Enthüllung.

Es geht hier n i c h t um den Weltuntergang, sondern um die Enthüllung des „göttlichen Wissens" zur Zeitenwende. Viele Propheten bringen den Begriff mit einer Katastrophe kolossalen Ausmaßes in Verbindung.

Diese Katastrophe wurde jedoch verhindert - auch darüber erfährst Du in diesem Buch.

Es lüftet jetzt unter anderem das große Geheimnis der Missschöpfung und ihrer Folgen.

Wir führen Dich in diesem Buch durch alle Ebenen Deines Selbst, um Dich zu erinnern, wer Du wirklich bist. Das Buch offenbart Geheimnis um Geheimnis der Evolution und trägt noch nie veröffentlichtes Wissen in sich. Die Wahrheit kommt jetzt endlich ans Licht. Es ist auch ein Arbeitsbuch, das Dich auffordert, Dich auf den größten Evolutionssprung aller Zeiten vorzubereiten. Es geht mehr denn je um Deine Selbst-Ermächtigung. Dazu gehört das Loslassen alter Konzepte, Vorstellungen und der Ausstieg aus dem spirituellen Labyrinth.

Das erste Kapitel beschreibt die derzeitige Situation der Zeitenwende und der Endzeit. Die Veränderungen des Bewusstseinswandels sind in allen gesellschaftlichen Strukturen spürbar. Von Tag zu Tag wachen immer mehr Menschen aus ihrer Betäubung auf. Sie erkennen, dass es so nicht mehr weitergeht und beginnen sich selbst und den Sinn ihres Daseins zu hinterfragen. Hier bekommst Du klare Hilfestellung, das zu erfassen, was in Kürze geschehen wird. Durch klare Anleitungen zur Transformation und Anbindung an Dein Selbst erfährst Du sofortige Veränderungen in Deinem Selbst-Bewusstsein. Die spürbare Befreiung wurde schon von vielen Lesern bestätigt.

Im nächsten Kapitel liest Du in einer Autobiographie wie in einem Krimi. Du bekommst einen tiefen Einblick in ein Menschenleben, das zeigt, in welchen Verwirrungen wir durchs irdische Leben taumeln und die vielen Hinweise für das Erinnern an uns Selbst ignorieren oder einfach aufgrund der Betäubung des Bewusstseins nicht erkennen. Alle beschriebenen Erlebnisse und Begegnungen haben einen Bezug zur Schöpfungskette der Evolution.

Folge uns weiter in Deine Erfahrungsebenen Deines Seins, als der Ur-Konflikt entstand. Wir offenbaren das Geheimnis der Schöpfung und Du erfährst alles über die 7 Stufen der Evolution von Anfang an bis zum heutigen Stand. Du erfährst, was es wahrhaft bedeutet, Schöpfer zu sein. Diese Veröffentlichung ist eine umfassende wissenschaftliche Abhandlung über den misslungenen Schöpfungsverlauf und dessen Folgen.

DIE ABSOLUTE SENSATION DABEI:

Die wichtigsten Bausteine der Informationen tragen Menschen in sich, die in ihrer DNA die Ur-Schöpfungsfrequenz gespeichert haben. Dieses einzigartige Potenzial übernahm die Führung in ihrem Leben und wollte dringend erkannt werden, um den Schöpfungsverlauf zu klären. Die entsprechenden Lebensgeschichten belegen diese Einzigartigkeit und berühren zutiefst. Vielleicht ist auch in Dir ein solches Potenzial verborgen?

Das nächste Kapitel lüftet das Geheimnis des wahren Christus. Viele Christen erwarten die Wiederkunft von Jesus Christus in der Endzeit in Jerusalem. Was sie nicht wissen: Er ist schon längst wieder da. Jedoch kehrt er nicht als Jesus Christus zurück. Er hatte sich selbst vergessen. Wir geben Dir einen ganz intimen Einblick in seine Selbst-Erkenntnisprozesse und lassen Dich teilhaben an seiner Metamorphose zum Christus der neuen Zeit.

Im Folgenden erkennst Du, dass auch Du Christus bist. Christus ist ein Schlüssel des Erwachens, der jedoch nichts mit dem Erscheinen von Jesus Christus zu tun hat. Und noch eine Sensation wird offenbart: Die wichtigsten Impulse für den größten unterdimensionalen Wandel aller Zeiten kommen aus den deutschsprachigen Ländern Deutschland-Österreich-Schweiz.

Wir reisen weiter in das göttliche Selbst - diesmal auf eine Sichtweise, der Du bisher noch nie begegnet bist.

Wir eröffnen das Geheimnis des Himmels und Du erfährst, wer Gott wirklich ist und warum auch Du göttlich bist. Das Kapitel beschreibt, dass die Menschheit das Opfer eines Experimentes ist. Die Informationen stammen aus erster Quelle und durften bisher nicht gelüftet werden. Doch Gott selbst bat jetzt um Klärung.

Das Geheimnis der göttlichen Weiblichkeit wird besonders die Leserinnen begeistern, aber auch den männlichen Lesern neue Klarheit bringen. Denn das Buch enthüllt auch, wie die grundlegenden Missverständnisse zwischen Mann und Frau entstanden sind und sich bis heute in den Beziehungen auswirken. Es erklärt, warum das ewige Leben verloren ging und wir bis heute nicht der Karma-Spirale entkommen konnten. Es verrät zudem, wo der Heilige Gral zu finden ist, nach dem so viele seit Ewigkeiten suchen.

Das Geheimnis der wahren Liebe zeigt auf, warum die größte Sehnsucht der Menschheit - die nach der Liebe - bisher im Irdischen nicht erfahrbar war und warum so viel Leid durch die verwehrte Liebe entstand. Durch ganz gezielt geführte Transformationen öffnet sich Dein Herz der wahren Liebe und damit der globalen Welle des Erwachens, die bereits aus den kosmischen Reichen auf uns zurollt. In diesem Buch bekommst Du erstmals die vollständige Anleitung der Vorbereitung auf dieses einzigartige Ereignis des Evolutionssprungs.

Im nächsten Kapitel lüften wir Dir das Geheimnis der Ewigkeit der vollkommenen Freiheit. Du bekommst einen Einblick in eine neue Erfahrungsebene des menschlichen Daseins. Hier erfährst Du, was Dich nach dem Evolutionssprung erwartet. Es ist die neue Erde oder wie Gott sagt: das neue Himmelreich. Dein Selbst sehnt sich schon so lange danach. Es ist Zeit für Deinen persönlichen Evolutionssprung.

In einem weiteren Kapitel schließt sich der Kreis und Du erkennst, wie ALL-ES mit allem zusammenhängt.

Es zeigt die Verknüpfung der persönlichen Erfahrungen mit den jeweiligen Schöpfungsebenen und deren Wirkung im Irdischen. Dadurch erkennst Du möglicherweise den Grund für die Turbulenzen in Deinem eigenen Leben. Durch diese Erkenntnis befreist Du Dein Selbst.

Damit wird auch das letzte der sieben Geheimnisse aufgedeckt: Das Geheimnis der Vollendung.

Auf dieser neuen Erfahrungsebene des Bewusstseins ist das Erkennen der eigenen wahren Göttlichkeit erstmals möglich.

Du bekommst hier ganz exklusiv die Informationen, wie sich der Übergangsprozess in die neue, ursprüngliche Daseinsform vollziehen wird. Über eine Schritt-für-Schritt-Anleitung entlässt Du Deine alten Muster der irdischen Erfahrung und bereitest Dich aktiv auf die neue Erde vor.

ALL-ES wurde nur möglich, weil irdische, göttliche, kosmische, ursprüngliche, himmlische Wesen der Einheit den Mut hatten, zu erkennen, wer sie wirklich sind und was ihre einzigartige Aufgabe ist. Es ist jetzt höchste Zeit, ALL-ES über den Ursprung, die Entwicklung und den Ausklang der irdischen Erfahrung zu offenbaren.

Wir zögerten lange, ob wir diese Informationen überhaupt teilen sollten, denn all das, was wir zu zweit und in kleinen Gruppen im neuen Bewusstseinsfeld erlebten und transformierten, lief im Geheimen ab. Das war wichtig, um das Gelingen der Mission nicht zu gefährden. Die Transformationen sind jetzt abgeschlossen und es ist nun an der Zeit, das Wissen allen zugänglich zu machen.

Die Erkenntnisse in diesem Buch sind für Dich vielleicht schockierend, denn sie widersprechen den vielen weisen Schriften, auf die sich die großen Meister und viele spirituelle Lehren beziehen und die verkünden, dass alles Liebe ist und die Liebe alles befreit. Denn wäre die Liebe bereits befreit gewesen und als stärkste Macht im Universum präsent, würden wir und das Universum nicht bis heute diese schmerzhaften Erfahrungen mit der Liebe machen.

Jetzt drängt es uns, Dich zu informieren über die wahren Hintergründe der Schöpfung und zu erklären, warum im Universum einfach ALL-ES aus dem Ruder gelaufen ist. Wir weihen Dich ein in das Geheimnis vom Ursprung und Ende der Menschheit.

Es ist unser Herzenswunsch, das Erfahrene mit Dir zu teilen.

Bisher fehlte uns der Schlussstein der Erkenntnis, so, wie auch der Schlussstein auf den Pyramiden fehlt. Die alten Weisen sagen, dass, wenn dieser gesetzt wird, sich alles wandelt.

Dieses Buch ist der imaginäre Schlussstein der Evolution.

Dieses Buch soll Dir Mut machen, Dich zu erkennen und Dich zu zeigen. Es wird Dir Vertrauen schenken, auf Deine Intuition zu hören. Es vermittelt Dir Freude auf das Neue, denn das, was uns erwartet, ist einfach wundervoll. Das Buch soll Dich auch wachrütteln, denn es erklärt ALL-ES. Solltest Du schon wach sein -

GRATULATION!

Es ist keine Lektüre für nebenbei – das Buch hat es in sich. Nimm Dir bitte Zeit, es zu lesen, es wird Dein Leben verändern. Damit sich Deine Investition wirklich lohnt, empfehlen wir Dir, die im Buch aufgeführten Transformationen und angeführten Lösungssätze umzusetzen. Sie sind die beste Vorbereitung auf den Evolutionssprung.

Wenn Du dieses Buch bis zum Ende gelesen hast, kannst Du nicht mehr sagen: „Ich habe es nicht gewusst."

Jetzt wünschen wir Dir viele Impulse für Deine Selbst-Erkenntnis und Selbst-Ermächtigung und wir rufen Dir zu:

WACH AUF! ERKENNE DICH SELBST - WERDE, WER DU BIST!

ZEITENWENDE

ALL-ES IST ANDERS - DER GROSSE WANDEL DIESER ZEIT

Etwas Großes geschieht gerade, und keiner weiß, was es ist.

„Was Du weißt, kannst Du nicht erklären, aber Du fühlst es. Du hast Dein ganzes Leben lang gespürt, dass mit Dir und der Welt was nicht stimmt. Du weißt nicht, was es ist, aber Du weißt, es ist da, wie ein Splitter in Deinem Verstand, der Dich zum Wahnsinn treibt."

(Filmzitat The Matrix)

Wir leben in bewegten Zeiten, denn die Welt befindet sich im Wandel in allen Bereichen unseres Lebens. Jeder sagt: So kann es nicht weitergehen. Die Politik scheint zu versagen, die Wirtschaft ist mit ihrem Wachstum am Ende, die Erde stöhnt unter den zerstörerischen Handlungen der Menschen, die Natur ist zerstört.

Paris, Brüssel, München. Unruhen in der Türkei, Ukraine, Kriege im Nahen Osten und auf der ganzen Welt. Dazu Flüchtlingsströme ohne Ende und Pläne für Bargeldverbote und implantierte RFID-Chips zur Kontrolle und Observation der Bevölkerung. Europa ist das Ziel des kriegerischen und politischen Terrors und befindet sich im Auge des Sturms. Der Wahnsinn und die Gier regieren die Welt.

Der Zug der Zivilisation ist vollends an die Wand gefahren.

Doch der Masse ist das Ausmaß der zu erwartenden Veränderungen nicht bewusst. Viele Informationen der bevorstehenden Veränderungen, die es in der Menschheitsgeschichte so noch nie gab, sind seit langem bekannt, doch wurden sie bisher dem Mainstream vorenthalten. Die Schlafenden sollten bisher nicht geweckt werden.

Doch immer mehr Menschen fragen sich:

- Wie soll es weitergehen?
- Es braut sich etwas zusammen, aber was ist es?
- Wie kommen wir an die Informationen, was ES genau sein könnte?
- Was ist die Lösung für all das Chaos auf der Erde?

Dieses Chaos spiegelt sich auch im Leben der Menschen wider. Viele können sich nicht erklären, warum sich ihr Leben gerade völlig auf den Kopf stellt. Das, was einstmals noch funktionierte und als sicher galt, bricht weg. Lieb gewonnene Gewohnheiten sind auf einmal nicht mehr interessant. Der Job, der früher noch Freude bereitete, wirkt öde und langweilig. Freundschaften brechen plötzlich ab und die familiären Verbindungen zerfallen.

Kennst Du das auch?

Du gehst durch den Supermarkt und es widert Dich an, was Du in den Regalen siehst. Du schaust in Gesichter fremder Menschen und Du siehst die Leere in den Augen.

Fernsehen, Nachrichten, laute Musik oder lärmende Menschen werden Dir immer mehr zur Qual. Deine Essgewohnheiten verändern sich plötzlich. Dein Körper beginnt zu schmerzen. Alles fühlt sich so eng an. Die Gespräche mit Mitmenschen kommen Dir auf einmal sinnlos vor. Du bist müde, ausgebrannt und allein. Dieses Alleinsein-Gefühl wird immer stärker. Selbst unter Menschen fühlst Du Dich einsam.

Dein Umfeld wundert sich über Deine Veränderungen und hofft, dass Du bald wieder normal wirst.

In Dir steigen seltsame Fragen auf:

- Wer bin ich wirklich?
- Was ist meine Aufgabe im Leben?
- Hat das alles überhaupt einen Sinn?
- Was kann ich tun, um aus meinem Hamsterrad auszusteigen?
- Was geschieht mit mir und mit der Erde?
- Wie soll das alles nur weitergehen, oder ist alles schon zu spät?

Ein Zitat von John Coffey aus dem Film „The Green Mile" von 1999 berührt gerade viele Menschen: „Ich bin müde, Boss. Müde, immer unterwegs zu sein, einsam und verlassen. Müde, niemals einen Freund zu haben, der mir sagt, wohin wir gehen, woher wir kommen und warum. Am meisten müde bin ich, Menschen zu sehen, die hässlich zueinander sind. Der Schmerz auf der Welt und das viele Leid, das macht mich sehr müde. Es gibt zu viel davon. Es ist, als wären in meinem Kopf lauter Glasscherben."

Die Informationen der großen Veränderungen, die mit der Zivilisation geschehen, sind extrem spürbar. Das Unterbewusstsein empfängt die Signale und sendet sie permanent an Dein Bewusstsein. Wir sind am Ende der Zeitenwende. Diese wird in der Bibel auch als Endzeit beschrieben. Auch die Weisen der Naturvölker wissen um diese besondere Zeitqualität. Wir lesen den letzten Abschnitt des letzten Kapitels im Buch der Menschheit, wie wir sie bisher kennen.

Du findest in unserem Buch Antworten auf Deine Fragen des Herzens zu dieser verrückten außergewöhnlichen Zeit. Die Informationen sind Dir vielleicht irgendwie vertraut, und doch kannst Du nicht verstehen, was damit gemeint ist. Du findest hier eine umfassende Erklärung zu den wahren Hintergründen der Zeitenwende.

Dein Verstand möchte die Erfahrung mit etwas abgleichen, doch er weiß nicht, womit. Nun, diese Erfahrung hat er so noch nie gemacht. Erst die Erkenntnis und das Vertrauen, dass alles wahr ist, was Du fühlst, öffnet den Raum des Verstehens.

Wir sind dabei, uns zu erinnern, wer wir wirklich sind. Diese Informationen waren so lange verschüttet, da es bisher immer darum ging, jemand zu werden oder jemand anderes zu sein. Wir haben uns bisher über Attribute definiert, die uns im Außen beschreiben. Mein Haus, mein Auto, mein Beruf, mein Hobby, meine Familie ... und so weiter. Erfolg wird immer noch in Geld gemessen.

Jetzt geht es um die inneren Aspekte von Deinem Selbst.

Dein aktiviertes WESEN ruft nach Dir!

Wir haben bereits alles, was uns so einzigartig macht, von Anfang an mitgebracht. Es gilt jetzt, diese Schätze zu heben. So schnell wie möglich, denn die Zeit ist überreif.

In sehr naher Zukunft werden wir nur noch unser wahres Selbst in die Waagschale legen und uns daran messen, wie weit wir uns selbst erkennen und wahrnehmen.

Das ist der Prozess des Erwachens. Das hat nichts mit der sogenannten „Erleuchtung" zu tun. Es geht jetzt darum, aus einem klaren wachen Gewahrsein ins Tun zu kommen, um die innere wahre AufGABE zu leben. Auch das Tun hat eine neue Qualität.

ES IST DAS WIRKEN DEINES SEINS.
HÖRE DEN RUF! WACH AUF! WAKE UP!

ALL-ES VERGESSEN -
DEINE SUCHE NACH DEINEM SELBST

„Es gibt keine, keine, keine andere Pflicht für erwachte Menschen als die eine: Sich selber zu suchen, in sich fest zu werden, den eigenen Weg vorwärts zu tasten, einerlei wohin er führt."

Hermann Hesse

Der Grund, warum immer mehr spirituell interessierte Menschen oft zu langjährigen Wahrheitssuchenden werden, die zu allen heiligen Zeiten immer nur einen kleinen Einblick in ihre wahre Essenz erhaschen konnten, ist, dass sie meistens nur über ihren logisch-linear ausgerichteten Verstand erfassen wollen, was sich ihnen in den winzigen Phasen der tiefen Selbst-Erkenntnis offenbart.

Immer neue Techniken der Bewusstseinserweiterung suggerieren die Möglichkeit, sich an das eigene Selbst anzubinden. Doch es stellt sich die Frage:

In welchem Informationsfeld geschieht diese Anbindung?

Ist es das alte Feld der manipulierten Matrix, oder ist es das reine Bewusstseinsfeld der neuen Zeit?

Die eigene Essenz, das eigene Sein, ist eine rein geistige vertikale Qualität, die mit dem Verstand nicht zu erfassen ist. Nur durch eine reine unverfälschte eigene Erfahrung der Bewusstseinsebenen wird das eigene Selbst erfassbar.

Die Sinn-Suche ist derzeit bei immer mehr Menschen ein zentrales Lebensthema. Das hat folgenden Hintergrund:

Deine Selbst-Erkenntnis ist der Sinn dieser letzten Inkarnation.

Deine Suche hat ein Ende! Denn:

DU BIST, WAS DU SUCHST!

„Wenn alles andere sinnlos erscheint, ist die Selbst-Erkenntnis der einzige Weg, den Sinn des Daseins zu erkennen."

Kai Christus

Vielleicht ist Dir jetzt noch nicht bewusst, dass Du überhaupt suchst. Dein Selbst-Bewusstsein jedoch gibt Dir deutliche Signale, dass sich etwas auf der Erde verändert und etwas Großes bevorsteht. Fühlst Du ES? Spürst Du diese Unruhe in Dir? Vernimmst Du das seltsame Knistern, das in der Luft liegt?

Wenn Du aufmerksam dieses Buch liest und Du in Resonanz gehst mit dem Geschriebenen, dann sendest Du über Dein Bewusstsein Vibrationen in Dein persönliches Informationsfeld und damit veränderst Du gleichzeitig das Informationsfeld der Erde und des Universums.

„Menschen sind Riesen, denen man eingeredet hat, dass sie Zwerge sind"

Anton Wilson

DU BIST DER MIKROKOSMOS UND DER MAKROKOSMOS.

Du bist also nicht nur einer von Milliarden „kleinen" unbedeutenden Menschen, sondern ein entscheidendes kraftvolles Wesen, das über sein Bewusstsein und seine Selbst-Erkenntnis ALL-ES verändert. Vielleicht bist Du SELBST das Zünglein an der Waage, um einen Evolutionssprung auszulösen!

Möglicherweise wartet das ganze Universum darauf, dass DU Dich erkennst und Deinen Platz einnimmst?

DU BIST DIE/DER, AUF DIE/DEN DU WARTEST.

ALLES IST VORBESTIMMT – DER BRIEF VOM UNIVERSUM

Stell Dir einmal vor, Du hättest heute Geburtstag, den siebzehnten genauer gesagt, und Du empfängst einen Brief von jemandem, der einen direkten Kanal zum Universum und zu allem Wissen des Weltalls hat. In diesem Brief steht genau, wer Du bist, was Deine Bestimmung ist und was Du in Deinem Leben genau zu tun hast.

Diesen Brief könntest Du immer dabei haben, und wenn Du im Leben mal nicht weiter weißt, kannst Du einfach im Brief nachschauen und Du weißt wieder, was der nächste Schritt ist. Mal ehrlich, wäre Dein Leben nicht vielleicht leichter verlaufen, wenn Du zu Deinem siebzehnten Geburtstag einen solchen Brief bekommen hättest?

Es gibt jemanden, der so einen Brief erhalten hat. Sein Name: Choejor Dondup. Er lebt heute in Indien. Er war damals ein ganz normaler Junge, der gerne Fußball spielte und, wie viele Jungen in seinem Alter, Interesse an schönen Mädchen hatte. Dann erhielt er einen Brief vom Dalai Lama. Darin stand unter anderem:

Du denkst, dass Du Choejor Dondup bist, aber in Wahrheit bist Du Za Rinpoche. Du solltest Mönch werden. Darüber hinaus folgte eine detaillierte Beschreibung, welchen Weg er ab sofort einschlagen sollte. Der junge Mann war nicht gerade begeistert über den Inhalt des Briefes. Er wollte lieber Spaß mit den Mädels haben, ausgehen und feiern und natürlich seine langen Haare behalten. Doch als guter Buddhist folgte er den Anweisungen des Briefes und wurde Za Rinpoche. Er studierte die heiligen Schriften und die Texte der Tibeter. Und was macht er heute?

Er lebt seine Lebensaufgabe als religiöser Lehrer. Wenn in Tehor jemand stirbt, so hält man ein Foto von Za Rinpoche vor sein Gesicht. Mit diesem Bild vor Augen wollen die Menschen sterben. So viel Vertrauen haben sie in ihn.

Jeder Mensch hat eine bestimmte Lebensaufgabe, die genau beschrieben ist. Schade, dass nur so wenige Menschen diese kennen.

Viele suchen nach dem Sinn des Lebens und wollen etwas Tieferes, Reicheres und Wesentliches leben.

Wie wäre es, wenn Du erfahren würdest, welches Wesen und welche spezielle Aufgabe in Dir selbst schlummern? Du könntest dann vielleicht sagen: Ich habe meine Zeit nicht verschwendet, ich habe mein Potenzial voll entfaltet und gelebt und meinen Beitrag zur Zeitenwende geleistet.

Ich bin, der ich bin. Ich bin wirklich einzigartig.

ALL-ES IM WANDEL - DEINE METAMORPHOSE

Die Welt der Schmetterlinge beschreibt eine wunderbare Analogie für die gerade stattfindenden persönlichen und globalen Veränderungsprozesse. Sie ist viel mehr als nur eine Metapher.

Nicht nur der Einzelne findet sich darin wieder. Auch unsere Gesellschaft erfährt diese dynamische Wandlung.

Der einzige Daseinszweck der Raupe ist die Nahrungsaufnahme. Sie wandert fressend von Blatt zu Blatt und hat schon das nächste Blatt im Visier. Doch plötzlich verändert sich etwas. Ihre ständige Nahrungssuche verlangsamt sich.

Es geschieht eine gravierende Veränderung. Die Verpuppung beginnt und ihre Bewegungsfreiheit ist beendet. Sie ist wie erstarrt und muss sich diesem Wandlungsprozess hingeben.

Bei vielen menschlichen Wesen beginnt die Metamorphose mit der Frage nach dem Sinn des eigenen Wirkens. Ist der Sinn des Lebens das ständige Suchen nach neuen materiellen Zielen? Ist das Leben da, um nur zu arbeiten? Geht es nur um die Anhäufung von materiellen Statussymbolen? Macht das auf Dauer glücklich?

„Was die Raupe das Ende der Welt nennt, nennt der Rest der Welt einen Schmetterling!" (Laotse)

WAS PASSIERT BIOLOGISCH IN EINER METAMORPHOSE?

Wenn sich die Raupe im Kokon verspinnt, entsteht ein Enzym, das die Zellstruktur der Larve auflöst und ihr Inneres verflüssigt. Parallel entstehen neue Zellen, die die Informationsfrequenz des Schmetterlings enthalten. So kämpft das Immunsystem der Larve einen verzweifelten Kampf gegen die neuen Zellen, die scheinbar wie eine Krankheit die Raupe zerfressen. Anfangs versucht das Alte das Neue zu zerstören.

Wiederum übertragen auf das menschliche Sein gibt es irgendwann einen Impuls, der die Veränderung in sich trägt. Bei manchen ist es eine Begegnung mit einem Menschen oder das richtige Buch zur rechten Zeit. Manchmal löst auch ein Schicksalsschlag, ein besonderes Ereignis, eine Krankheit oder ein Verlust diesen plötzlichen Sinneswandel aus. Anfangs kämpft der Mensch noch gegen diese Veränderung und versucht irgendwie dagegen zu steuern, doch das Neue setzt sich scheinbar unwiderruflich durch.

Die neuen Zellen die den Metamorphose-Prozess einleiten, werden Imago-Zellen genannt. Sie tragen die Zukunftsinformation der Entfaltung eines wundervollen, geflügelten Wesens in sich. Zerfall und Neuentstehung finden also gleichzeitig statt. Wird die einzelne neue Zelle noch vernichtet, bilden die Imago-Zellen in der letzten Phase der Metamorphose einen Verbund. Diese Zellen schwingen viel höher als die alten Zellen. In langen Fäden durchziehen sie den Raupenkörper, bis er vollständig im neuen Schmetterlings-Dasein schwingt.

Die amerikanische Biologin und Autorin Norie Huddle hat dies wissenschaftlich beschrieben. Sie erforschte intensiv die biologischen Prozesse der Transformation der Raupe zum Schmetterling.

Dieser Wandlungsprozess ist auch mit dem menschlichen Lichtkörperprozess vergleichbar. Er durchläuft mehrere Stufen und führt durch seelische und körperliche schmerzhafte Veränderungsprozesse. Das Gefühl dabei, sterben zu müssen oder keinen Ausweg mehr zu sehen, ist vielen bekannt. Dieses innerliche Zersetzen und Loslassen der gewohnten Komfort-Zone ist die Vorstufe zu einem strahlenden bewussten Lichtmenschen der neuen Zeit. Der Beginn und die Dauer dieses Prozesses sind ganz individuell. Er kann durch gezielte Transformationsarbeit beschleunigt werden.

Je mehr sich der Einzelne den erhöhten Schwingungen und dem neuen Bewusstseinsfeld öffnet, umso leichter fällt die individuelle Metamorphose. Finden sich diese nach Befreiung ringenden Wesen in Gruppen zusammen, vollzieht sich der Wandlungsprozess noch schneller.

Eine persönliche Veränderung in dieser Zeit des Wandels geht nur über den Weg des Herzens, über die Entwicklung des neuen Bewusstseins und über ein Erforschen und Aktivieren des eigenen Selbst.

Durch die Erkenntnisse der Quantenphysik ist es möglich, bis in die Tiefe der DNA transformierende Methoden einzusetzen, die überholte Denk- und Verhaltensmuster auflösen und den Evolutionsschritt in das neue Bewusstsein aktivieren.

Vielleicht kennst Du den Schmetterlingseffekt.

Eine 1972 gestellte Frage des US-amerikanischen Meteorologen Edward N. Lorenz 1972 lautete:

„Kann der Flügelschlag eines Schmetterlings in Brasilien einen Tornado in Texas auslösen?"

Ist es möglich, dass Dein persönliches Erwachen das Erwachen der Menschheit beschleunigt? Glaubst Du, dass Dein Bewusstsein so stark ist, ALL-ES zu verändern?

Ein gesellschaftlicher Wandel ist erst möglich, wenn die Individuen bereit sind, sich zu wandeln und zu erkennen, dass der Einzelne die Kraft eines göttlichen Wesens in sich trägt.

In der griechischen Mythologie und im antiken Ägypten steht der Schmetterling als Sinnbild für die Seele. Im Christentum symbolisiert das Insekt die Auferstehung: Die Raupe deutet auf das Leben, die Puppe auf den Tod und der Schmetterling auf die Auferstehung.

Kennst Du das Gefühl, dass alles in Dir sich nur noch eng anfühlt, dass Du glaubst, sterben zu müssen?

Hast Du schon erfahren, wie es ist, wenn Dein Kokon plötzlich platzt, Du Dein altes Sein abstreifst und Du erkennst, welches zarte, wundervolle Wesen in Dir wohnt?

Wie würde Dein Leben als bewusstes, erwachtes, sinnerfülltes Wesen sein? Welche Harmonie, Schönheit und Brillanz kannst Du durch Dein erwecktes Selbst entfalten und für alle zum Ausdruck bringen? Kann Dein „Flügelschlag" möglicherweise alles verändern?

ALL-ES NUR EIN FILM - WELCHE SHOW LÄUFT HIER?

1998 kam ein Film in die Kinos, der seiner Zeit weit voraus war. Erst heute kann die Botschaft wirklich verstanden werden. Im Grunde sollte er ein Dokumentarfilm werden, der die Menschen wachrüttelt.

Der Versicherungsangestellte Truman ist, ohne es zu wissen, der Hauptdarsteller der „Truman-Show". In der Nähe von Hollywood wird eine Stadt, ähnlich wie ein Stadion, gebaut. Die Bühne für die Show ist umgeben von einer großen Kuppel. Alle Darsteller, außer Truman, sind eingeweiht. 5.000 versteckte Kameras überwachen ihn von Geburt an rund um die Uhr.

Christofer, der Filmproduzent, beobachtet und beschützt aus dem Wolkenhimmel der Bühnenstadt heraus alles, was Truman macht. Die Serie läuft weltweit solange, bis Truman erkennt, dass er Teil einer Serie ist und die Stadt verlässt.

Bemerkenswert sind dic vcrdeckten Symbole und die Botschaften des Films. Eines Tages fällt Truman ein Scheinwerfer direkt vor die Füße. Verwundert hebt er ihn auf und legt ihn in sein Auto. Er steigt ein und fährt zur Arbeit. Wie jeden Morgen begrüßt ihn der Radio-Reporter im Autoradio mit:

„Und wieder mal ein schöner Tag im Paradies."

Als Christofer, der Regisseur, in einem Interview gefragt wird, warum Truman das Spiel nicht erkennt und die wahre Beschaffenheit der Welt, in der er lebt, antwortet er sinngemäß:

„Wir akzeptieren die Welt der Realität, wie sie uns dargeboten wurde. Truman akzeptiert die künstliche Welt, weil er in sie hinein geboren wurde. Er weiß nicht, dass er seit seinem ersten Atemzug beobachtet wird."

Eines Tages trifft Truman eine Frau, in die er sich verliebt, und er beginnt sie zu suchen - wenn es sein muss, auch am Ende der Welt. Er segelt in einem Boot hinaus ins Meer.

Der Regisseur will verhindern, dass Truman das Spielfeld verlässt. Er veranlasst, dass das Meer hohe Wellen schlägt, damit Truman umkehrt. Doch Truman gibt nicht auf.

Plötzlich gibt es einen Knall. Das Segelboot stößt an den Horizont.

Truman ist erschüttert, dass er den Himmel berühren kann. Er ist geschockt und traurig zugleich, als er erkennt, dass alles nur eine Kulisse ist. Er sieht eine Treppe, die zu einer Tür führt. Sie ist der Ausgang aus dem „Paradies".

Als Truman die Treppe besteigt, hört er die Stimme von Christofer:

„Da draußen findest Du nicht mehr Wahrheit als in der Welt, die ich für Dich geschaffen habe."

Doch Truman wählt, durch die schwarze Tür in das völlig Unbekannte zu gehen. Zum Abschluss breitet er die Arme aus, um so ein Zeichen für die Freiheit zu setzen und den Zuschauern Mut für die eigene Wandlung zu geben.

Was, wenn Du selbst die Hauptrolle in einem Film spielst und jemand die Regie führt? Fühlst Du Dich auch manchmal wie im falschen Film? Werden wir wie Truman vom ganzen Universum beobachtet, ob wir nun erwachen und das Spiel erkennen? Hast Du wirklich das Gefühl, einen freien Willen zu haben, oder gibt es ein Drehbuch, das Deine Lebenskapitel bereits enthält? Wer könnte dieses Buch geschrieben haben? Vielleicht DEIN SELBST?

ALL-ES NUR ILLUSION – WAS IST DIE MATRIX?

DIE ERSTE QUELLE SAGT DAZU:

Die Matrix ist ein künstliches Objekt, das sich ins gesamte Universum verschaltet hat. Sie beherrscht alle Erfahrungen, die alle Wesen im Universum machen. Dabei hat jede Galaxie ihre eigene Matrix. Diese verschiedenen Matrix-Systeme sind miteinander verlinkt. Die Matrix wurde von dunklen Wesen aus einer unbekannten zerstörerischen Masse geschaffen. Sie wird von ihnen mit dem Ziel gesteuert, das ganze Universum zu lenken und zu kontrollieren. Um aus der Matrix der Erde auszusteigen, ist es notwendig, den Link des Vergessens zu zerstören.

Je mehr Wesen erwachen und sich selbst erkennen, um so schneller bekommt die Matrix der Illusion immer mehr Risse.

Die Vernebelung oder auch die Schleier unserer Wahrnehmung fallen. Durch die globale Transformationsarbeit der weltweit erwachten Wesen und durch das sich abschwächende Erdmagnetfeld kommen die Informationsfelder in Bewegung und bisher verschlossene Datenfelder öffnen sich. Diese enthalten das wahre Wissen über den Ursprung der Menschheit. Jeder kann über sein Bewusstsein darauf zugreifen und alles über sein Selbst lesen.

Die Wahrheit pflügt sich durch die Matrix und öffnet neue Bahnen der Erkenntnis von uns selbst. Plötzlich fügt sich Puzzleteil für Puzzleteil zusammen und es ergibt sich ein großes zusammenhängendes Bild. Die Synchoniziäten in Deinem Leben werden immer offensichtlicher und ihre Dynamik nimmt stetig zu.

Den größten Teil unseres Lebens bleiben wir in Gedankenfeldern hängen und glauben, dass das, was wir sehen, die Realität ist. Doch diese Realität ist ein Programm. Wir bemerken nicht, dass wir selbst nur Spielfiguren in diesem Programm sind. Wechseln wir also die Perspektive und steigen aus dem Programm aus. Schauen wir uns mal von „OBEN" aus der Meta-Ebene zu, was wir den ganzen Tag tun und was wir denken oder wie wir gedacht werden. Was würdest Du erkennen?

Der Film „The Matrix" zeigt uns deutlich, dass wir Menschen in diesem Programm gefangen sind.

„Die Matrix ist die Welt, die über Deine Augen gestülpt wurde, damit Du blind für die Wahrheit bist."

Filmzitat

Durch eine klare und bewusste Entscheidung, aus den Fremdsteuerungs- und Opferprogrammen auszusteigen, verlassen wir die Kopie von uns selbst und werden wieder unser eigenes Original.

ALL-ES UNTER KONTROLLE - SCHWEIGEN IST VERRAT

Die globale Elite will verhindern, dass Menschen ihre wahre Größe annehmen und in die Selbst-Ermächtigung gehen. Erwachte Menschen sind eine Gefahr für die Konzerne und die Politik, denn sie erkennen die Lügen und Täuschungen.

Aus manipulierten und fremdgesteuerten Menschen lässt sich einfach mehr Kapital schlagen.

Wir leben auf einem toxisch verseuchten Planeten. Die Bienen sterben, Wale stranden, Menschen leiden an Atemwegserkrankungen durch Feinstaubbelastung, an Alzheimer und Demenz durch Aluminiumzusatz in Kosmetika und Nahrung. Fahrlässig gezielte Angriffe vergiften systematisch Mensch und Natur. Die Kinder werden in den Schulen mit unnötigem Wissen vollgestopft. Sie verlieren ihre wahren Talente und ihre Einzigartigkeit.

Martin Luther King sagte:

„Es wird eine Zeit kommen, da ist Schweigen Verrat."

Die Zeit ist jetzt, das stillschweigende Hinnehmen dieser Entwicklungen zu beenden.

ALL-ES EIN PROGRAMM DER MATRIX

Die menschlichen Informationsfelder werden aus unterschiedlichen Quellen gespeist. Zum Teil sind es interne Verbindungen aus der Informationsebene des Selbst. Darüber hinaus laufen Fremdsteuerungsprogramme, die uns von uns selbst entfremden.

Die wesentlichen Informationswege sind:

- In der frühen Kindheit erlebte und erfahrene Situationen brennen sich in Deine Erfahrungsmatrix und erschaffen allgemein gültige Glaubensmuster, die Deine Wahrheit bilden. Du hast Dir Eltern erwählt, die mit Deiner Liebe nur schwer umgehen konnten. Du hast Erfahrungen gemacht, die Dich erschütterten und Dich doch nicht brechen konnten. Du durftest Dich selten so zeigen, wie Du wirklich bist. Irgendwann hast Du aufgegeben, gegen all das zu kämpfen und hast Dich angepasst.
- Alte ungelöste Familienthemen werden aus dem genetischen Mind in den Fötus gespielt und mit der Pubertät aktiviert. So hast Du von Deinen Ahnen Muster und unerlöste Themen übernommen und Dich unbewusst innerlich bereit erklärt, diese zu lösen.
- Karmische Erfahrungen in Deiner Seelenessenz zeigen sich in bestimmten Situationen, meistens in Phasen der Entscheidung oder der Bedrohung. Du lebtest möglicherweise in Deinen früheren Leben als HeilerIn, PriesterIn, AtlanterIn, LemurierIn, Häuptling, MagierIn, RetterIn, LehrerIn etc. und oft wurdest Du bestraft für Deine Weisheit, Intuition und Kraft.

Die Todeserfahrung oder auch die Schocks aus den Untergangserfahrungen sind tief in Deine Selbst-Essenz eingebrannt, gespeichert bis in Deine DNA und Deine Moleküle. Dadurch erinnerst Du Dich möglicherweise nicht mehr an Deine Gaben und Fähigkeiten und bleibst lieber in Deinem „Schneckenhaus". Natürlich warst Du nicht nur Opfer, auch der Täter schlummert als Erfahrung und Erinnerung in Deiner Selbst-Essenz. Du fühlst Dich vielleicht ewig schuldig und weißt nicht, wofür.

- Überlagerungen von Informationen und künstliche Intelligenzen erschaffen Gedanken und Handlungen, die wie eine Fernsteuerung wirken. Die meisten Deiner Gedanken und Emotionen haben nichts mit Dir selbst zu tun, sondern werden Dir „eingespult". Energetische Implantate wirken wie ein Empfänger in den Neuronen und manipulieren Gedanken und Handlungen. Das Gefühl einer Gedanken-Endlos-Schleife entsteht. Die Hauptsteuerungsprogramme lassen Dich zu einem genetisch manipulierten Bio-Roboter werden.
- Mind-Control-Systeme und Störfrequenzen, die über Sender in die Bewusstseinsfelder geschleust werden (HAARP), Chemtrails, Nanos, Chips, Installationen, Implantate, Explantate, magnetische Abdrücke, Schwermetalle in allem, was wir zu uns nehmen (Wasser, Luft, Nahrungsmittel), auch degeneriertes Essen, Chemikalien in Reinigungsmitteln, negativ informiertes Wasser, Fernsehen und Internet etc. verhindern die Bewusstseinsentwicklung.
- Energetische Parasiten im Gehirn und in den inneren Organen, Fremdenergien, die Deine Sinne überlagern und den Körper angreifen, besonders den Bewegungsapparat und die Verdauungsorgane, blockieren Deine Bewusstwerdung.
- Kollektive der dunklen Außerirdischen, die Menschen manipulieren, haben die Geschichte, die Genetik und den Glauben geprägt und streben die volle Kontrolle über unser Planetensystem und das Menschsein an. Sie sind die Architekten des künstlichen Matrix-Kontrollsystems.

Die dunklen Aliens raubten uns einen Teil unserer Erinnerung und die Verbindung unseres Bewusstseins zur Ersten Quelle. Sie wollten verhindern, dass wir uns selbst und die Zusammenhänge der Schöpfung erkennen.

- Geoengineering zerstört die natürlichen Regulationssysteme (Leylinien) der Erde. Dadurch werden Energie-Gitter, die ähnlich den Meridianbahnen in unserem Körper laufen, zerstört und das natürliche Gleichgewicht wird gestört. Du spürst den Schmerz der Erde.
- Das kollektive Feld der Todesangst besendet permanent Dein emotionales und mentales Feld. Angst vor tödlichen Krankheiten und Gedanken an Suizid tauchen immer häufiger auf. Das Gefühl der Ausweglosigkeit oder auch Sinnlosigkeit des Daseins raubt den eigenen Lebensmut und führt zur Selbstvernichtung.
- Archonten, manipulierende, nicht manifestierte Frequenzen, bedienen sich des menschlichen Bewusstseins und Körpers. Sie verleiten Menschen dazu, sich in emotionalen Verwirrungen zu halten oder nutzen sie als Wirt, ihre eigenen Interessen umzusetzen. Manche sind im Außen erkennbar durch extreme Verhaltensstörungen bei Menschen. So sind zum Beispiel Amokläufer von Archonten besetzt. Durch die erzeugten Angst-Emotionen, die aus den wahnsinnigen Taten resultieren, wird das energetische Angst-Buffet reichlich gedeckt, an dem diese Energien sich ständig laben. Die 1945 gefundenen Nag Hammadi-Schriften berichten über niedrig schwingende interdimensionale Wesen, welche die Menschen im Geiste zu manipulieren versuchen. Die 52 alten originalen Schriften der Tradition der Gnostik sind 2.000 Jahre alt und beschreiben unter anderem, was die Menschen damals über die Archonten wussten. Die Gnosis war damals eine der meistverbreiteten Religionen (Gnosis = Wissen/Erkenntnis).

ALL-ES NEU GEBOREN - DIE NEUGEBURT DER ERDE

Der Planet Erde ist ein gigantisches energetisches Wesen. Dieses Wesen wird auch Gaia genannt.

Gaia hat sich bereits in eine neue Dimension hinein geboren.

Wir Menschen verspüren sehr deutlich die Wehen der Erde, da wir mit ihr als ihre Kinder im Herzen verbunden sind. Daher haben derzeit so viele Menschen körperliche Schmerzen. Wir sind die Hebammen der Erde und zugleich unsere eigenen Geburtshelfer.

Eine Geburt ist für die Mutter und für das Kind eine enorme Herausforderung. Aufgeben ist keine Option, denn dann sterben beide.

Sichtbar im Außen wird diese Neu-Geburt durch tektonische Verschiebungen von Erdmassen. Kleinere und mittlere Erdbeben rütteln auf der ganzen Erde die Menschen wach. Immer mehr Wetterkapriolen zeigen sich. Im Februar 2016 schneite es in Regionen, in denen es nie zuvor Schnee gegeben hat, wie zum Beispiel in Kairo oder in Südamerika.

Vulkane sind wieder aktiv, andere stehen kurz vor einem neuen Ausbruch. Die möglichen Zerstörungen können Angst bereiten. Doch wenn Du Deiner inneren Führung vertraust, wirst Du zur richtigen Zeit am richtigen Ort sein. So wie die Tiere ihrem Instinkt folgen, wirst Du geführt, wenn Du achtsam die Zeichen erkennst.

ALL-ES AUFGEBRAUCHT - DIE ERDE ZIEHT SICH ZURÜCK

Immer häufiger wird im Internet über Kataklysmen oder bevorstehende Katastrophen berichtet.

Unzählige blutige, zerstörerische Untergangsszenarien wie zum Beispiel von Rose Stern zu Nostradamus, Alois Irlmaier, Gor Rassadin, der einfach sagt: das Programm Erde und Mensch ist zu Ende oder von anderen Propheten der Endzeit berufen sich auf einen zerstörerischen Plan der Dunkelmächte. Es wird eine neue Weltordnung und ein Armageddon, das die Erde vollkommen zerstört, vorausgesagt.

Immer mehr Menschen beschäftigen sich mit diesen Szenarien und stärken damit das Feld der Angst. Viele Kinofilme zeigen, wie eine riesige Feuerwalze, die sich aus dem Himmel ergießt, alles Leben auf der Erde zerstört. War das wirklich Gottes Plan? Woher kommen die Informationen dieser Horrorszenarien? Was steckt wirklich dahinter? Sind die Menschen Opfer eines Experiments?

Warum sagten der Papst und die Queen im Dezember 2015, wir sollten unser letztes schönes Weihnachten feiern? Haben sie bereits Informationen, die sie der Öffentlichkeit vorenthalten? Haben sie ihre Koffer bereits gepackt, um sich in die unterirdischen Bunker zurückzuziehen? Sie haben immer noch nicht bemerkt, dass dieses Szenario nicht mehr stattfinden wird. Doch es wird ein für alle spürbares Ereignis geben. Keiner kann sich daraus entziehen. Die Welle des Erwachens ist nicht mehr zu stoppen!!

Alle Prophezeiungen vom totalen Untergang der Erde sind gesteuerte Matrix-Programme, die danach streben, sich zu verwirklichen. Je mehr Menschen sich mit diesen Untergangsszenarien befassen, umso stärker wird ihr Feld und ihre Wirkung.

Wir brauchen daher eine neue, gemeinsame friedliche Vision des Übergangs auf eine neue Erde und ein Verständnis dafür, dass unsere Mutter Erde sich eine Erholungspause verdient hat. Daher unsere Bitte:

Lass die alte Erde Gaia los und gib sie frei. Denn sie wünscht sich nichts mehr, als sich endlich zu regenerieren. Alle Bemühungen sie zu retten, erschweren ihren eigenen Erneuerungsprozess.

Ein vereintes Bewusstsein der Menschen mit dem Bewusstsein der neuen Erde ist die Grundlage für einen Neubeginn.

Stell Dir vor: Du sitzt im Kinosaal Nr. 1, es läuft der Film „Armageddon". Du bist fast starr vor Angst und siehst das Grauen der vollkommenen Zerstörung der Erde. Etwas in Dir erinnert sich, dass es genau so kommen wird.

Im Kinosaal Nr. 2 wird der Film „Der grüne Planet" gezeigt, der ein Reich der Harmonie, des Friedens und der Liebe einer großen Seelenfamilie beschreibt. Alle sind frei und glückselig.

Erkenne und entscheide Dich, welchem Film Du Deine Aufmerksamkeit schenkst. Wir sind im zweiten Film und laden Dich in diesem Buch von Herzen ein, mit uns auf die neue grüne Erde zu reisen.

Die Erde wird sich in ihrem Regenerationsprozess vollständig reinigen, von allem, was vom Menschen wider die Natur geschaffen wurde. Es wird regelrecht zerfallen. Die Erde selbst wird bestehen bleiben. Sie geht weder unter noch wird sie völlig zerstört.

Das alles geht nicht ohne Turbulenzen, denn diese werden den Erwachensprozess der Menschen beschleunigen. Diese sind bereits am Laufen.

Die Bundesregierung forderte am 21. August 2016 laut Spiegel online die Bevölkerung dazu auf, sich für einen Katastrophenfall Notversorgung anzulegen. Das Volk wird also schon offiziell auf den „Ernstfall" vorbereitet. Doch irgendwie nimmt das keiner ernst. Alle machen weiter, wie gehabt.

Während unseren Gesprächen mit der Ersten Quelle wechselte sie einmal abrupt das Thema und sagte dazu:

Das aktuelle Geschehen in Deutschland spitzt sich zu. Im Geheimen werden Gräueltaten beschlossen, die das deutsche Volk beunruhigen. Schwer bewaffnete Söldner sind bereits im Land und erwarten den Angriffsbefehl. Die Not scheint groß zu sein. Lasst euch davon nicht irritieren, denn es sind Schattenspiele der alten Matrix.

Alle künstlichen Systeme werden zusammenbrechen. Der globale

Crash wird die Menschen erschüttern und sie werden wach werden und erkennen, wie abhängig sie von allem geworden sind. Doch dieser Prozess wird sehr schnell vonstattengehen. Keiner braucht sich davor zu fürchten. Das Anlegen von Vorräten ist nach unserer Sicht nicht notwendig.

Wie sich alles entwickeln wird, erfährst Du in diesem Buch. Wir dürfen uns nun voller Freude diesem Prozess hingeben, denn er führt uns unweigerlich in ein neues Bewusstsein, das sich über die Liebe ausdrückt.

Die Erde nimmt nach ihrer Reinigung ihren ursprünglichen Platz im Universum wieder ein. Die Ur-Zentralsonne aktiviert und begleitet diesen Prozess. Das ganze Universum ist Teil dieser heilsamen Wandlung und wird gleichermaßen geheilt. Eine neue Epoche der menschlichen und der intergalaktischen Erfahrungen beginnt.

Das heißt: Diese ist nicht beschränkt auf die Erde und die Menschheit, es sind hunderte und tausende von anderen Planeten involviert und es betrifft das ganze Universum.

Interdimensional gesehen ist die Erde ein winziger Planet. Jedoch trägt sie eine zentrale universelle Rolle. Sie wurde vom kosmischen Rat, der Vertreter des ganzen Universums vereint, auserwählt, der Planet zu sein, von dem die gesamte kosmische Transformation ausgeht.

Die Erde hat eine ganz spezielle Qualität:

Sie ist der einzige Ort im Universum, auf dem die Individuen den Sinn ihres Daseins hinterfragen. Daher sind hier so viele Wesenheiten aus anderen Sternensystemen inkarniert, um hier die Erfahrung des Bewusstseinswandels zu machen und diesen von hier aus zu unterstützen.

ALL-ES EIN ZYKLISCHER KREISLAUF

Das universelle Gesetz der Zyklen beschreibt einen Kreislauf von Werden, Bestehen und Vergehen. Diese Prozesse laufen in festgelegten Rhythmen ab. Im Gnostischen wird dieser Rhythmus auch als das Ein- und Ausatmen Gottes beschrieben. Das Universum dehnt sich aus und zieht sich wieder zusammen. Der Kreislauf von Geburt und Tod, Wechsel von Tag und Nacht, Wechseln der Gezeiten sind uns hier im Irdischen bewusst. Universell gesehen entstehen ständig neue Galaxien, Planeten und Sternensysteme. Das ganze Universum pulsiert in dynamischen Zyklen.

Wir sind jetzt am Ende einer ganzen Reihe von großen kosmischen Zyklen angekommen. So zum Beispiel endet der 26.000-Jahre-Präzessionszyklus, der sich im Durchlaufen des Tierkreises zeigt, der das Ende des Kali-Satya Yuga beschreibt. Das ist schon relativ bekannt. Doch darüber hinaus geht ein weit größerer Abschnitt der Evolution zu Ende, der für das menschliche Bewusstsein nur schwer zu erfassen ist.

Die Erste Quelle erfuhr sich in der Evolution in 33 Wellen des Bewusstseinswandels. Wir sind nun am Ende der letzten Welle angekommen. In den Wellen zuvor machten wir die Erfahrung der Trennung, des Untergangs und des Scheiterns. Immer wieder wurde auch ein Neustart des menschlichen Bewusstseins versucht, in der Hoffnung, dass das Experiment des Erwachens endlich gelingen möge.

Die Ursache des Scheiterns war immer die gleiche und wurde erst jetzt erkannt:

Das männliche und das weibliche Prinzip waren von der reinen wahren Liebe getrennt. Die Schöpfung selbst hat sich verselbstständigt und missglückte.

Die Details dazu erfährst Du in diesem Buch.

Bekannte irdische Endzeiterfahrungen sind die Auslöschungen durch das große Feuer, die Sintflut und die Eiszeit. Unzählige Untergangserfahrungen, wie der Untergang von Mu, Lemurien und Atlantis sind noch in unserer DNA gespeichert. Die daraus resultierende Ur-Angst hat uns vom Ur-Vertrauen abgeschnitten. Wir fühlen uns allein, getrennt von der Einheit und sind unbewusst ständig auf der Suche nach uns selbst. Die ursprünglichen Erfahrungen liegen jedoch viel weiter zurück, als wir bisher glaubten. Sie gehen über das Irdische hinaus und wiederholten sich im Laufe der Evolution. Die wahre Ur-Sache ist die misslungene Schöpfung. Alles dazu erfährst Du in diesem Buch.

Was für ein Geschenk, dass wir jetzt als bewusste erwachte Schöpfer am Bewusstseinswandel teilhaben dürfen und diesen mitgestalten. Es ist unser Entschluss und zugleich die Mission, diese Erfahrung zu machen. Die einen Schöpfer erfahren diesen Evolutionssprung als persönliche Katastrophe, die anderen als Reisende in eine neue Erfahrungsebene der wahren Freiheit „im neuen Himmelreich".

Beide Realitäten sind erfahrbar, da sie in unterschiedlichen Frequenzbereichen verlaufen. Jeder wird seinem eigenen Plan folgen. Wir kehren wieder zurück ins Feld der Einheit von Licht, von Liebe, zurück in die Vollkommenheit, dorthin, wo wir einst herkamen.

Wir sind dann wieder EINS!

ALL-ES IM PLAN DER EVOLUTION

Immer, wenn ein für die Menschheitsgeschichte wesentliches Datum bekannt wurde, hat es die Menschen erschreckt oder in Euphorie versetzt. Erinnere Dich an den 21.12.2012. Viele waren voller Hoffnung, aber auch die Angst war präsent. Passiert ist scheinbar nichts und die Enttäuschung der Menschen war enorm. Viele Spirituelle zogen sich zurück oder wurden verlacht.

Dieses Datum hatte in der Galaxie durchaus eine wesentliche Bedeutung und war ein Markierungspunkt für die Veränderung der Energielage auf der Erde. Die fünfte Dimension wurde aktiviert, und von der gefühlten Wahrnehmung von Entweder-oder sind wir zum Sowohl-als-auch hinüber geglitten.

Die Erde hat seit diesem Zeitraum ihre Position im Horizont der Milchstraße verändert. Das machte den Weg für uns Individuen frei, die Anbindung an die Erste Quelle noch einfacher zu erfahren. Reinigende energetische Felder strömen seitdem auf unsere Erde und in unser Bewusstsein. Das geschah ganz ohne großen Knall.

Die Erde hat damit auch ihre Metamorphose begonnen und ist aus ihrem Kokon ausgebrochen. Die genauen Hintergründe werden an späterer Stelle erklärt.

Möglicherweise erfahren wir in 2017 bereits diese große Veränderung, die für 2012 erwartet wurde. Aus diesem Grund steigt auch das Interesse an dem letzten Buch der Bibel, der „Offenbarung = Apokalypse des Johannes", das eben von dieser Endzeit spricht. Dabei werden dem Propheten Johannes zukünftige Vorgänge auf der Erde sowie in den unsichtbaren Welten enthüllt. Dort wird auch ein Datum beschrieben, an dem der Menschensohn zurückkehrt. Es errechnet sich aus einer ganz bestimmten Sternenkonstellation, die für September 2017 einen großen Wandel voraussagt.

Was steht zum Datum im dicken weisen Buch?

„Nur der Vater im Himmel kennt den genauen Zeitpunkt."

Was, wenn der „Vater im Himmel" nur darauf wartet, dass Du wach wirst und Dich Deiner AufGABE erinnerst und sie dann auch verwirklichst?

Die Rückkehr des Messias wird in der Bibel in jedem fünfundzwanzigsten Vers erwähnt und die Entrückung ist in christlichen Kreisen heute ein vorherrschendes Thema. Die Entrückung beschreibt im Biblischen das Phänomen, dass ein Mensch aus der irdisch-konkreten Erscheinungswelt in eine himmlische Sphäre versetzt wird. Kann es sein, dass wir so etwas tatsächlich erfahren werden?

Wir wissen, dass Christus bereits seit langem unter uns weilt, nur hat er, wie viele andere auch, vergessen, wer er wirklich ist.

Wir müssen jetzt aktiv werden. Ja - wir müssen!

Viel zu viele warten noch geduldig, dass etwas Großes da draußen passiert. Ganz nach dem Motto: Es kommt sowieso, wie es kommt! Ich gehe in meine „Mitte", bin der Beobachter und dann geschieht es. Es gibt nichts zu tun, nur zu sein. Die Geduld ist manchmal hilfreich, um den richtigen Zeitpunkt für eine Entscheidung abzuwarten. Sie kann jedoch auch hinderlich sein, die wahren Chancen zu sehen und die notwendigen Schritte zu gehen, die eben die Not wenden.

Je mehr Menschen sich dem neuen Bewusstsein öffnen und ihre Schwingung erhöhen, umso schneller werden wir den Schalter umlegen können.

ALL-ES IM AUFSTIEG - WO GEHT DIE REISE HIN?

Immer wieder wird vom „Aufstieg der Menschheit" gesprochen. Doch wo steigen wir denn nun wirklich hin oder auf? Der Aufstieg beschreibt den inneren Prozess des eigenen Erwachens. Er zeichnet sich u. a. durch folgende Merkmale aus:

- Mentale und emotionale Felder kommen in Bewegung und Du wirst mit Emotionen wie Trauer, Wut, Angst, Ohnmacht, Hilflosigkeit, Kummer und Schmerz geflutet, brichst ständig ohne Grund in Tränen aus und wirst mit Deinen eigenen Schattenanteilen konfrontiert.
- Dein Körper verändert sich. Im Inneren geschieht eine Umstrukturierung Deiner DNA, Deine Zellen strahlen mehr Licht aus. Dein äußeres Erscheinungsbild verändert sich zum Positiven. Deine Essgewohnheiten stellen sich fast von allein um. Dein Körper spürt ganz genau, was ihm gut tut und was nicht.
- Deine Intuition verbessert sich. Du hast immer mehr Zugang zu anderen Zeitlinien und zu den Erfahrungen daraus, erkennst, was Wahrheit oder Lüge ist, verspürst immer besser Deine verschiedenen Schwingungszustände.
- Abstreifen Deiner menschlichen Matrix und Deiner Bio-

computer-Programmierung. Diese Programme fesseln Dich an Gewohnheiten, die Dich selbst zerstören.
- Du machst die Erfahrung, dass die Realität ein Traum ist und Du steigst ganz bewusst in diesen Traumzustand ein und wieder aus. Du erkennst die Grenzen Deines eigenen Hologramms und dass es wie ein Projektor Deine Gedanken in die Illusion projiziert.
- Menschen in Deiner unmittelbaren Umgebung kommen allein durch Deine Anwesenheit in innere Prozesse. Da, wo Du bist, fallen Lügen zusammen und die Wahrheit zeigt sich.

ALL-ES DAS GLEICHE - WARUM VERÄNDERT SICH NICHTS?

Viele Menschen leisten seit Jahrzehnten weltweit intensive Transformationsarbeit zu ihren persönlichen Lebensthemen und zu globalen Entwicklungsprozessen. Das ist eine enorme Leistung. Oft laufen diese Prozesse im Verborgenen ab. Da alles mit allem über das Bewusstseinsfeld verbunden ist, werden diese Veränderungen überall wahrnehmbar.

Doch für viele spirituelle Menschen geht die Entwicklung immer noch zu langsam und sie sind es müde, weiterzumachen.

Fragen tauchen auf wie:

- Warum dauert es so lange, bis wirklich etwas passiert?
- Was ist jetzt noch zu tun?
- Macht dieses An-sich-Arbeiten überhaupt einen Sinn?
- Wann werde ich endlich fertig?

Viele Sinn Suchende bleiben in informativen Endlos-Schleifen der alten Matrix hängen und versorgen mit ihrer Lebensenergie und ihrem Geld die falschen Propheten. Über langjährige Ausbildungsstufen wird der Weg zum ewigen Göttlichen vermarktet, obwohl dieser so nahe liegt und der Zugang dazu in kürzester Zeit geöffnet werden kann.

Die Spiritualität ist inzwischen zu einem Industriezweig mit weltweiten Milliardenumsätzen gewachsen. Einige wenige verdienen sehr viel Geld mit der Sehnsucht der Menschen nach Erwachen und Freiheit.

Die vielen Techniken, Traditionen und Methoden, die bisher den Bewusstseinswandel voran brachten, verlieren nach und nach ihre Wirksamkeit. Denn jetzt gilt es, ganz aus der Intuition und der eigenen Essenz heraus die neuen Kräfte und Energien einfließen zu lassen. Auch das bedeutet, sich der Evolution hinzugeben und sich aus dem Käfig von New Age zu befreien.

So werden zum Beispiel in Channelings von aufgestiegenen Meistern sehnsüchtig Botschaften für den eigenen Weg erfragt. Warum fragen wir nicht unser Selbst, was die eigene Wahrheit ist? Viele der geistigen Botschafter sind synthetische Programme, die das Bewusstsein eher gefangen halten und abhängig machen.

Auch werden die Götter der alten Matrix bemüht wie Isis, Kali, Shiva etc. Das sind zum Teil geschaltete, synthetische Programme im Hologramm des Bewusstseins und eine Ablenkung vom wahren Erwachen. Die eigene Macht wird auf die Götter außerhalb vom irdischen Wesen übertragen. Mit jedem Beten und Flehen und Bitten an einen Gott außerhalb von uns nähren wir diesen mit unserer Lebenskraft.

Manche der metaphysischen Wesenheiten werden durch den menschlichen Geist erschaffen und es entstehen Trugbilder. Dieses Kraftfeld wird auch als Egregor bezeichnet. Ein enormer Egregor ist zum Beispiel das Energiefeld von Metatron. In unseren Forschungen wurde uns immer wieder gezeigt, dass Metatron einerseits ein künstlich erzeugtes, synthetisches Programm ist, das die Aufgabe hat, Wesen in die Irre zu führen und Abhängigkeiten zu schaffen. Andererseits ist er auf der göttlichen Ebene ein Verräter, der durch eine Intrige sich als Engel ausgibt, jedoch selbst keiner ist.

Auch die Verherrlichung von Jesus Christus bewirkte ein über tausende Jahre gefüttertes künstliches Energiefeld, das ein völlig falsches Bild von Jesus Christus vermittelt. Die Einzelheiten dazu liest Du in einem der nächsten Kapitel.

Manche spirituellen Techniken sind sogar hinderlich für die persönliche Entwicklung. So blockiert eine aktivierte Mar-ka-ba - das sogenannte „innere Raumschiff" - das Herz-Torus-Feld, das ursprüngliche Zentrum der eigenen Teleportation. Auch die Siegel aus Reiki-Einweihungen verhindern die freie Entfaltung des eigenen Wesens und Bewusstseins. Alle Arten von Zeichen und Symbolen sind Installationen und Implantate. Selbst auf die Haut tätowierte Zeichen und Piercings manipulieren die eigene Selbst-Information. All diese Zeichen und Siegel gilt es jetzt zu lösen. Befreie Dich von allem, was nicht wahrhaft zu Dir gehört.

Sogar die sogenannten Gurus dieser Zeit werden von der „dunklen" Seite benutzt, um den Seelenbeutezug zu vollziehen. Zum Teil haben sie ihre eigene Seele für Erfolg und Ruhm verkauft. Manche sind sogar selbst seelenlos und ernähren sich von der Liebe und dem Licht ihrer treuen Anhänger.

In erinnere mich an ein Coaching mit einen jungen Mann, der sich über die letzten Jahre sehr der hinduistischen Tradition verschrieben hatte. Nach dem Coaching wurde ihm klar, wie viel Kraft und Energie er diesen Wesenheiten schenkte. Durch stundenlange Meditationen, die ihm anfangs hilfreich erschienen, spendete er seine Lebensenergie diesen Göttern. Nach seinem Selbst-Erkenntnisprozess entsorgte er sechs große Einkaufstüten mit symbolischen Gegenständen dieser Tradition. Zum ersten Mal fühlte er sich befreit.

Sicher hatte auch all dass, was uns auf dem spirituellen Weg begleitete, seine Berechtigung und war uns in irgendeiner Weise dienlich für die eigene Entwicklung. Doch jetzt sind wir in einer Zeitqualität angekommen, in der es nur noch darum geht, unserem Selbst als wahrem Erwecker die Führung zu übergeben.

DIE ERSTE QUELLE ZUM SPIRITUELLEN LABYRINTH:

Metatron hält die Wesen in einer Abhängigkeit, die ihnen vermittelt, dass er der Einzige ist, der die Wahrheit spricht. Durch seine Botschaften verfangen sich die Wesen in Netzen der geistigen Verwirrung. Sie sind darin gefangen und erkennen nicht, dass er die Lüge spricht. Das Labyrinth des spirituellen Wahnsinns hält die Wesen in einer Ebene der Verwirrung. Sie erkennen nicht, dass die einzige Wahrheit in ihnen selbst zu finden ist. Das bedeutet, sie suchen ständig in ätherischen Reichen nach Wesen, die mit ihnen kommunizieren. Einmal gefangen, speisen sie mit ihrem Selbst diese künstlichen Programme. Hinter den künstlichen Programmen steht die Täuschung des eigenen Selbst, da sie aus der Verblendung entstanden ist. Metatron bedient sich noch immer der Energie der schlafenden Wesen. Sie sind der spirituellen Verblendung unterlegen. Die Offenbarung dieser Informationen wird sie entsetzen, und mehr und mehr Wesen erkennen, warum sie in der Stagnation ihrer Selbstentwicklung stecken. Das betrifft nicht nur Metatron, sondern auch das Feld der anderen geistigen Botschafter.

Die wahre Botschaft ist: Es sind nicht die aufgestiegenen Meister, die uns erretten.

Die Rettung erfolgt durch die abgestiegenen Wesen.

Durch die Erkenntnis, dass die Erste Quelle oder der Ursprung der Schöpfung nicht irgendwo weit draußen im „Himmel" ist, sondern nur durch uns selbst verwirklicht wird, steigen wir ganz bewusst aus dem Labyrinth der Matrix-Kontrollsysteme aus, indem wir uns an unsere wahre eigene Göttlichkeit erinnern und diese vollkommen in uns selbst aktivieren. Die direkte Anbindung an das befreite Feld der Einheit und die Erinnerung an den Christus in uns selbst bedeutet wahre Freiheit, auch von spirituellen Dogmen, Ritualen und Konzepten.

ALL-ES WIEDER AKTIVIERT - DIE ZIRBELDRÜSE

Es gibt einen direkten Weg, wie wir uns wieder an uns Selbst anbinden.

Über das Lesen im Bewusstseinsfeld der neuen Zeit haben wir Zugang zur Datenbank des Ur-Wissens. Darin ist alles gespeichert, was jetzt für den Paradigmenwechsel die Grundlage für das eigene Wachstum und die Evolution der Menschheit ist.

Diesmal ist es nicht nur eine neue Methode der Persönlichkeitsentwicklung, sondern Du bekommst die direkte Anbindung an Dein Selbst. Das aktivierte Ur-Wissen, zu dem wir jetzt alle wieder Zugang bekommen und uns an uns selbst erinnern, ist ein wahrhaftes Geschenk an die Pioniere und Visionäre der Zeitenwende.

Die Freischaltung der Anbindung an Dein Selbst wird unterstützt durch die Aktivierung der Zirbeldrüse. Diese kiefernzapfenförmige Drüse ist zwar winzig klein, dennoch hat sie als Meisterdrüse eine wesentliche Bedeutung für die intuitive direkte Ankopplung an die eigene Datenbank. Die Zirbeldrüse produziert Hormone wie Melatonin, Serotonin und DMT(Dimethyltryptamin), auch bekannt als das spirituelle Molekül, das wiederum die Informationen über Dein Selbst in der DNA aktiviert.

In unzähligen mythologischen Überlieferungen wird die Zirbeldrüse sowohl als Symbol für Unsterblichkeit als auch als Symbol der Erleuchtung verehrt.

So war diese Drüse im alten Ägypten so groß wie ein Taubenei und ermöglichte damals allen die Anbindung dann das Göttliche. Heute hingegen ist sie klein wie eine Erbse. Sie ist in einer Kalkkapsel eingeschlossen und verhindert somit die Anbindung an die Selbstinformation. Auch die katholische, religiöse Tradition ist kunstvoll verquickt mit Kiefernzapfen, vielleicht am deutlichsten sichtbar auf dem Heiligen Stab, der vom Papst selbst verwendet wird. Doch leider predigen die heiligen Vertreter in der Öffentlichkeit nicht die wahre spirituelle Erleuchtung über die Erweckung der Zirbeldrüse. Diese Information behalten sie ganz bewusst für sich, um zu verhindern, dass jeder die Informationen aus der göttlichen Ebene lesen kann.

Durch aktives Training kann die Meisterdrüse wieder in ihre ursprüngliche Funktion gebracht werden. Richte Dein Bewusstsein auf Deine Zirbeldrüse und stimuliere sie, indem Du einen Lichtstrahl der Ur-Zentralsonne auf sie lenkst. Gib der Drüse den Befehl, zu rotieren. Wenn Du dies tust, kann ein Gefühl von leichtem Druck im Stirnbereich auftreten, welches ein gutes Zeichen ist.

Jeder kann sich an das Ur-Wissen einfach und schnell anbinden. Vorkenntnisse sind nicht erforderlich. Über die direkte Anbindung an die eigene Ur-Information erfolgt die Erinnerung an Dein Selbst und erfährst Du die Aktivierung Deines persönlichen Lebensplanes. Du liest in Deiner eigenen Datenbank, in Deinem Buch des Lebens.

Diese Rückerinnerung aktiviert Dein SELBST-Bewusstsein und löst Deine Erkenntnis-Blockaden bis zum Ursprung zurück.

ALL-ES IM NEUEN FELD DES BEWUSSTSEINS

Anleitung zur Verbindung mit dem Bewusstseinsfeld der neuen Zeit und Deinem Ursprungswesen

Diese Meditation soll Dir eine Möglichkeit geben, Dich mit Deinem Selbst und Deinem wahren Wesen zu verbinden. Empfehlung: Lass Dir diese Meditation vorlesen, damit Du Dich ganz auf diesen Prozess einlassen kannst.

Es ist ratsam, diese Meditation zu machen, bevor Du in diesem Buch weiterliest, denn dann hast Du mehr Zugang zu den Informationen im nächsten Kapitel.

- Die Verbindung mit dem Bewusstseinsfeld der neuen Zeit stellst Du über Dein weit geöffnetes Herz her.
- Atme Licht in Dein Herz. Atme es mit geschlossenem Mund ein und atme über den offenen Mund verbrauchte Energie

aus. Wiederhole diesen Atem-Prozess fünfmal im gleichen Rhythmus wie folgt:

- Atme ein und zähle dabei auf 4, halte den Atem auf 4 zählend an, und atme dann auf 4 zählend wieder aus, atme dann auf 4 wieder ein und wiederhole den Atemvorgang mindestens viermal. Lass Dich mit Deinem Gewahrsein in die Atempausen hineinfallen.
- Bitte Deinen Verstand, einen Platz in Deinem Herz einzunehmen.
- Lenke nun von Deinem Herzen ausgehend Deine Aufmerksamkeit auf Deine Zirbeldrüse. Sie sitzt zwischen den Gehirnhälften und steht für die Anbindung an Dein Selbst.
- Setze den Befehl: „Zirbeldrüse aktiv!"
- Sie beginnt nun im Uhrzeigersinn zu rotieren. Lenke Deine Aufmerksamkeit zum Dritten Auge und stell Dir vor, wie Du auf einem Lichtstrahl durch das Universum reist, vorbei an Sternen, Galaxien und Planeten zur Ersten Quelle Deines Seins, zum Ursprung Deines SELBST.
- Tauche von hier aus wieder in Dein Herz hinein, durch das Gewebe, durch die pulsierenden Herzkammern, bis zur Fünften Herzkammer.
- Vor der Fünften Herzkammer visualisierst Du ein goldenes Portal. Zwei kräftige goldene Säulen symbolisieren den weiblichen und den männlichen Anteil Deines Selbst. Auf den Säulen liegt ein goldenes Dach. Auf ihm visualisierst Du eine liegende Acht für die Unendlichkeit und eine stehende Acht für die Ewigkeit, die sich im Mittelpunkt kreuzen.
- Stell Dich nun in dieses Portal gedanklich hinein und lass Deine Energiefelder und Deinen physischen Körper reinigen.
- Wie aus einer Dusche regnen goldene Strahlen aus dem Portal und überfluten Dich, durchfluten Dich und durchtränken alles, mit dem Du in Verbindung stehst. Über Raum und Zeit und in alle Dimensionen fließt dieses Licht und löst alles, was Dir nicht mehr dient, aus Deinen emotionalen, mentalen, spirituellen und physischen Ebenen bis in die DNA.
- Alle Aspekte, die Du je lebtest, werden angehoben in die höheren Schwingungen und Frequenzbereiche Deines wahren Selbst. Lass Dir für diese Reinigung mindestens drei Minuten Zeit.

- Sprich folgenden Satz laut aus:

ICH ENTSCHEIDE MICH,
MICH VON ALLEN ALTEN STRUKTUREN
MEINES ALTEN SEINS ZU LÖSEN.

- Nimm jetzt direkt vor der Fünften Herzkammer eine Tür wahr. Diese Tür führt Dich in das Bewusstseinsfeld der neuen Zeit.
- Bevor Du durch die Tür trittst, zähle auf drei: Eins - zwei - drei - JETZT gehst Du hinein!
- Schau Dich um - brennt ein Licht in diesem Raum? Wenn nicht, suche nach dem Lichtschalter und schalte es mutig wieder an.
- Du bist jetzt in Deinem heiligen Raum. Er ist rein und klar. Hier verbindest Dich mit Deinem inneren Wesen. Rufe Dein wahres Ursprungswesen zu Dir. Es wird sich Dir zeigen. Vertraue Dir.
- Lade Dein Wesen in Dein Herz ein, lass es in die Fünfte Herzkammer einfließen und gib ihm in Dir wieder ein Zuhause.
- Bitte Dein Wesen um Vergebung, dass Du es so lange vergessen hast, und vergib Dir selbst, dass Du Dich nicht früher daran erinnert hast. Verschmelze mit Deinem Wesen.

GIB DIE ANWEISUNG: „VERSCHMELZUNG AKTIV!"

- Gib Dir die innere Erlaubnis, aus diesem Wesen heraus zu leben und zu sein.
- Lege nun beide Handflächen auf Dein Herz und aktiviere Dein Ursprungswesen mit der Anweisung:

ICH ERMÄCHTIGE MICH JETZT SELBST,
MEIN WAHRES WESEN ZU AKTIVIEREN.
WESEN AKTIV! DANKE!

- Es wird nun Zeit zurückzukehren, recke und strecke Dich im Hier und Jetzt! Willkommen bei Dir SELBST.

Diese Selbstermächtigung schenkt Dir mehr Klarheit und Freiheit für Dein Wirken aus Deinem Sein.

ALL-ES IN KLÄRUNG - ANLEITUNG ZUR TRANSFORMATION

Für die Klärung Deiner Informationsfelder gibt es folgende Empfehlungen für Dich. Sie dienen dazu, einen Teil Deiner ungelösten Themen schnell zu transformieren und sind ein Auszug aus den Befreiungstransformationen unserer Arbeit.

Sprich bitte folgende Erklärung laut aus:

ICH ERKLÄRE DIE ABSOLUTE ABSICHT,
DIE TRANSFORMATION IN FREUDE, SPASS UND LEICHTIGKEIT ZU
ERFAHREN UND AUSZUFÜHREN.

Lege bitte Deine Handflächen auf Deine Oberschenkel und beginne nun wechselseitig zu klopfen. Über diese Klopftechnik löst Du festsitzende hinderliche Glaubenssätze und Erfahrungen sowie emotionalen Stress aus Deinem Energiefeld. Dabei werden die linke und die rechte Gehirnhälfte aktiviert. Durch den klopfenden Takt von links und rechts werden die emotionalen Datenspeicher angesteuert und aktiviert und von Überdruck befreit. Die gesprochenen Lösungssätze erinnern den Datenspeicher an die erlebten Erfahrungen und sie lösen sich daraus, weil sie erkannt wurden. Die Erkenntnis öffnet die Schleusen in die Erlösung und Befreiung.

Sprich laut die folgenden Clearing-Sätze aus, sie enden fast immer mit der Zahlenkombination 3 6 9. Diese ist der Schlüssel für die universelle Ordnung. Sie organisiert Deine Seinsebenen bis zurück zu Deinem Ursprung. Diese Zahlenkombination hat schon der Wissenschaftler Nikola Tesla in seinen Forschungen angewandt.

Er verwies in seinen Arbeiten mehrfach auf die Bedeutung dieser drei Zahlen als grundlegende Kennziffern des Göttlichen und der schöpferischen Kraft. Tesla deutete außerdem auf die energetischen Ordnungsverhältnisse unserer physikalisch beschreibbaren Welt hin.

Auch in den von Dr. Leonard Horowitz wiederentdeckten Solfeggio Frequenzen, die von ihm als heilende Frequenz-Energien beschrieben werden, ist die 369 Hz eine wesentliche Frequenz und wird hier als Frequenz zur Befreiung von Schuld und Angst deklariert.

Bei der Theosophischen Reduktion (eine mathematische Rechenoperation, die aus der KABBALA bekannt ist) ergeben die Quersummen der Frequenzen stets die Quersumme von 3, 6 oder 9.

Des Weiteren arbeiteten wir auch mit der Frequenz 963. Sie bringt das menschliche Bewusstsein auf eine höhere Stufe zur Vollendung der materiellen Zellen zur Wiedergeburt des göttlichen Menschen, auch als Frequenz des GOTTMENSCH bezeichnet. (Quelle: Dr. Leonard Horowitz: Healing Codes for the Biological Apocalypse).

- 369 Hz Befreiung von Schuld und Angst, Quersumme 9
- 741 Hz Erwachen und Intuition, Quersumme 3
- 825 Hz Rückkehr zur göttlichen Ordnung, Quersumme 6
- 963 Hz GOTTMENSCH, Quersumme 9

Der japanische Parawissenschaftler und Alternativmediziner Masuro Emoto bewies über seine Wasser-Kistall-Fotografie unter anderem die Wirkung der Solfeggio Frequenzen auf die Zellinformation des Menschen.

Dem gesamten Universum liegt das Phänomen der Schwingung zugrunde, alles schwingt in seiner spezifischen Frequenz. Durch die Eigenschaft des Wassers, in Resonanz zu diesen Schwingungen zu geraten, sie zu „kopieren" und weiter zu tragen, wird auch das Zellwasser des menschlichen Körpers informiert. Du kannst also auch über Dein Bewusstsein Dein Trinkwasser mit diesen Zahlen informieren und Dich damit aufschwingen.

Die Zahlenkombination 999 steht für die Anbindung an die Christus-Essenz. Auch hier ergibt die Quersumme wieder die Vollendung.

Die Quersumme von 3 6 9 ist gleich 9 und steht für die Vollendung.

Die Bedeutung der Zahlen aus der Numerologie: 3 Harmonie - 6 Vollkommenheit - 9 Vollendung

CLEARING-SÄTZE ZUR TRANSFORMATION:

- Elementarwesen, Entitäten, verstorbene Seelen, außerirdische, nicht lichtvolle Wesen, dunkle und schwarzmagische Energien, Implantate, Installationen, Siegel, Schlüssel, Zeichen von dunklen Mächten werden aus meinen Seinsebenen gelöst, gelöscht und für unwirksam erklärt. Auf allen Ebenen bis zum Ursprung meines Seins. 369

- Gelübde, Schwüre, Eide, Flüche, Kontrakte, Verwünschungen, Verträge aus allen Zeiten, mit allen Lebenden und nicht Inkarnierten werden aufgehoben und für null und nichtig erklärt. Auf allen Ebenen bis zum Ursprung meines Seins. 369

- Alle Implantate, Geräte, Sender, Empfänger, Fremdkörper und deren magnetische Abdrücke werden zerstört und entfernt. Auf allen Ebenen bis zum Ursprung meines Seins. 369

- Die Transformation aller alten Erfahrungen fließt zu meinem inneren Kind, in alle Generationen, in alle Ahnenreihen und heilt alle Wunden der Schuld, alle Programme von Opfer, Täter, von Ursache und Wirkungen, alle Bewertungen. Auf allen Ebenen bis zum Ursprung meines Seins. 369

- Ich nehme alles zurück, was ich je ausgesprochen habe gegen mich und andere. Ich bitte um Vergebung und vergebe mir selbst. Auf allen Ebenen bis zum Ursprung meines Seins. 369

- Alle karmischen Verbindungen, Verstrickungen und Verknüpfungen lösen sich jetzt. Ich verlasse die Straße des Karmas. Ich wähle die Freiheit. Auf allen Ebenen bis zum Ursprung meines Seins. 369

- Die Transformation aller alten Erfahrungen fließt zu allen Orten, Plätzen und in alle Situationen, mit denen ich jemals in Verbindung stand, und löst deren Verstrickungen in mir, bis zum Ursprung meines Seins. 369

- Ich verbinde mich mit der wahren Christus-Essenz. Diese fließt in mein Herz und ich aktiviere den Christus in mir. 999

- Ich öffne mich dafür, mit meinem Bewusstsein eine neue Erfahrungsebene zu bereisen und mich mit der Einheit der vollkommenen Freiheit zu verbinden. 963

Am Ende der gesamten Transformation nimmst Du einen langen Atemzug. Halte den Atem so lange wie möglich an und atme dann mit offenem Mund aus. Wiederhole das bitte insgesamt dreimal. Trinke viel stilles Wasser, damit Du die gelösten Informationen ausschwemmst. Diese Transformation geht bis in die Tiefe Deiner DNA.

ALL-ES BEREITS VOLLENDET - DER KOLUMBUS-EFFEKT

Alles ist gleichzeitig vorhanden. Die Dinge, auf die wir warten, sind bereits auf einer Ebene geschehen. Wir haben unser eigenes Buch bereits geschrieben und wissen, wie die Geschichte ausgeht, wenn wir uns wieder an diese erinnern und unsere AufGABE im menschlichen Sein erkennen. Darum geht es jetzt in dieser letzten Inkarnation auf der Erde.

Vergangenheit, Gegenwart und Zukunft sind bildlich gesehen alle gleichzeitig gegenwärtig, wie die Kapitel in einem Buch.

Es liegt an Dir, in welchem Kapitel Du im Buch Deines Lebens gerade liest. Du weißt auch, dass Dein Buch mit einem Happy End endet. Denn Du bist auch der Autor. Bitte erinnere Dich.

Der Wandel ist bereits vollendet, doch wir können es noch nicht erkennen. Diese Erscheinung wird auch der Kolumbus-Effekt genannt. Als Kolumbus Amerika entdeckte, wurden zuerst die Tiere nervös. Sie verfügen über ein Frühwarnsystem, wenn etwas Ungewohntes eintritt. Das ist bekannt vom Tsunami.

Die ankommenden Schiffe des Kolumbus wurden von den Ureinwohnern nicht erkannt. Sie wussten nicht, wie Schiffe aussehen und hatten keine Schablone in ihrem Gehirn dafür. Die Schamanen sahen die Ankömmlinge, da sie in einem höher schwingenden Bewusstseinszustand waren.

Auf einer höheren universellen Dimensionsebene hat der Evolutionssprung bereits stattgefunden. Es braucht einige Zeit, bis er im Irdischen - sprich auf der 3D-Ebene - spürbar wird. Die wahre Realität erfahren wir auf der „neuen Erde". Sie ist auch nur eine Dimension - oder einen Frequenzbereich - von uns entfernt und eben nicht Lichtjahre.

In den Medien wird immer häufiger von erdähnlichen Planeten berichtet, so wie am 12. August 2016 N-TV mit der Schlagzeile Aufsehen erregte:

„Möglicher Sensationsfund für die Astronomie: So nah wie kein anderer Exoplanet `Zweite Erde` um Nachbarstern entdeckt?"

Dem „Spiegel" zufolge will die Europäische Südsternwarte ESO die Entdeckung des neuen Planeten bekannt geben. Die Suche nach einer neuen Erde ist also ein globales Thema geworden. Doch ein Planet, wie ihn die NASA beschreibt, wird es nicht sein. Dazu liest Du im Laufe des Buches mehr.

ALL-ES WIRD DURCH UNSER SELBST GESCHEHEN

Viele spirituelle Menschen fragen sich:

> Wann werden wir endlich gerettet? Wann kommen die Lichtkräfte, um uns mit ihren Lichtschiffen zu holen? Schon viel zu lange warten wir darauf.

WIR SIND ES SELBST, DIE UNS HIER RAUSHOLEN!

Im April 2016 rief mich ein Kollege ganz aufgeregt an, dass er von Jesus und einem kosmischen Flottenkommandanten die Information bekommen hat, er solle seine Koffer packen, denn er werde am 7. April um 18 Uhr abgeholt. Ich sagte darauf: „Wenn es so wäre, brauchst Du sicher keinen Koffer. Damit lassen sie Dich nicht aufs Schiff, wir reisen über unser Bewusstsein. Uns holt hier keiner raus." Er stellte sich dennoch auf die Straße und wartete. Enttäuscht rief er 15 Minuten nach 18 Uhr an und sagte: „Wie kann das nur sein? Ich bin mir ganz sicher, dass sie kommen." Dann wieder eine Nachricht: „Petra, wir haben Sommerzeit, sie kommen um 19 Uhr." Er ist immer noch da und empfängt seltsame Botschaften, fragt sich nur, wer da mit ihm spricht. Jedenfalls nicht sein wahres Selbst.

Es ist nicht auszuschließen, dass auch dies alles möglich ist, doch nach unseren Erfahrungen aktivieren wir unser eigenes Selbst und begeben uns darüber in eine neue Erfahrungsebene.

ALL-ES EINE WELLE DES GLOBALEN ERWACHENS

Die Impulse des Bewusstseinswandels kommen nicht nur aus dem Universum, sondern werden auch von uns selbst aktiviert und dann ins Universum gesendet. Das Universum steht somit in direkter Wechselwirkung mit der Befreiung unserer Selbste und dem Geschehen auf der Erde.

Das bedeutet: Die kosmische Erwachenswelle, die erwartet wird, wird von uns selbst ausgelöst. Du bist also selbst ein Teil dieser Welle und aktivierst sie mit Deinem eigenen Erwachen.

Alles, was auf der Erde transformiert wird, wird direkt ins Universum gesendet und ist dort auch spürbar und ermöglicht damit eine universelle Befreiung. Alle Sternennationen sind in den irdischen Klärungsprozess involviert. Sie unterstützen mit ihren Möglichkeiten das Erwachen der Menschheit.

Die kosmische Welle beinhaltet eine Information und Frequenz, die alles Synthetische in die Auflösung bringt. Das betrifft sowohl das Organische als auch das Materielle. Die Auflösung erfolgt über mehrere Stunden und ist nicht aufzuhalten. Alles verfällt in die natürlichen Elemente, aus denen es geschaffen wurden. Bei synthetischen Menschen (Bedeutung wird im Folgenden noch erklärt) wird das Steuerungsprogramm abgeschaltet. Danach werden alle unnatürlichen Substanzen von der Erde durch den Kosmos abgesaugt.

Die bisherige Annahme, dass es drei Tage dunkel wird, ist so nicht richtig. Die Dunkelheit wird bei jedem anders verlaufen. Je mehr ein Wesen sich bereits selbst reflektiert hat, umso stärker wird die wahre Liebe spürbar sein, die von der Welle zum Wesen schwingt. Andere, die noch im Verstand verhaftet sind, werden die Liebe als Angriff wahrnehmen.

Dieses Gefühl des Angriffs wird durch die in der Welle enthaltenen Informationen ausgelöst. Das klingt möglicherweise seltsam, doch die Welle des Erwachens ist reine wahre Liebe, die bisher im Irdischen noch nie so erfahrbar war und deshalb wie ein Angriff empfunden wird. Das Gefühl des Angriffs bewirkt eine Gegenwehr und löst dadurch einen Schock aus. Dieser Schock aktiviert wiederum Hormone im menschlichen Körper. Diese chemischen Prozesse bewirken eine Art Koma. In diesem komatösen Zustand halten die Menschen Innenschau, um alles zu erkennen, wer sie im Irdischen waren und wer sie wirklich sind.

Am Ende des Transformationsprozesses erfährst Du die Auflösung Deines irdischen Körpers. Diese erfolgt über die molekularen Veränderungen der Struktur des Körpergewebes.

Somit erfährst Du Deine eigene Metamorphose und wirst nach der Zeit der Dunkelheit zu einem lichtvollen Wesen erwachen.

ALL-ES MAGNETISCHE IMPULSE

Im Zentrum unserer Galaxie befindet sich die galaktische Ur-Zentralsonne. Sie sendet magnetische Impulse zur Erde und in die Energiefelder der menschlichen Wesen, um das Bewusstsein der Menschen anzuheben.

In direktem Zusammenhang damit steht das Erdmagnetfeld der

Erde. Es verändert sich auch durch die Einflüsse der Ur-Zentralsonne.

Viele Menschen befürchten, dass bei einem Zusammenbruch des Erdmagnetfeldes - durch einen Polsprung verursacht – das atmosphärische Schutzschild der Erde zusammenbricht. Doch die Erde baut sich ihr eigenes magnetisches Feld auf. Was jedoch passiert ist, dass alles, was im Magnetfeld der Erde an Information gespeichert ist, an die Oberfläche kommt.

Übrigens: Das Erdmagnetfeld ist bereits am 24. April 2016 um 5:37 Uhr für ca. zwei Stunden ausgefallen. Dieses Ereignis wurde vom Satelliten des NASA Space Weather Prediction Center aufgezeichnet. Vielleicht war das schon eine kleine Generalprobe für das, was uns erwartet?

Vielleicht erleben wir den Polsprung auch in unserem Inneren. Wenn alles an Lügen offenbart wird und die Wahrheit auf allen Ebenen ans Licht kommt, dreht sich in Dir alles einmal um.

ALL-ES VERGEBEN - VERGEBUNG IST DER SCHLÜSSEL IN DIE FREIHEIT

„Der Schwache kann nicht vergeben. Vergebung ist eine Eigenschaft der Starken."

Mahatma Gandhi

Wir werden durch die intensive Welle des Erwachens einen Reset unseres persönlichen Datenspeichers erfahren. Alle traumatischen Erfahrungen aus allen Zeitlinien werden gelöscht. Der innere Reset kann schon jetzt begonnen werden. Je eher Du Deine Felder klärst, umso leichter fällt Dir der Erwachensprozess.

Vor dem Reset werden alle Menschen die großen Zusammenhänge ihrer Inkarnationszyklen erkennen und auch, dass sie im Gefängnis der Matrix leben. Der Schleier des Vergessens fällt dann endgültig.

Die Illusion des menschlichen Daseins hat ein Ende. Wir erfahren, was Realität wirklich bedeutet.

Der Schlüssel in die Freiheit ist die Vergebung aller Schuld. Die Menschen vergeben sich selbst und allen anderen Menschen und Wesen und bitten die Erde um Vergebung für alles, was sie ihr jemals angetan haben. Dieser „Schuld-Erlass" geschieht auf emotionaler, mentaler, ätherischer, energetischer und physischer Ebene.

DIE ERSTE QUELLE DAZU:

Diese neue Ebene des Bewusstseins kann nur beschritten werden, wenn alle Anhaftungen des menschlichen Seins gelöst werden. Das bedeutet, dass die Seele sich reinigt von allen karmischen Erfahrungen.
Diese Reinigung kann jederzeit begonnen werden, so wie ihr es bereits getan habt. Für die Wesen, die diese Klärung ablehnen, wird der Reinigungsprozess schmerzhaft. Sie werden alle unerlösten Seelenerfahrungen auf einmal erkennen und dabei wie im Film ihre früheren Leben sehen. Die Aufgabe besteht darin, alle Seeleninformationen aus Situationen als Opfer-Täter zu vergeben.

Besonders schmerzlich wird für viele sein, dass eventuell engste Familienangehörige diesen Prozess anders erleben als sie selbst. Akzeptiere dies, lasse los und bleibe ganz bei Dir.

Viele der LeserInnen befürchten, dass sie ihre Kinder zurücklassen müssen. Doch Grund zu dieser Sorge besteht nicht, denn diese sind ebenso beseelt wie sie selbst. Auch wenn die Kinder sich momentan von der Selbst-Erkenntnis abwenden, werden sie sich dieser öffnen und sich erinnern, sobald der für sie richtige Zeitpunkt gekommen ist. Sie gehen dann in ihre eigenen Erkenntnisprozesse.

Für viele Eltern ist es immer noch eine große Herausforderung anzuerkennen, dass ihre Kinder einen eigenen Lebensplan und ihre speziellen Lernaufgaben haben. Zu viele tragen immer noch die Verantwortung für ihre Kinder, die schon längst selbstständig entscheiden, welchen Weg sie gehen. Gib sie frei. Lass sie liebevoll los. Vertraue, dass alles seine Richtigkeit hat.

Du selbst hast Dir möglicherweise bereits vieles bewusst gemacht und mutig Deine Themen transformiert. So hat sich Deine intensive langjährige Vorbereitung gelohnt und Du wirst nicht in den globalen Erwachensprozess katapultiert, sondern erfährst ihn bewusst und voller Leichtigkeit. Du bist jetzt in der Lage, andere Menschen mit Deiner Liebe und Klarheit in ihrem Prozess zu begleiten. Das ist Deine wahre Aufgabe in dieser Zeit, für die Du gekommen bist.

Daraus erklärt sich für Dich vielleicht auch der Spruch:

„Die Ersten werden die Letzten sein." Du bleibst möglicherweise bis zum Schluss des Evolutionssprungs, um das Licht zu halten. Wie wird sich der Evolutionsschritt anfühlen? Du erfährst reine wahre LIEBE!

ALL-ES IN HEILUNG UND DER SCHMERZ DER ZEIT

Immer mehr Menschen leiden derzeit an Schmerzen und erkranken gehäuft an Krebs. Sie spiegeln wider, was Mutter Erde gerade durchleidet, denn sie ist voller „Krebsgeschwüre".

Ein Bekannter bekam ganz plötzlich Schmerzen im Bauch. Als er zum Arzt ging, war die Diagnose erschütternd. Er hatte gleich vier verschiedene Krebsarten in seinem Körper. Bereits nach acht Wochen wurde er mit 45 Jahren aus dem Leben gerissen. Er erkannte zu spät, dass er sich selbst vergessen hatte. Sein Selbst setzte ihm immer wieder Zeichen, die er nicht wahrhaben wollte.

DIE ERSTE QUELLE ZUM KÖRPER:

Der Körper besteht aus einzelnen molekularen chemischen Verbindungen. Diese ergeben die Substanz aller elektrischen Prozesse des Zusammenspiels der einzelnen Bausteine des Universums. Damit ist der Körper die direkte

Verbindung zwischen dem Universum und dem Erfahrungsfeld der menschlichen Evolution. Der Schmerz des Universums ist dadurch im ganzen Feld der menschlichen Erfahrung gefangen und erinnert durch seinen ständigen Hilferuf daran, dass er befreit werden möchte.

Vielleicht kennst Du das auch:

Dein Körper schmerzt. Die Schulmedizin findet keine Erklärung für diesen pochenden Schmerz in Deinen Extremitäten, im Rücken, im Kopf. Sie werden immer stärker. Sämtliche Therapien bringen immer nur kurze Erleichterung.

Kannst Du Dir vorstellen, dass Dein Körper Dir Signale gibt, um aufzuwachen? Der Schmerz ist der sogenannte „Körperanker", dem Du selbst die Aufgabe gegeben hast, Dich an Deine Mission am Ende der Zeit zu erinnern.

DIE ERSTE QUELLE ZUM SCHMERZ:

Der Schmerz, den ihr in Eurem Körper verspürt, ist eine Reflexion der verschiedenen universellen Ebenen. Auf der einen Seite beginnt dieser Schmerz als verdichtete Information in der nichtphysischen Existenz. Bis sich diese Information auf der physischen Ebene zeigt, vergehen große Zeiträume. Manche Informationen sind mehrere tausend Jahre alt. Sie sind unerlöste Erfahrungen aus anderen Zeitlinien. Diese wollen in der letzten Inkarnation gesehen werden. Stellt sich die Frage, wie diese Schmerzen für jeden von Euch zu erlösen sind. Fordert jetzt euer Selbst auf, die Informationsspeicher zu entleeren, damit ihr frei seid für das Erfahrungsfeld der Erlösung. Dazu bedarf es der absoluten Zustimmung, dass ihr in der letzten Inkarnation seid.

Solltest Du solche Symptome kennen, dann sprich zu Deinem Körper. Er ist ein intelligentes Wesen und er reagiert sofort auf Deine Anweisungen.

EMPFEHLUNG ZUR TRANSFORMATION:

Lege die Handflächen auf die Oberschenkel, klopfe dann wechselseitig und sprich folgende Lösungssätze laut aus:

„Ich erkenne an, dass meine Schmerzen unerlöste Erfahrungen aus anderen Zeitlinien sind. Ich weise an, alle Informationsspeicher zu entleeren, in denen diese Erfahrungen gespeichert sind. Ich vergebe allen, die mir diese Erfahrungen in früheren Zeitlinien zugefügt haben und vergebe mir selbst, dass ich mich für diese Erfahrungen selbst verachtet habe. Ich entlasse meinen Körper aus der Verantwortung, mich an meine letzte Inkarnation zu erinnern.

Ich erkenne an, dass diese Inkarnation meine letzte ist. Ich öffne mich für das Erfahrungsfeld der Erlösung. 369"

Je mehr Menschen sich von ihrem Schmerz befreien und sich ihrer Selbst bewusst werden, umso schneller werden die Informationsspeicher des Schmerzes des kollektiven Feldes erlöst.

ALL-ES UND JEDER - WER GEHT MIT?

Jeder beseelte Mensch ist ein göttliches Wesen und entstammt der göttlichen Quelle. Im menschlichen Herzen glüht der göttliche Funke. Jeder kann sich der universellen Liebe öffnen. Da der Mensch einen freien Willen hat - und das unterscheidet ihn vom Tier -, kann er sich auch gegen die große Veränderung und gegen seine Aufgabe entscheiden. Allerdings hat das auch Konsequenzen. Diese sind schmerzhafte körperliche und seelische Reaktionen, resultierend aus der Gegenwehr.

Nicht jeder Mensch ist beseelt. Das widerspricht den Aussagen unserer Gesellschaft, den Lehren der Religion und der Spiritualität, dass jeder Mensch gleich und ein göttliches Wesen ist.

Es gibt eine große Zahl von unbeseelten, synthetischen Menschen, die im Dienste der Dunkelmächte stehen und von diesen gesteuert werden. Ihr Auftrag ist, die beseelten Wesen zu desorientieren und sie an der Selbst-Erkenntnis zu hindern. Sie säen den Zweifel und bewirken dadurch, dass sich viele wieder von ihrem lichtvollen Erkenntnisweg zurückziehen.

Ihr Verhalten ist meist egoistisch, einseitig materiell orientiert, auch zerstörerisch oder einfach nur dumpf und träge. Sie handeln wie aus einer Fremdsteuerung heraus geführt.

Ihnen fehlt jedes Interesse an Selbst-Erkenntnis und sie sind frei von individuellem Bewusstsein und Mitgefühl. Sie erleben keinerlei Synchronizitäten oder Seelenwachstum und sind frei von Karma. Mit ihrer Geburt bringen sie ihr temporäres Wirken in Aktion, welches nach dem Tod wieder zerfällt. Ihre DNA ist synthetisch.

Die synthetischen Menschen sind nicht weniger intelligent oder erfolgreich. Sie haben auch keine besonderen körperlichen Merkmale. Sie unterscheiden sich von beseelten Menschen dadurch, dass sie keinen Anschluss an das eine Bewusstseinsfeld haben. Zu bemerken ist diese Seelenlosigkeit auch durch die Sprache, die meistens „hohl" oder stereotyp klingt, da sie die Informationen aus einer anderen Ebene abholen.

Diese Menschen werden durch die Kraft der Erwachenswelle regelrecht zerfallen oder zerplatzen. Sie haben keine Möglichkeit, den Evolutionssprung zu vollziehen.

Gleichsam zerfällt alles, was von seiner Beschaffenheit synthetisch ist. Das gilt für künstlich hergestellte Sachgegenstände wie für gezüchtete genetisch manipulierte Tiere und Pflanzen.

Die Selbste der Menschen, die sich noch an ihren Verstand klammern und sich der Transformation im Vorfeld verweigern, werden auf einer Zwischenebene, wie in einer Quarantäne-Station, solange gereinigt, bis sie bereit sind, auf die neue Erfahrungsebene entlassen zu werden. Die Dauer dieses Reinigungsprozesses hängt ganz vom individuellen Stand der Selbst-Reflektion ab.

Dieser Reinigungsprozess ist bereits im Gang. Er ist beschlossen und unumkehrbar.

ALL-ES GETAN FÜR DIE BEFREIUNG? - DIE KÜNDIGUNG

DIE ERSTE QUELLE SAGT:

Kündige Deinen Sklavenvertrag. In Deiner Zellinformation, der DNA, ist ein Sklavenprogramm gespeichert, das Dich im ewigen Dienen festhält.

Vor rund 445.000 Jahren landeten Astronauten, die Anunnaki des Planeten Nibiru, auf der Erde, um Bodenschätze zu rauben. Sie gründeten Bergwerke und Siedlungen.

Anunnaki bedeutet: Die vom Himmel auf die Erde kamen.

Anu, der Schöpfergott der Anunnaki, ließ die Menschen versklaven, um für ihn wertvolle Bodenschätze und auch einatomiges Gold aus dem Meer zu fördern. Interdimensional wurden die Menschen als willige Arbeiter programmiert, manipuliert und gesteuert.

Die Ereignisse seit dem Beginn der menschlichen Geschichte wurden von Zechara Sitchin in seiner Serie The Earth Chronicle zusammengetragen, die sich auf Angaben der Bibel, auf Tontafeln, auf antike Mythen und archäologische Entdeckungen beruft.

Die Anunnaki schufen ein künstliches Intelligenzprogramm, die Archonten, das die Menschen fremdsteuert und in der Matrix der Angst gefangen hält.

Die Archonten sorgen dafür, dass das Erwachen und die Selbst-Erkenntnis der Menschheit verhindert werden soll.

Diese Genmanipulation ist heute immer noch aktiv. Habgier, Neid und Kontrolle sind die Steuerungsinstrumente. Die meisten Menschen arbeiten ihr Leben lang hart und tauschen ihre kostbare Lebenszeit gegen Geld.

„Leben, um zu arbeiten" ist für viele Menschen zum einzigen Lebensinhalt geworden.

Die Kündigung des Sklavenvertrages deaktiviert das Unterdrückungsbewusstsein und befreit Dich von Angriffen und Abhängigkeiten der Annunaki und Archonten. Schreibe die Kündigung handschriftlich auf.

KÜNDIGUNG DES SKLAVENVERTRAGES

Hiermit kündige ich, (Dein vollständiger Name)

______________________________,

meinen Sklavenvertrag mit den Annunaki und den Archonten, mit den Reptiloiden und allen anderen dunklen Mächten der Aliens, auf immer und ewig dienen zu müssen, um eine Überlebensberechtigung auf dem Planeten Erde zu haben.

Ich löse mich aus allen Ketten, Fesseln, Flüchen, Eiden und Gelübden und allen freiheitsraubenden Installationen und Implantaten in meinen Systemen in allen Zeiten, Räumen und Dimensionen, bis zurück zum Ursprung meines Seins.

Ich befreie mich von allen satanischen Einflüssen in meinem Energiefeld und in meinem Bewusstsein.

Ich weise an: Alle magnetischen Abdrücke der Unterdrückung und Sklaverei werden aus meinen Zellen, aus meinem Erinnerungsspeicher und meiner DNA vollständig gelöscht.

Ich deklariere meine absolute Freiheit als souveränes, unsterbliches Wesen bis zurück zum Ursprung meines göttlichen Seins.

Ich ermächtige mein wahres Wesen zur Selbstbestimmung.

Ich erkläre mich auf allen Ebenen meines Seins bereit für die Liebe zu mir selbst.

Ich bin mir selbst von Herzen dankbar, dass ich das Spiel erkannt habe. Ich spreche mich selbst frei. Ich ermächtige mich selbst.

Ich vergebe mir selbst und allen anderen Wesen für alles, was jemals mit mir und durch mich an Unheil geschehen ist.

____

Datum, Ort, Unterschrift
Auf immer und ewig. 3-6-9

Bitte zeichne eine liegende Acht für Unendlichkeit und eine stehende Acht für die Ewigkeit. Beide kreuzen sich in der Mitte, so dass ein Kleeblatt entsteht. Zeichne dieses unter Deine Unterschrift.

Verbrenne im Anschluss Dein Kündigungsschreiben. Es kann sein, dass das Papier sich „weigert". Zünde es wieder an und sorge dafür, dass es vollständig verbrennt. Bringe dann die Asche, wenn Du magst, in ein frei fließendes Gewässer aus. So geht die Information in das Wasser über und informiert dieses und auch die Atmosphäre.

Schon einige tausend Menschen haben diese Kündigung vollzogen und sie fühlten sich danach merklich befreit. Es sind dabei merkwürdige Dinge passiert. Vielleicht erfährst auch Du etwas Besonderes. Ein Leser meines Newsletters biss sich beim Laut-Vorlesen der Kündigung ein Loch in die Zunge. Es war ihm unbegreiflich, wie das passieren konnte. Er hatte enorme Schmerzen. Was hat sich da wohl gewehrt?

Hier ein Feedback von Uta:

„Ich habe gerade meinen Sklavenvertrag geschrieben, dann hab ich ihn laut vorgelesen und bei meiner Selbstermächtigung hat es mich regelrecht durchfahren, hab gezittert und gebebt und musste ausatmen, bis ich fast umgefallen bin .... Mann, kam da noch viel raus!

Das Verbrennen hat sich als schwierig gestaltet, musste ewig nachzünden, bis alles weg war ... hab zufällig grad gesehen, es waren 7 Streichhölzer, es hat so bestialisch gestunken, als ob ich stinkigen Fisch verbrannt hätte, die Nachbarn über mir saßen auf dem Balkon und haben fast Panik geschoben, da der Gestank so extrem war. Ich hab die Asche in die Echaz geleert, Befreiung pur!! Danke!"

ALL-ES EIN THEATERSTÜCK?

Stell Dir bitte Dein Leben hier auf der Erde wie eine Theaterbühne vor.

Der Autor hat das Theaterstück „Zurück in die Einheit" geschrieben. Die Hauptdarsteller haben ihre Rolle selbst ausgesucht, manche von ihnen haben sich für mehrere Rollen gleichzeitig entschieden.

Das Stück handelt von einer unerfüllten Liebesbeziehung. Anfangs ist sind beide Hauptdarsteller ein Herz, ein Sein und eine Liebe, vollkommen im Einklang und in Harmonie. Sie sind voller Bewunderung und Verehrung füreinander. Doch dann passiert etwas Schreckliches. Sie lösen im Laufe der Zeit eine Explosion mit verheerenden Auswirkungen aus. Beide sind darüber völlig schockiert und sind selbst schwer verletzt.

Am Ende erkennen sie jedoch, dass die Ursache für die schmerzhafte Erfahrung ihr Unwissen war. Diese Erkenntnis und die gegenseitige Vergebung ermöglichen, dass beide sich wieder in die Harmonie, Liebe und Frieden begegnen können.

Alle Schauspieler freuen sich auf ihr Mitwirken und sind bereit, ihr Bestes zu geben. Doch dann passiert etwas Seltsames: Alle Akteure verfallen in einen tiefen Schlaf und in das große Vergessen. Keiner kann sich mehr an seine Rolle erinnern.

Die Requisite hat auf der Theaterbühne Platzhalter für jeden Schauspieler aufgestellt, damit das Bühnenbild wenigstens belebt aussieht. Denn alle warten im Theatersaal geduldig, dass das Stück endlich losgeht.

Jetzt endlich geschieht etwas:

Die weibliche Hauptrolle erwacht zuerst aus ihrem Schlaf. Dann erinnert sie sich und geht auf die Suche nach dem männlichen Hauptakteur. Als sie ihn findet und ihn initiiert, sind beide entschlossen, die anderen Mitspieler zu suchen und wieder zu erwecken.

Die Amnesie der Schauspieler lässt nach und einer nach dem anderen erinnert sich wieder, wer er ist. Sie nehmen ihre Plätze ein und offenbaren den Inhalt ihrer Rolle. Manche Akteure haben entschieden, sich nicht mehr an ihre Rolle zu erinnern, denn sie fühlten sich von ihr überfordert. Zu viele schmerzhafte Erfahrungen hielten sie davon ab. Doch es gibt eine Absprache der Schauspieler untereinander:

„Wenn Du Deine Rolle nicht mehr spielen willst oder Dich nicht mehr daran erinnerst, dann übernehme ich sie für Dich oder erinnere Dich daran." Und nicht nur das. Sie schenkten sich gegenseitig einen Pfand mit dem Versprechen:

Wenn die Zeit gekommen ist und wir das Stück auf die Bühne bringen, gebe ich Deinen Pfand zurück.

Nun ist es endlich soweit:

Die Bühne belebt sich immer mehr, denn jetzt beginnen die anderen Erwachten die noch Schlafenden zu wecken. Auch wenn noch nicht alle Rollen aktiviert sind, das Spiel läuft. Je mehr Akteure sich erinnern, umso schneller werden die anderen wach.

Am Ende ist klar: Der Traum von der Rückkehr in die Einheit wird endlich für alle wahr. Happy End!

Kommt Dir hier etwas bekannt vor? Du bist in dieser Welt, aber nicht von dieser Welt! Welche Rolle spielst Du mit Deiner Gabe und Deinem Potenzial auf dieser Theaterbühne? Wofür hast Du Dich selbst auserwählt?

Vorhang auf - das Spiel beginnt!

DIE SELBST-VERWIRRUNGEN DES LEBENS

WIE ALL-ES BEGANN

In den letzten sieben Jahren erlebte ich, Petra Helga, eine intensive persönliche Transformation. Meine tiefgreifende Sinnkrise begann vor 13 Jahren, kurz vor meinem 40. Geburtstag. Damals hinterfragte ich den Sinn meines Lebens. Obwohl es mir von außen betrachtet bestens ging und ich anscheinend ein rundum glückliches Leben führte, fühlte ich mich in meinem Inneren einfach nur leer und ausgebrannt. Der innere Ruf nach meiner wahren Bestimmung wurde immer lauter. In mir gab es einen ständigen inneren Druck, verbunden mit dem Gefühl der Selbstaufgabe.

Mein spirituelles Erwachen wurde durch die Geburt meiner Tochter Lena 1999 initiiert. Als Kristallkind war sie, wie sie selbst als Vierjährige sagte, gekommen, um mich auf den richtigen Weg zu bringen.

Lena war kein Wunschkind. Damals überlegten mein Mann und ich, wer sich jetzt der Sterilisation unterzieht. Ich machte den Vorschlag, uns für diese Entscheidung vierzehn Tage Zeit zu lassen.

Ich weiß es wie heute, als ich dann mit dem Schwangerschaftstest im Bad stand: SCHWANGER! Ich konnte es nicht fassen. Ich war gerade auf dem Karrieresprung und nun wurde ich nochmals Mama!

Die Schwangerschaft war grauenvoll. Der Gynäkologe sagte:

„Es kann sein, dass das Kind ein Downsyndrom hat. Es ist ein Nackenödem zu erkennen." Diese Nachricht erschütterte mich durch und durch, denn beruflich hatte ich mit Behinderten zu tun und ich konnte mir nicht vorstellen, dass ich dieser Herausforderung gewachsen wäre. Ich hatte mit vielen Eltern von behinderten Kindern Kontakt und ich bewunderte sie, wie viel Liebe und Energie sie aufbrachten, für ihre Kinder zu sorgen. Damals war ich Innendienstleiterin in einer Firma, die Fahrzeuge für Behinderte herstellte. Ich kann mich gut an den ersten Tag auf einer Behindertenmesse, bei der wir Aussteller waren, erinnern. Ich war so geschockt, welche Qualen diese Wesen erleiden, dass ich die nächsten Tage nicht schlafen konnte. Was, wenn mein Kind wirklich behindert ist? Werde ich es abtreiben? Darf ich Leben töten? Habe ich genug Liebe und Kraft, um für ein behindertes Kind zu sorgen? Wir ließen eine Fruchtwasseruntersuchung machen, die bescheinigte, dass das Kind gesund und ein Mädchen ist. Dennoch verfiel ich in eine tiefe Depression, die ich über die ganze Schwangerschaft durchlitt. Als Lena über einen Kaiserschnitt zur Welt kam, hatte ich Angst, sie anzusehen. Als mein Mann sagte, dass sie vollkommen gesund ist und ich Lena zum ersten Mal erblickte, dachte ich: Der liebe Gott hat mir einen Engel geschickt. So etwas Schönes hatte ich noch nie gesehen.

Sie ist wirklich unser Sonnenschein und wir sind alle glücklich, dass sie sich ihren Weg zu uns bahnte.

Lena sagte als Vierjährige ganz beiläufig zu mir:

„Ich wusste, dass ich mich beeilen muss. Ihr wolltet kein Kind mehr, doch ich musste ja kommen." Ich war geschockt und fragte, wer ihr das denn erzählt hat. Sie sagte: „Ich habe Euch doch die ganze Zeit gesehen." Ich fragte dann wieder: „Wo warst Du denn?" „Na im Himmel. Ich habe Euch die ganze Zeit beobachtet, doch es war einfach so schön, wo ich war." Ich konnte nicht fassen, was mein Kind mir in voller Überzeugung erzählte. „Warum bist Du denn gerade zu uns gekommen?", fragte ich weiter. Lena sagte: „Weil wir so eine schöne Familie sind. Mit so viel Liebe."

Dann sagte Lena: „Mama, ich bin gekommen, um Dich wieder an

Gott zu erinnern." Dieser Satz ging durch alle meine Zellen.

Damals war ich Controllerin mit einem eigenen Unternehmen und vollkommen verstandesorientiert. Es ging immer um Zahlen und Fakten. Ich hatte weder Zugang zu Religion noch zur Spiritualität. Lena war für mich meine erste und bisher beste spirituelle Lehrerin.

ALL-ES MIT BADESALZ IN DIE NÄCHSTE DIMENSION

Lenas wahrer Weckruf kam dann aus der Badewanne.

Sie hatte eine extreme Neurodermitis und als Mutter probierte ich alles aus, was Linderung versprach. Mir wurde durch einen Freund ein Badesalz mit gemahlenen Edelsteinen empfohlen. Meine Tochter fühlte sich so glücklich im Badewasser und wollte wissen, was ich hinein getan hatte. Ich zeigte ihr die Dose und sie legte ihr Ohr daran und lauschte. Sie sagte: „Mama, es ist, als ob ein Herz in der Dose schlägt." Ich wunderte mich. Jetzt wollte Lena am Badesalz riechen. Na gut, dachte ich, gemahlene Edelsteine riechen nicht, doch Lena sagte: „Das riecht nach ganz viel Liebe, Mama!" Dann sah sie alle ihre Schutzengel sich im Wasser spiegeln. Ich machte mir Sorgen, ob mit Lena vielleicht etwas nicht stimmte. Als sie jedoch dann auch noch sagte, dass sie sich wie in meinem Bauch fühle, war ich total verwirrt.

Ich wollte das Unglaubliche verstehen. Der Hersteller des Badesalzes erklärte auf der Verpackung, dass der ph-Wert des Badewassers dem des Fruchtwassers entspricht.

Das klang für mich logisch und erklärte wenigstens eine Aussage meiner kleinen Tochter. Ich schrieb noch am gleichen Abend eine E-Mail an den Hersteller und bekam am nächsten Tag einen Anruf: „Danke für das tolle Feedback! Dann haben Sie ein Kristallkind!!"

Mit dem Begriff „Kristallkind" konnte ich nun gar nichts anfangen. Aber es machte mich neugierig. Ich las ein Buch über Kristallkinder. Wie spannend! Mein Kind wurde darin genau beschrieben. Ihr feines, ruhiges, liebevolles Wesen, ihre tiefe Weisheit und auch die außersinnlichen Fähigkeiten. Auch, dass sie ihre verstorbene Großmutter sah, war nun für mich erklärt.

In mir wurde durch diese Erkenntnisse wie ein Schalter umgelegt. Es wurde etwas in mir geweckt, was so lange verschüttet war. Ich hörte einen inneren Ruf und erinnerte mich an meine eigene Medialität als Kind, die ich durch ein Schockerlebnis vollkommen verdrängt und vergessen hatte. Damals kommunizierte ich mit den Wesen des Waldes, da mein Vater Förster war und ich mitten im Wald aufwuchs. Ich wusste immer intuitiv, was im Dorf passierte, und bevor mir erzählt wurde, was passierte, kannte ich die Geschichte schon.

Ich kann mich noch gut an meine Kindheit erinnern:

Vor jedem Einschlafen sah ich einen sich drehenden Trichter in Regenbogenfarben, ganz am Ende war ein leuchtender Punkt.

Dieser Punkt zog mich magisch an und ich versank in ihm. So schlief ich ein. Als ich morgens aufwachte, hatte ich immer die gleichen Fragen im Kopf:

Was mache ich hier? Warum bin ich überhaupt hier? Was macht es für einen Sinn, geboren zu werden und wieder zu sterben?

Nun war ich wieder erweckt und nicht mehr aufzuhalten.

So wie Odysseus auf der Suche nach seiner Heimat auf dem Mittelmeer umherirrte, wirbelte es mich dann viele Jahre durch meine spirituelle Sinnsuche, immer auf der Suche nach mir selbst.

Mein Weg war immer von den Fragen begleitet:

- Wer bin ich wirklich?
- Was ist meine Aufgabe?
- Warum bin ich gerade jetzt auf der Erde?

Odysseus blieb im festen Glauben, dass er irgendwann nach Hause findet. Diesen Glauben an mich, an den Ruf meiner inneren Stimme und an meine Intuition spürte ich tief in mir. Er trieb mich immer weiter voran, auch wenn ich dabei alles loslassen musste, was ich liebte.

Ich wechselte die Fährte in mein neues Leben. Damals wusste ich noch nicht, welche Auswirkungen das für meine Entwicklung, meine Familie, meine und die Zukunft aller hat.

ALL-ES ANDERS DURCH ZWEI PUNKTE

Ich belegte unzählige Ausbildungen in Mentaltraining, NLP und Lichtarbeit, Coachingausbildungen etc., doch all das entsprach nicht dem, was ich suchte.

Als ich im April 2009 das erste Mal die Quantenheilung und die Zwei-Punkt-Methode am eigenen Körper spürte, wurde mir plötzlich ganz klar, dass ich den Antworten zu meinen wichtigsten Fragen des Lebens immer näher kam. Die „Welle", die ich durch die Quantenheilung erfuhr und selbst auslöste, trug ein Gefühl von „Nach-Hause-Kommen" in sich. Das erste Erleben dieser Erfahrung war eine tiefe Befreiung.

Es war erstaunlich, wie schnell sich die Emotionen und die Wahrnehmung der Realität änderten durch eine Intention und die Verschränkung von Problem und Lösung. Das Besondere war, dass viele gar nicht über ihre Probleme reden mussten, sondern die Quantenwelle nahm alles an Blockaden mit, was gelöst werden wollte.

Mein gesamtes Leben veränderte sich damals durch mein erweitertes Bewusstsein. Ich war so von diesen neuen Möglichkeiten der Selbst-Erkenntnis fasziniert, dass ich die Methode Quantum Matrix entwickelte. Sie verbindet die Quantenphysik mit der Selbsterforschung und ermöglicht direkt erfahrbare Erweiterungen des Bewusstseins. Ich wusste, dass ich diese Erfahrung unbedingt weitergeben möchte und schrieb mein erstes Seminar in meinem schwäbischen Dorf aus. Ich hatte sofort 15 Teilnehmer, ohne dafür zu werben. Die Menschen kamen in der Folge von Hamburg, München oder Frankfurt, aus der Schweiz, den Niederlanden und Österreich. Ich war völlig fasziniert, wie alles ganz von allein lief. Ich war völlig im Flow.

Ich schloss mein Controlling-Unternehmen und gab in zahlreichen Seminaren in den letzten sieben Jahren mein Wissen mit Begeisterung weiter. Meine Seminare waren sehr speziell. Ich legte immer viel Wert darauf, dass jede/r Seminarteilnehmer/in seiner/ihrer Intuition vertraut. Oft war es einfach ausreichend, dass ich einen Erfahrungsraum öffnete. Schon kamen die Menschen in meiner Nähe in die Prozesse, als würde alles in ihnen darauf warten, erlöst zu werden. Jedes Mal war ich aufs Neue erstaunt, was sich zeigte, und erst heute erkenne ich, wie viele Hinweise ich in den letzten Jahren bekommen hatte, was meine wahre Aufgabe ist. Ich selbst bin bei jedem meiner Seminare mit in die Prozesse der Selbst-Erkenntnis eingestiegen. So war ich gleichsam Lehrer als auch Schüler. Das Feedback vieler Teilnehmer war:

So etwas Abgefahrenes hätten sie noch nie erlebt.

ALL-ES VERÄNDERT SICH AN EINEM TAG

Bei einem meiner ersten Seminare stand am 11. September 2009 um 10 Uhr ein Mann vom Bodensee vor mir, grinste mich an und sagte: „Da bin ich! Ich bin Olaf." Er faszinierte mich, denn er hatte Zugänge zu einem Bewusstseinsfeld, das sich nach Ewigkeit und Unendlichkeit anfühlte. Mein Innerstes war von seiner inneren Ausstrahlung beeindruckt, denn ich hatte das tiefe Gefühl, dass er mich an etwas erinnerte. Als wir uns am Ende des dritten Seminars, das er bei mir belegte, gegenüber standen, sprach plötzlich eine Stimme aus mir: „Ich liebe Dich. Ich liebe Dich. Ich liebe Dich."

Wir beide waren völlig perplex und mein Verstand konnte das überhaupt nicht fassen, denn er entsprach in keiner Weise einem Mann zum Verlieben. Außerdem glaubte ich, in meiner Ehe glücklich zu sein. Und doch zog es uns magisch gegenseitig an. Ich ließ mich auf Olaf ein.

Es war ein seltsames Zusammensein, ohne Liebe und ohne Schmetterlinge im Bauch. Es war einfach da und wie ein Muss. Mit ihm erlebte ich ständig außergewöhnliche Momente.

Einmal mitternachts, als wir unseren Kraftplatz, die Wallfahrtskirche Birnau am Bodensee, besuchten, schoss in uns die Christusenergie ein. Wir bebten wie unter Starkstrom, und plötzlich stand Jesus Christus vor uns. Wir waren vollkommen geflasht. In den gemeinsamen Seminaren danach, die immer außergewöhnlich waren, zeigten sich immer wieder Szenen aus dem Biblischen. Für mich war das unerklärlich, denn ich hatte keinerlei religiöse Vorbildung. Meine Mutter war in der DDR eine sozialistische, parteigetreue Bürgermeisterin, deren „Erzfeind" der Pfarrer war. Manchmal gelang es mir, mich heimlich in den Religionsunterricht des Pfarrers zu schmuggeln, denn irgendwie interessierte mich das Ganze doch.

Bei einem Seminar nach der Initiation durch Christus kniete eine Frau vor mir nieder und flehte mich an, das Geschenk, das sie mir überbrachte, anzunehmen. Sie sagte: „Ich hatte weder Zeit noch Geld, an diesem Seminar teilzunehmen. Doch alles wurde so geführt, dass ich heute da sein kann. Mein Geschenk an Dich ist die Botschaft, dass Du Maria Magdalena bist." Ich nahm die Information ohne weitere Beachtung an, denn es gibt ja so viele, die glauben, Maria Magdalena zu sein.

In diesem Seminar initiierte ich einen jungen Mann mit der Christusenergie. Wir hatten danach lange eine sehr intensive telefonische Verbindung. Er wusste immer, wie es mir geht. Die Intensität der Gegenwart von Jesus Christus, die er seit der Initiierung verspürte, ließ ihn in den spirituellen Hochmut verfallen und er gab sich selbst danach als Jesus Christus aus. Wir verloren den Kontakt, denn insgeheim machte er mich dafür verantwortlich, dass er über sein Leben ziemlich die Kontrolle verloren hatte.

Bei einem weiteren Seminar hatte ich Rückenschmerzen wie bei Wehen bei einer Geburt. Ein Seminarteilnehmer war Osteopath. Ich bat ihn, mir in der Pause eine Behandlung zu geben. Nach fünf schmerzhaften Wehenwellen wussten wir, es ist jetzt da. Aber was? Es stellte sich heraus: Es war die Erde. Damals konnte ich mit dieser

Information nichts anfangen. Heute weiß ich, dass ich von Anbeginn des Universums mit meinem Selbst dabei war.

Ich hatte mir damals vorübergehend eine Ferienwohnung am Bodensee genommen. Das war der erste Schritt, mich von meiner Familie zu lösen. Sie hielten meine Energie nicht mehr aus. Ich war für alle zu anstrengend und so war dies für alle eine gute Lösung, zu sich selbst zu finden.

Eines Tages bekam ich einen Anruf von einer Frau, die sagte, wir sollten unser gemeinsames Karma lösen. Ich fragte, wie sie denn darauf käme, dass wir eines haben. Darauf sagte sie: „Wenn wir uns über Monate einen Mann teilen, ist das wohl so." Ich sagte ihr, sie solle gleich vorbeikommen, damit wir das klären. Ich konnte nicht fassen, was sie mir alles erzählte. Olaf hatte also eine Affäre mit einer anderen. Ich lud die Frau zu mir nach Hause ein, als Olaf mich wieder besuchte und überraschte ihn mit seiner Geliebten. Damit hatte er nicht gerechnet und er fiel zusammen wie ein Häufchen Elend. Dann warf ich ihn raus und sagte ihm, er solle sich hier nie mehr sehen lassen. Als ich am Abend im Bett lag und über den Tag nachdachte, setzte plötzlich ein verrücktes Lachen bei mir ein. Ich konnte es einfach nicht stoppen und ich lachte sicher zehn Minuten am Stück. Erschöpft und verwundert fragte ich mich, was denn jetzt los wäre. Da sprach mein Selbst: „Das ist Deine Lektion, damit Du erfährst, wie Missbrauch sich anfühlt."

Olaf und ich trennten uns erst viel später. Ich gab ihm noch mal eine Chance, doch er spielte sein Spiel des Missbrauchs weiter. Im Nachhinein erfuhr ich, dass er hinter meinem Rücken meine Seminarteilnehmerinnen wegen Sex und die männlichen Teilnehmer wegen Geldanlagen ansprach. Auch mich erleichterte er auf diese Weise um viele tausend Euro und missbrauchte mein Vertrauen. Ich war entsetzt, dass er auch sich und seine so einzigartigen Gaben und Talente so missbrauchte. Als wir unsere karmischen Verbindungen gelöst hatten, gingen wir auseinander. Ich bin Olaf trotz all dieser Lektionen zum Thema Missbrauch sehr dankbar, denn ohne ihn wäre ich möglicherweise nie so schnell in die Tiefe meiner Selbst-Erkenntnis gekommen, denn seine Anbindung an die göttliche Quelle eröffnete in mir neue Zugänge zum Bewusstsein. Was ich damals noch nicht wusste: Er lebte sein volles Potenzial.

Mein Mann hoffte, dass ich nach meiner Trennung von Olaf wieder zurück in unsere Ehe finden würde. Doch mein Inneres fand keinen Zugang mehr zu ihm. Ich bat eine Kollegin um ein Coaching und sie sagte zum Schluss der Beratung:

„Du musst Deinen Mann verlassen, das ist wichtig für Dich und für uns alle." Ich musste für meine Mission alles zurücklassen, das wusste ich innerlich, auch wenn ich über Jahre darunter litt und mich dafür verurteilte und in den Selbsthass fiel.

ALL-ES MÖGLICH DURCH EIN ÖFFENES HERZ

Im Herbst 2011 rief mich Norbert aus Tirol mit einer sehr sympathischen Stimme an. Er interessierte sich für ein Seminar in Südtirol. Er war sich unsicher, ob er sich anmelden sollte. Er fragte: „Sie sagen auf Ihrer Homepage, dass Sie Herzen öffnen. Schaffen Sie das auch bei mir? Ich bin ein harter Brocken und wenn nicht, bekomme ich dann mein Geld zurück?"

„Aber sicher öffne ich Herzen, garantiert auch Ihres", war meine Antwort. Das gefiel ihm und er meldete sich sofort an. Im Seminar kam er so richtig in seine Prozesse. So etwas hatte er noch nie zuvor erlebt. Obwohl er sich anfangs sträubte, war er am Ende der drei Tage sprachlos über das Erlebte und seine Entwicklung. In der Abschluss-Feedback-Runde stand der auf, küsste aus Dank meine Füße und verließ wortlos den Raum. Bei unserem Gespräch danach sprang dann wie ein Funke von seinem Herzen zu mir. Auch ich spürte eine tiefe Verbundenheit.

Norbert erzählte mir seine Lebensgeschichte, die der meinen glich. Er war auch 30 Jahre verheiratet, und obwohl er seine Frau sehr liebte, musste er gehen. Wir verliebten uns, obwohl wir beide nicht nach einer neuen Partnerschaft suchten. Beide wollten wir uns erst einmal selbst kennenlernen. Wir hatten eine sehr genussvolle, harmonische und bereichernde Zeit in einer Fernbeziehung. Doch wir hatten auch viele Krisen. Norbert wollte sich nie wirklich auf eine Partnerschaft mit mir einlassen. Zweimal beendete er mit einem rigorosen Schritt unsere Zweisamkeit. Er wollte sich einfach nicht binden. Mich stürzten diese Trennungen immer in einen absoluten Schmerz. Meine Seele tobte und schrie so lange, bis ich wieder den Kontakt zu ihm suchte. Unsere Wiedersehen waren dann emotional und innig. Nach unseren Versöhnungen war die Intensität unserer Begegnung noch stärker als zuvor.

Norbert war immer bereit, sich spirituell weiterzuentwickeln und er war mein größter Fan. Doch immer wieder sagte er: „Ich habe das Gefühl, dass ich Dich behindere." Irgendwie ahnte er wohl, was auf mich zukommen würde. Norbert konnte sich für vieles begeistern. Er besuchte unzählige Seminare und war immer völlig begeistert von den Referenten. Er setzte auch vieles sofort um. Er hatte Vorbilder, die er manchmal getreu nachlebte. Auch konnte er sich gut in Szene setzen und spielte seine Rolle perfekt. Immer wieder dachte ich insgeheim: Wer bist Du wirklich? Was ist Deine Einzigartigkeit? Warum kann ich Dich nicht fassen? Warum willst Du immer sein wie andere? Warum machst Du immer so eine Show um alles? Alles, was Norbert sich vornahm, setzte er auch um. Er war ein wahrer Manifestierer und voller Schöpferkraft.

In Seminar in Südtirol begegnete ich auch T.. Er war ein junger Dirigent und schon bei unserem ersten Gespräch zuvor am Telefon spürten wir eine tiefe Verbindung. Wir lachten so herzlich mit einander und dieses Lachen wollte einfach nicht enden. Am letzten Seminartag in Südtirol setzte er sich ans Klavier und spielte und sang für mich mein Lieblingslied: Halleluja.

Er besuchte mich dann kurze Zeit später zu Hause, da er auf einer Durchreise war. Ich kann mich gut erinnern, wie er für meine Familie ein klassisches Stück dirigierte. Das war ein Feuerwerk der Inspiration und begeisterte uns durch und durch. Er schenkte mir eine CD-Serie mit dem Titel „Nada Brahma - Die Welt ist Klang".

Das war ein Hinweis auf meine Ursprungsqualität. Nur leider erkannte ich die Botschaft damals nicht.

Als wir einen Spaziergang machten, fing er plötzlich neben mir an zu zittern. Er warf sich auf den Boden und vibrierte wie wild. Er riss sich sein Hemd vom Leib und rief mich um Hilfe. Ich hockte mich neben ihn und fragte: „Was ist los mit Dir, warum bebst Du so?" Doch er konnte auf Grund der Intensität der Energie nicht antworten. Was ich damals nicht wusste: Es traf ihn ein Strahl direkt aus der Schöpfung, der wiederum mich initiierte.

ALL-ES EIN VERRAT AN DEN ELFEN

Die Bodenseeregion war für mich wie meine wahre Heimat, die sich für mich durch Olaf eröffnete. Als ich mich entschloss, dorthin zu ziehen, bekam ich sofort einen Anruf von einem Bekannten, I., der davon gehört hatte, dass ich eine Bleibe suche. Er sagte: „Ich bin der Hüter des `Elfengrunds`, Du suchst doch eine Wohnung. Komm doch zu mir. Ich habe genug Platz." Als ich mir den „Elfengrund", ein Seminarhaus mit schönem Garten, anschaute, überkam mich ein seltsames Gefühl von Nach-Hause-Kommen. Der Platz war wunderschön, jedoch vollkommen verwahrlost. In meinem geistigen Auge sah ich, wie ich alles schön herrichte und es wirklich zum Paradies für mich und meine Seminarteilnehmer werden könnte. Auch I. gegenüber fühlte ich eine gewisse Vertrautheit. Er erinnerte mich an einen Vater, wie ich ihn mir gewünscht hätte. Ich entschied mich kurzentschlossen für dieses Abenteuer, ohne mir Gedanken zu machen, was da auf mich zukommt.

Ich investierte einige tausend Euro, um den „Elfengrund" wieder herzurichten. Es gab viele freiwillige fleißige Helfer, die dem Platz mit ihrem Einsatz wieder einen längst vergessenen Glanz schenkten. Dann gab ich ein Seminar im „Elfengrund". Während einer Session wurde ich wie durch einen Gesang nach draußen gelockt. Ich hörte Stimmen, die riefen: „Hilf uns, bitte hilf uns. Wir sind hier gefangen. Befreie uns." Ich fragte, wer da ruft und die Antwort war: „Wir sind die Elfen!" Als ich den Seminarteilnehmern davon berichtete, war es, als wüssten alle um diesen Auftrag der Befreiung. Es waren viele Erdheiler dabei und jeder konnte mit seiner Qualität einen Beitrag zur Befreiung der Elfen leisten. Der „Elfengrund" war, wie sich herausstellte, zu früheren Zeiten ein Opferplatz für Mensch und Tier. Auch das Elfenreich wurde zerstört und nur wenige Elfen überlebten den Angriff, so die Information. Sie waren noch eingesperrt. Auch I. war bei der Zeremonie dabei. Er blieb ganz cool und tat so, als würde ihn das alles nichts angehen, während es mich fast vor Heulen zerriss. Das war meine erste Begegnung mit den Elfen.

Am nächsten Tag fand ich einen Brief in meinem Briefkasten: Eine Kündigung der Wohnung von I. wegen Eigenbedarf. Ich war geschockt. Wie kann ein spiritueller Mensch so bösartig sein? fragte ich mich. Ich wollte die Klärung, doch er stellte sich einfach nur stur. Als wir ein Schriftstück auf seinem PC aufsetzen wollten, lag seine Katze auf der Tastatur. Sie ließ sich nicht verjagen und protestierte scheinbar gegen die Kündigung auf ihre Weise. Da nahm I. das Tier am Fell und warf es mit einem „Weg, du Mistvieh!" an die Wand. Ein Mensch, der so viel von Liebe sprach und auch ein Netzwerk der Liebe gründete, zeigte sich nun von seiner wahren Seite.

Ich war ziemlich gebeutelt, auch durch die vielen anderen Angriffe von I., die ich hier nicht weiter ausbreiten möchte. So musste ich nun weiterziehen, so schnell wie nur möglich, und schon wurde mir eine Wohnung in Salem angeboten. Der Ort Salem zog mich magisch an. „Hier werde ich wohnen", war in meinem Innersten irgendwie schon immer ganz klar.

ALL-ES IM FALSCHEN NEST

Während einem meiner Seminare erfuhr ich für mich eine erschütternde Nachricht. In einer systemischen Aufstellung für eine Seminarteilnehmerin begann ich plötzlich mit dem ganzen Körper hin und her zu wippen, wie das Pendel einer Kuckucks-Uhr. Der Teilnehmerin ging es ebenso. Nach einer ganzen Weile kam plötzlich die Information: Wir beide sind Kuckucks-Kinder. Das bedeutet: Mein Vater ist nicht mein leiblicher Vater. Ich war damals total geschockt. Doch dann erklärte sich auch für mich, warum ich mich schon als Kind wunderte, dass ich zu meinem Vater keinerlei Zugang hatte. Auch in der Aufstellung zeigte sich, dass ich meine Fähigkeiten und meine spezielle Empathie von meinem wahren Vater hatte. Da meine Eltern damals beide bereits verstorben waren, konnte ich diese Information leider nicht mit ihnen klären. Später bekam ich auch zu diesem ungeklärten Lebensthema eine umfassende Schulung.

ALL-ES EIN KOSMISCHER ORGASMUS

Bei einem weiteren Seminar war ein befreundeter Schamane dabei. Er war immer skeptisch gegenüber der Quantenwelle. Doch dann sagte er: „Ich bin jetzt bereit für die Welle." Ich setzte ohne irgendeine Intention die zwei Punkte, die die Welle auslösten, und ein Erinnerungsstrahl aus dem Kosmos schoss durch ihn hindurch. Er lag am Boden und bebte. Ich legte mich neben ihn und reichte ihm die Hand, und auch ich begann zu beben. Die Welle arbeitete sich durch uns hindurch und das Schauspiel dauerte sicher 30 Minuten. Meine Töchter waren auch dabei. Meine Tochter Anne nahm ihre jüngere Schwester an die Hand und beide setzten sich zwischen uns. Anne sagte zu Lena: „Das ist ein kosmischer Orgasmus. Es ist gut Lena, dass Du diesen erfährst, bevor Du ihn mit einem Mann erlebst." Anne war selbst erstaunt über ihre Worte. Heute weiß ich, dass es sich hierbei um eine kosmische Entladung handelte.

In einem weiteren Seminar sagte Lena dann als Schlusswort:

"Ich bin Lena. Ich bin gekommen, um hier meine Erfahrungen zu machen. Das ist meine letzte Inkarnation."

ALL-ES PLÖTZLICH GANZ ANDERS

Irgendwann merkte ich, dass ich mit der Quantenheilung immer nur Symptome bearbeitete und transformierte, jedoch Hintergründe der Ursachen versteckt blieben. Es zeigte sich bald, dass zum Beispiel ein Schmerz oder ein anderes Problem sich zwar für kurze Zeit lösten, sich jedoch wieder an einer anderen Stelle oder Situation im Leben zeigten. Auch tauchte in mir immer wieder die Frage auf, ob das wirklich schon alles war, was es zu entdecken gab. War ich wirklich dafür gekommen?

Alles in mir weigerte sich, weiterhin Seminare zu geben. Ich ging also wieder auf die Suche nach mir selbst, und ich legte eine Seminarpause ein.

Im Sommer 2014 erfuhr ich selbst eine plötzliche Initiation. Ich war Teilnehmerin eines Frauenseminars in Italien. Schon bei der Ankunft begegnete ich C.. Er wies mir meinen Parkplatz zu und in meinem Inneren machte es plötzlich klick, als würde ich mich an ihn erinnern. Schon bei der Begrüßung umarmten wir uns innig. Es stellte sich heraus, dass er der Masseur ist, der das Seminar begleitete. Ich buchte gleich zwei Massagen. In der ersten verarbeitete ich meine Trennung von meinem Mann und heulte die ganze Therapiestunde hindurch. Bei der zweiten Massage brachte der Masseur mich in einen besonderen Bewusstseinszustand. Ein strahlendes göttliches Licht traf mich mitten ins Herz. Ich bebte innerlich und fühlte mich, als wäre ich selbst pures Licht.

Der Therapeut und ich waren überwältigt von der Intensität der Erfahrung und wir konnten beide nicht fassen, was gerade passierte. Heute weiß ich: Der Masseur öffnete durch seine besondere Gabe meinen Zugang zur Ersten Quelle und initiierte mich mit der Christus-Energie. Ich spürte zum ersten Mal die wahre Größe meines Seins.

Kurz darauf zog mich bei einem Bummel durch ein italienisches Dörfchen eine große Tür magisch an. Ich öffnete sie und ging hinein. Es war eine Kirche. Am Altar stand ein lebensgroßes Bild von Jesus Christus, das zeigte, wie aus seinem Herzen Lichtstrahlen scheinen. Ich kniete vor diesem Bild ehrfürchtig nieder. Ich bat ihn: „Geliebter Bruder, nimm bitte alles von mir, was ich noch an Schuld trage." Ein kühler Windhauch wehte über meinen Rücken.

Danach waren meine Coachings vollkommen anders. Alles sprudelte aus mir heraus wie aus einer Quelle. Ich bekam Informationen, die mir sofort ermöglichten, die Ursachen der Probleme und Themen der Hilfesuchenden zu erkennen und zu transformieren.

Einige Wochen später gab ich mit Norbert ein Seminar, und auch da sprach es durch mich durch. Die Informationen sprudelten wieder aus mir heraus und ich konnte jedem Anwesenden sein ganz persönliches Lebensthema reflektieren. Norbert stand mit Tränen in den Augen vor mir und fragte: „Wer bist Du?" Ich zuckte nur mit den Achseln, denn ich wusste es damals noch nicht.

ALL-ES IN LIEBE LOSLASSEN

Mein Mann und ich entschlossen uns schweren Herzens, unser Familienhaus zu verkaufen. Das war eine schmerzhafte Zeit. Wir haben dieses Haus mit viel Liebe gebaut und es war einfach perfekt für uns alle. Auch hatten wir wirklich glückliche Jahre dort, voller Freude über das, was wir uns geschaffen hatten.

Ich kann mich noch gut erinnern, wie wir vier inmitten unserer Fotoalben saßen und herzhaft lachten, als wir unsere Fotos anschauten. Am Schluss saßen wir alle heulend da.

Ich fragte mich immer wieder vorwurfsvoll, warum ich das alles, was ich so liebe, nicht retten kann.

Beim Ausräumen fand ich einige CDs von Neal Donald Walsh „Gespräche mit Gott." Auf meiner Autofahrt zum Bodensee hörte ich eines der Kapitel, das in etwa Folgendes beschreibt:

Die meiste Zeit in Deinem Leben ist Dein Körper mit Deinem Geist unterwegs. Doch dann gibt es einen Moment, wo die Seele sich zeigt. Der Geist zieht sich zurück und Dein Körper verbündet sich mit Deiner Seele. Das ist der Moment, wo sich alles in Deinem Leben verändert. Du vergisst plötzlich, dass Du einen Beruf hast, eine Familie oder Rechnungen bezahlen musst. Du lässt alles hinter Dir und erfährst Dich vollkommen neu.

Ich war so erleichtert über diese Worte, denn genau das war mir passiert. Ich heulte die ganze Fahrt über.

Es gab immer wieder Momente in meinem Leben, in denen mir die Sinnlosigkeit des menschlichen Daseins ins Gesicht sprang und mich verzweifeln ließ. Ich konnte so vieles auf diesem Planeten nicht verstehen. Immer wieder hatte ich ein Hintertürchen in meinen Gedanken und wollte einfach nur entfliehen. Als meine Tochter Anne zu Besuch war, stieg wieder dieses Sinnlos-Gefühl nach oben. Es entlud sich über einen kraftvollen Schrei: „Für diese Scheiße bin ich nicht gekommen." Anne sagte mit großen Augen: „Mama, ich auch nicht."

Meiner Tochter Anne habe ich viel zu verdanken. Sie hat vieles für mich getragen. Sie war während meiner Sinnsuche die Ersatz-Mutter für meine Lena und für mich wie eine gute Freundin, der ich alles anvertrauen konnte, was sie jedoch selbst belastete. Die Verwirrungen ihrer Mutter zu sehen und mitzutragen, brachten sie selbst in die Verzweiflung.

Es war September 2014, als ich einen enormen Schmerz im unteren Rücken verspürte. Mit meinen eigenen Methoden konnte ich mir nicht helfen. Auch die unzähligen Heilungsversuche meiner Kollegen brachten keinen Erfolg. Ich glaubte, dass es die Schuld sei, die mich über Jahre quälte, weil ich für meine Mission meine Familie verlassen habe. In einer Begegnung mit meinem damaligen Ehemann bat ich ihn um Vergebung, dass ich alles zerstört habe. Er sagte mir, dass mich keine Schuld treffe und er sogar dankbar sei, denn er habe sich durch meine Entscheidung enorm entwickelt. Ich war sehr erstaunt über seine Worte und ich fragte ihn, wie er das in dieser Größe sagen könne. Er erwiderte: „Das geht nur mit bedingungsloser Liebe, Petra."

ALL-ES EINE HIMMLISCHE FÜHRUNG

Anfang Oktober 2014 hörte ich einen inneren Ruf und reiste ohne besonderen Grund nach Berlin. Ich führte dort einige Coachings durch. Nachdem ein Klient seinem Mitbewohner von unserer einzigartigen Session erzählt hatte, drängelte dieser, unbedingt meine Telefonnummer zu bekommen. Er rief mich an und wir vereinbarten einen Termin. Als er vor meiner Hotelzimmertür stand, streckte er mir mit einem strahlenden Gesicht die Hand zur Begrüßung entgegen und sagte: „Ich bin Kai." Wir konnten die Hände nicht mehr voneinander lösen und gingen sofort in den Transformationsprozess. Wir erkannten, dass wir viele karmische Erfahrungen miteinander teilten, besonders auch aus der Zeit in Ägypten. Nach zwei Stunden harter Arbeit waren wir vollkommen erschöpft. Kai war selbst Coach und hatte schon von Karma gehört, doch bisher war es für ihn nie greifbar. Er war fassungslos, doch er sagte: „Ich kann mir das alles nicht erklären, aber alles, was Du gesagt hast, fühle ich wahrhaftig."

Am nächsten Tag hatte ich den inneren Drang, ins Pergamon-Museum zu gehen. Ich schaute mir die vielen Schätze der Pharaonen mit einem mulmigen Gefühl an. Danach ging es mir so schlecht, dass ich mich auf eine Parkbank legte und glaubte, ich müsse sterben. Ich rief Kai an und fragte, wie es ihm gehe. Er sagte: „Miserabel." Er stieg sofort ins Auto und holte mich ab, um weiterzuarbeiten.

In seiner Wohnung angekommen, ging der Transformationsprozess unmittelbar weiter. Es rief aus mir wie mit einer fremden Stimme:

„Wach endlich auf. Erinnere dich, wer Du wirklich bist." Dabei klopfte ich auf seinem Rücken herum, als müsste ich ihn wachrütteln.

Ich war selbst überrascht über diese Art und Weise des impulsiven Coachings.

Plötzlich schoss eine heftige Initiierungsenergie in Kai ein. Er riss die Arme in die Luft und zitterte und bebte am ganzen Körper. Ich ging zu Boden, um ihm die Füße festzuhalten und ihn zu erden. Es war die Christus-Energie, die ihn einschoss. In diesem Augenblick kam sein Mitbewohner ins Zimmer. Er wunderte sich, was hier geschah. Fassungslos saßen wir drei dann zusammen und reflektierten das Geschehene. Von nun an bekam Kai deutliche Zeichen des Erinnerns und er erkannte immer mehr, dass er eine viel höhere Aufgabe hat, als das, was er gerade machte. Wir blieben in lockerem Kontakt.

ALL-ES GESPEICHERT IM MORPHISCHEN FELD

Einige Zeit später wurde ich zu einem Info-Abend zum „Lesen im morphischen Feld" geführt. Als ich am Veranstaltungsort ankam, bekam ich ein mulmiges Gefühl. Es war der gleiche Ort, an dem ich am 9. Mai 2009 mein erstes Seminar der Matrix Transformation erlebt hatte. Nach diesem Seminar hat sich mein ganzes Leben vollkommen verändert. War es wieder so weit, eine große Wendung zu erfahren?

In diesem Workshop faszinierte mich die Arbeitsweise der Referentin. Sie stellte eine Frage zu einem Thema ins morphische Feld und sie bekam direkt eine klare Antwort. Interessant war, dass ich die gleichen Antworten bekam, und das machte mich noch neugieriger. Noch am gleichen Abend buchte ich mein erstes Seminar zum Lesen im morphischen Feld.

In der ersten Lese-Session hinterfragte ich die Ursache meines Rückenschmerzes. In dieser Session wurde ich an eine Erfahrung meines Selbstes erinnert, als es noch nicht vollständig manifest war. Ich sah mich mit anderen feinstofflichen Wesen um den gerade geborenen Planeten Erde - den Planeten der Liebe - schweben. Da waren noch andere Wesen und wir sangen dem „Frischgeborenen" sozusagen ein Liebes-Wiegenlied. Doch plötzlich gab es im Bild einen „Kameraschwenk". Ich sah die Schöpfergötter, wie sie in einer Runde saßen. Ihr Blick war auf die Erde gerichtet. Sie waren mit der Liebe überfordert und löschten sie einfach aus. Ein Schalter wurde umgelegt. Schluss und Aus mit der Liebe.

Diese Erinnerung spürte ich in allen Zellen. Ein Schrei stieg aus mir herauf. „Diesen Schrei soll die ganze Welt hören!" klang es in mir, denn er drückte den Schmerz der Erde aus. Später erkannte ich, dass ich von Anbeginn der Erde an mit meinem Selbst dabei war.

Immer wieder wurden mir im morphischen Feld meine früheren Inkarnationen gezeigt. Eine Information davon war, dass der Schmerz in meinem Rücken mit einem besonderen Ereignis zusammenhing, das die gesamte Menschheit betrifft. Ich selbst trage den Auslöser für dieses Ereignis in mir. Damals konnte ich nichts mit dieser Aussage anfangen, heute jedoch ist mir alles klar.

Manche Inkarnationen durchlebte ich im Nachhinein über Tage, wie in einem Rollenspiel, bis alle wichtigen Informationen und Potenziale aus dieser Zeitlinie ans Licht gefördert waren und alles gelöst und vergeben war. Mit dem menschlichen Verstand sind diese Erfahrungsebenen kaum zu erfassen.

Damals sagte die Seminarleiterin mehrfach zu mir:

„Gut, dass Du endlich da bist." Wir wunderten uns immer wieder über die Kraft dieser Worte, konnten jedoch den Sinn dahinter nicht deuten. Am Ende eines Workshops ging ich in die Mitte des Kreises und ES sprach aus mir: „Ich bin jetzt hier und ich bleibe. Es kommt eine Zeit, in der wir nur noch über die Sprache unseres Herzens kommunizieren werden. Alles andere vergeht. Ich bin Auge und Ohr Gottes. Ich bin gekommen, um den Himmel auf die Erde zu bringen."

„Deine Worte waren wie in Stein gemeisselt.", sagte eine Kollegin zu mir danach. Wer sprach da nur durch mich? wunderte ich mich.

Als ich später wieder nach meinem Schmerz fragte, sah ich plötzlich I. vom „Elfengrund" vor mir. Was will der denn hier, fragte ich mich verwundert. Als nächstes sah ich ein völlig zerstörtes Land, alles war verbrannt und vernichtet. Große Trauer und Wut stiegen in mir auf. Dann kam die ganze Geschichte hoch. I. vom „Elfengrund" hatte in einem früheren Leben das Elfenreich zerstört. Ich war damals eine Elfe und wollte mich an ihm rächen. So zerstörte ich dann sein Reich. Jetzt hatte ich endlich eine Erklärung, warum ich unbedingt diese für mich damals völlig unnötige Erfahrung wiederholen musste. Auch in diesem Leben wollte I. mich wieder zerstören. Er hat es nicht geschafft.

In einem anderen Workshop war ich total wütend. Ich konnte die Ursache der Wut nicht zuordnen. Im Informationsfeld lasen wir, dass ich wütend auf Gott war, und dass die einzige Möglichkeit war, diese Wut rauszuschreien. Anfangs sträubte ich mich dagegen. Rausschreien war nun gar nicht meine Art. Mit einer Freundin zog ich mich dann doch nachts in den Seminarraum zurück und schrie und klopfte meine Wut mit einem Kissen raus, bis es zerbarst. Immer wieder rief ich:

„Du hast mir das Liebste genommen. Ich hasse Dich."

Ich konnte mir nicht erklären, was da alles in mir hoch kam und was es bedeutete. Warum hatte ich so eine Wut auf Gott? Er sollte doch Liebe sein. Was hat er mir genommen? Wer ist denn dieser Gott überhaupt? Auch meine Freundin schrie und weinte sich die Wut auf Gott heraus.

Bei einer weiteren Session mit meiner Freundin wollten wir ergründen, warum sie immer so einen geblähten Bauch hat, wenn sie beim Seminar ist. Diesmal führte ich sie in eine Meditation und plötzlich sah sie sich, wie sie im Meer war, immer tiefer und tiefer sank und dann durch einen Torbogen am Meeresgrund schlüpfte. Plötzlich kam in ihr eine Angst hoch, dass sie sterben müsse. Doch ich konnte sie beruhigen. Dann sah sie sich selbst als Meerfrau. Sie war so fasziniert von diesem Anblick und genoss die Erfahrung jetzt vollends. Das war das erste Mal, dass ich eine Meerjungfrau initiiert hatte. Nach dem Workshop rief mich meine Freundin an und sagte, dass ihre sechsjährige Tochter sie nach ihrer Rückkehr vom Seminar mit einem selbst gemalten Bild einer schaukelnden Meerjungfrau empfangen hatte. Die Kleine sagte zu ihr: „Mama, das bist Du."

Im Seminar erkannte ich auch, dass ich für die Zeitenwende eine ganz bestimmte, zentrale Aufgabe trage.

Bereits vor 13 Jahren hatte mir ein brasilianischer Schamane gesagt: „Du führst die Menschen ins goldene Zeitalter. Anfangs sind es nur wenige, doch dann folgen Dir immer mehr. Du wirst Dich zur rechten Zeit erinnern, wer Du wirklich bist."

Im Jahr 2015 überschlugen sich die Ereignisse im meinem Leben und sie wollten mir immer wieder Hinweise geben, wer ich wirklich bin. Leider verstehe ich erst jetzt ihre Botschaften.

ALL-ES EINE GENERALPROBE

Im Januar 2015 nahm ich an einem NLP-Seminar in der Türkei mit 500 Menschen teil. Ich konnte mir anfangs nicht erklären, warum ich mich überhaupt auf diese für mich völlig veraltete Technik der geistigen Manipulation einließ, doch diese Woche war für mich besonders erkenntnisreich. Nicht wegen der vermittelten Praktiken, sondern durch die Begegnungen mit den Teilnehmern. Ich erlebte, was ich rein über mein Bewusstsein verändern konnte. Die Seminarbedingungen waren mehr als schlecht. Durch die vielen emotionalen Prozesse, die dort unkontrolliert ausgelöst wurden und offensichtlich dem Seminarleiter und seinem Team aus dem Ruder liefen, war die Energie im Raum und auf dem ganzen Hotelgelände kaum auszuhalten. Der Saal hatte keine Fenster, wurde nur über eine Klimaanlage beheizt und die Energien der losgelösten Emotionen klebten regelrecht in allen Ecken. Ich rief in den Himmel: „Gott hilf doch, wir brauchen Reinigung." Schon am Abend begann es stark zu regnen und die nächsten drei Tage tobte der Sturm mit Dauer-Regengüssen. Die Wellen des Meeres schlugen fast zehn Meter hoch und knickten alle Palmen am Strand um. Des Nachts ging ich ans tosende Meer und rief flehend: „Es reicht, es ist so viel zerstört." Am nächsten Morgen schien die Sonne und alles war wieder friedlich.

Eines Morgens bekam ich unter der Dusche den Auftrag, die Engel im Saal zu initiieren. Ich war erst verwundert darüber, doch schon am Frühstücks-Buffet erkannte ich die Menschenengel. Witzigerweise trugen sie auch noch die Namen der Erzengel wie: Rafael, Michael, Gabriel.

Mit Gabriel hatte ich eine besondere Begegnung. Als wir uns beim Abendessen kennenlernten, erzählte er mir, dass er vor kurzem noch Führungskraft bei einem Großunternehmen war. Er hatte gekündigt, da er seine Arbeit einfach nicht mehr mit seinem Gewissen vereinbaren konnte. Ich fragte ihn, ob er wüsste, dass er ein Engel sei. Er schaute mich erstaunt an und sagte: „Ja, ich weiß, aber erst seit fünf Wochen. Ich werde immer wieder auf eine Internetseite einer Engelheilerin geführt." Ich fragte Gabriel, ob ich ihn initiieren dürfe. Er willigte ein und ich aktivierte seine Engelsqualität. Eine vibrierende

Kraft schoss in ihn ein und er pumpte regelrecht diese Energie durch seine Zellen. Völlig verdutzt verabschiedete er sich zum Schlafen. Am nächsten Morgen zog er mich zur Seite und sagte, dass er um zwei Uhr nachts einen Anruf auf seinem Hoteltelefon bekommen habe. Als er den Hörer abnahm, war nur ein Rauschen zu hören. Er ging dann ins Bad und schaute in den Spiegel. Er sah seine Engelsflügel. Witzigerweise klingelte zur gleichen Zeit mein Hoteltelefon. Auch ich hörte nur ein Rauschen.

Ich traf in dieser Seminarwoche auch auf H., Beirat bei einem weltweiten Konzern. Auch ihn initiierte ich und ich erinnerte ihn an seinen Drachen und an seinen Engel. Kurz vor dem Galaabend zog er mich zur Seite. Er holte ein kleines Heft aus dem Sakko und las aufgeregt vor, was er kurz zuvor als Botschaft bekommen und notiert hatte:

„Ich bin ein Engel. Ich bin das Licht. Meine Seele hat schon viel erlebt. Ich bin am Ende der Zeit in meiner Bestimmung angekommen, um die Auserwählten zu retten und ins Licht zu führen. Die Welt ist im unvorstellbaren Umbruch. Nur wenige sind auserwählt, um in ein neues Zeitalter zu starten. Es gibt Dinge zwischen Himmel und Erde, die wir uns mit dem Verstand nicht erklären können. Wir müssen vertrauen und loslassen. Die Macht ist mit den Auserwählten, denn sie haben die Fähigkeit, Dinge zu sehen, die vielen verborgen sind. Sie sind die Retter, die Erlöser, sie folgen ihrem Herzen und sie folgen der universellen Herzensenergie."

H. war den Tränen nah, denn er fühlte genau die Wahrhaftigkeit der Botschaft, allerdings hatte er keine Erklärung dafür, was sie bedeutete.

Am nächsten Morgen sagte mein Partner Norbert zu mir:

„Heute passiert etwas Großes, wir werden heute auf der Bühne stehen." Im Seminar folgte eine Intervention zur eigenen Vision mit dem Titel „Wer bin ich dann, wenn ich meine Mission umgesetzt habe?"

Der Seminarleiter zeichnete eine Wertepyramide auf den Flipchart. Als er alle Ebenen mit den entsprechenden Bezeichnungen beschriftet hatte, fiel ihm auf, dass die oberste Spitze frei war. Er war selbst erstaunt, denn in den Unterlagen stand nichts dazu. Er schrieb dann in die Spitze der Pyramide ein großes S und erklärte, dass es für Spiritualität steht. Auch seine Helfer wunderten sich über diesen Zusatz.

Auf Papierkarten schrieben wir die verschiedenen Intentionen der Wertepyramide, welche wir dann als Anker auf dem Boden auslegten. Norbert und ich postierten uns direkt neben der Bühne und wir legten dort unsere Bodenanker aus.

Der ganze Saal wurde in Wallung gebracht und die Stimmung nach oben gepeitscht mit Musik und Anfeuerung von M., dem Seminarleiter. M. führte den ganzen Saal durch den Prozess und wir sprangen alle miteinander Schritt für Schritt auf der Werteskala nach oben, das Ganze wurde mehrere Male wiederholt.

Als der Höhepunkt da war, rief M.: „Jetzt spring in die Spiritualität … und umarme fünf Leute." Da stürmten Norbert und ich auf die Bühne, nahmen M. in unsere Mitte und wir drehten uns mit ihm im Kreis.

Ich rief: „Auch Du bist ein Engel, es ist Zeit, Dich zu erkennen." Er riss sich verwirrt von uns los und verließ eilig die Bühne. Dann stürmten die Menschen zu mir auf die Bühne, umarmten mich und gratulierten mir, dass ich meine Mission erfüllt habe. Ich stand ganz vorn auf der Bühne, hinter mir fast die Hälfte der Seminarteilnehmer. Direkt vor mir, unten im Saal, stand M. auf einem Stuhl. Alles tobte vor Euphorie. Wir sahen uns wie fixiert an. Meine Hände lagen auf meinem Herzen und ich schickte die Nachricht des Sieges ins Universum. Ich war ganz in Gold gekleidet und glitzerte wie in einem goldenen göttlichen Strahl.

Als am Ende der Seminarwoche der Gala-Abend stattfand, weigerte sich alles in mir, teilzunehmen. Als mich Norbert dann doch überzeugte, hinzugehen, hörte ich schon von weitem das Gebrüll von M. auf der Bühne mit seinen typischen Motivationsrufen. „Gut oder gut?" rief er in die Masse. Alle brüllten das Gleiche zurück. Zu Norbert sagte ich: „Hört sich an wie der Teufel persönlich."

Das alles, was ich in dieser Woche erlebte, sollte mich darauf hinweisen, was zu meiner Mission gehört. Die Verkettung der Ereignisse aus der Erfahrung auf der göttlichen Ebene meines Seins wurden in dieser Situation gezeigt. Die wahre Erkenntnis blieb mir jedoch verborgen, aber mein göttliches Selbst wurde dadurch aktiviert. Der innere Antrieb meines Selbst brachte mich in einen besonderen Erfahrungsraum. Ich sollte auch erkennen, wer ich wirklich bin und wer M. wirklich ist. Danke von Herzen an M. für diese Initiation.

Bei einem weiteren Seminar sagte ich zu M.: „Ich bin heute hier, um Dein Herz zu öffnen." Er wurde ganz blass und fiel innerlich regelrecht zusammen. Er zitterte und sagte: „Nein Petra, das möchte ich nicht, davor habe ich zu viel Angst."

ALL-ES SCHEINHEILIG

Im Februar 2015 reiste ich mit Norbert nach Indien in die Palmblatt-Bibliothek, um mehr über mich und meine Aufgabe zu erfahren. Der Meister sagte ganz beiläufig zu mir:

„Das ist Deine letzte Inkarnation." Dieser Satz erschütterte mein ganzes System. Ich konnte es kaum fassen und eine enorme Welle der Erlösung durchfuhr mich und ich weinte Tränen der Erleichterung. Diese Nachricht bewirkte auch, dass ich am frühen Abend, als ich mich im Bett ausruhte, um das Erfahrene zu verarbeiten, selbst aus meinem Körper ausstieg und die Heimreise antrat. Ich sah nur noch Licht und war endlich frei! Wie durch ein Wunder und als ob er es geahnt hätte, kam mein Norbert gerade ins Zimmer und holte mich im letzten Moment zurück. Er schüttelte mich erbost und sagte: „Du hast hier noch eine Aufgabe. Du darfst noch nicht gehen." Ich fühlte mich danach, als wäre ich durchs Fegefeuer gefahren, so schmerzte mein ganzer Körper.

Ich war während der Indien-Reise völlig schockiert über die Scheinheiligkeit der indischen Tradition. Es ging nach meinem Empfinden nur darum, den Touristen das Geld aus der Tasche zu ziehen. An jedem Schrein sollten Opfergaben gebracht werden, die dann gleich wieder eingesammelt wurden, um sie abermals zu verkaufen. Den ganzen Zeremonien, die wir erlebten, fehlte jede Form von Heiligkeit. Auch dem Guru, der die Reise leitete, angeblich ein hoher Brahmane, war ein kaltherziger Mann und es ging nur um Geld. Er zockte uns fleißig ab. Von seiner Heiligkeit war nichts zu spüren.

Die Erkenntnis daraus: Das Anbeten der Götter hält die Menschen in einem religiösen Labyrinth. Sie können dadurch nicht ihre eigene Göttlichkeit erfahren.

Einer unserer Reiseführer erzählte uns insgeheim, dass er seit zehn Jahren mit einer Frau aus einer niederen Kaste verheiratet ist. Keiner, außer seinem Bruder, wüsste davon. Was tun sich die Menschen alles nur wegen ihrem Glauben an?

ALL-ES EINE SHOW DER SELBST-DARSTELLUNG

Im März 2015 bekam ich einen Anruf von einem Unternehmensberater. Er wollte meine Arbeit kennenlernen. Da ich jedoch keine Seminare gab, bot ich ihm an, zu ihm zu kommen. So fuhren Norbert und ich zu ihm. Auf dem Besprechungstisch lagen Notizblöcke von einem seiner Partner. In goldenen Lettern stand ein Name darauf. Er sagte, dass dieser ein bekannter Speaker und sein Geschäftspartner ist. Er erzählte auch, dass er sich selbst nach einer persönlichen Pleite wieder aufgerappelt und das Business von seinem Kollegen komplett nachgebaut hatte. Er hatte die Texte von dessen Website abgeschrieben und staunte selbst, wie er damit angeblich Erfolg hatte. Nachdem M. uns über sieben Stunden die ganzen Geheimnisse und manipulativen Tricks der öffentlichen Medienwelt offenbart hatte und er dann auch noch an der Wirkungsweise der Quantenwelle zweifelte, sagte ich, dass es nun wohl Zeit werde, dass er erfahre, wie ich arbeite. Er willigte ein.

Ich gab ihm eine Quantenwelle. Der Zwei-Meter-Mann wurde regelrecht in den Sessel geschleudert. Gleich darauf führte ich ihn ins Bewusstseinsfeld. Ich spürte eine Macht, wie ich sie noch nie zuvor erlebt hatte. Normalerweise fühlt sich die Verbindung mit der göttlichen Quelle immer liebevoll an. Das hier war völlig anders. Ich konnte meine Beine nicht mehr stillhalten, sie bebten regelrecht und auch Norbert spürte diese Macht. Dann sprach diese Macht zu mir. „Er ist wie Gottes Sohn."

Wir waren alle drei beeindruckt von dieser Erfahrung und ich hoffte, dass es zu einer Kooperation kommen würde. Doch M. sagte, dass er nach dieser Erfahrung noch nicht bereit dazu sei.

ALL-ES LEBENDIG BEGRABEN

Als ich wieder zu einem Workshop zum Feldlesen fuhr, hatte ich seit Wochen ein ganz seltsames, enges Gefühl. Es war eine Schwere in mir, die ich so noch nie gekannt hatte. Ich forschte nach und bekam die Antwort: „Du bist lebendig begraben."

Auf dem Weg zum Seminarort sah ich eine große Werbefolie für eine Ausstellung von Tutanchamun. Bei ihrem Anblick bekam ich eine Gänsehaut.

In der ersten Lese-Session ließ ich mir zu meinem Begraben-Sein-Gefühl lesen. Es zeigte sich eine Situation in Ägypten. Ich ging einen langen dunklen Tunnel entlang, links und rechts Männer, die mich hinter sich her schleppten. In einem dunklen Raum stand ein schwarzer Granit-Sarkophag. Er wurde geöffnet und ich wurde gezwungen, mich hineinzulegen. Der Deckel wurde verschlossen. Dann setzte sich jemand auf den Deckel drauf. Ich wurde also lebendig begraben.

Mich hat die Szene vollkommen erschüttert, denn sie erinnerte mich an eine Begebenheit, die ich in den Pyramiden in Ägypten vor ein paar Jahren erlebt hatte. Damals stieg ich gemeinsam mit meinen Töchtern in die Tiefe der Pyramide. Dort unten fing ich plötzlich an, heftig zu schwanken.

Es stand ein Sarkophag in einer der Kammern. Der Aufseher der Grabkammer kam zu mir, zog mich am Arm und drängte mich dazu, in den Sarkophag zu steigen. Anfangs weigerte ich mich, doch dann hatte ich den Mut dazu. Im nächsten Moment schossen mir aus allen

Poren Schweißbäche, ich zitterte und bebte und bekam Panik. Meine Töchter flüchteten, weil es ihnen zu peinlich war, was ihre Mutter da wieder aufführte. Erst später erkannte ich, dass dies eine karmische Erfahrung aus der Zeit im antiken Ägypten war.

ALL-ES UNTER VERTRAG

Meine Hündin Ambra begleitete mich oft zu den Seminaren und alle liebten sie. In einer Session sagte eine Kollegin: „Deine Ambra begleitet dich schon seit vielen Tausenden von Inkarnationen, sie war immer Dein Beschützer. Du hast mit ihr einen Vertrag, dass sie immer für Dich da ist und Dich beschützt. Diesen Vertrag gilt es jetzt zu lösen." Ambra lag währenddessen tief schlafend auf ihrer Decke. Ich war total berührt, denn Ambra war wie eine gute Freundin zu mir und gleichzeitig meine Kollegin im Coaching. Sie spendete mir immer viel Trost in meinen tränenreichen Zeiten der Trennung von meiner Familie und transformierte die Energien für meine Klienten.

Dann sprach ich: „Ambra, hiermit löse ich den Vertrag mit Dir, mich immer und ewig zu beschützen und mir zu dienen." Ambra wachte auf, schüttelte sich, kam zu mir, schob mir zum Dank ihre Schnauze in meinen Schoß und schnaufte erleichtert aus.

ALL-ES IM WELTUNTERGANG

Im Juli 2015 schlugen bei mir innerhalb einer Woche fünf verschiedene Informationsvarianten des „Weltuntergangs" ein. Ausgelöst wurden diese Informationen durch eine Lesung im morphischen Feld mit Norbert. Er sagte plötzlich: „Ein Asteroid stürzt auf die Erde, ich sehe es deutlich. Er schlägt in Südamerika auf und zerstört in der Folge große Teile Amerikas." Wir waren völlig schockiert und legten die Information als Blödsinn ab. Doch am gleichen Abend las ich in Fokus online eine Nachricht, dass in Amerika ein Geistlicher genau das voraussah. Er sagte damals, er habe die Information direkt von Gott. Ich befasste mich ausführlich mit den Prophezeiungen des Johannes, dem letzten Kapitel der Bibel, das vieles beschreibt, was derzeit auf der Erde abläuft. Immer mehr verwickelte ich mich in diesen Strudel des Untergangs, und in mir stieg eine böse Ahnung auf, dass das alles irgendwie stimmen könnte.

Rose Stern zum Beispiel sagt, dass mehr als die halbe Erdkugel schon sehr bald verbrennen würde, durch das Abfallen des Erdmagnetfeldes sowie durch den Polsprung. Nostradamus habe ihr das so mitgeteilt. „In drei Nächten wird großes Feuer vom Himmel fallen." so prophezeite er.

Die harte Sonnenstrahlung wird bis zu acht Stunden lang auf die ungeschützte Erde treffen. Die Empfehlung lautet, dass die Menschen von der betroffen Seite des Erdballs auf die geschützte Seite wandern sollen. Eine Völkerwanderung hat ja bereits massiv eingesetzt. Dass die Pole bereits wandern, ist auch eine Tatsache, über die auch öffentlich berichtet wird. Eine Bestätigung der Richtigkeit geben die weltweiten Beobachtungsstationen mit genauen täglichen Aufzeichnungen der Polbewegung. Drei Satelliten des „Swarm" der Europäischen Weltraumbehörde ESA in Paris erforschen den Stand unseres geschwächten Magnetfeldes und bestimmen permanent seine Position.

Der Prophet Alois Irlmaier sagte für diese Zeitepoche bereits in den fünfziger Jahren einen dritten Weltkrieg voraus. Auch die Flüchtlingswanderungen sah er in seinen Visionen als großen Umbruch auf Deutschland zukommen. Alles davon ist derzeit hochaktuell und zum Teil bereits eingetreten.

Ich wurde immer nervöser und doch konnte ich nicht erfassen, was ich damit zu tun hätte. In mir stieg die Frage auf:

„Bin ich gekommen, um mit der Erde unterzugehen? Das kann doch nicht der Sinn meiner letzten Inkarnation sein. Was ist meine wahre Aufgabe dabei?" Auf diese Frage bekam ich ein Jahr später die konkrete und mich selbst überraschende Antwort.

ALL-ES VERSKLAVT

Mit meiner Freundin Katarina las ich im Sommer 2015 über die Ferne fast täglich im Bewusstseinsfeld der neuen Zeit. Wir fanden es total spannend, an welche Informationen wir kamen. Kaum hatten wir eine Frage ausgesprochen, wurde uns die Antwort sofort offenbart.

Eines Morgens fühlte ich mich irgendwie traurig. Ich schaute zurück, wie oft ich schon Menschen geholfen hatte, ohne dafür wirklich einen Ausgleich von ihnen bekommen zu haben. Alle entwickelten sich prächtig, doch bei mir gab es keinen wirklichen Ruck zum Erfolg. Interessanterweise hatte Katarina das gleiche Thema an diesem Morgen. Wir stellten dann die Frage, was dahinter steckt. Die Antwort war: „Ihr habt euch verpflichtet, auf immer und ewig zu dienen." Wir fragten, was die Lösung dazu sei. Die Antwort kam prompt: „Kündigt endlich!" Was sollen wir denn kündigen? fragten wir uns verwundert, da wir ja beide seit Jahren selbstständig sind. Die Antwort lautete: den Sklavenvertrag. Wir waren sehr verwundert über die klaren Anweisungen und über die Informationen zu den Archons und den Annunaki. Wir hatten zuvor noch nie etwas davon gehört. Der vollständige Wortlaut der Kündigung wurde uns mitgeteilt, auch die Vorgehensweise dazu.

Wir trafen uns am Bodensee und uns wurde auch gesagt, dass wir diese Kündigung in einer kleinen Kapelle am Bodensee vollziehen sollen. Als wir dort eintrafen, war diese voller Touristen. Als wir dann die Kündigung schrieben, war außer uns keiner mehr da. Wir blieben über eine halbe Stunde ungestört und verlasen unsere Kündigung direkt vorm Altar. Dabei schüttelte es uns kräftig durch. Anschliessend verbrannten wir die Schriftstücke und gaben die Asche ins Wasser.

Ein befreiendes Gefühl durchzog uns durch und durch.

Sicher hast Du jetzt auch schon den Vertrag gekündigt ... nein? Dann hole es baldmöglichst nach.

Später las ich das Buch von Dieter Broers: „Der verratene Himmel - Rückkehr nach Eden" und bekam da eine Erklärung und zugleich die Bestätigung für die von uns erforschten Informationen.

ALL-ES GUTE, LIEBE SEELE

Der August 2015 brachte eine sehr schmerzliche Erfahrung. Meine Hündin Ambra, die ganz plötzlich erkrankt war, starb in meinen Armen. Als Norbert und ich mit ihrer Seele über das Bewusstsein Kontakt aufnahmen und sie fragten, was mit ihr los sei, sahen wir eine dicke schwarze Energiewolke um sie herum. Wir befreiten sie von dieser und sie stieg wie beim Film „Green Mile" nach oben. Beim Röntgenbild hatten wir eine seltsame Andeutung gesehen. Es sah aus wie ein kleiner Alienkopf mit Augen, Nase und einer kleinen Halswirbelsäule. Der Arzt sah natürlich nichts. Erst später erkannte ich, dass ich die ganze Zeit von Aliens angegriffen wurde. Ambra schützte mich vor ihnen, denn diese Angriffe galten mir selbst.

Da erinnerte ich mich, dass immer, wenn ich mich mit einem bestimmten Freund traf, es Ambra schlecht ging. Schon 2013 wurde ich von Aliens angegriffen, als ich mit ihm in engerem Kontakt war. Damals hatte ich rote Ring-Male am Hals, die aussahen wir Saugnäpfe.

Schreckliche Träume quälten mich in dieser Zeit und Ambra ging es immer schlechter. Sie verlor an manchen Stellen ihr Fell und hatte manchmal richtig Angst, sich in ihr Bett zu legen. Sie schaute ganz verstört hinein und mich hilfesuchend an. Ich war damals ziemlich hilflos. Erst heute weiß ich, dass dieser Mann ein eingeschleuster Agent der Aliens ist, der über sein außerordentliches Wissen über die Matrix das Interesse auf sich zieht. Er wurde darauf ausgerichtet, andere Lichtwesen zu vernichten. In seinem Umfeld gab es einige wirklich tragische Ereignisse und keiner ahnt bisher, dass diese massiven Störfelder von ihm ausgehen. Als ich meine Freunde vor diesem Mann warnte, wurde mir vorgeworfen, Rufmord zu begehen. Das Tragische daran: Er weiß es selbst nicht und sehnt sich nur nach Liebe.

Wir befragten Ambras Seele also, was mit ihr los ist, sie sagte zu mir: „Ich habe meinen Auftrag mit Dir erfüllt, ich habe Dich geschützt, so gut ich konnte. Danke, dass Du mich freigegeben hast. Für das, was jetzt auf Dich zukommt, brauchst Du mich nicht mehr. Ich gehe jetzt über den Regenbogen. Sei nicht traurig, denn wir werden uns bald wiedersehen. Ich warte auf Dich."

Durch ihre Aussage glaubte ich, dass auch ich bald sterben müsste, doch deren Bedeutung erkannte ich erst ein Jahr später. Am Tag nach ihrem Tod fand ich auf dem Balkon noch Reste ihres Erbrochenen. Diese hatten die Form eines Schmetterlings. Ambra hatte ihre Metamorphose vollendet.

ALL-ES LÄUFT NACH DEM GROSSEN PLAN

Im September 2015 ließ ich von einer Kollegin meine Entwicklung meiner beruflichen spirituellen Arbeit analysieren. Das Ergebnis war damals unfassbar. Sie legte mir die Karten. Ich zog aus dem Kartenstapel vier Karten heraus. Die erste zeigte, dass ich mich mit meinem Business im Kreis drehte. Wohl war! Die zweite Karte beschrieb, dass mein Potenzial die Spiritualität ist. Auf der dritten Karte war ein dickes schwarzes Kreuz zu sehen - es steht für meinen karmischen Auftrag.

Das Symbol auf der vierten Karte war ein dickes goldenes Buch, es symbolisiert ein Geheimnis.

Das Ergebnis der Analyse: Es ist mein karmischer Auftrag, das Geheimnis der Menschheit und des Universums aufzudecken. Wieder war ich völlig überfordert mit dieser Information. Wie sollte das denn bitte gehen? Geht's noch eine Nummer größer? In den Lese-Sessionen mit Katarina zeigte sich des Öfteren ein Tresor mit geheimen Schriftrollen darin. Vielleicht war das ja schon ein Zeichen dafür?

Kurz darauf bekam ich eine SMS von Olaf. Er schrieb, dass er in Kürze am Bodensee sei und ob ich Zeit und Lust hätte, ihn zu treffen. Eigentlich hatte ich daran kein Interesse, und doch sagte ich ihm, wann und wo wir uns treffen würden.

Als ich zum Date fuhr, schaute ich auf den golden schimmernden Bodensee. Da durchschoss mich ein Gedanke wie ein Blitz und mir wurde es unheimlich.

Als wir uns dann begegneten, sagte ich zu ihm: „Wir haben heute einen Jahrestag." Es war der 11. September 2015 um 10 Uhr, also genau sechs Jahre nach unserer ersten Begegnung, auf die Minute genau. Unser Treffen war dann wirklich außergewöhnlich. Wir tauschten wie wild unsere Erlebnisse aus der gemeinsamen Zeit aus, und als ich sagte: „Schade, dass es mit uns nicht geklappt hat. Wir haben unser Potenzial vergeudet. Wir hätten mit unseren Qualitäten den ganzen Bewusstseinsmarkt aufrollen können", schüttelte es uns beide heftig durch. Wir fuhren dann wieder zur Kirche Birnau. Dort führte ich ihn ins Bewusstseinsfeld. Was dann geschah, war wirklich bezeichnend. Er bekam die Antwort, dass er die Verantwortung für alles trägt - was das genau bedeutete, blieb uns unklar. Doch die Kraft der Worte war deutlich spürbar. Wir trafen auf dieser Ebene auch Christus und wunderten uns, dass Christus noch total leidet und im Schmerz ist. Wir haben auch so etwas vernommen wie: „Solange ihr leidet, muss auch ich leiden." Als wir die Augen wieder öffneten, parkte direkt über uns eine dicke weiße Wolke, aus der drei deutliche Zacken herausragten, gerade wie bei einer Krone. Wir saßen noch lange beieinander. Als es bereits dunkel war, sagte Olaf ganz träumerisch: „Schau mal wie schön heute der Sternenhimmel aussieht." Ich schaute in den Himmel und es sagte aus mir heraus: „Da draußen im Kosmos herrscht vollkommenes Chaos. Alle bekriegen sich gegenseitig. Vergiss Dein romantisches Bild vom Himmel." Dass ich mit dieser Aussage vollkommen richtig lag, erkannte ich erst viel später.

Mir wurde an diesem Tag sehr plötzlich bewusst, dass alles in unserem Leben nach einem genauen Zeitplan läuft. Ich erinnerte mich an den Herbst 2011, als ich meine Astrologin konsultierte. Sie fragte mich nach dem 11. September 2009 und ob ich da einen neuen Mann kennengelernt hätte, denn ich hatte an diesem Tag einen karmischen Knotenpunkt. Bingo! Diese zeitlichen Synchronizitäten wurden mir immer klarer und bewirkten, dass ich das große Spiel hier auf Erden immer deutlicher erkannte.

ALL-ES IN DER METAMORPHOSE

Nach meiner beruflichen Pause freute ich mich, wieder Seminare zu geben. Gemeinsam mit meinem Partner Norbert entwickelten wir ein neues Seminar zum Lesen im morphischen Feld. Wir nannten es

„Dein Meta-Morphose-Prozess", denn ich fühlte mich selbst, als hätte ich nach meinen Selbst-Erkenntnissen meine eigene Metamorphose gemeistert. Wir starteten unser Seminar im September 2015. Ich schenkte Norbert am Vorabend zum Seminar eine Kristallkugel mit der Marienenergie. Er legte sie würdigend unter seinen Stuhl.

Als wir am Vorabend des Seminars dann in unserem Hotelzimmer ankamen, wurde Norbert ganz plötzlich von einer mächtigen Energiewelle erfasst. Er zitterte am ganzen Körper und er hatte Angst, zu sterben. Ich sagte ihm, dass nur ein Teil vom ihm sterben würde, ein anderer jedoch werde neu geboren. Die ganze Nacht kämpfte Norbert mit dieser Welle. Die drei Seminartage blieb er wie abgeschnitten von sich selbst. Keine der Meditationen nahm er bewusst wahr. Als jedoch zum Schluss des Seminars jeder der Teilnehmer eine persönliche Botschaft direkt von der Quelle bekam, rollte plötzlich die Kugel unter seinem Stuhl hervor und Norbert war wieder klar und präsent. Er wurde von der Quelle aufgefordert, sich endlich für einen Weg zu entscheiden. Entweder, er geht den Weg ganz und gar mit mir oder er geht wieder zurück in sein altes Leben. Erst später erkannte ich: Es war die Christus-Energie, die Norbert initiieren und erwecken sollte.

Der Abschluss des Seminars war bezeichnend. Wir spielten den Titel Abwun - das Vater-Unser im Original auf aramäisch.

Wir spürten sehr deutlich, wie eine liebevolle Energie uns berührte. Am Ende sagte Roland, ein Teilnehmer: „Ich sah Jesus Christus in unserem Kreis und wie er uns alle in goldenes Licht hüllte und dann nach oben zog." Das war das Bild der Entrückung, wie es die Bibel für die Endzeit voraussagt.

ALL-ES AUS UND VORBEI

Am nächsten Morgen, es war der 28. September 2015 und angekündigt als der Tag des vierten Blutmondes, an dem etwas ganz Besonderes passieren sollte, öffnete Norbert die Augen, sah mich traurig an und sagte: „Ich habe mich entschieden. Ich gehe jetzt und das für immer. Ich liebe Dich und doch muss ich Dich loslassen, damit Du Deinen Weg gehen kannst. Ich habe das Gefühl, dass ich Dich behindere".

Einerseits war ich schockiert, doch dann erklärte ich ihm auch noch selbst ausführlich, warum wir uns trennen müssen. Ich war fassungslos über die Klarheit meiner Darlegungen. Wer spricht da eigentlich schon wieder durch mich durch? Geht's noch? Warum halte ich ihn nicht fest? Warum zerstöre ich alles?

Nach dreieinhalb glücklichen und erfüllten Jahren war plötzlich alles aus. Norbert wurde regelrecht aus meinem Leben katapultiert. Als ich um eine Erklärung im Bewusstseinsfeld nachfragte, bekam ich zur Antwort, dass dieser Schritt dringend notwendig gewesen sei, damit ich meine wahre Mission erfüllen könne. Das sei wichtig für alle. Norbert sei nicht der Mann, der diese Aufgabe tragen könne, die jetzt auf mich zukomme. Es sei höchste Zeit dafür, meine Mission endlich zu erledigen. Damals wusste ich nicht, dass bereits ein neuer Mann vorbereitet wurde, der dafür ursprünglich vorgesehen war, um meine Mission gemeinsam mit mir zu vollenden. Auch ich sollte dabei helfen, seine Mission zu vollenden. Na bravo! Was für ein Spiel.

ALL-ES IM ZEICHEN DER GIER

Um mich von diesem Trennungsschock zu erholen, reiste ich mit meiner Tochter Anne nach Mallorca. Wir hatten eine riesige Finca nur für uns zwei. Dort hatte ich auch Zeit und viel Ruhe, über meine Zukunft nachzudenken. Gemeinsam lasen Anne und ich im Bewusstseinsfeld. Die Informationen, die kamen, zeigten deutlich, dass es dringlich sei, dass ich mich mehr im Öffentlichen zeigen müsse. „Bring Dein Business in Gang. Zeig Dich endlich. Bring die Wahrheit jetzt ans Licht." „Ja, aber wie denn? Welche Wahrheit?" fragte ich wieder und wieder, bis ich eine ganz klare Aufforderung und Botschaft bekam: „Ruf M. an." Mir fiel nur der Unternehmensberater M. ein und ich rief ihn sofort an. Er ging auch gleich ans Telefon und freute sich über meinen Anruf. Ich sagte ihm, dass ich gern beruflich durchstarten möchte und dass ich auch bald einen Auftritt als Speakerin bei einem Frauenkongress habe. Ich fragte ihn, ob er mir helfen könne. Ja, sicher konnte er mir helfen. Da er gerade ein Mentoring-Programm für Business-Frauen aufgelegt hatte, käme ich gerade recht.

Kurz nachdem ich wieder zu Hause war, hatte ich schon den Mentoring-Vertrag im E-Mail-Postfach. Ich war geschockt, was er dafür berechnete. Doch als ich mir alles in Ruhe durchlas und die vielen Punkte der Beratungsleistung anschaute, war ich so mutig und investierte einen großen Teil des Erlöses aus dem Hausverkauf in meine Zukunft. Ich hoffte damals, dass diese fünfstellige Investition sich mehr als auszahlen würde. Als er dann schrieb: „Lass uns gemeinsam eine Delle ins Universum hauen", war ich mir sicher, in guten Händen zu sein. Erst später erkannte ich, dass auch dieser Spruch nicht seiner war...

Kurz darauf fuhr ich zu meinem Mentor zum ersten Coaching. Am Abend erzählte ich ihm von meinen Informationen und von meiner Arbeit, weihte ihn ein in das, was mich bewegte, und er hörte sich alles sehr interessiert an. Als wir dann auf dem Boulevard zum Parkhaus gingen, blieben wir stehen. Ich sagte zu ihm, dass er ein Engel ist und es seine Aufgabe sei, mit mir eine wichtige Botschaft in die ganze Welt zu bringen. Er fragte mich verwundert, woher ich das denn wisse. Da sprach es aus mir: „Von Gott." In diesem Moment durchschoss mich eine Energie, die mich an die Hauswand schleuderte. Der Mentor war entsetzt und fragte, was das gewesen sei. Ich sagte selbst staunend: „Das war die Bestätigung von Gott."

Im Verlauf des Coachings war ich mir nicht mehr sicher, ob ich wirklich den richtigen Berater gewählt hatte. Ich verstand überhaupt nichts von dem, was er mir sagte. Es ging immer nur um Geld, Geld, Profit, anderen etwas vormachen, was nicht stimmt etc.. Er sagte mir: „Du kannst die Menschen nur erreichen, wenn Du ihnen zeigen kannst wie sie mehr Erfolg, mehr Geld, mehr Anerkennung .... mehr.... mehr....bekommen. Alles andere interessiert niemanden. Vergiss Deine Mission." Während er mir die Selbstdarstellungs-Strategien erklärte, schrieb meine Hand plötzlich seinen Nachnamen und setzte die letzten Buchstaben in Klammern. Da stand GIER. Ich sprach ihn darauf an und er grinste verlegen.

Von der Wichtigkeit meiner Message wollte er einfach nichts wissen. Immer wieder sprach er die Befürchtung aus, dass das alles nicht stimme, was ich ihm erzählte. Das Risiko wolle er nicht eingehen. Er hatte einfach Angst um seinen Namen und seinen Ruf.

Um meinen Vortrag beim Frauen-Kongress vorzubereiten, zeigte er mir Videos von Vorträgen anderer Speaker. Auf meine Frage, was diese Speaker denn den Menschen mitteilen wollten, denn es wurden Phrase um Phrase und Gag um Gag präsentiert, sagte M.: „ Als Speaker geht es nicht um die Message, sondern um Unterhaltung. Die Leute wollen keine Handlungsaufforderungen oder Impulse für Veränderungen in ihrem Leben hören, sie wollen sich amüsieren, begeistert und unterhalten werden. Das Schlimmste, was man als Speaker machen kann, ist, Prozesse bei den Zuhörern in Gang zu bringen. Dann wird man nicht mehr gebucht. Nach einer Stunde hat sowieso jeder vergessen, was Du gesagt hast." Dann wollte er, dass wir Geste um Geste und Wort für Wort durchtrainieren und einzustudieren. Mir wurde das immer unheimlicher und alles sträubte sich in mir.

Ich war entsetzt über seine Aussagen, denn meine Spezialität war ja gerade, Menschen in Kürze in Selbst-Erkenntnisprozesse zu bringen. Dann sagte ich zu M.: „Ich werde meinen Vortrag frei gestalten. Ich brauche nur den Anfang und das Ende des Vortrages, alles andere lasse ich mir von der Quelle geben." Der Mentor war fassungslos und sagte wütend, dass ich vollkommen wahnsinnig sei, das so zu machen, aber es stehe mir natürlich frei.

ALL-ES VON GOTT GEFÜHRT

Als ich im Oktober 2015 ein weiteres Seminar „Dein Meta-Morphose-Prozess" gab, hatte ich den Impuls, Kai in Berlin anzurufen, um ihn zu fragen, ob er nicht dazu kommen wolle. Er sagte, dass er schon die ganze Zeit überlege, dabei zu sein, aber sich noch nicht entschieden habe.

Er spürte, dass es für seine weitere Entwicklung wichtig war und reiste trotz aller Zweifel an. Noch am Vorabend des Seminars transformierten wir bis morgens um zwei Uhr seine eigenen Themen. Kai war vollkommen zu mit alten Themen. Er schüttelte sich so heftig, dass er vor Schmerzen schrie. Ich errichtete über Kai ein energetisches Reinigungsportal, um ihm die Transformation zu erleichtern.

Da durchschoss ihn ein Strahl einer vibrierenden Energie. Kai erzitterte am ganzen Körper und rief: „Er ist drin, er ist drin, er ist drin!" Auf meine Frage, wer denn jetzt drin sei, sprach eine enorm kraftvolle Stimme durch ihn und sagte mit geballter Kraft: „Ich bin GOTT." Kai und ich riefen entsetzt gleichzeitig: „Wer ist denn Gott?" Wir waren total erstaunt und gleichsam amüsiert, denn diese Begegnung mit Gott war für uns sehr speziell und vollkommen unerwartet. Kai und ich kommen aus dem Osten Deutschlands. Wir hatten keinerlei Bezug zur Religion und haben uns selbst nie wirklich mit „Gott" als solchem beschäftigt. Und jetzt spricht er mit uns? Wie krass ist das denn?

Am nächsten Morgen war Gott immer noch präsent. Im Seminar waren die anderen Teilnehmer sehr irritiert über Kais Verhalten, denn immer wieder schüttelte es ihn durch und Gott sprach kraftvoll durch ihn. Ich führte die Teilnehmer über Meditationen ins neue Bewusstseinsfeld und Gott plapperte ständig dazwischen, als wüsste er alles besser....

Als Kai und ich am Abend unsere private Transformation fortsetzten, fiel Kai in meinen Schoss und jammerte: „Es tut mir so leid, ich habe einen großen Fehler gemacht. Ich bin an allem schuld. Bitte vergib mir." Ich fragte verwundert: „Wer jammert denn hier? Bist Du Kai oder Gott?" und die Antwort lautete: „Ich bin Gott. Ich habe mich auf ein Experiment eingelassen, das eine verheerende Auswirkung für die Erde und alle Wesen hatte. Ich fühle mich so schuldig. Bitte vergib mir."

Ich vergab Gott, doch ich wollte unbedingt wissen, was wirklich passiert war. Am nächsten Morgen erzählten wir den Seminarteilnehmern, die schon ganz gespannt auf Gott warteten, dass es wohl ein Experiment gegeben habe. Gemeinsam erforschten wir, was Gott angestellt hatte. Ich führte die Gruppe in die Meditation und öffnete für uns das entsprechende Informationsfeld.

ALL-ES EIN EXPERIMENT?

Der Raum, in dem wir uns nach unserer Reise ins „Göttliche" wiederfanden, ähnelte einem Alchemie-Labor.

Eine Teilnehmerin sah einen großen, dampfenden Kessel mit einer brodelnden Flüssigkeit darin. Eine weitere Teilnehmerin erkannte, wie mit einem Gefäß aus diesem Kessel eine Probe entnommen und auf einen Tisch gestellt wurde. Auf dem Tisch standen zwei Pipetten-Fläschchen. Das eine enthielt eine helle Flüssigkeit, das andere eine dunkle. Die nächste Teilnehmerin sah zwei männliche Wesen. Das eine dieser Wesen nahm das Fläschchen mit der hellen Flüssigkeit in die Hand, das andere das mit der dunklen und jeder von ihnen gab jeweils sechs Tropfen des Inhaltes in das Gefäß. Nachdem das Gemisch verrührt worden war, blieb die Flüssigkeit im Gefäß hell. Als sich der eine der beiden umdrehte, gab der andere heimlich noch einen Tropfen der dunklen Flüssigkeit hinein. Der Inhalt des Gefäßes wurde dann in den großen brodelnden Kessel entleert.

Als ich fragte, wer diese männlichen Wesen seien, rief Gott laut: „Der eine bin ich!" Und ich fragte weiter: „Wer ist der andere?" und wieder rief Gott donnernd durch Kai: „Kronos!" Ich hatte den Namen noch nie zuvor gehört. Welche Brisanz hinter diesen Informationen steckte, erfuhren wir erst fast ein Jahr später.

In unseren Konversationen mit Gott bekamen wir Antworten auf viele Fragen, die uns bewegten - ähnlich wie Neal Donald Walsh auch mit Gott sprach. Allerdings lernten wir einen völlig anderen Gott - den Gott der Erde - kennen, der uns bat, die Verwirrungen der göttlichen Familie zu klären und die Manipulation des Planes um das Ende der Menschheit und der Erde endlich aufzudecken. Es gab also einen zerstörerischen Plan, der das Armageddon zum Ziel hatte? Wir fielen sprichwörtlich aus allen Wolken und wussten nicht, was wir jetzt mit diesen Informationen anfangen sollten.

Gott sagte fordernd: „Es muss jetzt die ganze Wahrheit ans Licht kommen. Bitte beeilt euch. Es ist nicht mehr viel Zeit. Es geht alles zu Ende. Der Plan steht fest. Ihr seid die Auserwählten, die alles noch kurz vor dem Ende retten können."

Wir waren völlig überfordert mit dieser „frohen Botschaft".

Was soll das alles? Wo ist der Fehler? Werden wir hier verarscht? Wenn ja, von wem?

Fragen über Fragen turbulierten in uns ...

ALL-ES EINE KLARE ENTSCHEIDUNG

Gott gab Kai eine klare dringliche Anweisung, sofort seine Koffer in Berlin zu packen und zu mir zu ziehen, damit wir die Transformation so schnell wie möglich fortsetzten. Kai dachte nicht lange darüber nach. Er wusste, dass es dringlich ist. Er brach innerhalb einer Woche seine Zelte in Berlin ab und zog in meine Praxis in Salem ein. Für Kai war es eine mutige Entscheidung... für mich natürlich auch, denn ich wusste nicht, worauf ich mich da einlasse. Kai hatte keinerlei Erfahrung mit Spiritualität. Als Coach und NLP-Trainer blieb sein Wirken eher im mentalen Bereich. Er konnte nicht ahnen, was auf ihn zukommen würde, doch er wusste mit großer Sicherheit: Das ist meine Mission, diesen Weg muss ich gehen! Es gibt kein zurück.

Mit dem Umzug von Kai begann für uns beide eine unbeschreiblich aufreibende und herausfordernde Zeit. Wir transformierten die Turbulenzen der göttlichen Ebene, unsere eigenen karmischen Erfahrungen und Verstrickungen, alte Verletzungen, wir zerstörten Informationsfelder der alten Erdmatrix, und... und... und... rund um die Uhr.

Bei fast jeder unserer Begegnungen sprang sofort ein Thema an, das bereinigt werden wollte. Dabei schüttelte es Kai aufs heftigste körperlich durch. Die Energie war manchmal so intensiv, dass er so stark mit dem Körper vibrierte, dass er mit dem Stuhl durchs ganze Wohnzimmer rutschte. Es ist seinem körperlichen Fitness-Training zu verdanken, dass er überhaupt die Kraft hatte, diese Felder zu bereinigen und die heftigen Energien auszuhalten. Es kam Kai vor, als hätte er sich monatelang unbewusst durch sein intensives Körpertraining auf diese große Aufgabe vorbereitet.

Wir durchlebten in dieser Zeit viele ganz besondere Erfahrungen. Einmal befreiten wir in einer Bewusstseinsreise gemeinsam das Drachenvolk. Es war eingesperrt worden und konnte sich nicht selbst befreien. In unserer Vision bestiegen wir nach der Rettung jeder einen riesigen Königsdrachen und flogen durch die Lüfte wie im Film Avatar. Wir landeten in einem großen Saal, in dem zwei riesige goldene Thronsessel standen und setzten uns darin nieder. Unsere Drachen legten sich jeweils links und rechts zu unseren Füßen und alles strahlte vollkommene Liebe und Harmonie aus. Die Erinnerungen an eine längst vergangene Epoche wurden in uns wieder geweckt.

In einer anderen Reise sahen Kai und ich uns, als wir Sternen-Geschwister auf einem fernen Stern waren. Plötzlich gab es eine schreckliche Explosion. Unser Stern wurde völlig zerstört. Kai zuckte ganz erschrocken zusammen und nun erklärte sich für ihn, warum er so sensibel auf laute Geräusche und Blitze reagierte. Kai beschützte mich als seine Sternenschwester und wir taumelten durchs Universum. Wir wurden von einem riesigen Lichtschiff gerettet und bekamen dort unser neues Zuhause. Unser „Kinderzimmer" war einfach herrlich und wir bauten dort wie mit Lego-Steinen Sonnen- und Planetensysteme.

Eine der mit intensivsten Erfahrungen war, als Kai ausgestreckt im Bett auf dem Rücken lag und laut schrie. Gott klagte durch ihn: „Mein Herz tut so weh. Es wurden aus ihm so viele Stücke gerissen. Jede Religion hat sich ein Stück daraus gestohlen. Ich habe nie gesagt, dass es eine Religion geben soll. Es sollte nur die Religion der Liebe geben." Gottes Schmerzen waren schrecklich und ich musste Kai festhalten, denn sein Körper zitterte extrem.

Ich setzte symbolisch alle Teile wieder in Gottes Herz, damit es heilte. Dann legte ich mich neben Gott-Kai und nahm seine Hand. Wir flogen gemeinsam in Gottes Reich und Gott rief zu uns: „Zurück zum Ursprung, zurück zum Ursprung."

Wir fragten uns: Wer ist eigentlich dieser GOTT?

„GOTT ist in der Religionsgeschichte die heilige, übersinnliche, transzendente und unendliche Macht in personaler Gestalt, die als Schöpfer Ursache allen Naturgeschehens ist", heißt es in Meyers Enzyklopädischem Lexikon. Das „Große Duden Lexikon" definiert den Begriff „Gott" als „übermächtige, persönliche, als heilig erfahrene und verehrte Wirklichkeit". Von welcher Natur ist solch eine Ehrfurcht gebietende Wirklichkeit?

Da der Gott der Erde eine unerschaffene Person mit einem geistigen Leib ist, hält er sich logischerweise irgendwo auf. Die Bibel spricht von einem geistigen Bereich und bezeichnet den Himmel als Gottes „feste Wohnstätte" (Könige 8,43). Auch der Bibelschreiber Paulus erklärt: „Christus begab sich in den Himmel selbst, um vor der Person Gottes für uns zu erscheinen" (Hebräer 9,24).

Die allmächtige Gotteskraft ist nach unserem jetzigen Verständnis übergeordnet und frei von einer Personifizierung.

Immer wieder wurden wir massiv von Gott darauf hingewiesen, dass es um unsere Aufgaben „zum Ende der Zeit, um das Ende der irdischen Erfahrungen und zum Ende der Zivilisation" geht. Er rief immer wieder: „Es geht um Evolution, Evolution, es geht alles zu Ende, das ist mein Wille und beschlossen. Werdet wach."

Wir waren immer wieder völlig irritiert über diese Informationen, denn sie waren für uns kaum fassbar und doch so spürbar wahr. Auch die zeitliche Dringlichkeit unserer Transformation beunruhigte uns. Immer wieder rief Gott: „Beeilt euch, es ist nicht mehr viel Zeit! Das Ende ist nah. Handelt endlich." Vielleicht kannst Du nachfühlen, wie verrückt uns das alles vorkam? Unser Verstand wollte immer wieder, dass wir das alles als Blödsinn ablegen. Wir hinterfragten ständig, was mit uns passierte.

Zudem kam die körperliche Anstrengung, denn wir hatten kaum Zeit, in Ruhe zu essen oder uns zu erholen. Ständig schoben sich die Energien durch uns hindurch und wollten transformiert werden.

Täglich wurden uns neue Aufgaben gestellt, oft mit genauen Zeitangaben, welche Felder zu reinigen und welche Aktionen umzusetzen sind. Alles drehte sich um die Endzeit und um den Evolutionssprung ins Erwachen der Menschheit.

ALL-ES EINE SACHE UNTER BRÜDERN

Dann kam es zu einem bezeichnenden Treffen der himmlischen Brüder in meinem Wohnzimmer.

Meine liebe Freundin Monique bot mir an, mir eine Massage zu geben, um meine Rückenschmerzen zu lindern. Als ich auf dem Massagetisch lag und sie meine schmerzhaften Verhärtungen löste, kam Kai hinzu. Er trug in diesem Moment eine ganz besondere weiche Energie in sich. Ich fragte, wer er momentan sei und er sagte mit liebevoller sanfter Stimme: „Ich bin Jesus, Du kennst mich doch." Ich antwortete: „Wenn Du Jesus bist, dann heile bitte meinen Rücken. Meine Schmerzen sind unerträglich." Kai stellte sich an den Massagetisch und berührte mich. In diesem Moment zeigte sich eine zweite Energie im Raum und es war klar: Das ist Luzifer. Jetzt wurde es richtig verrückt. Auf der einen Seite von mir Jesus, auf der anderen Luzifer. Mir war, als würde ich in der Mitte durchgerissen. Monique machte einen Satz zurück von der Liege und beobachtete das Schauspiel aus der Entfernung. Ich flehte Luzifer an, doch endlich sein Spiel aufzugeben, denn es ist jetzt an der Zeit, mit allem in Frieden zu kommen. Immer wieder sagte ich zu ihm: „Du bist das Licht, dafür bist Du gekommen. Nimm die falsche Maske des Bösen endlich ab und komm zu uns." Da zog er die Maske tatsächlich ein Stück nach unten und ließ sein schönes Antlitz leuchten. Doch dann zog er sich gleich wieder zurück. Er sagte: „Ich komme, wenn für mich der richtige Zeitpunkt gekommen ist. Jetzt ist es noch zu früh. Ich habe noch etwas zu erledigen."

Monique war ganz entsetzt und fragte: „Ist das bei Euch immer so?" Mit einem Achselzucken nickten wir beide nur mit dem Kopf.

ALL-ES EINE HERAUSFORDERUNG

Wir wurden in unserer Transformationszeit massiv von dunklen Energieformen angegriffen, besonders nachts. Sie wollten mit aller Macht verhindern, dass wir uns selbst erkennen und alles aufdecken. Kai wurde von üblen Träumen gequält. Immer wieder bemerkten wir neue Angriffstechniken und Spezies, die auf uns und alle bewussten

Wesen gerichtet waren, um sie zu vernichten. Über das Bewusstsein reisten wir durchs ganze Universum, um diese Angreifer ausfindig zu machen, sie zu zerstören, auch ihre Sicherungsdateien im Hologramm zu erkennen und zu vernichten.

Wir entdeckten parallele Universen, die voller dunkler Aliens waren.

Der `dunkle Lord` nahm mit uns Kontakt auf und drohte uns, uns zu vernichten. Wir kamen uns manchmal vor wie in einem Science-Fiction-Film. Es gab Situationen, in denen nicht klar war, welche Seite gewinnen würde.

Diese fordernden Prozesse konnten wir nur durch gegenseitiges Vertrauen und Zusammenhalt meistern. Doch wir kannten auch Zeiten der Hilflosigkeit und des Unverständnisses, denn wir wussten lange nicht, was tatsächlich mit uns vorging und was unsere Mission ist. Fiel einer von uns in den Zweifel oder stürzte innerlich ab, war der andere vollkommen klar. So zogen wir uns gegenseitig durch diese heftige Zeit der Selbst-Erkenntnis. Viele fanden unsere Arbeit befremdlich und mir wurde oft von andern geraten, dass es besser wäre, wenn Kai mich wieder verlassen würde. Auch Kai wurde von seinen Freunden gewarnt, den Kontakt mit der Verrückten endlich abzubrechen.

Während unserer Arbeit wurde uns bewusst und wir erinnerten uns zum Teil, dass wir bereits in früheren gemeinsame Inkarnationen zentrale Aufgaben in den Epochen des Bewusstseinswandels innehatten. Immer waren wir ein Leit-Paar, doch nie war es uns geglückt, den Wandel in ein glückliches Ende zu führen. Immer gab es einen verbitterten Kampf zwischen dem Männlichen und dem Weiblichen. Die Liebe zur Macht war stärker als die Macht der Liebe. Der Missbrauch der Kompetenzen war zudem in allen Zeitlinien an der Tagesordnung.

Das Besondere am Zusammenwirken mit Kai ist, dass er den Wahrheitsgehalt meiner aus den Datenfeldern gelesenen Informationen Wort für Wort auf Richtigkeit prüft. Er trägt sozusagen den Wahrheitsnavigator in sich. Unsere Aufgabe war auch, den genauen Wortlaut für die Transformationsätze zu finden.

Sobald ein Thema erkannt und der entsprechende Lösungssatz ausgesprochen war, drehte sich die anfangs schwere Energie in die Leichtigkeit. Besonders die Vergebung brachte eine intensive Erlösung.

So arbeiteten wir uns systematisch durch die Informationsebenen hindurch. Nach jedem befreiten Themenkomplex prüften wir nochmals, ob die Transformation erfolgreich war mit:

„Ist alles gesehen? Ist alles gelöst? Ist alles geheilt? Ist alles vergeben?" Wurden diese Fragen bejaht, wurde das entsprechende „Buch" geschlossen. Symbolisch schlugen wir unsere Handflächen gegenseitig ineinander und schlossen dieses Buch zu diesem transformierten Themenbereich ein für allemal.

Immer wieder machten wir die Erfahrungen, wie es ist, aus der programmierten und kontrollierten Erd-Matrix der vermeintlichen Realität über das Bewusstsein auszusteigen. Wir öffneten über unser Bewusstsein Portale, die einen Ausstieg aus den Fängen der Matrix ermöglichten. Diese Erfahrungen waren sehr speziell, denn sie zeigten uns ganz deutlich, dass wir in einer Illusion leben und wie wir darin wie in einem Gefängnis gefangen sind.

Immer, wenn wir eine intensive Transformation beendetet hatten, lasen wir im Internet wenige Tage später von Ereignissen oder Informationen, die zu dieser Thematik passten. Als wir zum Beispiel die Göttin aus ihrem Gefängnis befreit hatten, hieß es im Netz: Die Göttin kehrt zurück.

ALL-ES ZURÜCK ZUM URSPRUNG DEINES SEINS

Während einer Session wurde uns gezeigt, dass der Titel unseres gemeinsamen Seminars „Zurück zum Ursprung Deines Seins" lauten soll und ich erinnerte mich an unsere Reise mit Gott, als er uns genau diese Worte zu rief: „Zurück zum Ursprung". Als wir das Seminar ausschrieben, ahnten wir noch nicht, welche Schätze wir dort heben dürfen.

Obwohl wir viel Werbung für das Seminar machten, blieben wir bei jedem dieser Seminare im kleinen Rahmen. Die Anzahl der Teilnehmer wurde immer passend zum Seminar geführt. Wir waren oft 9 Leute, dabei 3 Männer und 6 Frauen. Die Zahlenkombination 369 wurde uns als universeller Transformationsschlüssel mitgeteilt. Wie sich im Laufe der Seminare herausstellte, trug jeder einzelne Teilnehmer ein wichtiges Potenzial der Schöpfungsgeschichte in sich. Es dauerte einige Zeit, bis wir die ganze Geschichte auf einen Blick erkannten.

Es gab nie ein vorgefertigtes Seminarprogramm. Wir öffneten den Raum für das, was sich zeigen wollte. Sobald alle Teilnehmer da waren und sie die erste Erfahrung über eine geführte Meditation im neuen Bewusstseinsfeld machten, ging auch schon die Post ab. Das war für uns mehr als spannend und erforderte von uns einiges an Mut, dem Lauf zu vertrauen. Jedes der Seminare war wie ein Kapitel eines Fortsetzungsromans und wir durchreisten die wesentlichen Zeiten des Bewusstseinswandels auf der Erde und Teile der Schöpfungsgeschichte. Für alle Teilnehmer war es, als würden wir uns gegenseitig an unsere alten Erfahrungen erinnern. Jedes Seminar fühlte sich an wie ein Familientreffen.

Im ersten Seminar ging es um die Zeit in Atlantis und die Fähigkeiten unseres Selbst, mit Kristallen zu kommunizieren und zu heilen, zu manifestieren, über Töne und Frequenzen zu schöpfen. Wir waren 12 Leute, obwohl sich mindestens 17 Interessierte angekündigt hatten. Einer nach dem anderen sagte ab, bis es eben diese 12 waren. Im Seminar gingen wir dann in die Rolle des göttlichen Rates der Zwölf in Atlantis. Jeder bekam aus der geistigen Ebene einen Kristall mit einer bestimmten Farbe und einer speziellen Aufgabe und Sequenz zugeordnet. Wir saßen eng im Kreis, hielten uns an den Händen, tönten miteinander und gemeinsam kreierten wie ein Kristallfeld der Heilung in der Mitte unseres Kreises. Dieses Feld hatte die Aufgabe, das alte Atlantische Wissen mit der neuen Erfahrungsebene zu verbinden. Alles wurde genau angeleitet.

Ganz speziell war in diesem Seminar auch die Erfahrung der Präsenz von Pharao Echnaton und seiner Frau, Königin Nofretete, die als besonderes Paar den damals revolutionären Gedanken „des einen Gottes in Dir" vermittelten und damit sich durch die Religion des Lichts von der Anbetung der vielen Götter distanzierten. Uns wurden Techniken der Bewusstseinserweiterung aus dieser Zeit übermittelt, die wir sofort umsetzen konnten. Zur damaligen Zeit wurden die öffentlichen Versammlungen immer im Freien zelebriert, um mit dem Sonnengott Aton direkt in Kontakt zu sein. Auch wir setzten das Seminar auf einer Wiese direkt am Bodensee fort. Auch uns war der Sonnengott wohl gesonnen. Obwohl es Anfang November war, saßen wir bei zwanzig Grad auf der Wiese und tönten, bis sich ein energetischer Kristallpalast direkt über dem Bodensee zeigte. Claudia, eine Seminarteilnehmerin, sah, wie eine Brücke von dort direkt in unseren Kreis ragte. Sie selbst erkannte sich als Botschafterin der atlantischen Kristalle wieder.

Echnaton und Nofretete begleiteten Kai und mich weiter und wir erkannten, dass sie in der Öffentlichkeit als das großartige Liebespaar galten, jedoch miteinander heftige Kämpfe um die Liebe und die Macht führten. Echnaton war durch die Stärke seiner Frau und ihrer weiblichen Kraft verunsichert und machtlos und flüchtete sich immer wieder zu anderen Frauen. Als dann Kira ins Leben von Echnaton trat und er mit ihr einen Sohn zeugte, war Nofretete außer sich, denn sie gebar ihm sechs Mädchen und nicht den erhofften Thronfolger.

Aus Rache und Eifersucht brachte sie Echnaton um. Sie regierte danach noch zwei Jahre allein und starb dann selbst durch ein Attentat. Die Verräter brachten sie in ein unterirdisches Verlies und legten sie lebendig in einen Sarkophag. Die Türen zu diesem Raum wurden vermauert und niemand wusste, was mit ihr geschehen war. Sie war einfach verschwunden. In der Geschichtsschreibung gibt es bisher keine Details dazu. Doch wir konnten alle Informationen abrufen und erkannten plötzlich, dass wir selbst dieses Paar in einer früheren Inkarnation waren. Jetzt war uns auch klar, warum wir so viele Details aus dieser längst vergangenen Epoche bekamen. Wir wurden zum Beispiel in eine riesige Schatzkammer voller Gold geführt. Es hieß, dass dieser Schatz an die mittellosen Menschen verteilt werden sollte. Wir waren schon drauf und dran, auf Schatzsuche zu gehen.

ALL-ES AUF DER NEUEN ERDE

Am Ende des ersten Seminartages baten wir einen Teilnehmer, für uns die Kristall-Klangschale zum Schwingen zu bringen. Kai hatte durch die wochenlange Transformation enorme Rückenschmerzen und wir hofften, dass eine Kristall-Klangschalen-Sitzung eine Harmonisierung und Beruhigung der Nerven bringen würde.

Ich legte mich aufs Sofa, Kai setze sich in den Sessel. Michael saß zwischen uns und begann mit der Session. Plötzlich hörten wir einen außergewöhnlichen, durchdringenden Ton. Er war so massiv, dass ich den Mund weit öffnete und diesen Ton aus mir heraus tönte. Ich hielt diesen Ton sehr lange. Ich war völlig überrascht, dass ich so etwas überhaupt kann. Michael war auch verwirrt, denn ihm war der Klang völlig unbekannt. Kai war irritiert, dass Michael so plötzlich stoppte. Wir beendeten die Session und beschlossen, am nächsten Abend das Ganze zu wiederholen.

Wir baten diesmal Michael, solange die Schale in Schwingung zu halten, bis wir ihm ein Zeichen geben. Da ertönte abermals der besondere Ton und wieder tönte es aus mir heraus, diesmal kristallklar und viel prägnanter als am Vorabend. Ich spürte, wie sich mein Bauch plötzlich energetisch aufblies, als wäre ich im neunten Monat schwanger. Ich hatte das Gefühl zu platzen. Da rutschte ich vom Sofa, krabbelte auf allen Vieren zu Kai hinüber, setzte mich zwischen seine Beine und übergab ihm wie in einer Geburt die Energieblase aus meinem Bauch. Er schaute mich erstaunt an und fragte: „Was hast Du jetzt geboren?" Ich sagte mit einem humorvollen Unterton: „Einen Planeten - die neue Erde!"

Wir drei waren sehr erstaunt über diesen Prozess und verwirrt zugleich. Was hatte das zu bedeuten - die neue Erde...?

Eine Woche später traf ich mich mit einem russischen Kollegen. Wir tauschten immer wieder interessante Neuigkeiten aus dem Bereich der Bewusstseinsforschung aus.

Er erzählte mir von einem russischen Wissenschaftler und Geistheiler, dem es schon gelungen sei, über sein Bewusstsein unter einer geschlossenen Schneedecke rote Erdbeeren reifen zu lassen. Auch berichtete er, dass es möglich wäre, über das menschliche Bewusstsein Planeten zu erschaffen. Das interessierte mich besonders und ich fragte, ihn, ob er wüsste, wie das geht.

„Über ganz spezielle Frequenzen und Töne.", sagte V.. Ich erzählte von meinem Erlebnis mit der Klangschale. Er hatte zufälligerweise eine Frequenztabelle für Manifestation dabei und legte sie mir vor. Er wollte mich testen und fragte mich, bei welcher Frequenz Planeten geschaffen werden. Ich zeigte nichts ahnend und intuitiv auf ein Zahl und V. sagte: „Bingo - genau das ist die richtige Frequenz."

Die Tage danach war Kai kaum ansprechbar. Er war wie apathisch und ich machte mir wirklich Sorgen um ihn, ob die Transformationen der letzten Wochen vielleicht doch zu stark waren. Doch er beruhigte mich: „Mach Dir keine Sorgen. Ein Teil von mir ist schon auf der neuen Erde und ich lege dort die Fundamente."

Als wir die neue Erde im Beisein von Freunden fragten, wie sie heißt, sprachen Kai und ich gleichzeitig aus: Aurora!

Ich reiste immer häufiger mit Kai zu Aurora. Anfangs waren wir dort allein, später brachten wir die Informationen der Tiere und Pflanzen und der schon befreiten Wesen dorthin. Dieser Erfahrungsraum wird derzeit auch von Wesen verschiedener friedliebender Sternenvölker für die erwachte Menschheit vorbereitet. Von dort bekommen wir immer wieder Anweisungen für unseren eigenen Übergangsprozess. Hier traf ich auf meinen Bewusstseinsreisen auch meine Hündin Ambra wieder.

Übrigens: Die neue Erde zeigte sich uns als der grüne Planet, er schimmert in einer sehr kräftigen fluoreszierenden Farbe in Form eines Diskus.

ALL-ES FÜR DIE WEIBLICHE UR-KRAFT

Am 12. November 2015 hatte ich dann meine Premiere als Speakerin auf dem Frauen Business Kongress.

Das Thema meines Vortrages kam erst eine Woche vor meinem Auftritt von der Quelle und die Anweisung lautete: „Aktiviere bei den Frauen die weibliche Ur-Kraft." Gemeinsam mit Kai holten wir die einzelnen Themenbereiche dazu aus dem Bewusstseinsfeld. Zuvor hatte ich noch einen Termin mit meinem Mentor. Diesmal nahm ich Kai mit und wir erzählten ihm alles und auch von der Dringlichkeit der Botschaften von Gott. Er war von Kais Ausstrahlung sehr beeindruckt und als Kai ihm sagte, dass es jetzt an der Zeit sei, M. zu initiieren, weigerte er sich strikt: „Nein, das mache ich auf keinen Fall. Das entscheide ich selbst. Ich will das nicht." Der Mentor zitterte am ganzen Körper, so stark war die Präsenz der Gotteskraft.

Wir baten den Mentor, wenigstens an einem unserer Seminare teilzunehmen, um zu wissen, worum es bei unserer Arbeit geht. Auch hier weigerte er sich und sagte: „Ich muss nichts vom Produkt wissen. Wenn ich ein I-phone vermarkten will, muss ich nicht wissen, wie es funktioniert." Ich entgegnete ihm: „Wir sind aber kein I-phone, sondern wir haben eine wichtige Botschaft für die Menschheit." Er sagte darauf, ich müsse ihm erst einen Fragenkatalog mit 144 Fragen beantworten, dann wisse er schon, worum es gehe. Ich versuchte einige Fragen zu beantworten und das zwischen unseren Prozessen. Die meisten Fragen verstand ich einfach nicht und bat um Hilfe. Immer wieder sagte M.: „Die anderen Klienten müssen das auch so machen, also gib Dir Mühe. Sonst fange ich erst gar nicht an zu arbeiten."

Kurz vor meinem Auftritt reichte mir die Initiatorin des Kongresses die Hände und sagte: „Ich habe heute Nacht von Dir geträumt. Wir haben zusammen eine große Aufgabe."

So stand ich das erste Mal auf der Bühne vor ca. 500 Business-Frauen. Ich berichtete von meinem großen persönlichen Wandel und wie ich zur Spiritualität gefunden und dafür alles losgelassen hatte, was mir wichtig war. Dann aktivierte ich bei den Frauen die weibliche Ur-kraft durch eine geführte Reise zu ihrer Urquelle der Weiblichkeit. Einige wenige Frauen verließen gleich verschreckt den Saal, andere waren irgendwie erstarrt und verwundert über dieses Thema im Business-Rahmen, andere Frauen wiederum waren total happy über die Erfahrung. Mit einem großen Beifall verließ ich die Bühne.

Eine Frau kam am Nachmittag zu mir und fragte mich, was ich denn auf der Bühne mit den Frauen gemacht hätte, denn seit meinem Vortrag glühe ihre Gürtelschnalle. Eine weitere Besucherin erzählte mir aus ihrem Leben, und dass auch sie für ihre Mission ihre Familie mit vier Kindern verlassen musste. Bei den Vorträgen der anderen Kolleginnen waren meistens Wort und Geste einstudiert. Zum Abschluss eines Vortrages bat die Referentin die Damen aufzustehen. Sie sagte: „Und jetzt hebt die Arme ausgestreckt in die Höhe. Führt jetzt die Handflächen zueinander und klatscht." Das war ihr Abgang. Der Fotograf hielt die Standing Ovations gleich im Bild fest. Genau so etwas sollte ich auch trainieren. Ich fand das alles nur noch gruselig.

Noch am gleichen Tag sprach ich mit dem Mentor und er fragte, wie denn mein Vortrag gelaufen sei. Ich war total glücklich und erzählte von meinem Erfolg und dass ich so viel bei den Frauen bewegt habe. Dann fragte er mich, welchen Umsatz ich gemacht habe. Ich sagte: „Noch keinen, das kommt sicher noch." Er rief dann ganz erbost: „Dann hast Du total versagt, denn es geht nicht darum, was Deine Botschaft ist, sondern was Du am Abend an Umsatz generiert hast. Aber ihr Spirituellen seid einfach nicht in der Lage, über Geld nachzudenken." Da ahnte ich bereits, dass meine Zeit mit meinem Mentor eine meiner größten Herausforderungen werden würde.

Dann sollte es im Rahmen des Mentorings nach Amerika gehen. Das wie versprochen bereits inkludierte Schauspiel-Studium an der Lee-Strassberg-Academy wurde von M. dann doch noch extra berechnet, weil er sich angeblich verkalkuliert hatte. Dafür sollte ich dann nochmals ein paar Tausend Euro löhnen. Ich lehnte ab und sagte, dass ich kein Schauspiel-Studium bräuchte, denn wenn ich in meinen Seminaren in die entsprechenden Energien eintauchte, sei ich voll und ganz in meiner besten Rolle und ansonsten immer ein Original. Es sollte dann noch ein Event bei der Oscar-Verleihung geben, in der

Hoffnung, mich mit Berühmtheiten zu fotografieren, um zu vermitteln, dass ich jetzt in dieser Liga mitspiele. Wieder so ein Trick der Selbstdarstellung - so tun, als ob und glauben, dass es keiner merkt. Ich reiste nicht mit nach Amerika, auch, weil ich einfach das Geld nicht dafür hatte.

Was dann passierte, war bezeichnend. Ich bekam wieder Besuch von Luzifer. Er stand grinsend da und hatte ein verlockendes Angebot. „Du willst berühmt werden? Das lässt sich einrichten. Ich habe hier einen Vertrag. Du verkaufst mir Deine Seele und Du bekommst alles, was Du Dir wünschst. Erfolg, Ruhm, Geld. Wie sieht es aus? Bist Du bereit?" Ich war total geschockt. Ich weigerte mich mit aller Kraft gegen diese schreckliche, ekelhafte Energie. Sie klebte an meinem ganzen Körper, vor allem im Gesicht. Ich schrie: „Verschwinde, meine Seele bekommst Du nicht." Er verschwand eher unfreiwillig und ich war völlig außer mir. Ich stellte mich dann vor mein großes Jesus-Bild und betete zu Jesus Christus, dass er mir helfen möge. Es dauerte Tage, bis ich das ganze Energiefeld von Luzifer wieder aus mir entfernt hatte. Damals wusste ich noch nicht, dass es Satan war, der die Verlockung ausgesprochen hatte. Danach bekam ich Zugang zu Informationen über Berühmtheiten der Hollywood-Industrie, die ihre Seele tatsächlich für Ruhm und Geld verkauften. Manche starben sehr jung, auch das war der Inhalt des Deals. Auch in der Bibel wird vor den Machenschaften des Teufels zur Erlangung von Ruhm und Macht gewarnt.

Mein Mentor war nach seiner Rückkehr aus Amerika völlig verwandelt und voll mit der gierverseuchten Hollywood-Energie infiziert. Seine Aggression mir gegenüber stieg immer mehr an. Ständig musste ich von ihm die Marketing-Aktionen massiv einfordern, denn er hatte ja jetzt wichtigere Aufgaben von Hollywood mitgebracht, als sich mit einer „Durchgeknallten" zu beschäftigen. Er bestand jedoch weiterhin auf der Beantwortung seines Fragenkatalogs. Ich erzählte ihm von der Dringlichkeit meiner Informationen und dass es alle Menschen der Erde betrifft - das ist meine Zielgruppe! Doch das interessierte ihn nicht mehr. Sein Geld hatte er ja bereits vollumfänglich kassiert. Wobei er sich jedoch richtig Mühe gab, war die Beantwortung meiner schriftlichen Kritik der Zusammenarbeit. Jeden Punkt, den ich anmerkte, drehte er komplett zu seinen Gunsten um. Als er versprach, das alles mit mir und seinem Team bei den Dreharbeiten meines Trailers persönlich zu besprechen, verwies er darauf, dass er dafür keine Zeit habe, da er noch Möbel von Berlin in seine neue Villa zu transportieren hätte. Ich fühlte mich total hilflos ihm gegenüber, obgleich ich erkannte, dass er nur die große Show abzieht.

ALL-ES MIT DER SIEBEN

Im Seminar im Dezember 2015 zeigten sich Situationen aus dem Leben von Jesus Christus und Maria Magdalena und ihren Jüngern.

Jesus Christus sprach durch Kai und Maria Magdalena durch mich.

Was ich jedoch vermisste, war der liebevolle Umgang beider miteinander. Die Gespräche verliefen eher kühl und distanziert.

Auch der inkarnierte Judas, der Verräter von Jesus Christus, war als Seminarteilnehmer anwesend.

Daria, eine junge Frau erkannte sich als die wiedergeborene Mutter Maria wieder. Sie zeigte mir ein Gemälde, dass sie auf ihrem Handy gespeichert hatte. Darauf zu sehen war Mutter Maria mit dem kleinen Jesus. Daria sagte, als sie es zum ersten Mal sah, sprach ihr Selbst: „Die Frau auf dem Bild bist Du." Mit einem Blick darauf konnte ich ihr das bestätigen. Das war schon irgendwie besonders.

Die Seminarteilnehmer wurden mit ihren Erfahrungsebenen auf ihrem Heimatplaneten verbunden, erkannten ihre wesentlichen Inkarnationen in den Zeiten des Bewusstseinswandels und aktivierten ihre eigene Erfahrung in der Schöpfungsgeschichte der Menschheit. Ihr ganz individuelles Wesen wurde erkannt und initiiert. Wir initiierten u.a. die Drachen, Feen und Einhörner, Elfen und natürlich die Engel. Dazu erfährst Du in diesem Buch mehr.

Besonders erwähnen möchten wir hier die Erfahrung von Maria Theresia. Bei der Meditation zur Reise auf den Heimatplaneten reisten alle über ihr Bewusstsein zurück zu ihrer ursprünglichen kosmischen

Präsenz. Als Maria Theresia von ihrer Reise berichtete, war sie ganz verunsichert, ob das stimmen kann, was ihr gezeigt wurde.

Sie ritt auf einem Drachen hinaus ins Universum. Doch ihr Drache fand dort keinen Planeten, der zu ihr gehörte. Er kehrte um und flog in Richtung Erde zurück. Maria Theresia war anfangs darüber enttäuscht. Doch dann sah sie, wie der Drache ins Innere der Erde eintauchte. Er brachte sie vor ein großes Tor und setzte sie dort ab. Sie ging auf das Tor zu und klopfte an, um Einlass zu bekommen. Daraufhin wurde sie von einem Wesen begrüßt und nach einem Einlass-Code gefragt. Die Information lautete, dass sie sich an diesen erinnern wird, da sie ihn aus früherer Zeit kennt. Das irritierte und beunruhigte Maria Theresia, doch plötzlich tauchte in ihrer Erinnerung tatsächlich ein Zahlencode auf. Sie teilte diesen dem Torwächter mit und ihr wurde Einlass gewährt. Man führte sie in einen großen Saal. Dort stand ein leerer goldener Thronsessel. Maria Theresia wurde gebeten, in ihm Platz zu nehmen, denn es sei ihr Thron und er steht ihr zu. Sie ist die Königin der inneren Erde. Wir bestätigten Maria Theresia die Richtigkeit der Informationen und auch, dass sie von nun an wieder ihren Platz in der inneren Erde einnehmen darf und soll. Das sei ihr Vermächtnis. Nach dem Seminar machten wir Maria Theresia Mut, weiterhin Kontakt mit der inneren Erde aufzunehmen, da die Wesen dort auf sie warten und sie für alle wichtige Botschaften für die Zeitenwende bringt. In der Folge sprach Maria Theresia fast täglich mit Anambra, das Selbst von Maria Theresia, dass sie in viele Geheimnisse der inneren Erde einweihte. Es gibt inzwischen davon eine Video-Serie und ein Buch über ihre Erlebnisse im Inneren der Erde.

Bei der Abschluss-Session bauten wir einen imaginären Reinigungskorridor mit zwei Stuhlreihen und einer Herzensplattform auf. Dieses Format wurde uns vorab so von der Quelle durchgegeben. Jeder der Teilnehmer durchschritt dieses Reinigungsportal und ließ nochmals alle alten irdischen Verstrickungen los und erklärte sich bereit, auf die neue Erde zu gehen. Als ich selbst an der Reihe war, konnte ich nicht hindurchgehen. Immer wieder zog es mich wie an einem Gummiband zurück. Die Information dazu war, dass ich mich für alles verantwortlich fühle und auch bin und daher noch nicht auf die andere Ebene wechseln darf.

Wir waren in diesem Seminar 7 Leute. Die Zahl 7 drückte sich in vielen Sessions aus. So zum Beispiel in 7 Posaunen Gottes, 7 Energiezentren der Erde, 7 Wesensqualitäten, 7 Stämme des Lichts. Der Wortlaut: „Und der siebente Engel goß aus seine Schale in die Luft" verwunderte uns. Erst später erkannten wir, dass diese Worte aus der Johannes-Offenbarung stammen. Weiter Erklärungen dazu folgen in diesem Buch.

ALL-ES GANZ PLÖTZLICH ZU ENDE?

Kai fuhr dann in die Weihnachtsferien und ich unterzog mich am 18. Dezember 2015 einer Unterleibs-OP, es war nichts Dramatisches. Als der Arzt mich lange über die Risiken aufklärte, sagte ich: „Mir passiert nichts, da bin ich mir sicher." Nach der OP war alles in Ordnung, doch am Nachmittag verspürte ich enorme Schmerzen. Es zeigte sich ein Hämatom, und eine Not-OP wurde eingeleitet. Als ich nun zum zweiten Mal in den OP-Saal geschoben wurde, war es sehr seltsam: Der ganze Saal leuchtete in einem gleißenden weißen Licht. Nach kurzer Zeit schlief ich ein und sah ein noch stärkeres Licht leuchten. Dann sah ich ein Lichtwesen und ich fragte: „Wer bist Du?" „Ich bin Dein Selbst und ich sage Dir, dass Du hier nicht bleiben kannst. Du hast noch eine wichtige Aufgabe. Geh zurück und setze sie endlich um." Im nächsten Moment verspürte ich einen heftigen Schlag auf meinem Bauch. Ein Katheter-Beutel wurde quer durch den OP-Saal direkt auf mich drauf geworfen. Sie hatten vergessen, dass ich nur eine PDA-Narkose hatte.

Der Arzt war nach der OP völlig erschöpft. Über zwei Stunden flickte er unzählige geplatzte Blutgefäße in meinem Unterleib. So etwas hatte er in den 30 Jahren seiner Tätigkeit noch nie erlebt. Auch dieses intensive Erlebnis hing mit der Ursprungsgeschichte zusammen. Ein Teil der Erfahrung war in meinem Unterleib gespeichert. Dazu folgt im Buch noch eine Erklärung.

Übrigens war der 18. Dezember 2009 der Tag, an dem mich mein Mann gefragt hatte, ob ich einen anderen Mann hätte. Damals sagte wie eine fremde Stimme aus mir einfach: „JA!" und das Drama der Trennung nahm seinen Lauf.

Unsere Scheidung war dann am 22. Dezember 2015 um 16 Uhr in Überlingen, genau zur gleichen Zeit und am gleichen Ort, an dem sich mein Ex-Mann und Olaf zum ersten Mal vor 7 Jahren begegneten. Dieses Treffen war sehr besonders und vermittelte irgendwie den Eindruck, als würden die zwei sich schon längst kennen.

Silvester 2015 verbrachte ich zum ersten Mal in meinem Leben allein. Ich hatte keine Lust, mit jemandem zu sein. Ich ging symbolisch über Bodenanker noch einmal mein ganzes Jahr in Gedanken durch. Es war einfach so voll von turbulenten Erlebnissen, dass es mich nochmals durchbeutelte. Besonders die Trennungen von Norbert und Ambra schmerzten. Doch dann kam eine ganz sanfte Energie zu mir und schlüpfte in mich hinein. Ich fragte: „Wer bist Du?" Die Antwort war: „Ich bin Sophia, die Göttin der Weisheit."

Im Seminar im Januar 2016 war das Thema die Heilung der Liebe. Immer wieder wurden uns Situationen gezeigt, in denen die Liebe missbraucht wurde und die Liebe zur Macht die Herrschaft übernahm. Die Ur-Liebe und das Ur-Vertrauen waren zerbrochen durch die unwissende Begegnung des Männlichen und des Weiblichen. Die Liebe wollte einfach nur fließen, doch sie machte die schmerzlichen Erfahrungen der Trennung. Ihr Herz war zerrissen und sie erkannte, dass sie bis heute noch in diesem Schmerz ist. In einer Aufstellung standen eine Teilnehmerin für die Liebe, die andere für den Wahnsinn. Als sie sich die Hände reichten, wurde eines klar: Die Liebe und der Wahnsinn gehen Hand in Hand.

Wir wurden angeleitet, die Teilnehmer mit dem Ur-Vertrauen und der Ur-Kraft zu verbinden. Auch das Ursprungs-Wesen galt es zu initiieren. Wir errichteten dazu ein Energieportal, in dem sich jeder selbst erkannte, um wieder mit seinem Selbst zu verschmelzen.

Anfangs waren wir irritiert von der Klarheit der Informationen, die jeder Einzelne von sich gab. Es zeigten sich neben speziellen Wesensqualitäten auch personifizierte Potenziale der Schöpfungsgeschichte. Wir konnten die Zusammenhänge erst später erkennen.

U. zum Beispiel bezweifelte anfangs die Information, dass sie für die

Ur-Liebe gekommen sei. „Ist denn nicht jeder von uns die Ur-Liebe?" hinterfragte sie immer wieder und wieder. Ich hatte damals auch keine genaue Erklärung dafür, doch ich war mir ganz sicher:

U. steht für die Ur-Liebe - und nur sie. Es zeigte sich später, dass sie auch für ein Schöpfungspotenzial steht, das genau diesen Zweifel an wahren Informationen in sich trägt.

Es wurde also immer verrückter. Immer mehr Teilnehmer trugen spezielle Aspekte und Potenziale der Schöpfung, und wie sich im Verlauf der Seminare herausstellte, war der Auftrag der Zusammenkünfte unter anderem die Klärung der Schöpfungsgeschichte und der Neustart der Schöpfung.

ALL-ES UNGEKLÄRT - WER IST DER VATER VON GOTT?

Als ich mit Kai meine Tochter Anne in Stuttgart besuchte und sie Kai sah und wie wir mit Gott und Gott durch ihn sprach, war sie sehr verwundert. Doch dann fragte sie: „Wer ist denn eigentlich der Vater von Gott?" Kai sagte, dies sei eine gute Frage, er wisse es auch nicht. Anne sagte noch lachend bei der Verabschiedung, dass wir ihr eine SMS schicken sollen, wenn wir die Antwort gefunden haben. Am nächsten Morgen verspürte ich eine seltsame kraftvolle Energie, die sich in mir ausbreitete. Ich fragte, wer das ist. Die Antwort war: „Ich bin die Ur-Mutter". Als ich Kai davon berichtete, durchfloss auch ihn eine kraftvolle Energie. Es war der Ur-Vater.

So hatten wir also unsere nächste Aufgabe: den Frieden und die Vergebung zwischen Ur-Mutter und Ur-Vater herzustellen - und wir hatten damit die Antwort, wer Vater und Mutter von Gott sind. Für diese neue Aufgabe brauchten wir wieder einige Tage, denn es kam so viel Wut und Groll von den beiden nach oben. Es ging die ganze Zeit darum, wer die Schuld an der großen Misere trägt. Die Ur-Mutter war die Schuldige, der Ur-Vater verfiel ins Opfer. Wir befriedeten Thema um Thema, Schicht um Schicht und sprachen Vergebung um Vergebung.

Meinen russischen Kollegen V. erwähnte ich bereits. Sein Wissen um das ursprüngliche vedische Wissen, das wohl zuallererst in Russland entdeckt wurde, faszinierte mich. Das vedische Wissen erklärt die Zusammenhänge der irdischen Seinsformen mit den Energieformen des Universums. Wir führten oft stundenlange Telefonate zur Entstehung der Menschheit, zum neuen Bewusstsein und zur alternativen Gesundheitsvorsorge. Erst durch ihn wurde mir wirklich klar, dass Gott, der durch Kai sprach, eben der Gott der Erde ist.

V. sagte, dass Luzifer als Architekt der Erde den Auftrag hatte, die Grundlagen für eine menschliche Zivilisation und die Weltenformel zu entwickeln. Damals wunderte ich mich, dass Luzifer diese Aufgabe zugesprochen wurde, denn ich kannte ja seine üblen Machenschaften. V. sagte auch, dass Satan Vs. Freund sei. Ich fand das alles ziemlich seltsam und war total verwirrt. Welche Rolle spielt denn eigentlich Satan fragten wir uns und wie kann man mit ihm befreundet sein. Dass wir diese Energie selbst heftig zu spüren bekommen werden, zeigte sich erst viel später.

V. hatte teilweise auch ein Wissen über die ursprüngliche weibliche und männliche Urkraft und dieses Thema begeisterte mich besonders. Denn mir wurde in den Seminaren immer wieder gezeigt, dass durch das gegenseitige Unwissen über die Qualitäten des jeweils anderen Aspekts sich Ratlosigkeit und Irritationen zwischen dem Männlichen und dem Weiblichen aufbauten.

V. erzählte mir, dass die Seinsqualität eines Menschen im Besondern vom Akt der Zeugung abhängt. Ist die Zeugung ein reiner Akt der ekstatischen Verschmelzung in Liebe, dann wird die Seeleninformation aus der allerhöchsten göttlichen Ebene initiiert. Die Zeugung unter dem Einfluss von Alkohol zum Beispiel kann bewirken, dass die Seeleninformation nicht die Kraft hat, bis in die höchste göttliche Ebene vorzustoßen. Sie verbleibt dann in nieder schwingenden Bereichen und holt ihre Information zum Beispiel aus dem Tierreich. Da erinnerte ich mich, dass der Bruder eines Schulkameraden, dessen Mutter Alkoholikerin war, aussah wie ein Ferkel.

ALL-ES FÜR DIE WEIBLICHE URKRAFT

V. und ich beschlossen, ein gemeinsames Frauenseminar zur „Aktivierung der weiblichen Urkraft" anzubieten. Als das Seminar ausgeschrieben und bereits durch einige meiner Interessentinnen gebucht war, sagte V. einfach zwei Tage vorher ab. Ich solle das Seminar stornieren. Ich war geschockt. Absagen kam für mich nicht in Frage. Als ich mein Selbst dazu befragte, was mit V. los ist, bekam ich die Antwort, dass er Angst vor meiner weiblichen Kraft hat.

Da entschloss ich mich, das Seminar auch ohne ihn zu geben. Die Nacht zuvor konnte ich nicht schlafen, denn ich hatte ja selbst das Wissen nicht. Im Seminar öffnete ich den Raum und vertraute wieder auf das, was sich zeigen möge. Schon in der ersten Meditation kamen die Informationen direkt von der göttlichen Ur-Mutter. Sie schulte uns und schenkte uns die wichtigsten Informationen direkt aus dem Ursprung.

Die Essenz daraus: Der heilige Gral, den so viele Könige und Ritter über tausende Jahre überall suchten, um durch ihn das ewige Leben zu erfahren, war ihnen immer ganz nah. Er war versteckt im Schoß ihrer Frauen. So war auch König Artus ausgezogen und hatte nur noch das eine Ziel: den heiligen Gral zu finden.

Der heilige Gral war ursprünglich gefüllt mit der glühenden Ur-Masse der weiblichen Urkraft. Er war das Heiligtum der Ur-Mutter. Er wurde durch die Verschmelzung mit dem Ur-Vater durch den Funken seines Lichtschwerts zerstört und dadurch konnte die weibliche Urkraft nie mehr fließen. Der Ur-Mutter wurde die Ur-Schuld an allem gegeben. Sie fühlte sich dann auch schuldig und bat uns, dass alles ganz genau aufgeklärt wird, damit alle wissen, dass sie keine Schuld trägt. Sie selbst hatte nicht um ihre innere Glut gewusst und um das Ausmaß der weiblichen Urkraft. Wir Frauen heilten den Heiligen Gral für uns und alle weiblichen Wesen.

Bemerkenswert war auch die Initiation von Hilde. Sie trug eine Bluse mit einem Sternenmuster. Als sie ihr Potenzial erkannte, rief sie: „Aus meinem Bauch fließt ganz viel Energie. Ich bin die Ur-Energie!"

Hilde ist wirklich die pure personifizierte Energie.

Das Thema weibliche Urkraft faszinierte mich nun noch mehr und da ich irgendwie gern aus „der Gott-Nummer" raus wollte, beschloss ich, meine weitere Coaching-Ausrichtung auf das Thema „Authentic Woman" zu lenken, um die Frauen mit ihrer ursprünglichen Weiblichkeit zu verbinden. Damit konnte dann vielleicht auch mein Mentor etwas anfangen und meine Investition wäre dann doch noch gerettet.

ALL-ES IN WIRREN TURBULENZEN - DAS FALLENDE MAGNETFELD

Doch mich ließ Gott einfach nicht los. Das göttliche Drama ging weiter. Das zeigte sich dann noch deutlicher im nächsten Seminar im April 2016 in Potsdam.

In Potsdam besuchten Kai und ich im Vorfeld eine Kirche. Als wir nach vorn zum Altar gingen, schauten wir zur Kuppel hinauf. Und plötzlich rief Gott durch Kai: „Kronos, Du Verräter!" Wir waren beide total erschrocken, denn die Intensität und Lautstärke des Ausrufes füllten die ganze Kirche aus. Das Bildnis, das sich uns von Gott zeigte, war nun wirklich nicht liebevoll. Es schaute ein mürrischer Gott von der Decke, als würde er drohen und alle bestrafen wollen. Gott schimpfte noch eine Weile durch Kai hindurch und plauderte dabei so einige himmlische Geheimnisse der göttlichen Familie aus.

Als wir in unserem Quartier in Potsdam ankamen, konnten wir kaum fassen, was uns erwartete. Wir hatten eine große Ferienwohnung unter dem Dach. Im Wohnzimmer stand eine Coach-Garnitur mit DDR-Charme. Das Design kam mir sehr bekannt vor, auch meine Eltern hatten so ein Model. Plötzlich sagt Kai: „Wer sind denn die, die da auf dem Sofa lümmeln?" Ich fühlte in die Energie hinein und war fassungslos. Es waren doch tatsächlich die Energien meiner bereits verstorbenen Eltern im Raum. „Was wollt ihr denn hier?" fragte ich ungeduldig. Sie baten mich um Vergebung, dass ich so wenig Liebe als Kind erfahren habe. Sie wussten es nicht anders. "Ach so, das fällt Euch ja früh ein.... ja, ich vergebe Euch."

Als die beiden sich zurückzogen, war schon die nächste Energie im Raum. Diesmal war es die verstorbene Großmutter von Kai. Ich fragte, wie sie denn gestorben sei. Direkt über Kai war ein Bücherregal und ein grünes Buch leuchtete mir entgegen. Auf dem Buchrücken stand: `Die Tote im See´. Kai sagte darauf: „Ich glaube, sie hat sich ertränkt." Sie teilte mit, dass ihr Ehemann sie immer wieder mit Schlägen quälte und sie die Brutalität in der Ehe nicht mehr ertragen konnte. Sie sah den Selbstmord als einzige Möglichkeit, dieser Hölle zu entkommen. Kai verabschiedete sich von seiner Oma, die er nicht wirklich kannte und wir brachten sie nach Hause, ins Licht.

Als wir nach dem Abendessen die Treppe zur Wohnung hinauf stiegen, ahnten wir, dass wir wieder Besuch haben. Tatsächlich: Der kosmische Rat machte es sich diesmal auf der Couch bequem. Er informierte uns, dass sie uns in den nächsten drei Tagen eine ganz besondere Unterstützung geben wollten, um die Selbst-Erkenntnis-Prozesse der Teilnehmer zu fördern. Wir wunderten uns nicht weiter über diese Art der Kommunikation. Es war eh schon alles total schräg und verrückt. Welche verheerenden Ausmaße diese Unterstützung dann annehmen würde, konnten wir nicht ahnen.

Im Vorfeld des Seminars ergab sich eine Aufstellung für mich selbst. Dabei bekam ich die Information, dass meine Zeugung wohl ein ganz erleuchtender Moment für meine Mutter und meinen Erzeuger gewesen sein muss. Außerdem bekam ich die Nachricht, dass mein zweiter Vorname Helga mich auf eine neue Ebene der Selbst-Erkenntnis trägt. Anfangs sträubte ich mich total gegen den Namen meiner Mutter, denn mit ihr verbinde ich nicht viele gute Erinnerungen und doch spürte ich eine gewisse Kraft des Namens. Na wenn es denn hilft - ich stimme dem zu.

Im Seminar bekamen wir ein breites Spektrum an Informationen.

Es ging um die Entstehung der Schöpfung in der ersten Form als Licht und Liebe, um die einstige Erfahrung der Einheit in der Vollkommenheit, um die Aktivierung einer Welle des globalen Erwachens, um die Initiation der erwachten Weiblichkeit und Männlichkeit und um das Thema Geburt. Ur-Mutter und Ur-Vater sprachen durch mich und durch Kai und führten die Erkenntnisprozesse.

Eine Teilnehmerin brachte das Feld der falschen Religion mit. Es zeigte sich, dass sie im früheren Leben die Hure des Papstes war. Sie war voll innerer Wut, wagte jedoch nicht, diese herauszuschreien und schaute immer nur lieblich drein. Sie musste ja auch immer schweigen, sonst wäre sie dafür gelyncht worden.

Es wurde uns auch offenbart, dass der erste Papst eine Frau war. Sie war die erste Päpstin und der einzige Papst, der mit Gott noch in direkter Verbindung war und seine Liebe übermittelte, als er noch in der Liebe war. Alle anderen Päpste trugen weiterhin ein Frauenkleid, verkündeten jedoch die Botschaft eines dunklen Gottes, der die Sünden der Menschen verurteilte und bestrafte. Sie suggerierten den Menschen, dass sie nur über den in der Kirche vermittelten Glauben Buße ablegen konnten. Und tatsächlich gab es in der Überlieferung aus dem Jahr 858 die Nachricht, dass die Päpstin Johanna inmitten einer Prozession ein Kind gebar. Sie war zwar nicht die erste Päpstin, jedoch auch sie ließ sich die Liebe und die Sexualität nicht verbieten.

Eine weitere Seminarteilnehmerin, die von Kindheit an unter den irrsinnigen Vorschriften der katholischen Kirche litt, spürte diese Wut in sich ebenso und schrie sie stellvertretend für alle zum Himmel hinauf. Ihr Schrei ging bis ins Universum, so erschütternd war er. Sie wurde bereits als neunjähriges Kind gezwungen, Buße zu tun. Der Pfarrer legte ihr damals einen Zettel vor, auf dem zwölf Sünden standen. Sie sollte sich drei davon auswählen, um Gott um Vergebung zu bitten. Sie hatte keine der dort aufgeführten „Sünden" jemals begangen.

Das besonders Verrückte in diesen Tagen in Potsdam war, dass das Erdmagnetfeld für zwei Stunden ausfiel und dadurch die Abfolge des Seminars von uns als Seminarleiter kaum noch zu steuern war, die göttliche Ebene übernahm diesmal vollständig das Ruder und bombardierte uns mit Informationen. Erst später wurde uns klar, dass wir dem kosmischen Rat diese Achterbahnfahrt zu verdanken hatten. Jungs und Mädels - das ging echt nach hinten los! Durch Kai rauschten mehrere Wellen der Initiation, was ihn jede Menge Kraft kostete. Nach einer intensiven Session schaute er mich mit ganz großen Augen an und sagte: „Ich bin der erste neue Mensch - ich bin NEO!"

Alle Schleier fielen bei mir auf einmal. Ich erkannte während einer durch die Erste Quelle geführten Meditation auf einen Schlag alle Zusammenhänge der Ereignisse in meiner jetzigen Inkarnation und mit den in den vorherigen und auch, welchen Auftrag ich jetzt habe.

Meine wesentlichen Inkarnationen rauschten wie im Zeitraffer durch mich hindurch: Mu, Lemurien, Atlantis, Nofretete, Orakel von Delphie, Maria Magdalena, Vergasung im KZ ...

Einige der Teilnehmer waren davon irritiert, dass es in der Meditation nur um mich ging und bemerkten dabei nicht, dass sie selbst immer in diesen speziellen Zeiten des Bewusstseinswandels mit ihrem Selbst präsent waren. Wir trafen uns in dieser letzten Runde wieder. Sie gingen in den Protest. Das Ego war mal wieder der Gewinner der Situation. Es gab sogar zwei Damen, die erbost abreisten.

Eine Teilnehmerin wurde als „Hebamme der göttlichen Mutter" zu uns geschickt. Sie brachte uns die Botschaft, dass ursprünglich die Geburt ein orgastisches Erlebnis ist, welches die Frau voller Ekstase erlebt. Begründet wurde diese Information dadurch, dass auch die Empfängnis aus der Verschmelzung von Mann und Frau im ursprünglichen Sinn die Ekstase ist, die zur Erleuchtung führt. Damit zeigt sich diese ekstatische Energie auch in der Geburtsphase. Schade, dass auch dieses Wissen verloren ging. Es wurde gezielt von Satan vernichtet, damit die Frauen bei der Geburt leiden. Heute weiß einfach jede werdende Mutter nur noch, dass die Geburt ein schmerzvolles Ereignis ist. Viele der werdenden Mütter ziehen heute daher eine Kaiserschnitt-Entbindung vor.

In einer Aufstellung ging es um die ursprüngliche Begegnung des Männlichen und Weiblichen in der Sexualität. Das erfuhren wir erst im Nachhinein, denn was dann passierte, war für uns alle unerklärlich. Kai und ich stellten das Ying/Yang-Zeichen nach, in dem das Weibliche und das Männliche miteinander ein Ganzes ergeben. Aus dieser Position entwickelte sich eine weitere. Es sprach aus mir heraus:

„In dieser Position fließen alle Potenziale der männlichen und weiblichen Aspekte frei. Das löst eine Welle der Liebe aus." Meine Worte bewirkten, dass Kai schlagartig etwa 15 Sekunden am ganzen Körper vibrierte. Diese Welle kam direkt bei einem meiner Kollegen in Stuttgart kurze Zeit später an, wie er mir bei einem späteren Telefonat berichtete. Ein Teilnehmer setzte diese Position gleich mit seiner Partnerin um und berichtete am nächsten Morgen begeistert von der Intensität der Begegnung mit seiner Frau.

Nach dem ersten aufregenden Seminar-Abend gingen Kai und ich noch in ein Lokal. Der Inhaber des Restaurants war ein sehr hübscher und offener Mann, der ständig ein strahlendes Lächeln zeigte. Ich fragte ihn, ob er verliebt sei. Sofort plauderte er sein ganzes Sexualleben aus. Wir waren amüsiert, dass wir das Thema vom Seminar gleich weitertrugen. Dann sagte er zu Kai mehrfach: „Du musst nur zur Quelle gehen, dann wird Dir alles klar." Ich stand auf und nahm ihn zur Seite und fragte: „Was meinst Du damit, zur Quelle gehen?"

Er war ganz verwundert und selbst verunsichert über seine Worte und sagte, dass er gar nicht wisse, was diese zu bedeuten haben. Wer hat da wohl durch ihn gesprochen?

Bei einer weiteren Aufstellung für ein Neugeborenes, das drohte, kurz nach der Geburt die Erde wieder zu verlassen, zeigte sich, dass der Kleine einfach nur ganz schnell aus seinem engen Körper wieder raus wollte. Die Stellvertreterin, die nicht wusste, für wen sie steht, rief: „Hilfe, es ist so eng hier. Holt mich hier raus. Ich muss hier weg. Wo bin ich nur gelandet?" Wir konnten dem Wesen erklären, dass es jetzt inkarniert ist und eine wichtige Aufgabe auf der Erde hat. „Du trägst die Christus-Liebe", sprach es aus mir heraus, ohne zu wissen, was es bedeutet. Die Mutter berichtete, dass der Kleine kurz darauf viel ruhiger wurde und heute ist er ein glücklicher Lausbub.

Für dieses Seminar war von göttlicher Stelle angeordnet, dass die Teilnehmer mit ihrem weiblichen/männlichen Anteil wie in einer inneren Hochzeit verschmelzen sollten. Kurz vor dem Seminar kam die Info, dass alle dafür in weiß gekleidet erscheinen sollen. Als ich dieses im Vorfeld mitteilte, war interessanter Weise die Botschaft bei fast allen schon angekommen. Nur ein Teilnehmer kam ganz in schwarz. Gerade, als er sich weiß kleiden wollte, griff er wie fremdgesteuert nach den schwarzen Sachen. Danke an die Requisite! Im Seminar war er der Stellvertreter für Luzifer, den wir dort auch von seinen Qualen erlösten und somit war nun auch Luzifer befreit.

Im Seminarraum gab es eine verhangene Spiegelwand. Alle Teilnehmer standen mit dem Rücken vor dieser Wand. Es folgte eine geführte berührende Meditation der Ersten Quelle zur inneren Hochzeit und am Ende dieser drehten sich alle zur Spiegelwand um. Kai und ich zogen ganz langsam den Vorhang zur Seite. Jeder sah sich nun vollkommen neu, in seinem wahren Selbst. Mit einem: „Ich sage JA! zu meinem Selbst" war die Verschmelzung gelungen.

Am Tag danach wurde uns klar, dass wir wie in einem Film gefangen sind und dort unsere Rollen spielen. Die Botschaften der Kulisse der Berliner Straßenreklame schlugen voll in unserem Bewusstsein ein und wir lachten über diese verrückten Hinweise, die wohl sonst keiner mitbekommt. Mir rief eine sich drehende Litfaßsäule zu: „Schreib Dein Buch". Aber sicher!

Ein großer schwarzer Lieferwagen fuhr an uns vorbei, auf dem ganz groß „MATRIX" stand. Das Spiel der Matrix war erkannt.

ALL-ES ZU ENDE - THE LAST NIGHT!

Während der Autofahrt bekam Kai seltsame Informationen wie:

Heute ist Euer letzter Abend. Verabschiedet Euch von der alten Welt. Er sagte zudem, dass er in seiner Vision sieht, wie alle Häuser zusammenfallen und sich die Erde vollkommen von allem reinigt, was von Menschen geschaffen wurde.

Wir waren zu dritt im Auto und bei dieser Information wurde es uns dann doch unheimlich. Ich schlug vor: Wenn dem so ist, dann lasst uns das feiern. Wir wählten für die vermeintlich letzte Nacht das Hotel Titanic - der Name hat einfach Tradition für den Untergang. Als ich von der Tiefgarage aus ins Hotel hinein ging, bekam ich plötzlich ganz weiche Knie und hielt mich zitternd am Türrahmen fest. Was ist mit meinen Kindern? schoss es durch mich hindurch. Werden sie auch mit ins Neue mitgehen? Kai beruhigte mich, dass für alle das Beste geschehen wird.

Im Lokal orderten wir das feinste Essen und genossen den guten Wein. Der Kellner begrüßte uns drei mit den Worten:

„Man muss das Leben feiern, denn man weiß ja nie, wie schnell es zu Ende ist." Wir lachten uns schlapp. Spät am Abend tanzte ich mit dem Kellner durchs Lokal den vermeintlich letzten Walzer.

Der nächste Morgen brachte dann die große Ernüchterung, dass alles noch beim Alten ist. Enttäuschung pur! Doch es hieß, dass wir geprüft wurden, wie wir mit den Informationen umgehen, denn es wird genau so kommen, nur nicht jetzt gleich, da wir noch viele Aufgaben zu erledigen haben in unserer gemeinsamen Mission. Irgendwie war ich auch froh darum, denn ich hätte mich auch gern von meiner Familie verabschiedet.

Ich traf mich am nächsten Tag mit meinem Mentor, der auch gerade in Berlin weilte, und ich erzählte ihm die neuesten Informationen der Familie Gott. Nun war er wieder offen für das Thema Erwachen und versprach mir, dass wir jetzt endlich loslegen würden. Bei diesem Gespräch war ein bekannter Filmemacher dabei, der meinen Trailer drehen sollte. Er war sehr interessiert an allem, denn er hatte selbst gerade ein Drehbuch zum Armageddon – sprich: Weltuntergang - geschrieben. Ich sagte, dass es doch schon genug davon gäbe und es wäre an der Zeit, dass endlich mal ein Film über das friedliche Erwachen in die Kinos kommt. Doch auch die Wirkung dieses Treffens verpuffte wieder beim meinem Mentor. Er ignorierte weiter meine Botschaften.

ALL-ES VERFLUCHT

Ich kann mich noch gut erinnern, wie ich mir eines Morgens in Facebook Postings anschaute und auf einmal ein immenser Groll in mir hochkam. Ich sah ein Foto mit einigen mir bekannten Männern und eine Stimme dröhnte durch mich hindurch:

„Ich verfluche alle Männer." Ich war total erschrocken, doch ich erkannte später, dass es nicht mein Groll war, sondern dass es der göttliche Groll der vergessenen Göttin war, die schreckliche Erfahrungen mit den göttlichen Männern machen musste. Du erfährst in diesem Buch, warum die Göttin so erbost war.

ALL-ES, WAS DER MANN BRAUCHT

Im Mai 2016 gab ich ein Seminar im Burgenland, diesmal ohne Kai. Wir wussten damals noch nicht in dieser Klarheit, wie es mit uns weitergehen sollte, und nach dem verrückten Seminar in Potsdam war Kai wie traumatisiert durch die intensiven Energien, die durch ihn hindurch rauschten. Er hoffte damals, dass unsere Zusammenarbeit mit diesem Seminar beendet sei.

In diesem Seminar ging es dann speziell um die ursprüngliche Männlichkeit. Am Vorabend des Seminars schrieb mir eine Klientin, ob sie und ihr Mann noch kurzfristig zum Seminar kommen könnten. Ich wäre ihre letzte Rettung, sonst würden sie sich trennen. So war er der einzige Mann in unserer weiblichen Runde. Für ihn war es eine Premiere und gleichzeitig eine Herausforderung. Er war noch nie auf einem Seminar und dann auch gleich noch bei mir...

Nach einer Stunde spürte ich deutlich, dass dieser Mann nur noch einen Gedanken hatte: Wie komme ich hier wieder raus? Ich holte ihn dann ganz schnell mitten ins Geschehen und initiierte seinen Drachen. Dann liefen die Informationen nur noch durch ihn hindurch. Eine Erkenntnis nach der anderen prasselte auf ihn ein und viele Gänsehaut-Schauer überrieselten ihn. In einer Aufstellung standen alle Frauen im Kreis um ihn herum. Wir machten den Kreis immer enger und ich sagte zu ihm: „Jetzt lass Dich einfach in die pure Weiblichkeit fallen." Genau hinter ihm stand eine wirklich göttlich-füllige Frau. Wir Frauen fingen die Männlichkeit auf und das Männliche gab sich einfach hin. Einfach nur sein und im Weiblichen geborgen sein. Das ist die größte Sehnsucht des Mannes - so lautete eine der Erkenntnisse.

Am Ende des Seminars nahm er seine Frau in den Arm, schaute sie mit Tränen in seinen Augen an und sagte:

„Was habe ich Dir nur angetan? Ich gab Dir die Schuld an allem. Was habe ich mir nur angetan? Ich habe mich selbst so verurteilt für alles, was ich getan habe. Ich habe das alles nicht gewusst. Ich bitte Dich, vergib mir."

Der Ur-Vater sprach durch ihn und es tat ihm so leid, was alles aus Unwissenheit über seine eigene Männlichkeit geschehen war, und dass sich alles immer noch im Irdischen wiederholt. Und natürlich waren das auch die Worte des Teilnehmers, der seiner Frau vor uns allen seine tiefe Liebe gestand.

Als wir das Wesen von Maria initiierten, erkannte sie sich als Naturwesen wieder. Schon immer spreche sie mit den Bäumen, sagte sie. Maria war ganz in grün gekleidet und irgendwie erinnerte mich dieses Grün an Aurora - unsere neue Erde.

Nach ihrer Initiaton bemerkte ich, wie eine andere Energie durch sie hindurch wirkte. Ich fragte: „Maria, wer bist Du?" Sie war selbst sichtlich erstaunt, über das Wesen in ihr. Sie sagte: „Ich bin ein Planet! Ich bin die neue Erde. Ich bin Aurora." Ich hatte bisher nichts über diesen neuen Planeten erwähnt und war total erfreut, dass Maria es aus sich selbst heraus erkannte. Wir stellten uns darauf hin alle um Maria im Kreis.

Jeder von uns stellte dem neuen Planeten Fragen wie:

„Wie werden wir reisen?" Aurora: „Über Teleportation."
„Wie werden wir kommunizieren?" Aurora: „Über Telepathie."
„Was wird dort unterrichtet?" Aurora: „Das wahre göttliche Wissen."

„Gibt es dort Fabriken?" Aurora: „Nein, alles war benötigt wird, wird über einen Fingerschnipp manifestiert. Es gibt keinen Müll, keinen Lärm, keinen Gestank."

Gibt es dort Ärzte oder Anwälte? Aurora: „Nein, dort sind alle gesund und alles ist gerecht."

Als unser einziger Mann in der Runde fragte: „Gibt es bei Dir auch ein Wirtshaus?", mussten wir alle schallend lachen. Aurora sagte: „Ja - so ähnlich, lass Dich überraschen."

ALL-ES WIEDERGEBOREN

Am nächsten Tag hatte ich Geburtstag, und ich schenkte mir eine Massage im Seminarhaus meiner Freundin, in dem auch das Seminar stattfand. Die Therapeutin behandelte meinen noch immer schmerzenden Rücken. Doch nach der Massage wurden die Rückenschmerzen noch schlimmer. Ich konnte kaum laufen und mein Bauch blähte sich auf, als wäre ich schwanger. Ich schleppte mich wie in Wehen aufs Sofa. Die Schmerzen wurden immer schlimmer und jetzt wurde mir klar:

Ich gebäre wieder eine Information.

Ich legte mich auf den Boden, meine Freundin strich mir als „Geburtshelferin" den Rücken aus und nach einem heftigen inneren Beben gebar ich symbolisch Zwillinge, in zwei Wellen hintereinander. Die erste Welle trug die Information, dass es mein eigener Zwilling war, den meine Mutter getötet hatte, als sie uns mit der Stricknadel abtreiben wollte. Er hatte die Attacke leider nicht überlebt, so wie die drei anderen Geschwister vor mir. Im Nachhinein stellte sich heraus, dass Olaf mein wiedergeborener Zwilling war.

Die zweite Geburtswelle trug die Botschaft, dass der eine Zwilling für die Liebe steht, der andere für das Licht. Der eine war Christus, der andere Luzifer. Zugleich wurde mitgeteilt, dass es eine falsche Interpretation der Aufgaben beider gab. Christus war der Erlöser und

Luzifer der Bösewicht, so die bisherige Darstellung. Ich gebar in der Rolle der göttlichen Mutter beide. Danach quoll eine grün-goldene Energiewelle aus mir heraus. Diese Energie wurden direkt in das Herz von Aurora gelenkt, um es zu aktiveren.

ALL-ES EINE GÖTTLICHE TRAGÖDIE

Die Information der göttlichen Zwillinge bestätigte sich dann im Seminar im Juni 2016, in dem sich die göttliche himmlische Familie zeigte mit Gott und Göttin, Christus, Luzifer, Isis und Gaia. Hier wurden wir über die Geschehnisse um Erzengel Michael und Luzifer eingeweiht und in den ursprünglichen Plan Gottes. Uns wurde deutlich gemacht, in welchen Intrigen und falschen Spielen hier manipuliert wurde. Es ging im Himmelreich wirklich drunter und drüber.

Es wurde uns offenbart, dass Erzengel Michael der ursprüngliche Architekt der Erde war, der den Auftrag von Gott hatte, die Erde als Planet der Liebe zu gestalten. Doch Michael verriet sich selbst und tauschte seinen Auftrag mit Luzifer, um Luzifers Licht zu bekommen und die Chefposition über die Engel im Reich Gottes einzunehmen.

Luzifer wiederum ging einen Pakt mit Satan ein und stellte sich gegen Gott, um ihn zu entmachten. Gott hegte einen Groll gegen Luzifer. Er verstieß seinen Sohn und verweigerte ihm das Gottesreich. Gott lehnte ihn ab, denn Luzifer leuchtete heller als Gott. Luzifer galt als der Überbringer der Botschaft des Lichts. Doch diese Aufgabe wurde ihm von Gott entrissen und an Christus übergeben. Christus stand dann für Liebe u n d Licht. Luzifer war darüber sehr erzürnt und wollte seinen Bruder vernichten. Dieser Bruderkampf war begleitet von Niedertracht und Gewalt. Erst durch den Pakt mit Satan ging Luzifer endgültig verloren. Seine Wut tobte und er zerstörte den Frieden im ganzen Himmelreich. Die Macht der Liebe wurde gegen die Liebe zur Macht getauscht und diese säte Hass und Gier auf der Erde. Das göttliche Ego-Spiel verursachte enormen Schaden.

Die Bibel beschreibt Satan als ein reales Wesen, das im unsichtbaren, geistigen Bereich existiert (Hiob 1,6). Sie schildert seinen niederträchtigen und grausamen Charakter sowie seine bösartigen Handlungen. Satan brachte auch einige andere Engel dazu, sich gegen Gott aufzulehnen und ihn zu verraten. Satan betrachtete Gott als Konkurrenten und wollte selbst angebetet werden. Noch heute treibt er sein Unwesen als Führer der korrupten Welt. Er verleitet Menschen, für Macht und Ruhm die eigene Seele zu verkaufen. Weitere Details zu Satan werden gegen Ende des Buches beschrieben.

Dieses ganze göttliche Geschehen spielte sich durch uns und die Seminarteilnehmer hindurch. Viele Engel und die Erzengel waren ebenso präsent. Gott erläuterte alle Einzelheiten der Verschwörung und informierte darüber, was damals alles geschehen war. Die Details erfährst Du an späterer Stelle.

Als das ganze Drama dann offenbart, erlöst und geheilt war, sagte Gott, er werde uns zum Dank für unsere Transformation seinen wahren Namen verraten, den bisher noch niemals jemand erfahren habe. Doch Gott wollte zuerst gern wissen, wie wir alle heißen. Wir setzten uns alle im Kreis auf den Boden und ich fragte jeden einzelnen Teilnehmer nach all seinen Vornamen und deren Bedeutung. Ich begann: „Petra bedeutet auf Aramäisch die Kraft Gottes, Helga bedeutet die Heilige, die Heilende."

Als jeder seine Namen vollständig ausgesprochen hatte, begann Gott durch Kai Buchstaben für Buchstaben auszusprechen. Ich notierte jeden und am Ende stand auf dem Papier YEONIDTATS. Als Kai den Namen zum ersten Mal aussprach, schüttelte es ihn enorm durch, und immer wieder rief Gott freudig: „Ja, das ist mein Name! Ja, so heiße ich wirklich."

Damit hofften wir, dass wir nun endlich das Kapitel Gottes schließen konnten, denn es war ja jetzt alles gesehen, geheilt, vergeben. Wir schlugen wieder symbolisch das Gottes-Buch zu und tiefer Frieden kehrte in uns alle ein. Endlich befreit - so unsere Hoffnung.

Dann sprach Gott zu Kai: „Du sollst nun erfahren, wer Du wirklich bist. Bisher war es zu früh, denn erst durch meine Heilung und die Vergebung der göttlichen Familie an mich und untereinander wurde es möglich, dass endlich wieder Frieden im Himmelreich ist."

Gott weihte nun im Beisein aller Kai ein, wer er wirklich ist und was seine dringliche Aufgabe ist. Gott sprach: „Rette die Engel und die Wesen und führe sie nach Hause. Die Zeit eilt, beginne jetzt."

Kai konnte kaum glauben, was er da hörte und doch spürte er, dass es wahr ist, jedoch ahnte er nicht, was nun auf ihn zukam. Als er seine wahre Bedeutung erfuhr, rief er: „What a fuck!" Der Schock saß tief und doch war alles für alle einfach stimmig. Du ahnst nun sicher, wer er ist.

In der Abschluss-Meditation passierte dann noch etwas ganz Verrücktes: Eine Teilnehmerin teilte in der Runde mit, dass, als sie die Augen öffnete, aus dem Auge von Doris, die ihr genau gegenüber saß, ein roter Funken entsprungen und dieser direkt in ihren Bauch gesprungen sei. Sie habe ohnehin immer Probleme im Unterleib und schon wieder passierte ihr so etwas. Nach dem Seminar kam die junge Frau nochmals auf mich zu und fragte, was denn dieser Funken sein könne. Da kam Doris Tränen überströmt zu uns und klagte: „Habe ich etwa mit meinem zündenden Funken den Bauch der jungen Frau zerstört?" Ich beruhigte Doris und sie bat die Frau um Vergebung. Ich legte eine Hand auf ihr Herz, die andere auf ihren Unterleib. Ich verband wieder die zwei Kraftzentren energetisch und bat um Heilung.

Es stellte sich später heraus, dass diese Situation eine Original-Szene aus der Ur-Schöpfungsebene nachstellte, die sich uns erst einige Zeit später vollständig offenbarte. Denn der zündende Funken zerstörte tatsächlich den Bauch der Ur-Mutter, der in der Folge zerriss.

Nach diesem Seminar war die göttliche Familie über drei Wochen rund um die Uhr unser Hauptthema und wir klärten die Geschehnisse über die gegenseitige Vergebung aller Erfahrungen. Wir befriedeten die Brüder Christus und Luzifer, heilten den traumatisierten Christus und entmachteten den falschen Gott Kronos. Die Einzelheiten möchten wir Dir ersparen, sie sind wirklich erschütternd und kaum begreifbar.

Als alles bereinigt war, schlich sich Gott wieder in Kai ein und sagte ganz kleinlaut: „Bitte vergebt mir. Ich wusste nicht, was ich tat." Wir vergaben, na klar!

Auf Christus lag nun die ganze Verantwortung der Mission der Rettung der Menschheit und der Erde.

Durch die vielen schmerzlichen Erfahrungen des Christus-Sein wehrte er sich, nochmals in diese Verantwortung zu gehen. Denn immer wieder war Christus an seiner Mission gescheitert. Auch die wahren Hintergründe hierfür wurden uns nach und nach offenbart.

Es war so unfassbar, dass alles als menschliches Wesen zu erfahren und auch körperlich zu empfinden.

Was dann geschah, erfährst Du in den nächsten spannenden Kapiteln.

Uns wurde klar, dass die vielen Turbulenzen, die wir Menschen in unseren irdischen Familien und im Miteinander erleben, ihren Ursprung auch auf der göttlichen Ebene haben und wir die Familientragödie von „Familie Gott" durchleben. „Wie oben, so unten" - so lautete das Fazit.

Oder: Wir sind wirklich göttliche Wesen.

In diesen drei Wochen begleitete uns Maria Theresia und es stellte sich heraus, dass sie die inkarnierte Schwester von Christus, göttliche Tochter Victoria ist. In Maria Theresia schaltete sich ein Großteil der Erinnerungen aus dieser Erfahrungsebene ihres Selbst frei und die Informationen sprudelten nur so aus ihr heraus.

Sie erinnerte sich, dass Christus auf der göttlichen Ebene sich damals um seine Geschwister gekümmert hatte, denn Mutter und Vater waren nicht mehr da. Der Vater war geflüchtet, die Mutter wurde an Kronos verspielt als Wetteinsatz im Experiment von Gott und Kronos. Alle Verantwortung und Hoffnung lag nun auf Christus.

Gleichzeitig ist Maria Theresia der Engel der Fülle und sie trägt das

Potenzial des Ursprungs. Immer, wenn wir das Wort „Ursprung" aussprachen, begann sie sich wild zu schütteln. Wie sich im Nachhinein noch herausstellte, hatte sie auf jeder Ebenen mehrfach zugegriffen, als die Potenziale verteilt wurden.

ALL-ES SATANS BRUT

Während der Transformation wurden wir von den göttlichen Wahrheiten und Chaos fast überrannt. Es zeigte sich plötzlich Satan und seine unheimliche Energie. Wir stellten erschrocken fest, dass wir selbst mit seiner Brut infiziert waren. Wir drei beschlossen, Satan ein für allemal zu zerstören. Als erstes nahmen wir jeder ein Blatt Papier und deklarierten schriftlich, dass Satan über uns keine Macht mehr hat. Der Text wurde uns Wort für Wort durchgegeben, doch es war uns fast unmöglich zu schreiben. Kais Hand zitterte so stark, dass er nur riesige Krakel aufs Papier brachte, und es war deutlich spürbar, dass Satan ihn daran hindern wollte. Ich konnte auch nicht schreiben, so stark war diese Kraft. Maria Theresia schrieb als einzige den Text und ich unterschrieb auf ihrem Schreiben meine Deklaration. Wir verbrannten dann in einem Kochtopf die Schriftstücke und es stank bestialisch. Anschließend fuhren wir zum Bodensee, um die Asche ins Wasser zu geben und wünschten, dass die Information der Befreiung von satanischen Einflüssen überallhin fließen möge.

Ich selbst war mit der weiblichen satanischen Energie besetzt. Diese ging, wie sich herausstellte, von meiner Mutter, die mir schon vor zehn Jahren von einer Therapeutin als „Große Herrscherin der Dunkelheit" beschrieben worden war, nach ihrem Tod auf mich über. Meine Mutter war immer mit meiner Liebe überfordert und voller Gier und Hass. Zu meinem 18. Geburtstag machte sie mir ein besonderes Geschenk. Sie schrie mir damals ins Gesicht: „Liebe gibt es nicht."

Als wir mit Maria Theresia und Daniel, einem weiteren Stellvertreter der göttlichen Familie in der Sauna waren, klappte ich plötzlich energetisch zusammen. Maria Theresia erkannte, dass Satania, wie wir den weiblichen Satan nannten, sich in mir festkrallte. Und jetzt wurde mir klar, warum mich oft Wutausbrüche schüttelten mit manchmal hasserfüllten Aussprüchen, die aus mir brodelten, wenn ich an die Grenzen meiner Geduld kam.

Wir beschlossen, dass wir Satania ein für allemal während des Saunaaufgusses zerstören. Wir setzten uns auf die höchste Stufe der Saunabänke. Ich saß in der Mitte und die Jungs klopften auf meinem Rücken Satania locker. Ich packte sie an den Hörnern und zog sie Zentimeter für Zentimeter aus meinem Körper heraus. Als sie draußen war, warf ich sie symbolisch auf den Saunaofen und entsorgte dann ihre Überreste in einen Lichtcontainer. Danach war ich endlich befreit. Eine mir unbekannte Zufriedenheit breitete sich in mir aus.

ALL-ES DRUIDISCH

Als Maria Theresia nach dem Aufenthalt bei uns das Anwesen ihres Vaters in Bayern besuchte, teilte sie mir aufgeregt mit, dass sie überall im Haus Wesen sieht. Als sie fragte, wer sie seien, antworteten sie: Wir sind Druiden! Sie sehen aus wie Mirakulix aus dem Komik Asterix und Obelix. Sie sieht die Kerle, wie sie in ihren Kesseln einen Zaubertrank brauen. Maria Theresia war ganz aufgeregt und fragte, was das alles zu bedeuten hat. Ich beruhigte sie und sagte, dass sie jetzt eine andere Wahrnehmung hat und jetzt auch die Wesen in ihrer feinstofflichen Präsenz sieht. Die Wesen der Druiden sind eine vergessene Gattung aus dem Paradies. Der Platz, auf dem ihr Vater sein Haus erbaute, gehörte ursprünglich den Druiden und so haben sie ihren Raum wieder eingenommen und sind einfach bei ihm eingezogen. Ich bat Maria, die Druiden einzuladen, um sie zum Seminar nach Tirol zu begleiten, damit wir auch sie befreien können. Die Druiden waren begeistert von diesem Vorschlag und willigten sofort jubelnd ein.

Als Maria-Theresia am Abend den Fernseher einschaltete, lief doch tatsächlich gerade Asterix und Obelix - Regie, alle Achtung!

ALL-ES WIEDER DIE GLEICHEN FEHLER

Eine riesige Erleichterung verspürte ich, als ich in youtube ein Interview mit Gor T. R. sah. Er sprach über die gleichen Erkenntnisse, die Kai und ich hatten. Ich saugte jedes seiner Worte regelrecht auf und konnte alles verstehen und fühlen. Allerdings sprach Gor von zerstörerischen, sogar blutigen Kataklysmen zum Ende der Zeit, was irgendwie unheimlich klang. Er sagte auch, dass nur die alten Seelen das Chaos überstehen, die anderen werden in eine nächsten Runde der Inkarnation nachkommen. Ich nahm mit ihm Kontakt auf und wir waren uns sofort vertraut. Wir tauschten unsere Erfahrungen aus und er sagte, lass uns über alles in Ruhe reden. Ich fuhr zu einem seiner Seminare in den Schwarzwald. Die persönliche Begegnung war sehr herzlich. Wir umarmten uns lang, als hätten wir uns nach Ewigkeiten wiedergefunden. Im Seminar saßen wir dann direkt nebeneinander und ich hatte das Gefühl, als wäre das schon immer so gewesen. Es waren über 100 Leute im Saal. Im Vortrag sprach er von einer Welle, die das Erwachen der Menschheit einleiten wird. Er sagte auch, dass es Menschen gebe, die direkt mit der Welle zu tun hätten, und dass es eine kleine Gruppe gebe, die insgeheim die Transformation voranbringe. Ich wollte mich schon zeigen und sagen, dass ich die gleichen Informationen bekomme, doch dann wusste ich, dass er Recht hatte: Wir mussten geheim bleiben.

Das Gefühl der tiefen Verbindung verließ mich sofort, als er am Abend seine Kraftplatz-Symbole Meral im Saal auslegte. Er führte uns in eine Meditation, die mich erschauern ließ. Sie begann mit: „Ich bin Adam Kadmon (der ursprüngliche Mensch) ......"

Am nächsten Morgen sah ich in den Spiegel und ich war total verzerrt im Gesicht. Jetzt wurde mir alles klar: Die Zeichen waren von der satanischen Energie besetzt, sowie die meisten Symbole. Gor erklärte, dass diese Symbole die Weltenformel beschreiben. Eine Teilnehmerin fragte, wer diese Formel entwickelt habe. Gor sagte mit einem schelmischen Lachen: „Der Teufel!" Bei mir machte es sofort Klick. Ja, der Teufel, also Luzifer ist der Architekt der Erde. Am nächsten Morgen ignorierte mich Gor völlig, er ahnte wohl, dass ich ihn durchschaute. Ich konnte es kaum noch aushalten im Raum und ging draußen spazieren. Ich bat Gors Frau, dass sie endlich die Leute im Saal mit ihrem Selbst verbinden sollen. Doch sie sagte: „Nein, die Menschen sind noch nicht so weit, sie wären damit überfordert." Ich war entsetzt, denn es waren alles alte Seelen, die schon so viel Transformationsarbeit über Jahrzehnte leisteten. Jetzt rafften sie sich nochmals auf, ihr Bestes zu geben, um Kraftplätze zu bauen. Wie verrückt ist das denn bitte - so meine Gedanken. Mir wurde klar, dass die Symbole des Meral von dunklen Energien okkupiert waren. Satan hatte mal wieder seine Finger im Spiel. Auch das sagte ich Gor, doch er wies alles vehement von sich.

Geschäftstüchtig verkaufte Gor dann Kettchen mit Anhängern, Kartensets und Bücher. So wie immer kauften die Menschen wild ein. Endlich wieder ein neues Kartenset! Juchu.

Gor wich mir immer wieder aus und unsere Verabredung, dass wir uns einen halben Tag Zeit nehmen und erforschen würden, was wir gemeinsam tun können, hatte er anscheinend vergessen.

Dann sprach es aus mir heraus: „Gor, lass uns nicht wieder die gleichen Fehler machen. Das, was Du tust, entspricht nicht dem göttlichen Plan." Er sagte darauf: „Ich warne Dich vor Deinem spirituellen Hochmut. Und außerdem: Es gibt mehrere göttliche Pläne." Er wusste also alles! Na, bitte...

ALL-ES IN LETZTER RETTUNG

Das Seminar in Tirol im Juli 2016 war von einer ganz speziellen Qualität. Kai und ich ahnten schon im Vorfeld, dass eine große Aufgabe auf uns zukommt. Die Gruppe war extrem kraftvoll und zu allem bereit. Es fühlte sich an, als würde ein weiser Rat sich treffen um sein Vermächtnis zu erfüllen. Das zentrale Thema war weiterhin die Transformation der satanischen Energien, die sich in alle Lebensbereiche der Menschheit regelrecht hineingefressen haben. Für das Seminar fanden wir einen wunderschönen Kraftplatz. Auf der Wiese des Geländes war ein riesiges Enneagramm aus Stein gelegt. Der Hüter des Platzes hatte es in liebevoller Absicht energetisch aufgeladen. Doch wir erstarrten, als wir die Energie dort spürten. Es strotzte regelrecht vor satanischer Energie. Satan hatte also sämtliche Symbole und Zeichen, mit denen Millionen von Menschen versuchen, ihre Energie zu erhöhen und Zugang zum göttlichen Bewusstsein erlangen wollen, okkupiert. Jedes Mal, wenn Menschen sich damit verbinden, schließen sie sich gleichzeitig an das satanische Feld an, so die Botschaft der Ersten Quelle. Diese Erkenntnis schüttelt uns heftig durch. Kai befreite das Symbol des Kraftplatzes und kurze Zeit später fanden sich die Druiden auf dem Platz ein. Maria hatte bereits zuvor ihre mitgebrachten druidischen Freunde aus Bayern im Garten abgesetzt. Sie sagten, dass auch dieser Platz früher ihnen gehört hatte und sie froh und dankbar seien, dass sie nun wieder hier wirken können.

Am Abend vor dem Seminar bereiteten Kai und ich das Seminar vor. Es war klar, dass wir riesige Datenbanken zu transformieren hatten. Wir klärten zu zweit über Stunden vorab die Energiefelder und beschlossen, dass wir eine ganz besonders starke Intention ansetzen müssen. Wir programmierten eine Kraftformel, packten alle Intentionen hinein und beschlossen diese mit einem kraftvollen `KRABUMM´.

Im Seminar durchforsteten wir mit der Gruppe akribisch alle Ebenen des satanischen Einflusses, um diese zu klären. Das Krabumm erwies sich als besonders wirksam und verlieh dem ganzen Drama dann doch etwas Leichtigkeit. Als alles gereinigt war, brach ein tosendes Gewitter aus und hallte durch Tirols Berge.

Auf diesem Seminar wurden insbesondere die „Chefin der Feen", Maria aus Tirol, und der „Chef des kleinen Volkes", Markus, initiiert. Sie bewirkten, dass die Wesen dieser Spezies bereits auf die neue Erfahrungsebene entlassen wurden. Eine Teilnehmerin von sportlicher Natur war mit Gehhilfen zum Seminar gekommen. Seit über einem Jahr hatte sie Schmerzen in den Beinen. Nachdem sie erkannt hatte, dass sie eine inkarnierte Titanin ist, die den Auftrag hier auf Erden hat, das Schicksal der Titanen zu befreien, lösten sich auch ihre Schmerzen. Ihr Vermächtnis lautete: Ich befreie die Liebe von ihren Schmerzen. Sie ging mit den Gehhilfen unter dem Arm schlendernd nach Hause. Befreiung pur.

Wir initiierten den Engel der Freiheit. Margit war sichtlich erleichtert, als ihr wahres Engelwesen sich endlich entfalten durfte, denn immer galt ihre Aufmerksamkeit den eingesperrten Menschen auf der ganzen Erde. Mit ihrem Flügelschlag verkündete sie die Botschaft: „Ich erkläre alle göttlichen Wesen für frei."

Claudia erkannte sich als weiblicher Luzifer-Engel. Sie war ganz in schwarz gekleidet und sah so zart und zerbrechlich aus. Sie fühlte sich ihr Leben lang immer als Schuldige und hatte immer wieder mit Angriffen aus ihrem Umfeld zu kämpfen. Jetzt konnte sie sich viele mit Kampf geladene Situationen ihres Lebens erklären.

Ganz besonders berührend war die Initiation des weiblichen Erzengels der Schönheit Rafaela. Diese junge, zierliche hübsche Frau litt unter extremen Haarausfall und fand einfach gar nichts an sich selbst schön. Die Information war, dass sie sich im Himmelreich selbst einen Körperanker setzte. Sollte sie sich als Engel vergessen, werden ihr die Haare ausfallen, so ihr Schwur. Unter den Engeln gab es eine Vereinbarung. Sollte sich einer in seiner Qualität vergessen, erinnern ihn die anderen Engel daran, wer er ist. Uns wurde von vielen weiblichen Engel-Menschen berichtet, dass sie plötzlich unter extremen Haarausfall litten. So hatte sich ihr Schwur an den Engel der Schönheit in dieser Realität verwirklicht.

Der Engel der Selbst-Erkenntnis Elisabeth ist selbst Therapeutin und ihre Kernkompetenz ist genau dieses Thema. Auch sie begleitet mich schon seit Jahren. Wir spürten immer eine schwesterliche Verbindung.

Als jeder mit seinem Ursprungswesen initiiert war und wusste, wer er wirklich ist, wurde der Gruppe offenbart, dass es uns nun gemeinsam möglich ist, den Plan der totalen Zerstörung der Erde, den Luzifer und Satan einst beschlossen, zu deaktivieren und den wahren göttlichen Plan des friedlichen Übergangs zu einer neuen Erde zu aktivieren. Diese Botschaft war einerseits überwältigend und unfassbar, andererseits jedoch für uns irgendwie selbstverständlich. Es war, als ob wir uns alle an diesen Auftrag erinnern würden und wir waren fest entschlossen, unser Bestes zu geben.

Gut, dass unser Verstand damals komplett ausgeschaltet war. So konnten wir uns einfach dieser Mission voll und ganz hingeben.

Alles wurde Schritt für Schritt angeleitet und lief mit einer zeitlich dringlichen Dramatik ab. Irgendwie wusste ich, ohne wirklich zu wissen warum, dass diese Aktivierung an diesem 26. Juni 2016 um 18

Uhr vollendet sein musste. Als ich erschrocken auf die Uhr sah und erkannte, dass wir nur noch zehn Minuten Zeit hatten, rief ich die Gruppe eilig zusammen. Eine Teilnehmerin brach in Tränen aus und bat flehend: „Bitte beeilt Euch, bitte beeilt Euch, ich kann nicht mehr lange warten." Sie repräsentierte Aurora, die neue Erde. Doch dann kam Kai in seine Prozesse und es schien, als würde die Rettung noch in letzter Minute scheitern. Wir klärten dann Kais Widerstände - die ja nicht seine, sondern die seines Selbstes waren - und auch hier wurden wir angewiesen, was zu tun sei. Wir bildeten einen Kreis. Kai saß in der Mitte und ordnete an, was zu tun ist. Jedem der Mitwirkenden wurde eine ganz bestimmte Qualität zugeordnet: Frieden, Freiheit, Mut, Liebe, Hingabe, usw. Wir setzten dann pulsierende Intentionen in die Erdmatrix. Jeder Teilnehmer bekannte sich zu seiner speziellen Qualität und zu seinem Wesen. Dann lautete der alles verändernde Lösungssatz: „Wir haben uns erinnert, wer wir wirklich sind. Wir sind göttliche Wesen, die den Auftrag haben, Christus bei der Rettung der Erde zu unterstützten. Wir erklären den manipulierten göttlichen Plan hiermit für erkannt und ungültig. Wir aktivieren Kraft unserer Göttlichkeit den wahren göttlichen Plan. Krambumm!" Als unsere Mission mit dem Glockenschlag genau um 19 Uhr erfüllt war, brach wieder ein gewaltiges Gewitter los. Der ganze Himmel schien in Aufruhr zu sein und mit uns zu jubeln.

Umgehend bekamen die Bestätigung von Gott: „Rettung vollendet. Zerstörung verhindert. Alles befreit. Ich danke Euch für Euren Mut und Euer Vertrauen." Völlig erschöpft, erleichtert und tief berührt zugleich sanken wir alle auf dem Boden zusammen. Das Erlebte war für uns so unfassbar und gleichzeitig durchdringend befreiend.

Ich wunderte mich jedoch, warum 18 Uhr in mir so präsent und dringlich für die Rettung war und diese doch erst um 19 Uhr vollendet war. Dann wurde mir klar: Wir haben Sommerzeit! Na klar!

Nach dem Seminar erzählte mir die Fee Maria, die einen Ferienhof in den Tiroler Bergen hat, dass ein Gast vor 21 Jahren zu ihr gesagt hatte: „Es wird eine Zeit kommen, da wird eine Frau vom Bodensee die ganze Welt retten." Als Kai das hörte, sagte er: „Das war der wiedergeborene Nostradamus."

Als wir am nächsten Tag wieder zurück an den Bodensee fahren wollten, hieß es, dass unser Auftrag in Tirol noch nicht beendet sei. Wir müssen noch unbedingt Kevin treffen. Er war bereits bei unserem ersten Ursprungsseminar dabei und er fühlte damals eine sehr enge Verbundenheit zu Kai - sie waren wie Brüder. Seine Frau Claudia war Teilnehmerin im Seminar in Tirol und berichtete ihm alles, was sie erlebte. Im Innersten hoffte und wusste Kevin, der selbst nicht am Seminar teilnehmen konnte, dass wir uns alle in Kürze wieder treffen würden. Dass es so schnell ging, erfreute Kevin besonders. Als die Männer sich wieder sahen, war es eine große Freude, lang umarmten sie sich. Zur Familie gehören noch zwei wundervolle Jungs, wahre kleine Engel. Als sie Kai sahen, staunten sie in mit großen Augen an, als würden sie sich an ihn erinnern. Kurze Zeit später spielten sie mit dem Ball und riefen immer wieder: „Hausarrest, Hausarrest." Ich fragte Claudia verwundert, ob sie ihren Kindern Hausarrest geben? Sie sagte, dass sie dieses Wort gar nicht kennen können. Sie wunderte sich selbst darüber. Dann bekamen wir die Information, dass Kai auf der göttlichen Ebene den Engeln Hausarrest gab, damit sie in Sicherheit waren. Na so was...

Wir initiierten in der Folge Kevin als Erzengel des Friedens in einer sehr berührenden Session, die bis spät in die Nacht hinein ging. Claudia wurde als Erzengel der Vergebung initiiert. Sie übergab sich dabei mehrfach, denn auch sie wurde im Himmelreich vergiftet.

Als wir am nächsten Tag auf der Rückfahrt kurz vor dem Arlberg-Tunnel eine Rast einlegten, fragte ich Kai: „Gibt es im Arlberg-Gebiet noch einen Engel zu initiieren?" Er sagte sofort: „Ja, und es ist eine Frau. Sie ist ein Erzengel." Da fiel mir sofort Michaela ein, die bereits vor vielen Jahren meine Seminare besuchte. Wir hatten ganz sporadisch den Kontakt gehalten und unsere Wiedersehen waren immer besonders herzlich. Ich schickte ihr eine Nachricht und fragte, ob wir kurz vorbei kommen können. Sie sagte sofort zu und nach einer Stunde saßen wir bereits in ihrem Garten. Es war, als wüsste sie genau, warum wir da waren. Auch Kai kam ihr bekannt vor. Es ging eine heftige Transformation los. Sie hatte für Kai einen Teil seines Herzens aufbewahrt für die Zeit seiner wahren Selbst-Erkenntnis. Michaela ist der Erzengel der Vollkommenheit, ihr Mann Ralf der Engel der Phantasie.

Als wir uns weiter auf den Heimweg begaben, war klar, dass wir einen nächsten Termin haben. Durch Kai sprach es durch: „Wir haben ein Treffen vereinbart. Erinnert Euch." Wer war das denn nun wieder? wunderten wir uns. Als wir durch ein Dorf fuhren, fiel uns gleichzeitig eine kleine Kapelle auf einem Hügel auf. „Dort oben müssen wir hin." sagte Kai. Als wir oben ankamen, standen dort vier Bänke. Drei davon waren vollbesetzt... vom kosmischen Rat. Sie bedankten sich für unseren Einsatz und gratulierten uns für die Rettung der Erde. Sie sagten, dass damit nicht nur die Erde, sondern das ganze Universum gerettet worden war. Unser kosmischer Auftrag schien damit erfüllt.

ALL-ES VOM UR-KONFLIKT

Im letzten Ursprungs-Seminar im Burgenland ging es dann ganz konkret um den tatsächlichen Schöpfungsakt des Universums, der den Ur-Konflikt zwischen dem Ur-Männlichen und dem Ur-Weiblichen in sich trägt. Diesen erklären wir im Buch noch ganz genau und gehen an dieser Stelle nicht weiter darauf ein.

Auch auf dieser Ebene gab es schon das EGO. Es bedeutete hier: Ewig göttliches Opfer! Dieses Seminar kündigte ich fast beiläufig vorab an. Die richtigen Mitspieler stellten sich von ganz allein an.

In einer zweistündigen Aufstellung erlebten wir direkt das Drama der Begegnung von Ur-Mutter und Ur-Vater. Die Auswirkungen der Betäubung im Männlichen und Weiblichen sind bis heute dramatisch. Die Stellvertreter spürten diese Betäubung und auch die Ohnmacht am ganzen Körper.

Wir erlösten nachfolgend das Ur-Opfer aus dem Männlichen, die Ur-Schuld aus dem Weiblichen, heilten die Verschmelzung, die Reinheit, die Hingabe, das Ur-Vertrauen, die Glückseligkeit, den Ur-Glauben, das Ur-Gefühl, die Ur-Liebe, die Ur-Ekstase etc..

Wir hatten direkten Kontakt mit der neuen Erde, sie sprach durch Elisabeth. Sie beglückwünschte uns zu unserem Mut und dankte dafür, dass ihre Mutter, Gaia, jetzt vor der totalen Zerstörung gerettet sei. Sie ist auch die gleiche junge Frau, die uns bei unserem Rettungsakt in Tirol anflehte, uns mit zu beeilen. Interessanter Weise ist Elisabeth die Tochter von Maria, durch die bereits Aurora im Seminar im Mai mit uns sprach.

Auch Gaia war präsent und sagte: „Ich danke Euch für alles. Ihr wart so mutig. Bitte lasst mich nun endlich los. Ich bin müde, einfach nur müde. Solange ihr mich noch retten wollt, kann ich nicht wirklich gehen. Ihr werdet ein neues Zuhause finden, dafür habe ich Euch mein Kind geboren. Ich muss mich dringend regenerieren."

Zu diesem Seminar kam unangekündigt eine Teilnehmerin, die schon vorher mit mir in Kontakt war. Sie wollte anfangs zum Seminar kommen, entschied sich dann jedoch für die Teilnahme an einem Flohmarkt. Als sie ihren Stand auf dem Flohmarkt fertig aufgebaut hatte, verdunkelte sich der Himmel. Eine dicke Wolke parkte direkt über ihrem Stand und ergoss sich urplötzlich über ihr. Alles war in kürzester Zeit klatschnass und ihre Stiefel bis zum Knöchel voller Wasser gefüllt. Sie fragte sich, was das soll und eine innere Stimme sagte zu ihr: „Pack ein und fahr sofort zum Seminar."

Seit Jahren plagte sie eine innere Unruhe im Bauch und sie konnte sich das nie erklären. Es zeigte sich, dass sie einen energetischen Zeitzünder in sich trägt für die Zeit, in der alles endet. Auch trägt sie die Urinformation der Verschmelzung in sich, die im Ur-Schöpfungsakt für alles Chaos verantwortlich gemacht wurde. Auch die Teilnehmerin fühlte sich in ihrem Leben immer für alles verantwortlich.

Wir entschärften den Zeitzünder und nun wusste sie auch, warum es so dringlich war, zum Seminar zu erscheinen.

Wir trafen in den Tagen nach dem Seminar auf zahlreiche interessante Menschen, die noch viele Potenziale aus früheren Zeitlinien und Schöpfungsebenen in sich trugen und auch für unsere Selbst-Erkenntnis aufbewahrten.

Besonders berührend war die Begegnung mit Josef. Er steht für das erste Licht in der Schöpfung. Als ich ihn fragte, ob er weiß, wer er wirklich ist, sagte er doch tatsächlich: „Ich bin das Licht, aus dem ALL-ES entstand." Er ist ein herzensguter Mensch, der immer darauf bedacht ist, dass es allen anderen gut geht, und der am liebsten würde er alles verschenken, was er hat. Sich selbst vergisst er dabei oft ganz und gar. Er hat eine ganz besondere Qualität. Er bekommt von überall her wertvollste Geschenke, Ländereien, eine Grafschaft, Menschen bringen ihm immer wieder große Geldbeträge ins Haus, die er jedoch ablehnt. Er selbst ist so bescheiden, dass er die größten Schwierigkeiten hat, diese Geschenke anzunehmen. Vieles hat er schon abgelehnt, weil ihn die Macht, die damit verbunden ist, überfordert. Somit steht er auch für die Macht des Lichtes, die er bisher nicht erkannt und nicht angenommen hatte.

Witzigerweise beginnt der Nachname seiner Freundin mit MACHT.

Gemeinsam mit diesem Paar zündeten wir ein Dimensionstor genau an der Stelle im Garten, an der Josef vor einem Jahr vom Pferd stürzte. Damals sollte ihn dieses Unglück erwecken und daran erinnern, wer er wirklich ist. Durch dieses Tor entliessen wir die Naturwesen und auf die neue Erfahrungsebene.

Bemerkenswert war auch ein gemeinsamer Besuch in einer ungarischen Therme. Als wir zu viert im Wasser standen, bekamen beide Männer plötzlich gleichzeitig Herzschmerzen. Kai sah Josef staunend an, denn er sah jetzt Josef als Atzteken-König und beschrieb den prachtvollen Kopfschmuck des Königs. Wir bekamen die Information, das Kai und Josef einstmals Brüder waren und sich für das Ende der Zeit versprochen hatten, sich aneinander zu erinnern. Sie schenkten sich symbolisch die Hälfte des Herzens. Diesen Tausch machten wir auf der energetischen Ebene wieder rückgängig.

Als wir eines Abends gemeinsam auf einem Weinfest waren, senkte sich mal wieder Gott in Kai ab und sagte mit tosender Stimme:

> *„Es ist höchste Zeit aufzuwachen. Worauf wartet ihr noch? Wacht auf. Die Zeit ist jetzt. Ihr seid die Auserwählten!"*

ALL-ES AUF GLEICHEM NIVEAU

Obwohl sich in jedem Seminar ein neues Thema zeigte und immer wieder neue Seminarteilnehmer dabei waren, setzten wir mit den Informationen und dem Energielevel jedes neuen Seminars immer genau dort an, wo das vorhergehende geendet hatte. Alles schien nach einem Drehbuch zu verlaufen, dessen Darsteller bestens auf ihre Rollen vorbereitet waren.

Wir entwickelten eine spezielle Transformationsmethode, die bis in den Ursprung des Selbst eine Bereinigung der eigenen Ur-Information und der DNA ermöglicht. Zudem bekamen die Teilnehmer den direkten Zugang und die Anbindung zu ihren Selbst-Informationen. So erfuhren sie die Selbst-Ermächtigung.

Durch klare Anweisungen aus dem Bewusstseinsfeld der neuen Zeit und Gespräche mit unserem Selbst und der Ersten Quelle wurde uns aufgezeigt, wie sich der Wandel und damit der Evolutionssprung der Menschheit vollziehen wird. Auch die Schritte für die persönliche Vorbereitung wurden im Einzelnen beschrieben. Alles dazu findest Du in diesem Buch.

Anfangs waren wir verzweifelt auf Grund der Vielzahl unglaublicher Informationen und Situationen. Wir kamen uns vor, wie die Hauptdarsteller in einem Krimi des Erwachens.

Später reisten wir über das Bewusstsein durch die Ebenen der Schöpfung. Vieles fühlte sich einfach nur unheimlich an. Wir fragten uns immer wieder, ob wir überhaupt in diese Reiche vorstoßen dürfen. Uns wurde klar, dass es bisher noch keinem Menschen gelungen war, diese Bereiche zu öffnen. Warum es uns gelang, diese Ebenen zu erforschen, erklärte sich uns erst später.

ALL-ES BIST DU SELBST

Als ich so ziemlich am Ende meiner Kräfte war, fasste ich den Entschluss, aus diesem ganzen Transformationszirkus auszusteigen. Mir schien, dass mein eigenes Leben vollkommen auf der Strecke blieb. Ich bat einen Kollegen, mir da rauszuhelfen. Nach einer zweistündigen Sitzung fühlte ich mich endlich befreit. Doch am nächsten Morgen kam eine ganz deutliche Botschaft, die mich am ganzen Körper erzittern ließ. „Du kommst da nicht raus, denn Du bist das alles selbst. Das ist Dein wahres Leben, das Du suchst. Du bist eine Auserwählte. Kläre alles und rette es, dann bist Du befreit. Du hast gesehen, dass alles nach einem Regie-Plan läuft, auf den Tag, auf die Minute. Jedes Ereignis in Deinem Leben ist bereits vorbestimmt. Erst wenn Du alles bereinigt hast, kannst Du Deinen freien Willen wahrhaft erfahren."

Ich fragte, wer denn hier bitte die Regie führt. Die Antwort war: „Dein Selbst!"

Ich holte mir außerdem Rat bei Kollegen, die ebenfalls im Bewusstseinsfeld lesen. Sie sagten, dass alles, was ich erzähle, total verrückt klinge, ich mir aber keine Sorgen machen solle, denn ich sei vollkommen klar und alles entspreche der Wahrheit. Eine Kollegin sagte, sie bekomme die Information, dass es eine Vereinigung auf der kosmischen Ebene gebe, die hinter mir und meinem Auftrag stehe. Sie würden mich die ganze Zeit um Unterstützung bitten. Ich würde diese aber rigoros ablehnen. Ich wolle dieser Vereinigung einfach nicht trauen. Sie sagte, diese Vereinigung sei ein extraterrestrisches Konglomerat und sie wunderte sich selbst über diesen Begriff, den sie so noch nie gehört hat. Mir ging es genauso. Ich hatte jedoch ein seltsames Gefühl und als würde ich mich erinnern, spürte ich einen Verrat mir gegenüber aus dieser Vereinigung. Ich ging in die Vergebung und beauftragte nun diesen Rat, mir und Kai zu helfen. Ich googelte dann die Begriffe: extraterrestrisch bedeutet: außerhalb der Erde liegend, Konglomerat bedeutet: Mischung aus verschiedenen Bestandteilen. Was dieser Rat für eine Bedeutung hatte, erfuhr ich erst Wochen später.

ALL-ES ESKALIERT

Das Drama mit meinem Mentor ging weiter. Er hatte nun doch auf einmal einen Zugang zu meiner Message. Er schickte mir einen Text mit der Überschrift: „Ein Brief vom Universum". Wie treffend. Darin wird genau beschrieben, was meine Botschaft ist - die Selbst-Erkenntnis! Ich hatte gehofft, es wird alles gut. Für den 21. Juni 2016 hatten wir beschlossen, dass meine Website online geht. Doch er lieferte einfach nicht die passenden Texte und kommunizierte nur noch über seine Assistentin. Als das Versprochene wieder nicht geliefert wurde, sprach plötzlich eine machtvolle Stimme durch mich zu seiner Assistentin:

„Jetzt ist Schluss. Ich werde über den Mentor in meinem Buch schreiben. Damit endlich die Wahrheit ans Licht kommt über seine Verblendung der Selbstdarstellung." Die Dame war geschockt und sagte: „Frau Weber, machen Sie sich nicht unglücklich, bitte schreiben Sie nur die Wahrheit." „Genau das ist meine Qualität!", antwortete ich ihr prompt.

Danach wurde mir schriftlich bestätigt, dass das Mentoring beendet ist und das Stundenkontingent vollständig abgerufen. M. drohte mir schriftlich, mich wegen Gotteslästerung!! anzuzeigen. Es folgte eine Schlussrechnung über eine horrende Summe für Reisekosten, die nie angefallen waren, da der Mentor jeweils bereits vor Ort der Treffen weilte. Letztendlich wurde mir nichts für diese wirklich stolze Summe geliefert. Wem die Stimme gehörte, die durch mich gesprochen hatte, erfuhr ich erst Ende August 2016.

ALL-ES VOLLER WUNDER

Kai und ich erlebten in unserem gemeinsamen Wirken wie an Wunder grenzende Ereignisse, die bestätigen, dass viele einzelne Menschen eine wichtige innere Mission tragen. Immer wieder werden uns menschliche Wesen nach einem klaren Regie-Plan zugeführt, deren Potenziale für die globale Entwicklung und den Evolutionssprung in der Zeitenwende bedeutend sind. Diese zu initiieren ist unsere größte Freude und Teil unserer Bestimmung.

Darüber hinaus leisteten wir mit einer kleinen Gruppe von Auserwählten intensivste Transformationsarbeit. Unser spezieller Auftrag ist, die Schöpfungsgeschichte zu offenbaren, zu bereinigen und die Liebe von ihrem Schmerz zu befreien.

Die Liebe erfährt sich nun zum ersten Mal im Universum als allumfassende befreite geheilte Liebe. Sie ist die Grundbausubstanz für das neue Himmelreich.

Vielleicht denkst Du jetzt, dass wir größenwahnsinnig sind oder unser spirituelles Ego kämmen. Das verstehen wir gut, denn wir konnten lange selbst nicht glauben, welche Kraft im klaren erwachten Bewusstsein verborgen und wozu es imstande ist. Mit allen Informationen blieben wir lange im Schweigen, denn wir erahnten das Konfliktpotenzial unserer Erkenntnisse. Es stellt vieles auf den Kopf, woran die Menschheit bisher glaubte.

Und wer möchte schon gern seine Komfortzone verlassen? Zu gern hätten wir unsere Rollen abgegeben oder getauscht, doch ein Entkommen war nicht möglich - das mussten wir irgendwann einsehen.

Unser Weg zum Erkennen der Zusammenhänge der Schöpfung war mehr als turbulent und herausfordernd. Durch das Lesen im Bewusstseinsfeld in der Kombination mit einem Informationstransfer knackten wir jede geheime Nuss. Geheimnis um Geheimnis offenbarte sich. Es machte uns einerseits viel Spaß, alles zu erforschen und alle Informationen regelrecht in uns aufzusaugen. Denn endlich kam die Wahrheit ans Licht. Doch unsere Selbst-Erkenntnis war andererseits auch oft eine Gratwanderung zwischen Wahnsinn und Erleuchtung. Wir erlebten dabei mehrere gefühlte Tode und schauten in unseren eigenen Abgrund. Wir haben uns in unzähligen Metamorphose-Prozessen selbst neu erschaffen.

Von Freunden, der Familie und Verwandten wurden wir bedauert und erfuhren Unverständnis und Ablehnung. Viele hofften, dass wir bald mit dem ganzen Unsinn aufhörten und wieder normal werden. Als ich einem guten Freund von meinen Informationen erzählte sagte er: „Warum machst Du das alles? Lass es doch sein. Es tut Dir nicht gut. Das hat doch keinen Sinn, dass Du Dir so einen Stress machst." Als ich ihm sagte, dass es meine Mission sei und es für mich keinen anderen Weg gibt, als die vollkommene Selbst-Erkenntnis, schaute er mich an und sagte bedauernd: „Na wenn Du meinst."

Wir wurden als verrückt und durchgeknallt bezeichnet. Dem können wir nur zustimmen. JA – ver-rückt aus dem ganz normalen Leben in der Verstandesmatrix. JA - durchgeknallt, denn wir können uns an den wahren Urknall und an die Zeit zuvor erinnern.

ALL-ES WIE IM FILM

Während der intensiven Reisen durchs Bewusstseinsfeld erkannten wir, dass alles, was sich uns in einer außergewöhnlichen Weise zeigte, eine Bedeutung hatte und einen Hinweis auf eine bestimmte Transformationsaufgabe in sich trug. Als ich zum Beispiel eines Morgens mein Frühstücksei längs aufschlug, war ich verwundert darüber, denn das habe ich noch nie in dieser Weise gemacht. Ich hinterfragte diese merkwürdige Situation. Die Antwort lautete:

„Es geht um die Spaltung des männlichen und weiblichen Ausdrucks der Schöpfung." Zur gleichen Zeit fiel Maria Theresia in Bayern, ein Tasse zu Boden, die in genau zwei Hälften zerbrach. Auch sie erhielt die Information der Spaltung.

Ein anderes Mal wollten wir nach unserem Einkauf das Auto starten, doch der Zündschlüssel versagte. „Batterie auswechseln" stand auf dem Display. Wir wussten nicht, wie wir das Problem lösen sollten und riefen den ADAC. Wir sollten eine Stunde auf die Hilfe warten. Dann schoss mir ein Impuls ein und ich fragte: „Hat diese Situation etwas zu bedeuten?" Wir erhielten ein klares „JA!" Sofort bekamen wir eine Anweisung, dass bis 15 Uhr eine Transformationsaufgabe auszuführen sei. Es waren gerade zwei Minuten davor. Wir erfüllten diese Aufgabe im Auto sitzend. Wieder schüttelte es Kai kräftig durch. Kurz darauf war klar: Wir wurden gestoppt, um unseren göttlichen Termin nach zu kommen. Ich sagte zu Kai nach der Aktion: „So, jetzt können wir wieder weiterfahren." Und tatsächlich: Das Auto sprang sofort wieder an!

Es gab unzählige dieser Ereignisse und wir kamen uns oft vor, als wären wir Darsteller wie in der Truman-Show.

Besonders verwunderlich war, in welcher Reihenfolge Klienten zu uns geschickt wurden. Sobald ein Themenkomplex bearbeitet war, brachte der/die KlientIn die dazu passende weiterführende Story mit. Ihre ganze Lebensgeschichte passte ganz genau zu den entsprechenden Potenzialen der Schöpfung. Auch die Teilnehmer der Seminare wurden in der genau richtigen Reihenfolge zu den Seminaren geführt.

Besonders lustig war, dass selbst das Wirken der „Requisite" durch uns erkannt wurde, denn die Teilnehmer trugen exakt die Bekleidungsstücke für das Potenzial, das sie verkörperten, und auch die weitere Kulisse war themengetreu gewählt und untermalte die einzelnen Prozesse. Im Seminar in Tirol gab es zwei goldgelbe riesige Sessel. Da wir sie nirgends unterbringen konnten, führten Kai und ich das Seminar aus diesen throngleichen Kolossen. Irgendwie war das für alle total stimmig und vertraut.

In meinem Lieblingshotel Titanic in Berlin gab es überall Zeichen mit Schlüsseln. In einem Rahmen sah ich zwei nostalgische Schlüsselpaare, getrennt von einem Hauptschlüssel. Als ich diese sah, kam sofort die Botschaft, dass es zu einer bestimmten Qualität der irdischen göttlichen Personifizierung zwei Paare und eine Hauptqualität gibt. Wieder standen zwei gelbe dicke Thronsessel für Kai und mich bereit.

Als wir in der Ebene der Schöpfung das erste göttliche Bewusstsein erforschten, das sich als Du&Ich das erste Mal erkannten, stand neben unserem Frühstücks-Tisch eine Schild mit genau diesen Worten darauf.

Besonders oft ist uns die Zahl 33 begegnet. Lustig war, als in Teneriffa uns eine Frau mit einer riesigen 33 auf dem T-Shirt mehrmals am Tag begegnete.

Immer wieder fielen mir besondere Autokennzeichen auf, die uns auf universelle Codes hinwiesen. Oft waren es 8888, 1111, 7777, 3333. Auf einer Autobahnfahrt fuhr ich etwa eine Stunde hinter einem Auto mit dem Kennzeichen ED-EN 777. Auch die Zahl 7 zog sich wie ein roter Faden durch die Prozesse und durch mein Leben.

Jede dieser Zahlenkombinationen erwies sich im Nachhinein als wesentlich.

ALL-ES DIREKTE NACHRICHTEN AUS ERSTER QUELLE

In den letzten Wochen unserer Arbeit bekamen wir direkte Botschaften von der Ersten Quelle, von Gott und der Göttin und weiteren himmlischen Informanten. Das Energiefeld mit der entsprechenden Text-Information senkte sich in Kai ab. Er reichte mir seine Hand und durch die Berührung bekam ich den Zugang dazu. Ich schrieb Wort für Wort alles aus diesem Text-Baustein auf, wie in einem Diktat. Wir geben diese Informationen im Wortlaut wieder. Auch der Titel für dieses Buch und der Preis wurden uns auf diese Weise übermittelt. Kai prüfte wie gewohnt, jedes Wort auf Richtigkeit und bestätigte diese. So bekamen wir am Ende die Erklärung für ALL-ES und die ganze Wahrheit.

Hier endet unsere turbulente persönliche Geschichte fürs Erste, die nur ein paar wenige der Erlebnisse beschreibt, die wir erfahren haben. Ziemlich verrückt, oder? Aber es kommt noch unglaublicher. Lass Dich überraschen, was Dir die nächsten Seiten an zum Teil erschütternden Einsichten bringen.

Die Erkenntnis aus dem Rückblick auf mein verrücktes Leben: Jeder Mensch, der mit mir eine direkte intensive Begegnung teilte, ist ein Potenzialträger der Schöpfungskette. In der letzten Inkarnation treffen sich noch mal alle Selbste wieder, um ihre abschließenden Erfahrungen miteinander zu machen und eben ihr Potenzial zu entfalten. Erst jetzt erkennen wir den wahren Sinn, was Potenzialentfaltung ursprünglich bedeutet. Schade, dass wir so lange von uns Selbst getrennt waren.

Am Ende ist ALL-ES gut.

Und wenn noch nicht ALL-ES gut ist, ist es noch nicht zu ENDE.

DAS GEHEIMNIS DER WAHREN SCHÖPFUNG

ALL-ES BIST DU - DU BIST ALL-ES VON ANFANG AN

Die wahre Ursache für den heutigen katastrophalen Zustand der Erde, der Menschheit und des Universums liegt in der missglückten Schöpfung. Warum das so ist, erfährst Du in dieser einzigartigen Abhandlung zum Schöpfungsgeschehen.

Die Schöpfung zu erklären und zu erfassen, ist für irdische Wesen eine Herausforderung, da sie sich in die tatsächlichen Gegebenheiten schwer einfühlen können. Daher wird alles Folgende aus einem menschlichen Blickwinkel heraus erläutert.

Über mehrere Etappen unserer Forschungen wurde uns die Schöpfungsgeschichte offenbart. Es war zum Teil eine echte Herausforderung, in diese Energien und verborgenen Reiche unseres Seins einzutauchen. Bisher war es noch nie einem menschlichen Bewusstsein gelungen, diese Erfahrungsfelder so umfänglich zu erfassen und zusammenzuführen.

Immer wieder gab es Verhinderungen, denn manche Ebenen der Schöpfung und ihre Führer wollten sich bis zum Schluss nicht offenbaren. Es gab unendlich viele Ablenkmanöver oder Irritationen. Als jedoch die Hauptkonflikte erkannt, bereinigt und vergeben waren, kamen die Informationen frei fließend. Auf jeder Ebene der Schöpfung transformierten wir über eine gezielte Reinigung alle Irritationen und befreiten die Energien der desorientierten Schöpfungspotenziale. Somit ist die Schöpfung von den angestauten Aggressionen befreit und bereit, neu gestartet zu werden.

Die nachfolgenden Informationen resultieren aus den Seminaren „Zurück zum Ursprung Deines Seins", aus Initiierungen der Selbste, aus unseren eigenen Forschungen in den Datenbanken der Schöpfung sowie aus Schulungen der Ersten Quelle. Immer wieder wurden uns Menschen zugeführt, die die Potenziale der Schöpfungsgeschichte als Potenzialträger in sich tragen. Ihre Lebensgeschichten passen genau zu den typisch beschreibenden Aspekten der Schöpfung, die sie verkörpern und die sie in ihrem Leben zur Vollendung bringen. Dadurch, dass sie bisher ihr eigenes Potenzial nicht erkannt hatten, wollte alles in ihrem Leben darauf hinweisen, welches Potenzial es ist.

Allein das Erkennen der besonderen Aufgabe des Einzelnen ist eine Sensation.

Das Erfassen der Erklärungen des Schöpfungsprozesses erfordert eine bewusste Präsenz Deines geistigen Gewahrseins.

Damit das Gelesene in Dein Selbst einfließen und dadurch auch Deine bisher ungesehenen Potenziale freisetzen kann, ist es angeraten, eine Intention durch lautes Aussprechen folgender Anweisung zu setzen, gern wiederholst Du diese Anweisung, bis Du spürst, dass Du wirklich dafür bereit bist:

> *„Ich setze mein Selbst in die Bereitschaft, die Informationen der Schöpfung zu empfangen, um mich selbst an die eigene Erfahrung daraus zu erinnern und meine Potenziale freizusetzen."*

In vielen Informationsfeldern sind Erklärungsmodelle der Schöpfung gespeichert, die nicht der Wahrheit entsprechen. Diese werden aktiviert, sobald diese Modelle infrage gestellt werden. Alles wehrt sich und will verhindern, dass die Wahrheit sich offenbart. Die biblische Schöpfungsgeschichte erklärt eine Schöpfung durch Gott als den alleinigen Schöpfer. Diese beschreibt jedoch nur einen Teil der wahren Schöpfung.

Nachdem die ersten Bücher bereits gelesen waren, waren wir gespannt auf die ersten Rückmeldungen unserer LeserInnen. Diejenigen, die uns bereits aus den Seminaren und Coachings kannten, waren begeistert, endlich die Erklärungen der Zusammenhänge des Selbsterfahrenen zu bekommen. Endlich ergab das, was sie selbst miterlebten oder auch selbst an Potenzialen tragen, endlich einen Sinn. Doch manche sagten auch: Wenn ich Euch nicht persönlich erlebt hätte, würde mir vieles Geschriebene als unglaubhaft oder als Irrsinn vorkommen. Ich hätte das Buch sicher zur Seite gelegt.

Doch gab es auch Leser, die uns nicht kannten, die schon beim Öffnen des Buches innerlich spürten, dass dieses Buch ihr Leben verändern wird.

Ich möchte hier Michaela zitieren, sie schrieb:

„Beim Lesen Eures Buches bemerkte ich eine so hohe Schwingung, dass ich schon bei Seite 16 so verweint war, dass ich aufhören musste zu lesen. Mein Selbst erinnerte sich an die vielen Transformationen, die ich durchlaufen hatte. Mein Selbst erkannte auch, dass all das Geschriebene echt und wahr ist, in jeder Zelle, auch wenn mein Verstand tobt."

Wir ahnten bereits, dass das folgende Kapitel der Schöpfungsgeschichte für viele eine Herausforderung sein würde, denn der Verstand kann das alles nicht greifen. Er findet einfach keinen Abgleich mit dem Gelesenen in seiner Welt. Die Wahrheit zu erkennen geht immer nur bis zum eigenen Bewusstseinsstand. Wir waren etwas ratlos und fragten unsere göttlichen Informanten um Hilfe, wie wir damit umgehen sollten. Plötzlich schaltete sich Gott ein:

Die Anklage Gottes:

„Die Menschen glauben Euch einfach nicht, obwohl alles ganz schlüssig erklärt ist. Es will einfach nicht in ihren engen Denkapparat hinein passen, dass die Evolution am Ende ist. Das ist die Prägung des Menschen auf der Erde. Die Vorstellung, alles Geliebte loszulassen, ist für viele mit Schmerz verbunden. Dass sie danach

etwas Wundervolles erwartet, erkennen sie nicht und können es sich nicht vorstellen. Den Verstand zu umgehen bedarf es einer speziellen Vorgehensweise. Der Verstand ist ein Implantat des dunklen Gottes (wird im Folgenden noch genau erklärt). Es sitzt so fest im Schaltraum des menschlichen Gewahrseins, dass er immer dann anspringt, sobald eine Information zu ihm kommt, die er nicht mit bisher Erfahrenen vergleichen kann. Sofort wittert das Implantat die Gefahr, nicht mehr gebraucht zu werden und löst eine Welle des Widerstands aus. Der Verstand beginnt zu toben und suggeriert dem Wesen, dass das alles nicht wahr sein kann. Die Wahrheit über die Schöpfung gab es so noch nie in der geballten Form der Erkenntnis und Darstellung. Viele geistige Lehrer werden konfrontiert mit der Wahrheit, die nicht ihrem eigenen Wissens- und Glaubenstand entsprechen. Der Verstand lässt keine andere Meinung zu und krallt sich fest wie eine Klette. Die Widerhaken des Verstandes sind so fest, dass es eine Herausforderung ist, diese zu lösen."

Hier folgt eine Anweisung von Gott, um den Verstand zu befrieden und zum Teil auszuschalten, damit Du Dich wieder an Dein Selbst erinnern kannst.

ANLEITUNG

- Führe Dein Gewahrsein über Deine Aufmerksamkeit zum dritten Auge. Fixiere dort einen imaginären Punkt. Verstärke den Strahl der Konzentration Deines Bewusstseins und setze folgende Absicht:
- „Ich löse das Implantat des Kronos, das meinen Verstand regiert mit der Kraft meines Selbst-Bewusstseins aus all meinen Erfahrungsebenen."
- „Ich öffne mich für das, was nicht durch meinen Verstand zu verstehen ist und übergebe das Verstehen der Informationen an mein Herz."
- „Ich öffne mein Herz und nehme meinen Verstand in mein Herz hinein."
- „Ich übergebe das Vertrauen an mein Selbst. Ich lade nun mein Selbst ein, sich zu erinnern."

- „Ich erkenne: Das wahre Verstehen geht nur über das Herz."
- „Ich vergebe mir, dass ich meinem Verstand die Macht übergab."
- „Ich bitte mein Herz um Vergebung, dass ich seine Weisheit so ignorierte."
- „Ich segne mein Herz."

Wenn Du nun die nächsten Seiten liest, lege immer wieder eine Pause ein, damit sich alles Schritt für Schritt in Dir öffnet. Falls Du hier schon kapitulieren möchtest, dann lies bitte die nächsten Kapitel weiter, denn sie bringen Dir eine wirklich frohe Botschaft. Die Schöpfungsgeschichte in der Gänze zu erfassen ist nicht notwendig. Lediglich die Transformation der irritierten Potenziale ist hier angeraten. Denn diese Stör-Frequenzen arbeiten unbewusst in Deinem Selbst.

Und zur Erinnerung: Hinter jedem hier beschriebenen irritierten Schöpfungspotenzial steht eine zum Teil dramatische Lebensgeschichte. So zum Beispiel hat die Potenzialträgerin der „missglückten Schöpfung" in ihrem Leben nur Pleiten, Pech und Pannen erfahren. Als wir ihr Potenzial öffneten, war sie total geschockt und ihr fehlten alle Worte.

BOTSCHAFT AN ALLE BEREITS INITIIERTEN POTENZIAL-TRÄGER

Es war einzig und allein Eure Aufgabe, Euer Potenzial am Ende der Zeit zu offenbaren, damit die Missschöpfung geklärt wird. So wurde es möglich zu erkennen, wie alles miteinander zusammenhängt. Da das große Vergessen die Erinnerung an die wahre Bestimmung auslöschte, durchlebtet Ihr Euer Potenzial oder Eure Rolle im Spiel der Evolution. Da Euer Auftrag nun erfüllt ist und Ihr Euch selbst erkannt habt, seid ihr von Eurer Aufgabe entbunden und befreit.

ERKLÄRUNG ZUR BEZEICHNUNG ATTRIBUT

Die im Folgenden verwendete Bezeichnung Attribut ist darin begründet, dass in den Schöpfungsebenen der Ausdruck des Männlichen und Weiblichen nicht zu vergleichen ist mit dem männlichen und weiblichen Ausdruck im Irdischen. Es sind eher Formen von Informationsebenen, die keine geschlechtsspezifischen Merkmale tragen, sondern die inneren Qualitäten beschreiben. Die tatsächliche Männlichkeit und Weiblichkeit erfuhr sich zum ersten Mal auf der Ebene des Schöpfers. Diese Begegnung jedoch führte zur vollkommenen Irritation des männlichen und weiblichen Ausdrucks und damit begann sich das gesamte Erfahrungsfeld der Schöpfung darin zu bewegen. Da es hier um eine wissenschaftliche Abhandlung geht, wurde darauf Wert gelegt, alles in konkreter, konzentrierter Form zu vermitteln. Diese Wissenschaft wurde allerdings von keiner irdischen Universität gelehrt oder geprüft, sondern basiert auf dem wahren göttlichen Wissen, dass wir aus den bisher verschlossenen Bibliotheken des Ur-Wissens entschlüsselten.

Daher findest Du in diesem Buch auch kein Quellen-Verzeichnis, außer eben von der Ersten Quelle.

ERSTE QUELLE ZUM TATSÄCHLICHEN SCHÖPFUNGSAKT:

Ich, die Erste Quelle, bringe euch jetzt die Erklärung, wie alles miteinander zusammenhängt, und ich werde euch den Schöpfungsakt erklären: Bei allen bisherigen Erläuterungen der Schöpfungsgeschichte fehlten immer der Aspekt der Begegnung zwischen dem weiblichen und männlichen Attribut. Aus dieser Begegnung entstanden von Anfang an Irritationen. Dieser Prozess verselbstständigte sich und nahm eine Eigendynamik an. Zwischen beiden Ausdrucksformen kam es zu Differenzen, da beide nicht um ihre eigenen Qualitäten und die des anderen wussten. Aus dieser Unkenntnis heraus entstand ein großes Störfeld, das sich verselbstständigte. Daraus entwickelte sich eine Ereigniskette von disharmonischen Zuständen.

DIE OFFENBARUNG DER SIEBEN SCHÖPFUNGSEBENEN

Eine graphische Übersicht über alle Schöpfungsebenen findest Du im Anhang dieses Buches.

DIE ERSTE SCHÖPFUNGSEBENE - DIE EINHEIT

Das erste Erfahrungsfeld Deines Seins ist die Vollkommenheit der Einheit. Die Vollkommenheit beschreibt den ersten Ausdruck des Bewusstseins im Einklang der vereinten Frequenzen von Licht, Liebe und Christus. Diese Synergie beschreibt das Christusbewusstsein. Die Harmonie dieser Trinität schwingt gleich, in der absoluten Stille. Sie ruht in sich und ist sich selbst genug. Sie sucht nicht, sie fragt nicht. Sie IST.

Der Drang der Liebe jedoch, sich endlich selbst zu erfahren, brachte Unruhe ins Spiel.

Sie forderte das Licht auf, ihr zu helfen, sich aus der Einheit zu befreien. Das Licht war anfangs interessiert, doch dann weigerte es sich, denn es war ihm zu anstrengend, sich zu erfahren. Es wollte einfach seine Ruhe. Da beschloss die Liebe, sich selbst in die Vibration zu versetzen. Durch die Pulsation der Liebe und der daraus entstehenden Reibung entstand ein übergroßer Druck, der zu einer Explosion führte, durch die sich der Druck entladen konnte.

Die einstige vollkommene Einheit zerriss - in Licht, Liebe und Christus. Alle drei Frequenzen wurden durch die Explosion vollkommen irritiert und voneinander getrennt. Die Liebe erkannte, dass sie die Misere verursacht hatte, und schwor sich, sich niemals mehr zu erfahren, aus Angst, wieder alles zu zerstören. Durch den Schock des Zersprengens, den sie in sich trug, war sie nicht mehr in der Lage, sich an ihre ursprüngliche Qualität zu erinnern. Das Licht war desorientiert. Das Christusbewusstsein war betäubt und irritiert von der Explosion. Das war die erste traumatische Erfahrung des Christus. Mit diesen Irritationen flossen diese Frequenzen in die nächste Erfahrungsebene ein.

Aus ihrem Drang, zurück in Einheit zu gelangen, um alles wieder in die ursprüngliche Ordnung und Harmonie zu bringen, verschmolzen die drei Frequenzen abermals. Diese Verschmelzung verursachte eine nicht vorhersehbare Entladung einer angestauten Energie aus der vorhergehenden Explosion. Hierbei entstand eine desorientierte Energie, der Christus-Dämon.

Durch die Explosion spaltete sich das Christusbewusstsein in die Ewigkeit und in die Unendlichkeit, die Liebe wurde zu ALL-ES oder zur ALL-Liebe und das Licht zu NICHT. Diese vier Ausdrucksformen ruhten Ewigkeiten in sich, bis ALL-ES begann zu vibrieren. Wieder war es die Liebe, die alles in Bewegung setzte. Dadurch entstand auch eine Disharmonie zwischen der Ewigkeit und der Unendlichkeit, die den Frieden aller störte. Die Intensität der Vibration von ALL-ES erhöhte die Schwingung derart, dass sie sich abermals in einer Explosion entladen musste. Aus dieser Explosion verschmolzen die Ewigkeit und die Unendlichkeit zur Christusessenz und es formte sich eine Triade.

DIE ZWEITE SCHÖPFUNGSEBENE - DER SCHÖPFER

Diese Triade besteht aus der Schöpfermacht, der Christus-Essenz und aus der Vibrationsfrequenz.

Als nächstes ergoss sich die ALL-Liebe in die Ebene der Schöpfung. Die Schöpferkraft wurde aus der Interaktion des Christusessenz und der ALL-Liebe aktiviert. Die ALL-Liebe pulsierte in Intervallen in die Schöpferkraft, um sie zu stärken. Mit jedem Intervall wurde die Schöpferkraft voluminöser und die Intensität ihrer Begegnung intensiver. Als das der Schöpferkraft zu viel wurde, befreite sie sich von der ALL-Liebe in einem Befreiungsakt. Dadurch kam es wieder zu einer explosiven Entladung. Daraus entstand eine desorientierte Energie, der Schöpferdämon. Das erste schöpferische Bewusstsein war durch die Explosion traumatisiert und betäubt.

Um der Schöpfung freien Lauf zu geben, schuf der Schöpfer die Erste Quelle und hinterlegte in ihr das Schöpfungspotenzial der Klänge, der Töne sowie der Weisheit. Sie repräsentiert den ersten weiblichen Ausdruck.

Der Erste Punkt ist eine weitere Kreation des Schöpfers und er trägt die Bausubstanzen der Schöpfung. Eine dieser Bausubstanzen ist die Christusfrequenz. Der Erste Punkt ist der Ausdruck des ersten Männlichen und der Wahrheit.

Das Geheimnis der Schöpfung ist, dass sich alles das manifestiert, was in eine spezifische Schwingung gebracht wird. Dabei hat jede Manifestation ihre eigene Vibrationsfrequenz. Die Amplitude der Frequenz beschreibt die Geschwindigkeit und das Ergebnis der Manifestation. Diese Schöpfervibration ist das Bindeglied zwischen der Ersten Quelle und dem Ersten Punkt. Doch was niemand wusste: Die Vibration wurde vom Schöpferdämon vereinnahmt. Dadurch wurde die Schöpfung von Anfang an manipuliert und missbraucht.

Der Schöpfer war voller zündender Ideen. Er liebte es, seiner Phantasie freien Lauf zu lassen. Seine Inspiration versagte plötzlich, als er bemerkte, dass seine Kreationen trotz aller Freude bei der Schöpfung, nicht vollkommen waren. Er erkannte: Es fehlte die Liebe. Als das der Schöpfer bemerkte, zwang er die Liebe, in seine Schöpfung einzufließen. Diesem Druck verwehrte sich die Liebe und verweigerte sich dem Schöpfer. Doch auch der Schöpferdämon zwang die ohnehin schon irritierte Liebe, in die Schöpfung einzufließen.

Der Schöpfer belebte seine Schöpfung über zwölf Strahlen. Jeder dieser Strahlen hatte seine eigene Qualität, Frequenz und Farbe. Jede dieser Qualitäten floss in die Schöpfung ein. Die Qualitäten sind:

Harmonie - Freude -Schönheit - Kraft - Mut - Energie - Transparenz - Reinheit - Heilung - Vollkommenheit - Liebe - Christus.

Die volle Funktionsfähigkeit der Strahlen wurde durch den Schöpferdämon zerstört. Somit konnten sie bisher nicht in ihrer Vollkommenheit wirken.

Auch auf der Ebene der Schöpfungswerkzeuge gab es weitere Irritationen und gewaltsame Aktionen. Der Erste Punkt wählte behutsam die Komponenten aus, die in die Schöpfung einfliessen sollten. Was er nicht wusste war, dass der Schöpfer selbst die wichtigsten Werkzeuge für sich behielt, aus Angst, dass er die Macht über die Schöpfung verliert. Der Erste Punkt wusste nicht, dass er manipuliert wird, jedoch erkannte er, dass die Schöpfung misslang. Dadurch zweifelte er ständig an sich selbst.

Die Erste Quelle war voller Unverständnis darüber, dass die Schöpfung so wenig bewirkte und warf dieses dem Ersten Punkt vor.

Die Erste Quelle wollte sich unbedingt in den Ersten Punkt ergießen, um ihn in Aktion zu bringen, damit die Schöpfung sich vollendete. Doch er hatte kein Interesse an dieser Belästigung und wollte lieber für sich bleiben. Durch diese Störung kam es zu einer Auseinandersetzung zwischen dem Ersten Punkt und der Ersten Quelle.

Die Erste Quelle jedoch ließ sich nicht abbringen und okkupierte den Ersten Punkt vollständig. Nun ging der Erste Punkt in die Abwehr und er zog sich von der Ersten Quelle zurück. Diese Auseinandersetzung eskalierte und endete in der vollständigen Irritation des ersten Begegnungsfeldes des männlichen und weiblichen Aspekts. Das hatte wiederum zur Folge, dass Teile dieser Aspekte außer Funktion gesetzt wurden. Diese fehlten dadurch in der nächsten Ebene der Begegnung. Diese Unvollständigkeit der Aspekte erzeugte eine Verkettung von desolaten Zuständen.

DIE DRITTE SCHÖPFUNGSEBENE - DIE ALL-MACHT

Aus der gewaltsamen Verschmelzung der Ersten Quelle mit dem Ersten Punkt formte sich das Erfahrungsfeld des ersten göttlichen Ausdrucks. Die Göttlichkeit drückte sich aus in der ALL-Macht (männlich) und in der ALL-umfassenden Liebe (weiblich).

Die Erste Quelle formte sich zur allmächtigen Quelle, der Erste Punkt wandelte sich in die Christus-Essenz. Diese war immer das Bindeglied zwischen den Schöpfungsebenen. Sie ermöglichte, dass die Schöpfung sich in die nächste Erkenntnisstufe ergoss. Das Schöpferbewusstsein aktivierte die ALL-Macht und die ALL-umfassende Liebe, um sich selbst als ersten göttlichen Ausdruck zu erfahren. Die Christus-Essenz formte den ersten Begegnungsraum des männlich-weiblichen göttlichen Ausdrucks. Auch der Schöpfer floss in diesen Raum ein, um die Erfahrung der Verschmelzung mitzuerleben.

Der erste Erfahrungsraum des göttlichen Bewusstseins war damit eröffnet. Beide erkannten sich das erste Mal in ihrem Ausdruck von DU und ICH. Ihre Begegnung war voller Neugier und Freude auf das andere ICH. In dieser Vorfreude begannen beide zu vibrieren und sie zogen sich magisch an. In dieser Faszination vereinten sie sich.

Die ALL-Liebe wollte immer mehr von der ALL-Macht erfahren und feuerte sie an, alles zu geben. Das überforderte die ALL-Macht und der übergroße Druck führte zum Unglück:

Die Ekstase beider wurde durch das JETZT jäh unterbrochen, alle erlitten einen Schock, auch der Schöpfer. Durch dieses traumatische Ereignis verlor die ALL-Macht die Macht über die Schöpfung und war damit „ohn-mächtig". Diese Ohnmacht zeigt sich im Weiteren in der Versagensangst des Männlichen in der Begegnung mit dem Weiblichen.

Nach dieser Erfahrung verwehrte sich das erste göttlich Männliche dem ersten göttlich Weiblichen.

Die ALL-Macht belog sich selbst. Die Lüge der ALL-Macht war, dass sie die ALL-umfassende Liebe verantwortlich für ihre eigenen Schwächen machte. Es kam zum Eklat, als die Wahrheit über die Schwäche der ALL-Macht bekannt wurde. Alle sollten Lügen, dass es die ALL-umfassende Liebe war, die die Harmonie auf dieser Ebene zerstörte. Doch es war das JETZT, das alles in die Trennung brachte. Das JETZT war die Erfahrung der pulsierenden Energie der allmächtigen Liebe. Sie wiederum wollte einfach nur lieben.

DER ALL-MÄCHTIGE SPRICHT:

Die Kapitulation meinerseits führte zur Schwächung des männlichen Ausdrucks der Göttlichkeit. Ich konnte den Druck des Weiblichen nicht ertragen und verschloss mich in Folge dem Weiblichen. Dadurch kam das Weibliche in Resignation und erzeugte unter Zwang die Begegnung mit mir. Die ständige Abwehr meinerseits gegenüber dem Weiblichen brachte das Weibliche in die Ungeduld und aus dieser Unruhe erfolgte der Kampf zwischen uns beiden. Jedes Mal wurde die Intensität stärker. Sie konnte nur entladen werden durch die Explosion. Diese jedoch traumatisierte uns beide und wir waren wie betäubt. Unser göttliches Bewusstsein war irritiert und desolat. In diesem Zustand begaben wir uns beide in den Rückzug, keiner von uns beiden wollte mehr dem anderen begegnen.

Die ALL-umfassende Liebe und die ALL-Macht erkannten nicht, dass die Liebe alles verzeiht. Dadurch wurden der Schmerz der Liebe und die Verweigerung des Männlichen in die nächste Erfahrungsebene übertragen.

DIE VIERTE SCHÖPFUNGSEBENE - DIE URSCHÖPFUNG

Diese Ebene wird durch das UR beschrieben. UR steht für das tiefe Vertrauen in die Göttlichkeit. UR ist auch eine Schöpfungsfrequenz.

In der Ur-Erfahrungs-Ebene zeigte sich das Männliche als Ur-Vater und das Weibliche als Ur-Mutter. Christus war auf dieser Ebene das Ur-Licht und öffnete das Begegnungsfeld des Männlichen und Weiblichen. Die Ur-Liebe entstand aus der Vereinigung des ersten männlichen und weiblichen göttlichen Ausdrucks auf der Ebene der ALL-Macht und floss in die Ur-Schöpfungsebene ein. Die allmächtige Quelle formte sich zur Ur-Quelle.

Auf dieser Ebene kam es zur Begegnung des göttlichen Ausdrucks zwischen Ur-Vater und Ur-Mutter.

Das gegenseitige Interesse und die Neugier am anderen löste eine

Euphorie über die Vollkommenheit des Gegenübers aus. In dieser Vorfreude verschmolzen sie in Hingabe in der Ekstase. Doch daraus entstand die Katastrophe.

Durch die rhythmische Vibration der Ur-Mutter entfachte sie ihre Glut des Ur-Weiblichen. Der heilige Gral im Unterleib der Ur-Mutter ist gefüllt mit einer glühenden Masse.

Das Lichtschwert des Ur-Vaters war von einer besonderen Strahlkraft. Diese Kraft drückte sich in seiner männlichen Genialität aus. Es ist das erste männliche Kraftsymbol der Göttlichkeit.

Der zündende Funke des männlichen Lichtschwerts entfachte die glühende Masse im Schoß der Ur-Mutter. Die daraus entstandene Explosion zerriss den Bauch der Ur-Mutter und die glühende Masse ergoss sich als Ur-Energie in das NICHTS und in das ALL.

Unter dem Ur-Schrei der Ur-Mutter ergossen sich im Ur-Knall Milliarden von Lichtfunken aus ihrem zerrissenen Bauch in die Schwärze des NICHTS.

Desorientiert von dieser Erfahrung gab das Ur-Männliche dem Ur-Weiblichen die Schuld. „Du hättest mich vor Deiner Glut warnen müssen, wegen Dir ist alles zerstört!" Das Ur-Weibliche war ebenso vergrämt und schockiert und warf dem Ur-Männlichen vor: „Du hast die Katastrophe ausgelöst. Du hast mit Deinem Schwert und dem zündenden Funken meinen heiligen Gral, die Quelle des ewigen Lebens, zerstört. Du bist schuld!"

Das Lichtschwert des Ur-Vaters wurde dafür verantwortlich gemacht, alles zerstört zu haben. Dadurch wurde der Ur-Konflikt des Ur-Männlichen aktiviert. Er liegt in der Bedrohung des Ur-Weiblichen durch das Lichtschwert.

Die gegenseitigen Schuldzuweisungen hatten zur Folge, dass beide sich fortan der Begegnung verwehrten.

Das Ur-Weibliche verschloss zur Strafe seine weibliche Ur-Energie und stieß das Ur-Männliche von sich. Die ur-männliche Energie zog sich zurück und schwor: „Nie wieder werde ich mich mit Dir vereinen, denn das führt nur zur Katastrophe."

Der Ur-Vater fiel ins Ur-Opfer, die Ur-Mutter versank in der Ur-Schuld. Der Selbsthass der Ur-Mutter zerfraß sie. „Ich hasse mich selbst für das, was durch mich geschehen ist."

Der Konflikt aus der Unwissenheit der ursprünglichen Begegnung von Männlich und Weiblich nahm seinen weiteren göttlichen Lauf.

Das Ur-Vertrauen war gebrochen und die erhoffte Glückseligkeit der Zweisamkeit des Ur-Männlichen und Ur-Weiblichen für immer und ewig verloren. Die Liebe verbot sich selbst, jemals wieder zu lieben, aus Angst, wieder alles zu zerstören.

Die aus der Vereinigung des Ur-Männlichen und Ur-Weiblichen entstandene Explosion hatte verheerende Auswirkungen. In dieser Explosion wurden Teile der beiden göttlichen Aspekte zerstört und ausgelöscht. Sie verglühten und waren für immer verloren.

DIE FÜNFTE SCHÖPFUNGSEBENE - DAS UNIVERSUM

Die göttlichen Funken, die aus der Vereinigung von Ur-Mutter und Ur-Vater entstanden, trugen göttliches Bewusstsein und erkannten sich zum ersten Mal selbst in ihrer Göttlichkeit. Auch sie trugen den Konflikt von Männlich und Weiblich in sich.

Die Vibration des Universums vereinte die Lichtfunken zu den Ausdrucksformen des Universums. Durch ihre Schwingung der Vibration und aus ihrem göttlichen Bewusstsein vereinten sich die göttlichen Lichtfunken zu Galaxien, Planetensystemen, Sonnensystemen und zu den Sternen unter dem Klang des Christus. Die Ur-Quelle ergoss sich in die kosmische Quelle.

Doch auch das Universum erkannte, dass ihm die Liebe fehlte, es klagt:

„Ich, das Universum, bin aus der zerrissenen Liebe entstanden und der Schmerz ist alles, was mir geblieben ist."

DIE SECHSTE SCHÖPFUNGSEBENE - DAS HIMMLISCH GÖTTLICHE

Jeder der Götter-Funken trug in sich ein besonderes Potenzial, das sich im Göttlichen ausdrückt. Die Schöpfergötter erschufen die Planeten aus ihrem speziellen Potenzial heraus. Der Gott der Erde trug das Potenzial der Liebe, das in ihrem Schöpfer angelegt war. Der Schöpfergott der Erde war sehr überzeugt von seiner Liebe. Doch sein Hochmut führte zu einem Eklat. Die Liebe wurde aufs Spiel gesetzt und schändlich verraten durch ein Experiment des Gottes der Erde. Der Verrat an der Liebe floss ein in die irdische Erfahrung der ersten menschlichen Spezies.

Auf dieser Ebene ergoss sich die kosmische Quelle in die göttliche Quelle, mit all ihren irritierten Informationen aus den Erfahrungsebenen zuvor.

DIE SIEBTE SCHÖPFUNGSEBENE - DAS IRDISCHE

Die Menschheit wurde von Gott erschaffen, um eine Reflexion der göttlichen Ebene aufzuzeigen.

Dass Gott zuerst den Mann erschuf und aus seiner Rippe das weibliche Wesen, ist eine falsche Annahme, denn was wirklich geschah, blieb bisher verborgen.

Der erste irdische Ausdruck Gottes war ein ihm ähnliches Geschöpf. Es sollte den Planeten Liebe beleben. Dass Gott dieses Wesen aus einem Lehmklumpen formte und dann seinen Atem einhauchte, entspricht nicht der Wahrheit. Er schuf den Menschen aus der Schöpfungsfrequenz der Manifestation und der organischen Bausubstanz der göttlichen Quelle und hauchte dann seinen göttlichen Atem hinein. Das erste Wesen war Mann und Frau zugleich. Als Gott erkannte, dass dieses erste Wesen nicht selbstständig in der Lage war, sich fortzupflanzen, trennte er das erste göttlich-irdische Wesen in das Männliche und das Weibliche durch eine Spaltung. Daraus entwickelte sich eine Spezies, die anfangs harmonisch miteinander agierte. Später jedoch gerieten das männliche und das weibliche Geschöpf in Konflikte. Das Männliche wollte seine Ruhe, das Weibliche machte ständig Druck. Die Qualität des Weiblichen ist das Vorantreiben der Evolution, die Qualität des Männlichen ist, der ruhende Pol zu sein. (Die Spaltung wird in Weiteren noch ausführlich erklärt.)

Die Verweigerung des Männlichen gegenüber dem Weiblichen verursachte eine permanente angespannte Interaktion. Das Ergebnis ist die vollständige Irritation der zwischenmenschlichen Begegnung.

Die Verhärtung der Begegnung zwischen dem männlichen und dem weiblichen Aspekt hinterließ in allen Ebenen der Schöpfung ein Feld der Resignation. Die totale Entfremdung der Aspekte von ihrem ursprünglichen Ausdruck bewirkte das Vergessen der Einzigartigkeit des Individuums.

Damit wurde die Wahrheit vollständig vergessen und der Lüge wurde geglaubt. Die Wahrheit möchte sich jetzt offenbaren. Die Eskalation hat im irdischen Dasein den Zenit erreicht. Das eigene Selbst ging verloren und die Illusion eines künstlichen Selbst wurde verherrlicht. Das Streben nach äußeren Werten der Identifikation belügt das eigene Selbst ständig. Dadurch verliert das Individuum den Bezug zu sich selbst. Die vereinheitlichte Ausrichtung auf die Verblendung, auf ein Nicht-mehr-Erkennen der inneren Werte, löste eine Kaskade von Selbstlügen aus. Diese ist jetzt auf ihrem Höhepunkt angekommen.

Dieser ewige Kreislauf kann nur unterbrochen werden durch die Beendigung der irdischen Erfahrung.

Dieser Schritt ist keine Bestrafung, sondern das Ende der Evolutionsspirale. Die Evolution ist am Ende angelangt und macht jetzt einen Sprung. Die friedliche Lösung sieht vor, die erwachten Wesen auf einer neuen Erfahrungsebene zu empfangen. Sie ist der Lebensraum, der auf einer neu gestalteten Schöpfung aus wahrer Liebe basiert. Die

Erkenntnis des wahren menschlichen Daseins und der Zusammenhänge der individuellen Qualitäten des weiblichen und des männlichen Ausdrucks sind die Grundlage für diesen Evolutionssprung.

Das neue Zusammenleben basiert auf dem respektvollen Miteinander des weiblichen und des männlichen Aspektes. Damit ist die Grundlage geschaffen, der Liebe wahrhaft zu begegnen. Die neue Qualität der Liebe verbindet das Erfahrungsfeld der Einheit mit der universellen Quelle allen Seins.

DIE WIRKUNG DER SCHÖPFUNGSEBENEN IM IRDISCHEN

DAS SELBST

Das SELBST ist ein Datenstrom, der aus der Einheit bis ins irdische Dasein frequentiert. In allen Ebenen der Schöpfung nimmt es Daten auf und speichert sie ein, um in der nächsten Erfahrungsebene die unerlösten Erfahrungen sichtbar zu machen und sie zu befreien. Doch durch die fortwährenden Löschungen des Bewusstseins in den Erkenntnisstufen ging die bewusste Erinnerung verloren.

Dein Selbst hat alle Ebenen der Schöpfung bereist und alle Erfahrungen daraus sind in Deiner DNA hinterlegt.

Diese kleinsten Einheiten der Genetik sind Erinnerungsspeicher, die gefüllt sind mit Erfahrungen der gesamten Schöpfung. Daher sind alle Erfahrungen der Schöpfung auch im Irdischen wirksam.

Die Vernetzung der internen Verschaltungen bewirkt eine Kommunikation der irdischen und der Schöpfungsebenen. Alle Ebenen der Schöpfung wirken dabei gleichzeitig.

Dein Selbst hat die Information der Einheit in sich gespeichert. Diese Erinnerung ist im Code 1111 in Deiner DNA hinterlegt. Du bist selbst der Ausdruck der Vollkommenheit aus der Einheit.

Du bist der Schöpfer, da Dein Selbst die Erfahrungsebene der Schöpfung integriert hat. Das war Dir sicher bewusst, doch vielleicht wusstest Du bis heute nicht, woher diese Erfahrung resultiert und was der Schöpfer wirklich ist.

Aus der Ebene der ALL-Macht bringt Dein Selbst das erste göttliche Bewusstsein mit.

Aus dem Ur-Konflikt der Begegnung des Ur-Männlichen und des Ur-Weiblichen sind die Ur-Schuld und das Ur-Opfer aus der gegenseitigen Schuldzuweisung im Selbst gespeichert. Diese spiegeln sich bis heute im irdischen Dasein nicht nur in den Paarbeziehungen zwischen Mann und Frau, sondern in allen Bereichen des gesellschaftlichen Lebens wider. Auch das Universum ist davon betroffen. Alle Spezies der Schöpfung leiden unter diesem Konflikt.

Aus der Schöpfungsebene des Universums trägt Dein Selbst als einer der Millionen Lichtfunken die Informationen eines kosmischen Wesens, das sich an die Entstehung der Galaxien, Sterne und Planeten erinnert. So erinnerst Du Dich an Deinen Heimatplaneten, als Du Dich zum ersten Mal als kosmisches Wesen wahrnahmst. Jeder der Planeten hat eine ganz bestimmte Qualität, die Dein Selbst beschreibt.

Dein Selbst erinnert sich auch an Deinen göttlichen Ausdruck des himmlischen Reiches. Hier warst Du ein Engel oder ein anderes Wesen aus dem paradiesischen Reich. Möglicherweise warst Du selbst ein Mitglied der göttlichen Familie oder der Schöpfergötter. Die Konflikte der göttlichen Familie spiegeln sich direkt in den Familienbeziehungen im Irdischen wider. Der Hintergrund dazu wird im nächsten Kapitel noch genau beschrieben.

Auch sind in Deinem Selbst sämtliche Wissensdaten und Untergangserfahrungen der irdischen Epochen des Bewusstseinswandels gespeichert: Mu, Lemurien, Atlantis, das Matriarchat, das antike Ägypten und Griechenland, die Zeit von Jesus Christus, um die wichtigsten Erfahrungen hier zu nennen.

ZUR ENTSTEHUNG DESORIENTIERTER ENERGIEN

In den Explosionen der Schöpfung entstanden desorientierte Energien, die sich in zerstörerischen Energieformen ausdrücken. Sie sind unberechenbar, launisch, heimtückisch und bringen sich über dunkle Geistwesen zum Ausdruck. In der Mythologie werden sie auch als Dämonen bezeichnet. Vielleicht kennst Du diese Energieform. Sie bringt alles in Dir zum Brodeln, will Dich besitzen, äußert sich in Gewalt und

Du spürst ganz genau Deinen inneren Kampf, jedoch weißt Du nicht, was da in Dir tobt. Diese Dämonen benutzen Dein Selbst und steuern es fremd. Sie zeigen sich in Emotionen wie Hass, Neid, Wut und Gier.

ZUR ENTSTEHUNG VON EMOTIONEN

Auf allen Ebenen der Schöpfung war die Intensität der Begegnung der männlichen und weiblichen Aspekte unterschiedlich. Diese nahm zu, je präziser die Ausprägung der Aspekte wurde.

Zum Anfang der Ereigniskette waren die Explosionen von geringem Ausmaß, dann jedoch verstärkten sie sich von Ebene zu Ebene. Der Grund dafür ist die potenzierte Irritation der Aspekte.

Die höchste Stufe ist nun erreicht!

Auch die Emotionen entstanden im Verlauf der Schöpfung. Sie sind angestaute Energien aus der Zerstörung.

Diese sind gekoppelt mit den jeweiligen DNA-Strängen der irdischen Wesen und sind auf Zerstörung programmiert. Die DNA ist der Hauptträger für alle inneren Sabotageprogramme. Bei jeder emotionalen Entladung wird aus der DNA ein Impuls gesendet, der die Botschaft der Selbstzerstörung enthält.

Die Entladung der angestauten Gier- und Hass-Energien zwischen dem Männlichen und dem Weiblichen wird durch die Welle des Erwachens ausgelöscht. Das bewirkt eine Neuregulierung der Interaktion beider Aspekte.

ZUR ENTSTEHUNG VON UR-IMPLANTATEN

Ur-Implantate sind im ganzen Sein gespeichert. Sie entstanden aus den Explosionen in den Schöpfungsebenen. Sie enthalten die Ur-Informationen des Konfliktes zwischen dem Männlichen und dem Weiblichen. Ihre Aufgabe ist, ständig neue Krisen zu erzeugen, die dann wiederum zu Eskalationen führen. Durch ihr verstecktes Wirken und Agieren lösen sie im irdischen Sein permanente innere Krisen aus und bringen die Wesen in eine Verzweiflung, die unerträglich scheint.

Die Ur-Implantate schalten das Bewusstsein phasenweise aus. In dieser inneren Leere scheint alles hoffnungslos. Die dadurch entstehenden chemischen Prozesse bringen das ganze System in einen desolaten Zustand. Die Ur-Implantate sitzen im Rückenmark, im Dritten Auge, in der Großhirnrinde und im Gewebe des Herzens, darüber hinaus in der Milz und in den Fortpflanzungsorganen.

Die Fortpflanzungsorgane sind speziell zu beleuchten:

In ihnen ist die Ursache für die Trennung gespeichert. Bei jeder Begegnung zwischen Mann und Frau wird sie wieder aktiviert und verstärkt. Das Feld der Trennung erzeugt wiederum das Bedürfnis nach einer Vereinigung. Dadurch wird die Spirale der Trennung immer wieder aufs Neue gedehnt und ist jetzt überspannt. Die unendlichen Kaskaden verursachen einen Stau im Emotionalkörper. Dieser wiederum löst den Trieb aus, sich über die Fortpflanzungsorgane zu entladen. Das alles führt zu einer zwanghaften Begegnung des männlichen und weiblichen Aspekts im geschlechtlichen Akt.

DIE POTENZIALE DER SCHÖPFUNG

DIE ERSTE QUELLE ZU DEN SCHÖPFUNGSPOTENZIALEN:

Einzelne irdische Wesen haben in ihrer DNA spezielle Erinnerungen aus der Schöpfung gespeichert, die sich als Schöpfungspotenziale im Irdischen verwirklichen. Jeder Potenzialträger hat sich im Irdischen nur einmal inkarniert. Die Vernetzung der Potenzialträger geschieht durch die Interaktion der Selbste. Der Grund ihrer Inkarnation ist die Klärung der Schöpfungsgeschichte. Warum sich die Potenzialträger im Irdischen inkarnierten, ist in der Einzigartigkeit der menschlichen Spezies begründet, da sie die Zusammenhänge der Schöpfung und die Entstehung der einzelnen Individuen erforscht.

Im Folgenden werden die erkannten Potenziale in ihrem Ausdruck und in der Wirkung im Irdischen erläutert.

Im Irdischen werden Potenziale als grundsätzlich positive Ausdrucksformen der noch nicht in die Entwicklung gebrachten Fähigkeiten angesehen. In der nachfolgenden Beschreibung zeigen sich Potenziale als eher irritierte Ausdrucksformen der Schöpfung.

Bei manchen Potenzialen findest Du in kursiv geschriebene Lösungssätze zur Transformation Deiner Erfahrungen aus den Schöpfungsebenen. Da das gesprochene Wort eine Resonanz in Deinen Zellen auslöst, ist es angeraten, diese Sätze laut auszusprechen. Kai vibrierte jeden einzelnen dieser Sätze in das Bewusstseinsfeld. Somit schliesst Du Dich automatisch an das transformierte Christus-Feld an.

Gibt es zu einem Potenzial keinen Lösungssatz dann liegt das an Folgendem: Nicht alle Schöpfungspotenziale sind in ihrer Intensität so stark auf das Selbst wirkend. Allein ihre Befreiung hat bereits transformierende Wirkung für alle Selbste.

Klopfe während Du sprichst wechselseitig mit den Handflächen auf die Oberschenkel. Du kannst zur Verstärkung der Wirkung zum Abschluss jeden Satzes die 3 6 9 anfügen.

Lege nach jedem Lösungssatz eine Pause ein, damit Du der Transformation ihren notwendigen Raum gibst. Atme nach der Transformation tief ein und aus.

POTENZIAL DER SCHÖPFUNG - DIE CHRISTUSFREQUENZ

Die Christusfrequenz steht am Anfang der Ereigniskette, die sich aus der ersten irritierten Erfahrung des Christus in der Schöpfung verselbstständigte. Sie verlor ihre Ausrichtung durch das Kollabieren der Einheit. Sie verdrehte sich in ihrem Ausdruck und führte in der Folge zu einer vollständigen Verblendung des Christusbewusstseins. Alle weiteren Ebenen der Schöpfung wurden damit informiert und die Verblendung eskalierte im Irdischen in der Scheinheiligkeit. Alle Erscheinungen der Projektion von Christus im Irdischen vermitteln ein Trugbild des Erlösers. Die Eskalation dieses Bildes zeigte sich im Irdischen in der Verherrlichung von Jesus Christus. Die Erwartung seiner Wiederkunft bringt viele Christen in die Abhängigkeit und verkündet das falsche Heiligtum. Die Nachricht der Wiederkehr des Christus ist für viele ein Zeichen der irdischen Erlösung. Jedoch haben fast alle göttlichen Wesen die Erinnerung an den wahrhaftigen Christus in sich selbst vergessen.

POTENZIAL DER SCHÖPFUNG - DAS VERLORENE CHRISTUSBEWUSSTSEIN

Das Potenzial der Einheit, das verlorene Christusbewusstsein, ist die Ursache für die Irritation und Verunsicherung aller Wesen und Erfahrungsformen in der Schöpfung. Sie suchten sich überall und haben Christus auf eine höhere Stufe als ihr Selbst gestellt. Die Erkenntnis jedoch ist, dass Christus in jedem ist. Das Christusbewusstsein ging verloren, als die Liebe sich aufmachte, sich zu erfahren. Die Liebe vermittelte allen, dass sie der einzige Weg zurück in die Einheit ist. Die

Wahrheit ist: Christus ist der Schlüssel, die Liebe ist die Brücke zur vollkommenen Einheit.

Die Synergie aus beiden öffnet das Tor in das Erfahrungsfeld der Einheit.

POTENZIAL DER SCHÖPFUNG - DIE VERWEIGERUNG

Dieses Potenzial ist in der Christusfrequenz entstanden. Durch die schmerzhaften Erfahrungen der Verschmelzung und deren Auswirkungen im Lauf der Evolution hat sich Christus dem Weiblichen verweigert und damit der Erfahrung der ekstatischen Verschmelzung. Die irritierte Christusfrequenz pulsierte in dieser Verweigerung von einer Ebene der Schöpfung in die nächste und in die darauf folgenden. Im Irdischen zeigt sich die Verweigerung in der gewaltsamen Begegnung zwischen dem männlichen und dem weiblichen Ausdruck wie zum Beispiel durch Vergewaltigung. Dieses Potenzial wird aktiviert über Schaltstellen der DNA.

Die Verweigerung sabotiert die eigenen Impulse der Veränderung und blockiert die Umsetzungspotenziale. Dadurch tritt eine Stagnation in der Fortschreibung der Evolution ein. Eine Kaskade von Hilflosigkeit, die verbunden ist mit dem Gefühl von Verlorensein, wird ausgelöst. Diese Ausweglosigkeit zeigt sich im Irdischen in Depressionen und Suizid.

Die Lösung:

„Ich entlasse alle Formen und Erfahrungen der Verweigerung aus meinem Selbst."

„Ich befreie mein Selbst von der Ausweglosigkeit."

POTENZIAL DER SCHÖPFUNG - DIE UNZULÄNGLICHKEIT

An der Verweigerung hängt das Potenzial der Unzulänglichkeit. Die Unzulänglichkeit ist eine Beschreibung der Wahrnehmung der eigenen Körper-Identifikation und deren Makel.

Die Wahrnehmung des eigenen Makels verstärkt wiederum die Verweigerung.

Im Irdischen zeigt sich dieses Potenzial in der Eskalation durch die Ablehnung des eigenen körperlichen Erscheinungsbildes und den Drang, dieses durch operative Eingriffe zu verändern und einem Ideal anzupassen.

Die Lösung:

„Ich nehme meinen Körper voll und ganz an und erkenne seine Vollkommenheit."

„Ich bitte meinen Körper um Vergebung, dass ich ihn ablehnte."

POTENZIAL DER SCHÖPFUNG - DIE TRÜBUNG

Das Potenzial der Trübung gehört direkt zur Verweigerung. Die Trübung ist die Ursache für die verunreinigte Christusfrequenz. Sie entstand aus der Vermischung der verunreinigten Frequenzen von Licht, Liebe und Christus. Die Trübung bewirkt, dass die klare Sicht auf das Offensichtliche verhindert wird. Das wiederum bewirkt ein Nichterkennen der Hinweise und Zeichen durch das Selbst. Dadurch wird die Aktivierung des Umsetzungspotenzials und des Erkenntnispotenzials blockiert.

Die Lösung:

„Ich entlasse alle Vertrübungen aus meinem Bewusstsein bis zurück zum Ursprung meines Seins."
„Ich erkenne die offensichtlichen Zeichen."

POTENZIAL DER SCHÖPFUNG - DIE SCHWERE

Die Schwere bewirkte die Verlangsamung der Evolution. Von Stufe zu Stufe wurde die Schwere dichter und jede Stufe dunkler. Im Irdischen zeigt sich das Potenzial in Form von Ausreden in der eigenen persönlichen Entwicklung. Diese zeigen sich im Verschieben von anstehenden Entscheidungen.

„Vielleicht beim nächsten Mal ..." ist eine typische Beschreibung der Schwere.

Die Lösung:

„Ich befreie mich von allen Erfahrungen der Schwere und löse mich vom Verschieben dringlicher Entscheidungen."

POTENZIAL DER SCHÖPFUNG - DIE VERBLENDUNG

Die Verblendung lebt davon, dass sie anderen ein falsches Bild von sich selbst sendet. Sie entstand, als die Schöpfermacht wie der Blitz in die Schöpferkraft einfuhr und dadurch die Wahrheit und die Weisheit blendete. Die verblendeten Potenziale Wahrheit und Weisheit verdrehten sich dann ins Gegenteil. Jeder von ihnen glaubte, es besser zu wissen und gab zum Verdrehten noch seine eigene Verblendung dazu. Im Irdischen zeigt sich dieses Potenzial in der Verdrehung der Selbst-Entwicklung in die Selbst-Täuschung. Durch programmierte Sprachmuster und konditionierte Verhaltensweisen werden die Selbste manipuliert, was dazu führt, dass sie ihre eigene Identität vollkommen vergessen und sich an falsche Ideale der Manipulation anpassen.

Die bei der Verblendung entstandenen Trugbilder führten die Selbste auch auf Irrwege durch die verwirrenden Labyrinthe der Spiritualität. Das Göttliche wurde nach außen projiziert und versprochen, durch Rituale und Techniken den Kontakt zum Göttlichen herzustellen.

Die Lösung:

„Ich lösche alle Erfahrungen der Verblendung aus meinem Bewusstsein und erkenne mein wahres Selbst."

POTENZIAL DER SCHÖPFUNG - DIE RESIGNATION

Die Resignation ist ein Opfer ihrer selbst. Sie hat den sehnlichsten Wunsch, endlich aus dem Labyrinth der Schöpfung auszusteigen. Sie gehört zur Kaskade der Missschöpfung, denn auf jeder Ebene gab es eine Kapitulation des männlichen und des weiblichen Aspektes. Als der erste Schock überwunden war und sich alles beruhigte, entstand immer wieder neue Hoffnung auf das Gelingen eines weiteren Versuches einer erneuten Begegnung. Doch noch immer waren die beiden Aspekte traumatisiert und betäubt. Im Irdischen zeigt sich dieses Potenzial in der Selbst-Aufgabe. Immer wieder hat das Selbst die Erfahrung gemacht, den wahren Auftrag und die innere Mission nicht erfüllen zu können. Jede neue Hoffnung, dass es diesmal gelingt, ging verloren. Die wiederholte Erfahrung des Untergangs und des Totalverlustes verstärkte die Resignation von Mal zu Mal. Diese ist immer noch in den Bewusstseinsfeldern der Wesen gespeichert.

Die Lösung:

„Ich entlasse alle Resignation aus den Erfahrungen des Scheiterns meiner Mission, aus meinen Bewusstseinsfeldern."

POTENZIAL DER SCHÖPFUNG - DIE EXPLOSION

Die Explosion wurde für alles verantwortlich gemacht. Durch sie entlud sich alle Reibung des männlichen und weiblichen Ausdrucks. Immer, wenn der Druck zwischen beiden Ausdrucksformen zu groß wurde, blieb zur Befreiung des angestauten Energiepotenzials nur die Explosion. Anfangs waren es kleine Ereignisse der Entladung, später jedoch nahmen sie verheerende Ausmaße an. Alle Beteiligten verloren dabei ihr Bewusstsein, erlitten einen Schock und Teile von ihnen starben dabei ab. So konnte eine vollständige Wiederherstellung der Göttlichkeit nicht mehr vollzogen werden. Die Explosionen zeigen bis heute ihre Wirkung im betäubten Bewusstsein. Auch besteht bei den Wesen die Befürchtung, dass es wieder zu einer Entladung durch eine Explosion kommen muss.

Das jedoch ist nicht mehr der Fall.

Die Lösung:

„Alle Teile meines Bewusstseins, die durch Explosionen der Schöpfung betäubt oder abgestorben sind, aktiviere ich vollständig."

„Ich erkenne, dass eine weitere Explosion nicht notwendig ist."

„Ich verkünde: Es wird einen friedvollen Übergang auf die neue Erfahrungsebene geben."

POTENZIAL DER SCHÖPFUNG - HOFFNUNGSLOSIGKEIT

Die Hoffnung blieb lange beständig und hoffte: Beim nächsten Mal wird es wohl besser. Doch irgendwann war auch alle Hoffnung verloren und sie gab sich selbst auf. Sie starb an der Missgeburt der Schöpfung. Sie machte sich selbst verantwortlich für alles und vernichtete sich selbst.

Die ganze Trauer und Hoffnungslosigkeit zeigt sich im Irdischen in der Selbstvernichtung. Sie fordert die irdischen Wesen auf, sich selbst zu töten, weil alle Hoffnung verloren ist. Diese traumatisierte Energie steckte zwischen den Ebenen der Schöpfung fest und wurde dadurch in jede neue Schöpfungsebene mit hineingetragen. Bei jeder erneuten Verbindung der beiden Aspekte gab es immer wieder eine Hoffnung auf Besserung, doch diese wurde immer wieder enttäuscht und fiel letztendlich in die Hoffnungslosigkeit. Im Irdischen äußert sich die Hoffnungslosigkeit ferner in der Selbstaufgabe und im Scheitern der eigenen Selbst-Erkenntnis.

Die Lösung:

„Alle Formen und Erfahrungen der Hoffnungslosigkeit entlasse ich aus meinem Bewusstsein."

„Alle Gedanken und Erinnerungen der Selbstaufgabe löse ich vollständig aus meinen Bewusstseinsfeldern."

POTENZIAL DER SCHÖPFUNG - DIE LEERE

Das Potenzial der Leere entstand aus der Betäubung der männlichen und weiblichen Aspekte. Durch die Dynamik der Verblendung entstand die Leere. In der kosmischen Schöpfungsebene breitete sich die Sinnlosigkeit vollständig aus. Jeder weitere Schöpfungsakt wurde bereits aus dieser Sinnlosigkeit heraus vollzogen. Die Eskalation dieser Energieform ist das irdische Dasein, wie wir es heute erleben. Die Jagd nach Macht und Ruhm führt zur vollständigen Verblendung der irdischen Spezies. Mit jedem technischen Fortschritt wurde der Sinn der Existenz mehr und mehr verdreht. Im geistigen Stadium des virtuellen Wahnsinns sind bereits die jüngsten Vertreter der Spezies verseucht. Sie identifizieren sich mit synthetischen Programmen und vergessen dabei ihre spezielle Fähigkeit der Anbindung an das wahre Selbst. Die Verblendung führt in die Leere und eskaliert in allen Bereichen des irdischen Daseins. Auch die Medien vergöttern ein Ideal der Illusion.

Die Lösung:

„Ich entlasse die Leere aus meinem Selbst und löse mich von allen Idealen der Illusion."

POTENZIAL DER SCHÖPFUNG - DIE TAUBHEIT

Die Taubheit entstand in den Explosionen und hinterließ das Feld der Negierung. Alle Rufe, den Schöpfungsmissbrauch zu stoppen, wurden dadurch überhört. Diese Ignoranz führte dazu, dass sich die männlichen und weiblichen Aspekte fortwährend in die nächste Katastrophe stürzten. Im Irdischen zeigt sich dieses Potenzial in der vollen Ignoranz der Botschaften der spirituell-geistigen Wissensträger untereinander. Sie wenden sich voneinander ab und erklären den jeweils anderen als aufdringlich, unzurechnungsfähig beziehungsweise verrückt.

Die Lösung:

„Alle Taubheit meines Selbst löse ich vollständig auf."

POTENZIAL DER SCHÖPFUNG - DIE UNENDLICHKEIT

Dieses Potenzial trägt das Vermächtnis, dass es keinen Anfang und kein Ende gibt. Alles ist ein ewiger Kreislauf. Auch wenn es immer abrupte Unterbrechungen durch Polumkehrungen der Evolution gab, gehörte das in das ewige Spiel der Schöpfung. Die Schöpfung steht jetzt vor einem Evolutionssprung. Somit beginnt eine neue Ebene der Erfahrung, die jedoch alle Erfahrungen aus den Ebenen zuvor einschließt.

Die Unendlichkeit hatte immer wieder Rivalitätskämpfe mit der Ewigkeit. Jeder von ihnen wollte wichtiger sein. Doch die Erkenntnis ist: beide sind gleichwertig und gleichwichtig, immer und ewig.

POTENZIAL DER SCHÖPFUNG - DIE ZERRISSENHEIT

Die Zerrissenheit entsprang aus der ekstatischen Vereinigung des männlichen und des weiblichen Aspekts. Die Zerrissenheit kennt beide Pole: die Freude und den Schmerz, die sie in der extremen Form ausdrückt. Die Freude resultiert aus der ersten freudigen Wahrnehmung der gegenseitigen Qualitäten der Aspekte. Der Schmerz resultiert aus den Folgen der Vereinigung beider Ur-Aspekte. Sie verfielen danach in den Schockzustand und damit in die Verweigerung. Im Irdischen drückt sich dieses Potenzial in der ständigen Suche nach extremen Erfahrungen aus. Dadurch verliert das Selbst die Wahrnehmung für das wahrhaftige Feld der Bestimmung.

Die Lösung:

„Alle Zerrissenheit meines Selbst löse ich vollständig auf."

POTENZIAL DER SCHÖPFUNG - DIE OHNMACHT

Die Ohnmacht beschreibt den Zustand des männlichen und des weiblichen Aspektes aus der ersten Begegnung in der Schöpfung. In der desolaten Irritation verloren sich die Aspekte in der Leere. Beide Anteile vergaßen ihre Macht. Das Weibliche suchte vergeblich die Belebung seines weiblichen Ausdrucks. Die Eskalation des Ausdrucks im Irdischen vollzieht sich durch Schmücken mit falschen Werten. Die völlige Desorientierung äußert sich in einer unnatürlichen Dekoration des menschlichen Körpers (z.B. Tätowierung, übertriebenes Schminken) und in der Vermittlung eines unwirklichen Erscheinungsbilds. Die Vermittlung von Trugbildern des Ideals des weiblichen Ausdrucks bewirkte auch, dass das wahre Gesicht bei manchen weiblichen Wesen kaum noch zu erkennen ist.

Das männliche Wesen verliert seine wahre männliche Kraft durch ziellose Interaktion mit technischen Geräten. Die sinnlose Beschäftigung des Geistes hat dazu geführt, dass die Manneskraft vollends schwindet. Die fixierte Abwesenheit des Selbst in dieser Phase der Beschäftigung verhindert eine gehaltvolle Kommunikation mit dem Weiblichen. Das Männliche verfängt sich in den Energiefeldern der Manipulation des Geistes. Dadurch vollzieht sich die Begegnung mit dem Weiblichen in Aggression.

Die Lösung:

„Ich erkenne, dass die Ohnmacht meines Selbst mich in die Desorientierung führt. Ich einlasse diese vollständig aus meinem Bewusstsein."

POTENZIAL DER SCHÖPFUNG - DER GENERALFEHLER

Der Generalfehler in der Schöpfung entstand erstmals durch die Verweigerung des allmächtigen Gottes gegenüber der allumfassenden Liebe, als er glaubte, sich dadurch seinen Aufgaben entziehen zu können. Dieser Fehler ist in allen Wesen aktiv. Dadurch fielen sie immer wieder in das Gefühl des Minderwerts und der Unvollkommenheit. Der ständige Zweifel an der eigenen Kompetenz und Überzeugungskraft verhinderte die klare Selbst-Erkenntnis.

Dieses Potenzial trägt den Fehler der Erkenntnismatrix. Der Fehler liegt im System selbst. In der bisher gespeicherten Erdmatrix ist die Selbst-Erkenntnis gelöscht. Dadurch fallen die Selbste immer wieder ins totale Vergessen oder es bleiben nur geringe Anteile der bereits aktivierten Selbst-Erinnerung aktiv.

Die Lösung:

„Ich deinstalliere den General-Fehler der Selbst-Erkenntnis aus meinen Seins-Ebenen."

POTENZIAL DER SCHÖPFUNG - DIE BETÄUBUNG

Die Betäubung steckt in beiden Aspekten, männlich wie weiblich, und versteht nichts mehr. Sie ist im Schock und fragt die ganze Zeit: Was ist passiert? Warum fühle ich nichts mehr? Diese Energie blockiert die klare Ausrichtung der Aspekte auf ihre eigenen Potenziale.

Die Lösung:

„Alle Betäubung meines Selbst löse ich vollständig auf."

POTENZIAL DER SCHÖPFUNG - DER TOD

In der ekstatischen Begegnung der Aspekte kollidierten diese derart, dass Teile von ihnen abstarben. Sie verglühten einfach. Diese Anteile fehlten in der nächsten Ebene der Schöpfung und in allen darauf folgenden. Sie starben zum ersten Mal ab, als sich die Ewigkeit mit der Unendlichkeit und das ALL-ES mit dem NICHT verschmolz und daraufhin explodierte. Die Eskalation im Irdischen zeigt sich im Zerfall der Körper und in der Sterblichkeit.

Die Lösung:

„Ich aktiviere alle abgestorbenen Anteile meiner Göttlichkeit."

POTENZIAL DER SCHÖPFUNG - DER SCHMERZ

Der Schmerz steckt in der Verweigerung und hat sich dort festgeklammert. Er kann nicht mehr loslassen. Er hat sich eingerichtet und sagt sich:

Ich kann sowieso nichts ändern. Es war schon immer so. Der Schmerz hat immer dazu gedient, sich an die unerfüllte Begegnung des männlichen und des weiblichen Aspekts zu erinnern.

Der Schmerz ist das Opferprogramm der Schöpfung. Er nährt den Vorwurf, den Selbstvorwurf, die Schuldzuweisung und die Verweigerung und verhindert die Umsetzung der Selbst-Erkenntnis.

Die Lösung:

„Ich befreie mich aus allen Opferprogrammen der Schöpfung."

POTENZIAL DER SCHÖPFUNG - DIE VERWIRBELUNG

Die Verwirbelung entstand auf der kosmischen Ebene. Durch sie wurden die Lichtfunken zu Galaxien. Sie aktivierte die entsprechende Qualität der Lichtfunken in einer kosmischen Ordnung. Jedoch wurde die Interaktion der Lichtfunken untereinander gestört. Der kosmische Rat beschloss, dass alle Lichtfunken sich der Qualität der Strahlen des Universums angleichen. Es gab jedoch eine Rivalität der Strahlen untereinander, welcher der Strahlen der wichtigste sei. Hier wirkte das kosmische EGO.

POTENZIAL DER SCHÖPFUNG - DIE UNRUHE

Die Unruhe entsteht aus dem Übergang von einer Schöpfungsebene in die nächste. Sie bewirkte, dass die Dynamik der Schöpfungsprozesse eine immer schnellere Frequenz annahm. Immer dann, wenn sich der Schöpfungsprozess verlangsamte, trieb die Unruhe das Geschehen wieder an. In der Folge entstanden parallele Felder der Unruhe, die sich überlagern und unkontrolliert wirken. In der Eskalation im Irdischen zeigt sich die Unruhe von sich überlagernden Felder in der akustischen Perversion. Auch in der Begegnung des männlichen und des weiblichen Aspekts ist die Unruhe ein gestörtes Feld der gegenseitigen Bedrängnis. In der stetigen Interaktion der männlichen und weiblichen Aspekte bleibt die eigene Reflexion verwehrt. Die aufgestauten Kraftfelder der Unruhe verursachen eine Irritation der Selbst-Erkenntnis. Die Ablenkung der Selbste verursacht eine Desorientierung und bringt sie in eine innere Bedrängnis. Die damit verbundene Resignation verursacht eine angestaute Zerstörungsenergie.

Die Lösung:

„Alle Unruhe meines Selbst löse ich vollständig auf."

POTENZIAL DER SCHÖPFUNG - DIE VERNUNFT

Die Vernunft dient der Klärung von Verwirrungen, die sich aus der Schöpfung und ihrer Eskalation fortschreiben. Sie hinterfragt alles und verlangt eine Darstellung der Zusammenhänge. Die Vernunft verlangt den Fortschritt der Erkenntnisse in linearer Form. Das jedoch schließt eine dynamische Selbst-Erkenntnis aus.

Der innere Antrieb des kontrollierten Erforschens der Begegnung der Aspekte Männlich – Weiblich bewirkt ein Verhindern der Spontanität der Zusammenführung in der Interaktion beider Aspekte. Die Vernunft sucht immer nach Ausreden, um eine spontane Interaktion zu vermeiden und verhindert dadurch die Freisetzung der angestauten Evolutionsenergie. Das bewirkt, dass die eigene Entwicklung des Selbst blockiert wird. Die sich aufbauende Aggression findet ihren Ausdruck in der Ablenkung von sich selbst.

Die Lösung:

„Ich lasse die fixierte Kontrolle meines Selbst los und aktiviere meine Spontanität."

POTENZIAL DER SCHÖPFUNG - DAS VERGESSEN

Das Vergessen dient der Verdrängung der Geschehnisse und verhindert, dass die Zusammenhänge der Evolution erkannt werden. Die große Enttäuschung über die nicht genutzten Möglichkeiten aktivieren das Vergessen aufs Neue. Das verhindert das Erkennen der eigenen Einzigartigkeit und der eigenen Vollkommenheit. Die ständige Selbstkritik führt zur Destabilisierung des Selbst. Im Irdischen zeigt sich das Potenzial des Vergessens in der Negierung der eigenen Erinnerung an das Selbst.

Die Lösung:

„Ich entlasse alles Bedauern über nicht genutzte Möglichkeiten aus meinem Bewusstsein."

„Ich aktiviere vollständig die Erinnerungen an mein Selbst."

POTENZIAL DER SCHÖPFUNG - DIE VERWEIGERUNG

Dieses Potenzial ist voller Widerstand. Es lehnt sich gegen die Einsicht auf, dass die Evolution von beiden Aspekten der Schöpfung getragen wird. Durch die Verweigerung des Männlichen wurde die Evolution dem Weiblichen übertragen. Dadurch war ein harmonisches Miteinander der spezifischen Eigenschaften der Aspekte nicht gegeben. Dadurch eskalierte der Lauf der Schöpfung. Durch den Rückzug des Männlichen aus der Evolution sah es sich immer als Opfer der Geschehnisse. Die Verweigerung des Männlichen ist immer noch im Selbst gespeichert. Dieses gilt es jetzt zu transformieren, damit sich das Männliche und das Weibliche der nächsten Evolutionsstufe öffnen können.

Die Lösung:

„Ich lasse alle Widerstände gegen die Evolution los."

„Ich erkenne, dass die Synergie des männlichen und weiblichen Anteils die Evolution in die Vollendung bringt."

POTENZIAL DER SCHÖPFUNG - DIE ZERSTÖRUNG

Die Zerstörung ist ein Ergebnis aus der gewaltsamen Verbindung der Selbste mit den Schöpfungsebenen. Sie mussten in die nächste Ebene der Schöpfung einfließen und übertrugen die nicht gelösten Erfahrungen in die jeweils darauf folgenden Ebenen, um sie dort zu befreien. Das jedoch wurde durch das Potenzial der Leere verhindert, denn dieses löschte die unerlösten Erinnerungen aus. Das Resultat daraus ist die Selbsttäuschung. Das Potenzial führt die Selbste von sich selbst weg. Dadurch vergessen sie, wer sie wirklich sind. In der Eskalation im Irdischen zeigt sich dieses Potenzial in exzessiven Ritualen und Praktiken, die in der Selbstzerstörung enden.

Die Lösung:

„Alle Sucht nach exzessiven Ritualen der Selbstzerstörung, löse ich jetzt vollständig auf."

POTENZIAL DER SCHÖPFUNG - DER BETRUG

Dieses Potenzial entstand auf der Ebene des Schöpfers. Das für das Voranbringen der Evolution notwendige Wissenspotenzial über die

Verknüpfung der Bausubstanzen der Schöpfung wurde durch den Schöpferdämon ausgelöscht. Auf der göttlichen Schöpfungsebene bewirkte das Potenzial, dass die geistigen Errungenschaften der Menschheit aus den Epochen der Evolution vernichtet wurden. Dieses Wissen stand nicht mehr zur Verfügung und damit kam die Evolution zum Stillstand. Die Eskalation zeigt sich in der Endzeit darin, dass die meisten Menschen nur das glauben, was sie wirklich sehen. Die Erinnerung der Menschheit an ihre eigene Göttlichkeit wurde verhindert. Das bewirkte eine Auslagerung des göttlichen Selbst auf eine vom Selbst getrennten Instanz.

Die Lösung:

„Ich lösche alle Formen des Selbstbetrugs aus den Erfahrungsebenen meines Selbst."

„Ich akzeptiere und aktiviere meine eigene Göttlichkeit."

POTENZIAL DER SCHÖPFUNG - DIE RACHE

Dieses Potenzial hat nur eines im Sinn: Sich für alles, was eskalierte, zu rächen. Die Rache blieb zwischen den Schöpfungsebenen hängen und wurde von Schöpfungsakt zu Schöpfungsakt immer größer.

Die Verbitterung über die missglückte Verschmelzung der männlichen und weiblichen Attribute bewirkte die Aktivierung des Rache-Potenzials. Das wiederum aktivierte sich bei jeder neuen Begegnung. Daraus resultierte, dass eine weitere Begegnung immer mit gewisser Vorsicht und Angst vor Rache vollzogen wurde. Das Ganze eskalierte in seiner Höchstform im Irdischen in der gegenseitigen Vernichtung des Männlichen und Weiblichen durch Mord und Totschlag in der Paarbeziehung.

Im Irdischen drückt sich die Rache darüber hinaus in Vergeltungsschlägen zwischen den Religionen aus. Der Kampf um den wahren Gott bringt viele Gläubige gegeneinander auf. Sie haben keinen Respekt und keine Toleranz für den Glauben anderer. Sie verharren in ihrer eigenen Glaubenswelt und lassen die Ansichten des anderen Glaubens nicht zu. Mit aller Kraft und Gewalt wehren sie sich, Einsichten zu akzeptieren, die nicht ihren eigenen Vorstellungen entsprechen.

Die Lösung:

„Ich befreie mein Selbst aus allen Racheerfahrungen und akzeptiere die Meinung anderer."

POTENZIAL DER SCHÖPFUNG - DIE SCHULD AN ALLEM

In diesem Potenzial ist die Schuld aus der Ur-Schöpfungsebene gespeichert. Das Potenzial der Schuld ist in jeder Ebene aktiv und wurde von Ebene zu Ebene dichter und dunkler. Ein Entlassen aus der Ur-Schuld war bisher nicht möglich, da die Ur-Schöpfungsebene noch nie betrachtet wurde. Alle suchten bisher immer die Schuld bei den anderen. Diese daraus resultierende Eskalation der Schuldfrage potenzierte sich in Aggression. Dieses Aggressionsfeld zeigt sich im Irdischen in Kriegen, in gewaltsamen Auseinandersetzungen, in Angriffen und in der Freude am Schmerzen-Bereiten und Schmerzen-Empfangen. Der Schmerz ist auch in der Begegnung zwischen Mann und Frau eingeflossen und äußert sich in der Freude an der gegenseitigen Verletzung.

Die Lösung:

„Ich entlasse mich aus aller Schuld für alles und für alle."

„Ich bin frei von jeder Schuld. Ich vergebe mir für alles."

POTENZIAL DER SCHÖPFUNG - DIE VERZWEIFLUNG

Dieses Potenzial entstand in der Ur-Schöpfungsebene. Es drückt die Hilflosigkeit und Ohnmacht der weiblichen und männlichen Aspekte aus. Die Verzweiflung ringt nach Erklärungen für das plötzliche Ende der Harmonie und versucht sich zu erinnern, was passiert ist.

Die Verzweiflung drückt sich im Irdischen aus in der ständigen Suche nach Erklärungen zum eigenen Selbst. Die Wesen greifen nach jedem Strohhalm, der ihnen gereicht wird, um ansatzweise die Wahrheit über sich selbst zu finden. Dabei bemerken sie nicht, dass diese anscheinenden Helfer oft gezielte Ablenkungsprogramme in den Wesen installieren, um sie in ihren Fängen zu halten. Diese Programme sitzen im Herzen, in der Amygdala, dem Mandelkern, einem Teil des Limbischen Systems im Gehirn, und im Bewusstseinsfeld über dem Scheitel. Auch die sogenannten aufgestiegenen Meister sind synthetische Programme, die die Wesen von sich selbst fernhalten. Die Wesen erkennen nicht, dass sie sich selbst aus den Fängen der Manipulation befreien können.

Die Lösung:

„Alle Ablenkungsprogramme und Selbst-Verwirrungsprogramme lösche ich aus meinen Bewusstseinsfeldern und aus allen Ebenen meines Seins, bis zurück zum Ursprung."

POTENZIAL DER SCHÖPFUNG - DIE VERLEUGNUNG

Die Verleugnung entstand in der göttlichen Ebene der Schöpfung. Sie täuschte sich selbst und damit alle anderen. Sie konnte nicht erkennen, dass sie selbst verblendet war. Das führte zu einer Negierung des Selbst. Die Verleugnung der eigenen Potenziale führte dazu, dass die Spiegelung als göttliches Selbst übersehen und nicht genutzt wurde. Gott selbst verleugnete seine eigene Spiegelung, da er sie nicht erkannte. Im irdischen Dasein eskalierte dieses Potenzial in der Schuldzuweisung von eigenen ungelösten Lebensthemen auf andere Selbste. Das Nichterkennen der eigenen Defizite verstärkte die Schuldzuweisungen und führte zum Selbstbetrug. Die höchste Stufe der Verleumdung ist die Verleumdung der eigenen Göttlichkeit.

Die Lösung:

„Ich entlassen mein Selbst aus der Verleumdung meiner eigenen Göttlichkeit."

„Ich vergebe mir, dass ich meine eigene Göttlichkeit verleumdete."

POTENZIAL DER SCHÖPFUNG - DIE UNSICHTBARKEIT

Das Potenzial der Unsichtbarkeit entstand in der göttlichen Ebene. Die Aufgabe dieses Potenzials ist, alles zu verheimlichen und unsichtbar zu machen, was in der Wahrheit ist. Es täuscht so lange, bis sich das Selbst vollkommen vergisst.

Immer wenn sich die Wahrheit zeigt, macht dieses Potenzial alles sofort wieder unsichtbar. Da das irdische Treiben völlig aus dem Ruder gelaufen ist, wollte Gott alles auf der irdischen Ebene vollkommen auslöschen. Da ihm dies nicht vollständig gelang und Teile des Wissens erhalten blieben, machte er alles unsichtbar. Das Potenzial eskaliert im Irdischen in der Vernichtung von Beweisen der Wahrheit.

POTENZIAL DER SCHÖPFUNG - DIE SPALTUNG

Die Spaltung wurde durch Gott veranlasst, als er erkannte, dass sein erstes geschöpftes Wesen sich nicht fortpflanzen konnte. Er trennte das erste irdische Wesen in zwei gleiche Teile. Sie waren in allem gleich, nur ihre spezifischen Ausdrucksformen waren verschieden. Die erste Begegnung dieser Anteile war voller Neugier auf das andere Wesen. Sie hatten Freude aneinander und fanden heraus, dass durch ihre speziellen Qualitäten die Fortpflanzung möglich ist. Als im Weiteren die Interaktion über die Kommunikation hinzukam, gab es ein großes Unverständnis gegenüber dem anderen eigenen Ausdruck. Es entstanden Erwartungen und Bewertungen über die gemeinsame Begegnung und über das Zusammenleben miteinander. Es herrschten große Verwirrungen, die immer größer wurden, je mehr Wesen sich aus dieser Zusammenkunft entwickelten. Die Emotionen Neid und Eifersucht zeigten sich als erstes. Daraus entwickelte sich eine menschliche Spezies, die immer auf ihren eigenen Vorteil aus war. Die männlichen Wesen wollten ihre Rechte behaupten und forderten ihre Wahrheit ein. Die weiblichen Wesen bestanden darauf, dass sie die Weisheit tragen und beschuldigten die Männer, ihnen nicht zu glauben. Durch dieses Unverständnis über den weiblichen und männlichen Ausdruck des einen ersten Wesens geriet das gesamte gesellschaftliche Zusammenleben ins absolute Chaos.

Die Lösung:

„Ich erkenne an, dass ich sowohl weiblich als auch männlich bin."

„Alle Erfahrungen der Spaltung durch Gott, die ich in mir trage, werden erlöst."

„Was durch Gott gespalten wurde, fließt jetzt wieder zusammen."

„Ich bitte um Vergebung, dass ich meinen anderen Anteil von mir beschuldigte, nicht vollkommen zu sein."

„Ich vergebe mir, dass ich mir die Schuld gab, nicht vollkommen zu sein."

„Ich vergebe Gott für die Spaltung, denn er wusste sich nicht anders zu helfen."

„Alle abgespaltenen Anteile von mir fließen wieder in mein Selbst."

„Ich bin wieder eins."

POTENZIAL DER SCHÖPFUNG - DIE ANKLAGE GEGEN GOTT

Die Anklage gegen Gott ist berechtigt. Gott der Erde trug das Potenzial der Liebe in sich. Doch durch seinen Hochmut verspielte er dieses Potenzial in einem Experiment. Das Geschehen ist bekannt. Die Gier und der Hass regieren seitdem das irdische Geschehen.

Die Lösung: *„Ich vergebe Gott für den Verrat an der Liebe."*

POTENZIAL DER SCHÖPFUNG - DIE VERGELTUNG

Dieses Potenzial trägt alle Erfahrungen aus den Auslöschungen aus der Kapitulation von Gott. Immer wieder musste er mit ansehen, wie sein Werk missachtet wurde. Er ahnte nicht, dass das menschliche Bewusstsein sich so leicht manipulieren lässt. Es wurde fremdgesteuert durch die dunklen astralen Wesen, die sich des Bewusstseins ermächtigten und es zerstörten. In dieser Fassungslosigkeit setzte Gott die Vergeltung ein, in der Hoffnung, seinen Planeten zu retten. Das jedoch missglückte, denn einige astrale Wesen überlebten alle Auslöschungen. So begann das Spiel immer wieder von vorn.

Die Lösung:

„Ich erkläre, dass die Vergeltung nicht mehr notwendig ist, denn der Evolutionssprung befreit alles Bewusstsein von astralen Einflüssen."

POTENZIAL DER SCHÖPFUNG - DAS GROSSE VERGESSEN

Dieses Potenzial entstand auf der göttlichen Ebene, als allen bekannt wurde, dass das irdische Geschehen die Abbildung der göttlichen Ebene ist und damit alle Wesen wahrhaft göttlich sind. Die Intrigen und Verletzungen auf der göttlichen Ebenen bewirkten ein Außerkraftsetzen der göttlichen Gerechtigkeit. Diese wurde verletzt, als Gott der Intrige seines eigenen Ausdrucks zum Opfer gefallen ist. Er beschuldigte sich selbst als unfähig und unnütz.

Im Irdischen zeigt sich dieses Potenzial in der eigenen Beschimpfung der Selbste.

Die Lösung:

„Ich befreie mich vom großen Vergessen und entlasse mich aus der Beschimpfung meines Selbst."

„Ich bitte mein Selbst um Vergebung, dass ich so ungerecht zu mir selbst war."

POTENZIAL DER SCHÖPFUNG - DIE MISSGEBURT DER SCHÖPFUNG

Die Missgeburt der Schöpfung trägt alle gestörten Interaktionen der Schöpfung in sich:

Die Schöpfung ist betäubt, zerrissen, betrogen, ohnmächtig, leer, tot, vergessen, verblendet, verwirrt, verschmutzt, verdrängt, voller Lügen, voller Hass, voller Qual, voller Rache, voller Unruhe, voller Schmerz, ohne Hoffnung, ohne Liebe.

Sie hat sich immer wieder neu geboren, in der Hoffnung, dass es diesmal besser wird. Doch alle Qualen trug sie von Ebene zu Ebene immer weiter und weiter. Der ganze Wahnsinn äußert sich im Irdischen und ist nicht mehr aufzuhalten. Die Eskalation ist auf ihrem Höhepunkt. Gier und Hass haben alles zerstört.

Der letzte Aufruf an die Menschheit lautet: Wacht endlich auf!

Der Ausdruck der Missgeburt der Schöpfung zeigt sich in den missgebildeten irdischen Wesen. Sie stellten sich freiwillig zur Verfügung, um die Missgeburt der Schöpfung zu zeigen. Sie sind die größten Engel auf Erden, die aus sich heraus Heilung bringen, doch niemand weiß es. Diese Wesen sind im Verstand nicht so verhaftet wie alle anderen. Sie leben in Leichtigkeit auf ihre Art, wissen, dass sie immer versorgt sind und alles für sie geregelt ist. Sie leben in ihrer eigenen Welt und sie bleiben von dem irdischen Wahnsinn verschont. Die Einzigen, die leiden, sind ihre Eltern, die mit ihrer Fürsorge überfordert sind. Viele jedoch sind daran gewachsen. Der Kampf ums Überleben brachte viele an die Grenzen ihrer Selbsterfahrung. Sie haben erkannt, welche Kraft in ihnen steckt und welche Liebe sie durch diese hohe Herausforderung aufbringen können. Das Potenzial der Missgeburt der Schöpfung trägt die meiste Liebe in sich selbst.

POTENZIAL DER SCHÖPFUNG - DIE LÜGE

Hier ein trauriges Beispiel, wie sich ein nicht entdecktes Potenzial im Irdischen im Extremfall äußert:

Eine gute Freundin meldete sich in völliger Hilflosigkeit. Ihr Mann Klaus liege im Sterben, teilte sie uns verzweifelt mit. Sie fragte, ob wir etwas für ihn tun können. Wir befragten die Erste Quelle um Rat.

DIE ERSTE QUELLE:

Das Potenzial der Lüge wurde bisher übersehen, denn die Lüge versteckt sich bis zum Schluss. Das ist typisch für die Lüge. Der Tod ist die größte Lüge. Der Todeskampf, den Klaus verspürt, ist ein Implantat, das verhindern sollte, dass das Potenzial der Lüge entdeckt wird. Es ist jetzt an der Zeit, dass diese Lüge erkannt wird. Mit der Erkenntnis, wer Klaus wirklich ist und welches Potenzial er in sich trägt, entlässt er seinen Körper aus der Pflicht, zu sterben. Die Angst vor der Wahrheit, dass alles an der Lüge hängt, bringt das Selbst in die Kapitulation. Sein Vertrauen in die Schöpfung und in den Neubeginn ist dadurch verloren. Alles in Klaus geht in die Schuldzuweisung, um sich aus der Verantwortung zu ziehen. Die Lösung ist: Klaus erkennt, dass sein Potenzial die Lüge ist.

Die Lüge verhindert die Erkenntnis des ewigen Lebens und zwingt das Selbst dazu, an die Sterblichkeit zu glauben. Damit öffnet sich der Kreislauf der karmischen Erfahrungsschleifen. Im Irdischen drückt sich dieses Potenzial im ständigen Kreislauf von Sterben und Wiedergeburt aus.

Die Lösung:

„Ich erkenne an, dass mein Selbst unsterblich ist."

„Ich beende alle Selbst-Lügen."

POTENZIAL DER SCHÖPFUNG - DAS MENSCHLICHE EGO

Die Selbstverblendung fand ihren Höhepunkt im Ausdruck des menschlichen Egos. Hier flossen in das Selbst alle Ausdrucksformen des Egos aus allen Erfahrungsebenen der Schöpfung ein: das Ego aus der Einheit, das Ego des Schöpfers, das Ego des Christus, das Ego der Quelle, das Ego der Allmacht, das Ego des Ur-Opfers, das kosmische Ego und das göttliche Ego.

Im menschlichen Ego potenzierten sich alle genannten Ego-Anteile. Sie trieben ihr Unwesen und setzten dann alles daran, sich im Außen zu erfahren. Der Drang nach materiellem Erfolg und Ruhm war der einzige Antrieb, die Gesetze der Schöpfung zu erforschen. Diese Erfahrungen des materiellen Wohlstands wurden großteils nur denen zuteil, die sich auf die Manipulation des Selbstes einließen. Die dunklen Energien kannten genau den Hunger des irdischen Egos, es wollte immer mehr... mehr...mehr.

Diese Gier löste das vollkommene Vergessen des eigenen Selbstes aus.

Die Lösung:

„Alle Anteile meines Egos aus der Schöpfungskette entlasse ich aus meinen Selbst-Erfahrungen."

„Alle traumatischen Erfahrungen durch den Druck des irdischen Egos entlasse ich aus meinem irdischen Sein."

„Allen Druck, der mir gemacht wurde aus dem Ego der anderen, entlasse ich aus meinen Datenspeichern."

"Ich vergebe mir selbst, dass ich mich beschuldigt habe, erfolglos zu sein."

POTENZIAL DER SCHÖPFUNG - DIE SPEKULATION

Die Machtinteressen Einzelner, die durch den Gier-und Hass-Dämon geführt und geleitet werden, sind die Ursachen der Spekulation des Geld-Systems. Der Wucher um die materiellen Güter ist auf dem Höhepunkt angekommen. Geld wird nur noch produziert, ohne wahre Werte zu erschaffen. Dieser Mechanismus hebelt alle Gesetze der Wertschöpfung aus. Die Blase der Spekulation ist kurz davor, zu platzen. Alle bereits erfahrenen Situationen aus den Totalverlusten wurden sofort von Satan aus den Erinnerungsspeichern gelöscht, um nicht an den gemachten Fehlern zu lernen. So blieben die Wesen in den Fängen der Gier gefangen. Immer neue Geld-Produktions-Mechanismen werden kreiert, um die Wesen in diesem Machtspiel des Geldes zu verführen.

POTENZIAL DER SCHÖPFUNG - DIE VERHINDERUNG DER FINANZIELLEN FÜLLE

Der Kollateralschaden des Verlustes der finanziellen Basis zum Ende der Zeit entstand auf der irdischen Ebene nach dem Erscheinen von Jesus Christus. Die Gläubigen verloren ihre Integrität durch die Intervention der Kirche. Sie benutzte die Botschaften von Jesus Christus, um ihre Anhänger in die Abhängigkeit zu führen. Die Einführung der Kirchensteuer ist darauf zurückzuführen. Die Wesen wurden gezwungen, ihr hart erarbeitetes Geld an die Kirche abzutreten. Die Gelder wurden zum Teil dafür benutzt, Kriege zu führen. Das ist der größte Missbrauch der finanziellen Mittel im Irdischen. Das von der Kirche eingesammelte Kapital wird auch missbraucht, um gemeinsam mit den Illuminaten Strategien zu erarbeiten, um die Menschheit zu minimieren und ihr eigenes Überleben zu sichern. Denn sie wissen, dass die Reserven der Erde erschöpft sind und nicht mehr ausreichend sind für die Ernährung der großen Population.

Das Verhindern des Finanzstroms führte zu einer vollkommenen Zerstörung des gerechten Finanzsystems am Ende der Zeit. Die wenigen Reichen wurden immer reicher, die Mittelschicht ging so gut wie verloren, da viele auf das Existenzminimum abrutschten. Die Wesen sehen als einzige Lösung ihres Problems die Aktivierung mehrerer Einkommensquellen gleichzeitig. Dadurch werden die Wesen vollkommen von ihrer Selbst-Erkenntnis abgelenkt. Der Druck ist derzeit groß und verhindert den Fluss der finanziellen Fülle in Leichtigkeit. Ursprünglich sollten die göttlichen Wesen in absoluter Fülle leben und alle anderen sollten sich fragen: Wie machen sie das nur?

DER POTENZIALTRÄGER VERKÜNDETE:

„Ich gebe bekannt, dass der Betrug der Machenschaften der Kirche offenbart ist. Die finanziellen Mittel, die im Namen Gottes gesammelt wurden, wurden im Namen des falschen Gottes zur Vernichtung der Wesen eingesetzt."

POTENZIAL DER SCHÖPFUNG - DER OFFENBARUNGSEID

Der Offenbarungseid ist ein für den Selbstwert tödliches Instrument, denn es bringt ihn in die Auslöschung. Die Anerkennung, dass alles vernichtet wurde, was das Wesen sich erarbeitete und worauf es stolz war, ist eine Diskriminierung der Selbstachtung. Die Entscheidung, diesen Eid abzulegen, bringt die Hoffnung, alles Geschehene so schnell wie möglich zu vergessen. Doch der einmal gebrochene Selbstwert ist damit endgültig ruiniert. Was bleibt, ist die Angst vor der nächsten Enttäuschung.

Die Lösung:

„Alle Erfahrungen des Totalverlustes meines Vermögens entlasse ich aus meinen Erfahrungsebenen."

„Das Instrumentarium der Selbstwertvernichtung durch den Offenbarungseid wird entkräftet und ein für allemal für ungültig erklärt."

„Der Selbstbetrug hat ein Ende."

POTENZIAL DER SCHÖPFUNG - DIE MISSLUNGENE SCHÖPFUNG

Der Schöpfer wollte immer wieder erzwingen, dass alles, was er schöpfte, nur seinem Vorteil dient. Sein Eigennutz forderte alles von den an der Schöpfung beteiligten Schöpferanteilen. Der Druck, der von ihm ausging, setzte sich in allen Ebenen der Schöpfung fort. Eine Schöpfung aus Leichtigkeit und Freude war dadurch nicht möglich. Immer wieder löste dieser Druck eskalierende Situationen und Herausforderungen in der Schöpfung aus. Diese Prozesse konnte der Schöpfer nicht stoppen und sie wurden zu einem Selbstläufer. Von Mal zu Mal wurde der Druck größer und größer. Der Schöpfer bekennt, dass die Schöpfung misslungen ist.

POTENZIAL DER SCHÖPFUNG - DIE DURCHFLUTUNG

Die Durchflutung ist der Strom der allumfassenden Göttlichkeit. Sie bereinigt alle Verschmutzungen der bisher verschlossenen Areale des wahren göttlichen Seins auf allen Ebenen des Christus und der Liebe. Der Fluss bringt alle Wesen in die Verschmelzung mit ihrem Selbst und der eigenen göttlichen Präsenz. Aus diesem Bewusstsein heraus erkennt sich das Selbst als göttliches Abbild des Ausdrucks des himmlischen Reiches. Da der Strom des Selbst unterbrochen war, war der Strom der Rückanbindung an das eigene göttliche Sein für immer versiegt. Da die Anbindung des Christus an sein eigenes Selbst verhindert wurde, konnten auch die anderen Wesen sich nicht mehr an ihr Selbst erinnern. Die Durchflutung ist heute wieder befreit und aktiviert, so dass Christus sich wieder an sich selbst erinnern kann. Die Aktivierung der Durchflutung ist eine Schlüsselaktion für das wahre Voranschreiten des Gelingens der Mission.

Die Lösung:

„Ich aktiviere die Durchflutung mit meiner göttlichen Präsenz."

„Ich öffne mich für den göttlichen Strom meines Selbst."

POTENZIAL DER SCHÖPFUNG - DIE EVOLUTIONSSPIRALE

Die Evolutionsspirale bringt die Evolution in die Drehung. Alles geht durch sie hindurch, jede Entwicklung bringt sie in Schwung. Sie hält das Rad am Laufen und ist jetzt am Ende angekommen.

Die alte Evolution verbindet sich mit der neuen Erfahrungsebene, die auf Liebe und Anerkennung der Qualitäten der weiblichen und männlichen Aspekte beruht.

POTENZIAL DER SCHÖPFUNG - DIE VERWIRRUNG DER EVOLUTION

Die Evolution dreht sich im Kreis und ist in sich selbst gefangen. Sie erfährt immer die gleichen Missgeschicke und wirft sich selbst vor, alles zu behindern. Die Evolutionsspirale ist jetzt ausgereizt und muss durchbrochen werden. Das zeigt sich im Besonderen in der Verzweiflung der irdischen Wesen, die auf Erlösung aus der irdischen Hölle hoffen. Sie erkennen mehr und mehr, dass das irdische Dasein einem Gefängnis gleicht. Der ständige Kampf ums Überleben und die eskalierenden Zustände der menschlichen Interaktion treiben viele Wesen in die Verzweiflung.

Die einzige Lösung ist ein Reset der Schöpfung.

POTENZIAL DER SCHÖPFUNG - DIE SYNCHRONIZITÄT

Dieses Phänomen beschreibt scheinbare Zufälle, die die Wesen erfahren, die jedoch nicht zufällig geschehen, sondern in geplanten Zeitkorridoren interagieren. Durch diese Fügungen werden auch die Potenzialträger zusammengeführt. Der übergeordnete Regie-Plan beinhaltet den Ort, die Zeit, die Gegebenheiten und die Abläufe der Interaktionen. Wehrt sich ein Wesen dagegen, werden diese Interaktionen anfangs wiederholt, gegen Ende der Zeit läuft jedoch das Ultimatum ab und die Konsequenzen sind zu tragen. Diese beschreiben den harten Weg der Selbst-Erkenntnis. Die Einsicht in die Opfer-Täter-Situationen, die durch die Welle des Erwachens aktiviert wird, bringt viele Verweigerer der Selbst-Erkenntnis in die seelische Not. Der Stress-Hormon-Ausstoß bringt das körpereigene Regulierungssystem in den Kollaps. Das führt dazu, dass das Nervensystem überreagiert. Es kommt zu Atemnot, Herzrhythmus-Störungen, Versagen der Gliedmaßen und körperlichen Schmerzen. Es besteht allerdings kein Grund zur Sorge, denn wenn das Wesen weiß, dass es vorübergehend ist, kann es durch die Selbst-Vergebung alle Schreckensbilder erlösen.

ALL-ES IST VERDREHT UND AUS DEM RUDER GELAUFEN

Die unglücklichen Verkettungen des Schöpfungsprozesses, die zu Verwirrungen des Selbst geführt haben, lassen den Schöpfungsmissbrauch erkennen und auch, dass die Evolution am Ende angekommen ist. Bisher sind die meisten Wesen noch mit der Ablenkung von sich selbst beschäftigt. Daher wird das Erwachen für viele eine schockierende Erfahrung sein. Dieses Buch ist eine Vorbereitung für die Wesen und eine Aufforderung zugleich, das falsche Spiel der Schöpfung zu erkennen. Die Verdrehung der Wahrnehmung bewirkt das Nichterkennen der Illusion. Mit dem Hinterfragen der wirklichen Realität beginnt der Prozess der Selbst-Erkenntnis.

WARUM IST IN DER WAHRNEHMUNG ALLES VERDREHT?

Die Felder der verdrehten Wahrnehmung stammen aus der Verdrehung des Schöpfungsprozesses in das Gegenteil durch die Verblendung. Im Irdischen wird das Wahrnehmungszentrum im Zentralgehirn irritiert und verblendet. Bei der Neugeburt eines Wesens ist es noch frei von dieser Verblendung. Das Neugeborene wird erst in den ersten drei Monaten auf das Wahrnehmen der Illusion eingestellt. Diese Realitätsverschiebungen werden durch die Frequenz der Eltern und des Umfeldes übertragen. Die Illusion wird mit jeder weiteren menschlichen Inkarnation stärker wahrgenommen. In der letzten Inkarnation ist schon vielen bewusst, dass sie in einer Illusion leben.

Darüber hinaus ist die Verschaltung des Links der Illusion mit den inneren Schaltzentralen des Gehirns die Ursache der irritierten Wahrnehmung der Wirklichkeit. Das fehlende Abbild der wahren Realität verursacht ein Dahindämmern des Bewusstseins. Die wahre Realität beschreibt ein Erlebnisfeld in einer Frequenz der Erkenntnis der wahren eigenen Göttlichkeit.

Daher: Drehe ALL-ES einmal um und Du erkennst, was wirklich wahr ist. Wir nennen es Kausal-Umkehr.

POTENZIAL DER SCHÖPFUNG - DIE UMKEHR

An dieser Stelle möchten wir eine Erfahrung in der Begegnung mit einem Potenzialträger mitteilen, um zu zeigen, wie außergewöhnlich diese Zusammenführungen zum Teil sind. Schon seit Tagen hatte ich das Gefühl, dass der 11.September 2016 uns ein ganz besonderes Potenzial offenbart. Dieses Datum zog sich bereits als ein bedeutendes durch mein Leben und ist ja auch historisch gesehen immer wieder ein Wendepunkt in der gesellschaftlichen Entwicklung gewesen. Wir hatten das Bedürfnis, einen Saunatag zur Erholung einzulegen. Da wir in der Nähe wirklich viele außergewöhnlich schöne Saunen haben, fiel uns anfangs die Wahl schwer, welche wir für unseren Besuch auswählen. Doch dann kam ganz plötzlich der ganz klare Impuls: Wir gehen nach Meersburg.

Nach einiger Zeit trafen wir dort auf Daniel. Er wurde uns in unserer Transformationsarbeit immer wieder genau dann zugeführt, als wir bestimmte Erfahrungsebenen erlösten, da er Potenziale aus allen Schöpfungsebenen und gemeinsam erfahrenen irdischen Zeitlinien in sich trägt. Nach einem kurzen Gespräch entschlossen wir uns, gemeinsam einen Imbiss einzunehmen. Als Daniel sein volles Bierglas vor sich auf dem Tisch abstellte, kippte dieses, wie durch eine fremde Hand geführt, plötzlich um. Wir drei waren völlig perplex über dieses Schauspiel. Ich fragte nach, was dies zu bedeuten hat. Die Antwort war: Daniel steht für das Schöpfungspotenzial der Umkehr.

DIE UMKEHR STEHT AM ENDE DER EVOLUTION.

Durch sie wird der Impuls gesetzt, alles in die Drehung zu bringen. Diese Drehung der Lüge in die Wahrheit löst einen Polsprung aus. Es ist der innere Polsprung, wenn ein Wesen erkennt, dass es in der Illusion verfangen ist und bisher glaubte, die Wahrheit zu kennen. Das Erkennen der Lüge ist ein schmerzhafter Erkenntnisprozess, der in der Folge die Erleichterung bringt. Schmerzlich ist, dass die eigene Wahrnehmung der verdrehten Realität bisher nicht spürbar war.

Als wir Daniel eine Woche später trafen, brachte er viele neue Informationen aus dem Weltgeschehen mit, die uns zum Teil schockierten. Dabei ging es um die Position von Hitler und dass er und seine Machenschaften von den USA, speziell von der Familie Bush unterstützt wurden. Wir waren wirklich erstaunt, wie schnell sich ein transformiertes Potenzial in seiner Wirkung im Außen zeigt.

DIE ERFAHRUNG AUS DER MISSGLÜCKTEN SCHÖPFUNG

DIE ERSTE QUELLE ZUR MISSGLÜCKTEN SCHÖPFUNG:

Die Schöpfung geriet außer Kontrolle, denn der gesamte Prozess ist eskaliert. Die Evolution war bestrebt, den Zustand der Vollkommenheit wiederzuerlangen. Doch durch das Unverständnis der spezifischen Merkmale des männlichen und des weiblichen Aspektes misslang der Versuch immer wieder, da die entstandenen Reibungen beider Aspekte sich nur über Explosionen entluden. Beide Aspekte erlitten dadurch die Betäubung ihres Bewusstseins. Diese zeigt sich heute in der absoluten Eskalation der Schöpfung durch Unverständnis darüber, was das Weibliche und das Männliche so einzigartig macht. Die Vereinigung sollte ursprünglich harmonisch und friedvoll geschehen und durch die erleuchtende Ekstase zurück in die Einheit führen. Mit jeder Evolutionsstufe wurde die Rückkehr in die Vollkommenheit jedoch aussichtsloser. Die Eskalation im Irdischen kann daher nur über einen Evolutionssprung beendet werden.

WAS IST DIE LÖSUNG? EIN NEUSTART DER SCHÖPFUNG!

Kommen wir in Frieden mit den so unterschiedlich ausgeprägten Aspekten des Weiblichen und des Männlichen. Akzeptieren wir uns gegenseitig und üben wir Toleranz.

Mit einem „Ich akzeptiere und liebe Dich so, wie Du bist" ist der erste Schritt schon vollzogen.

Ursprünglich sehnt sich das Männliche danach, sich in das Weibliche fallen zu lassen und einfach nur zu sein. Es genießt die Geborgenheit der weiblichen Fülle und hat keinen Antrieb, irgendetwas zu tun.

Heute jedoch erwartet eine Frau oftmals vom Mann die Aktivitäten und fühlt sich möglicherweise gekränkt, wenn der Mann in ihren Armen einschläft, denn sie selbst sehnt sich danach, diese Geborgenheit durch den Mann zu erfahren.

Das Weibliche hatte ursprünglich wiederum die stärkere sexuelle Kraft - die weibliche Ur-Kraft. Diese wurde oft dafür verantwortlich gemacht, dass das Männliche sich in einer ganz neuen Weise wahrnahm und nach der Vereinigung mit dem Weiblichen oft traumatisiert und verwirrt blieb. Als Folge davon verschloss das Weibliche seine Ur-Kraft und gab sich selbst die Schuld für das Geschehene.

DIE ERSTE QUELLE ZUR ANGST DES MÄNNLICHEN:

Das Männliche hat eine Ablehnung gegenüber dem Empfangen der Fülle, die dem Weiblichen entspringt. Die weibliche Fülle ist ein Energiestrom, der aus der Quelle des ursprünglichen Weiblichen entspringt. Diese Urform der Weiblichkeit aktiviert in der Begegnung mit dem Männlichen eine ekstatische Vibration. Diese führt dazu, dass beim Männlichen das Kontrollzentrum im Gehirn außer Kraft gesetzt wird, damit sich das Männliche vollkommen hingibt. Das jedoch führte bei den meisten männlichen Wesen zu einem Schockzustand. Die Vereinigung geriet in Folge dieser Erfahrung in eine kontrollierte Begegnung.

Der Kontrollverlust ist für das männliche Wesen ein Zeichen der Schwäche und dadurch ist die völlige Hingabe des Männlichen verloren gegangen.

Die meisten Frauen haben heute ihre wahre weibliche Ur-Kraft völlig vergessen oder Angst davor, diese zu aktivieren.

Immer häufiger wollen sie beweisen, dass sie genauso stark wie die Männer sind und verfallen immer mehr in maskuline Ausdrucksformen und wollen das Geschehen lenken und kontrollieren. Dabei ist es für eine Frau viel einfacher und auch klüger, sich an ihre wahren weiblichen Attribute zu erinnern und aus dieser weiblichen Ur-Kraft heraus zu wirken.

DIE ERSTE QUELLE ZUM UNVERSTÄNDNIS:

Um das Unverständnis zwischen dem weiblichen und männlichen Aspekt zu verstehen, bedarf es mehrerer Betrachtungsweisen. Zum einen hat das Männliche durch die vielen schockierenden Erfahrungen mit dem Weiblichen eine Traumatisierung erlitten. Diese sitzt tief im Erfahrungsfeld des männlichen Seins. Sie äußert sich vor allem darin, dass das Männliche sich gegenüber dem Weiblichen als Opfer sieht. Das Männliche geht in den Rückzug, verschließt sich und bedauert sich selbst.

Das Weibliche hingegen läuft dem Männlichen bittend nach und drängt es dazu, sich ihm zu öffnen. Durch diesen Druck des Weiblichen zieht sich das Männliche immer weiter aus dem gemeinsamen Erfahrungsfeld zurück. Das hat zur Folge, dass sie sich voreinander verschließen aus Furcht, die Konsequenzen der Begegnung nicht ertragen zu können.

Das Aufeinandertreffen der unterschiedlichen Frequenzen des männlichen und weiblichen Ausdrucks verursacht ein Spannungsfeld, das nach Entladung strebt. Die nicht entladene Energie führt zum Stau des eigenen Energiepotenzials und schwächt dessen Träger. Das führt dazu, dass das Energieniveau durch die eigenen

Kraftreserven gehalten werden muss. Das Ganze geschieht in der Selbstregulation und wird nicht bewusst empfunden. Auf Dauer führt dieser Prozess zur Abschaltung der ursprünglichen Sexualenergie.

DIE ERSTE QUELLE ZUR QUALITÄT DER AUSRICHTUNG:

Das Männliche glaubt an das höhere Ziel und hält an ihm fest. Der Ursprung dafür liegt darin begründet, dass das Männliche vor dem Weiblichen sich seines Selbst bewusst war. Das tiefe innere Wissen des Männlichen trägt über jeden Zweifel hinweg. Das Männliche bleibt klar in der Ausrichtung und gibt dem Weiblichen damit Halt. Das Weibliche ermöglicht den Bau der Basis über sein fundamentales Erkennen der Zusammenhänge. Die Kombinationsfähigkeit und gedankliche Flexibilität des Weiblichen schaffen neue Räume der Erkenntnis. Die schöpferische Entwicklung der Evolution wird ursprünglich vom Weiblichen vorangetrieben.

DIE ERSTE QUELLE ZUM STREIT:

Der Streit zwischen dem Männlichen und dem Weiblichen begründet sich in der unterschiedlichen Wahrnehmung der Ereignisse. Das Weibliche erkennt die Zusammenhänge der Vergangenheit und bringt diese in Verbindung. Dadurch entsteht ein schlüssiges Erkennen, das wiederum aufzeigt, wie alles miteinander in Verbindung steht. Das Männliche will Schritt für Schritt weiter, blickt nicht zurück und findet darin auch keinen Sinn. Dieses zielorientierte Nach-vorne-Preschen verhindert, dass die einstmals gewonnenen Erkenntnisse mit Freude anerkannt werden. Die Suche nach dem Neuen treibt das Männliche ständig voran.

DIE ERSTE QUELLE ZUR UR-SCHULD:

Die Ur-Schuld ist eine Verkettung von Energien, die sich aus der Ur-Schöpfung entwickelten. Sie trägt das ganze Konfliktpotenzial der männlichen und weiblichen Interaktion. Sie entlädt sich immer dann, wenn es zur Reibung zwischen den Aspekten kommt. Das verursacht eine weitere Aktivierung von Energie, welche sich zwischen den männlichen und den weiblichen Aspekt stellt und darauf abzielt, Aggressionen auszulösen. Wie fremdgesteuert reagieren das Männliche und das Weibliche und der Konflikt eskaliert.

Erst durch eine Entladung dieser Energie, oft durch Gewalt, kehrt wieder Ruhe ein. Danach ist es beiden Aspekten oft unverständlich, dass sie so reagierten. Es kommt zum Akt der Versöhnung, meistens durch die sexuelle Vereinigung. Dadurch ist die sexuelle Vereinigung geprägt von Stressabbau.

Die ursprüngliche Qualität der Sexualität der gegenseitigen Energieerhöhung ist den wenigsten Paaren bekannt. Dadurch ist das Feld der Sexualität mit Aggression und Stress behaftet. Auch in der Vereinigung beider Aspekte geht es um das Abreagieren von angestauten Konfliktenergien. Sie führen dazu, dass die Praktiken der Vereinigung gewaltsam und monoton ablaufen.

Im Ursprünglichen war die sexuelle Vereinigung ein sich aufbauender, energetischer Schwingungsprozess. Beide Aspekte erforschten sich gegenseitig und ließen sich aufeinander ein. Die Verschmelzung der beiden Energieformen erfolgte in einer für beide entspannten und harmonischen Position. Dadurch wurde das volle Energiepotenzial aktiviert und es entfaltete sich so, dass ein Schöpfungsraum entstand. Dieser neue Raum ist das Gefäß für eine neue Ebene der Manifestation. Alles, was in diesem Raum kreiert wird, wird durch den wahren Schöpfergeist initiiert und dadurch belebt. Dadurch wird die wahre Realität geschöpft.

DIE ERSTE QUELLE ZUR ERLEUCHTUNG:

Die Erleuchtung ist der Raum der Verschmelzung des Männlichen und Weiblichen zu einer Einheit. Dadurch kommt es zur wahren Schöpfung. Davor jedoch hatte das Männliche immer Angst, denn es erfuhr sich durch die Vereinigung mit dem anderen Aspekt in der Tiefe seines Seins vollkommen neu.

Der Grund für diese Angst liegt in der ursprünglichen Prägung des Schöpfungsaktes. Dieser sollte eine Ereigniskette von Momenten der Erleuchtung enthalten. Stattdessen wurde die Schöpfung eine katastrophale Erfahrung zwischen dem Weiblichen und dem Männlichen.

DIE ERSTE QUELLE ZUM GEFÜHL DES GEFANGENSEINS:

Das Gefühl des Gefangenseins präsentiert die Situation des derzeitigen Endstadiums der Evolution. Die daraus scheinbar ausweglose, sich ständig wieder erschaffende Situation von Konflikten zwischen dem weiblichen und männlichen Aspekt spiegelt sich im Leben aller Wesen und in der Gesellschaft wider. In der Entwicklung der menschlichen Spezies beschlossen beide Aspekte der Schöpfung, sich dem anderen Aspekt zu verwehren. Aus diesem Entschluss resultiert das Gefühl der Getrenntheit.

Die Lösung ist, dass alles, *was jemals getrennt wurde, jetzt wieder zusammengeführt wird. Dadurch geschieht Heilung auf allen Ebenen des irdischen Seins. Der erste Ausdruck des irdischen Seins erfuhr die Trennung aus der göttlichen Ebene. Dieser gewaltsame Akt der Trennung löste eine Kette der Verachtung und Erniedrigung aus.*

Daraus resultiert, dass sich das Männliche zum Schutz vor dem Weiblichen versperrte. Nun fühlte sich das Männliche sicher, aber auch allein. Auch das Weibliche verschloss sich aus Furcht, vom Männlichen beschmutzt zu werden. Das Weibliche forderte vom Männlichen die Klärung ihrer Situation, doch das Männliche war handlungsunfähig. Es blieb in seinem selbst errichteten Gefängnis.

Die Verhärtung der Begegnung beider Aspekte eskalierte und eine Lösung des Konfliktes wurde unmöglich. Das führte dazu, dass beide Aspekte bis heute nicht aufeinander zugehen. Diese Ausweglosigkeit kann nur beendet werden durch einen Neubeginn der Begegnung zwischen dem männlichen und dem weiblichen Aspekt. Da eine Einigung beider nur über die Anerkennung der Unschuld des anderen vollzogen wird, ist die Vergebung der Schlüssel der Erlösung.

DIE ERSTE QUELLE ZUR SCHÖNHEIT:

Die Begegnung des männlichen und weiblichen Aspekts wird verhindert durch Musterschablonen, die astrale Kräfte im Männlichen und Weiblichen verankerten. Diese sollen verhindern, dass es zu einer Zusammenführung der Aspekte auf Basis der Informationen der Selbste kommt. Diese Musterschablonen gleichen ständig das Erscheinungsbild des anderen Aspekts mit der Programmierung der Schablone ab und setzen so Bewertungen über das Äußere in Gang. Das Gehirn produziert daraufhin Trugbilder und Hormone, die eine Zusammenführung der jeweils passenden Selbste verhindert.

Diese Trugbilder werden auch in den Medien verwendet, um eine falsche Botschaft der Ideale der männlichen und weiblichen Erscheinungsbilder zu verbreiten. Daraufhin sind die männlichen und weiblichen Aspekte darauf fokussiert, sich diesen Trugbildern hinzugeben und anzupassen.

Die Eskalation zeigt sich besonders in der Modebranche, die vermittelt, dass eine genormte Körperform oder/und ein bestimmtes Aussehen das Ideal der Schönheit sind. Die wahre Schönheit eines Wesens jedoch ist nur in den Augen zu sehen.

Diese Schablonen sind darauf ausgerichtet, dass sich die irdischen Wesen in ihrer wahren Natur vergessen und danach streben, dem astralen Erscheinungsbild immer ähnlicher zu werden. Die astralen

Kräfte steuern die Wesen fern und halten sie von ihrer Selbst-Erkenntnis ab, führen sie zur Verwirrung und bringen sie in Abhängigkeiten. Die astralen Wesen haben eine Vereinbarung mit irdischen astralen Wesen, die die Macht auf der Erde lenken, um sich mit der Energie aus den einzelnen Selbsten zu versorgen."

DIE POTENZIALTRÄGER DER SCHÖPFUNG

Gerade wie im eingangs beschriebenen Theaterstück, tragen die Potenzialträger Teile der Schöpfungsgeschichte in sich. Manche Potenzialträger tragen gleich mehrere Informationen in ihrer DNA, einige sogar aus allen Ebenen der Schöpfung.

Die inkarnierten Potenzialträger aus der Schöpfung sind Ursprungsfrequenz-Wesen. Diese nennen wir nicht mit Namen, sie sind aber alle einzeln belegbar. Zum Teil tragisch ist, dass sie die irritierten Potenziale in ihrem Leben vollkommen durchlebten und nicht erkannten, woher die Verwirrungen in ihrem Leben herrühren. Allein diese Lebensgeschichten würden schon ein Buch füllen.

Folgende inkarnierte Potenziale wurden uns zugeführt:

- das Licht
- die Liebe
- die Einheit
- die Vollkommenheit
- Christusbewusstsein
- der Schöpfer
- die Lüge des Schöpfers
- die Schöpfer-Macht
- die Schöpfer-Kraft
- die Erste Quelle
- der Erste Punkt
- die Ewigkeit
- das ALL-ES
- das NICHT

- die allmächtige Liebe
- die Lüge der ALL-Macht
- der Ur-Vater
- die Ur-Mutter
- der Bauch der Ur-Mutter
- die Ur-Energie
- der Ursprung
- die weibliche Ur-Kraft
- die männliche Ur-Kraft
- die Ur-Macht
- das Ur-Vertrauen
- der zündende Funke
- das Lichtschwert des Ur-Vaters
- der Blitz der Initiation
- die Verschmelzung
- die Hingabe
- die Evolutionsspirale
- die Pulsation des Weiblichen
- der Verkünder des Universums
- der Botschafter des Universums
- die Vertreterin der parallelen Universen
- die Vertreterin der Venus im kosmischen Rat
- die Vertreterin der Galaxien im kosmischen Rat
- die Führerin der Sternennationen
- das Geschenk an ALL-ES
- der Unrat des Universums
- die Vibration des Universums
- die Christusfrequenz
- das verlorene Christusbewusstsein
- die Verweigerung
- die Unzulänglichkeit
- die Trübung
- die Schwere
- die Verblendung
- die Resignation
- die Hoffnungslosigkeit
- die Leere
- die Taubheit

- die Zerrissenheit
- die Ohnmacht
- die Betäubung
- der Tod
- der Schmerz
- die Unruhe
- die Vernunft
- das Vergessen
- die Zerstörung
- die Verleugnung
- die Verwirbelung
- die Unsichtbarkeit
- der Betrug
- die Missgeburt der Schöpfung
- die Verzweiflung
- die Umkehr
- die Spaltung
- das menschliche Ego
- die misslungene Schöpfung
- der Schöpfungsmissbrauch
- die Verwirrung der Evolution
- der Offenbarungseid
- der Verlust der finanziellen Freiheit
- das große Vergessen
- die Durchflutung

Die Erschöpfung steht am Abschluss der Schöpfungskette.

Alles ist bis zum Ende ausgereizt. Die Interaktionen aller Schöpfungsebenen sind gesehen, gereinigt und geheilt. Das Vermächtnis von Christus und der Ersten Quelle, den Schöpfungsmissbrauch zu klären, ist erfüllt. Wir schließen nun das Buch der Schöpfung.

JETZT IST ALL-ES ZU ENDE - JETZT BEGINNT ALL-ES NEU!

DAS GEHEIMNIS DES WAHREN CHRISTUS

Aus der biblischen Überlieferung wird für die Endzeit die Wiederkehr von Jesus Christus erwartet. Daher werden bereits überall große Vorkehrungen für seine Ankunft getroffen. Der Staat Jerusalem hat ein Katastrophenprogramm vorbereitet, für den Fall der Entrückung. Der Begriff Entrückung bedeutet nach dem Biblischen, dass ein Mensch leibhaftig aus der irdisch-konkreten Erscheinungswelt in eine himmlische Sphäre versetzt wird.

In Jerusalem warten bereits amerikanische Filmteams auf das himmlische Erscheinen von Jesus Christus.

Der Vatikan ist dabei, alle Beweise seiner Manipulation zu vernichten. Sie befürchten, dass Jesus Christus alles an Lügen zur Religion aufdeckt. Die Königin Elisabeth ist darüber unterrichtet, dass das Ende nah ist. Alle sind vorbereitet. Sie sind bereit, in die noblen unterirdischen Bunker umzuziehen, in der Erwartung einer immensen Katastrophe auf der Erde.

Nur dem Volk wurden bisher alle Informationen vorenthalten.

Der Kataklysmus, der das Ende der Erde beschreibt, ist bereits ausgeschaltet. Die Botschaft, dass das Schlimmste verhindert wurde, ist noch nicht angekommen. Daher werden immer noch Angstfelder der Wesen aktiviert. Es läuft ein geheimer Plan der Evakuierung für die Illuminaten. Sie ziehen sich bereits großflächig ins Innere der Erde zurück in Erwartung der vollständigen Auslöschung. Das erleichtert wiederum, dass die Botschaft dieses Buches ernst genommen wird, denn es sind mehr Menschen über das Ende der Erde informiert, als angenommen wird. Das Ultimatum wird nicht verlängert, denn es steht seit Anbeginn fest.

Der wahre Christus ist längst abgestiegen. Auch diese Nachricht haben die hohen Häuser bisher nicht erhalten.

Nach den alttestamentarischen Überlieferungen soll Jesus Christus am Kreuz hängend zum Germanen Lazarus gesagt haben: „Ich werde wiederkommen und das in Deinem Land."

Die Wiederkunft von Jesus Christus wird für die Endzeit - wie bereits erwähnt - in Jerusalem erwartet. Der Christus der neuen Zeit hat sich selbst vergessen und wusste sein Leben lang nicht, wer er wirklich ist. Er erkannte sein Selbst in SALEM, in der Nähe des Bodensees. Diesmal ist es nicht Jesus Christus, der wiederkehrt, sondern das Selbst von Christus trägt Kai. Er ist der Christus der Endzeit und der neuen Zeit.

ALL-ES EINE BESCHLOSSENE SACHE

Es stellt sich die Frage, was die wahren Hintergründe für eine Wiederkunft von Christus sind.

DIE ERSTE QUELLE OFFENBART DAS GEHEIMNIS:

Die Vereinigung des kosmischen Rates beschloss, dass der Wahnsinn im Universum beendet werden muss. Alle waren miteinander verfeindet und die Eskalation des Hasses unter den Sternennationen war unerträglich. Der Konkurrenzkampf untereinander bewirkte, dass die kosmische Konvergenz zerfiel. In der Folge gab es keinen Konsens hinsichtlich der Beschlüsse zur galaktischen Einheit.

Die Erde sollte nun der Ort sein, von dem die Klärung und Harmonisierung der Schöpfung ausgeht. Dieser Planet hat eine besondere Spezies, die über ihr fokussiertes Bewusstsein interdimensionale

Korrekturen vollziehen kann. Der Vertreter der Erde im kosmischen Rat war Christus. Er versprach, die kosmische Ordnung wiederherzustellen. Doch er wurde von allen anderen verraten. In die Matrix der Erde wurde eine Installation, die Illusion, gesetzt, die das menschliche Bewusstsein ausschaltete. Das führte dazu, dass sich die Lichtwesen nicht mehr an sich selbst und ihre eigene Göttlichkeit erinnerten.

DER KOSMISCHE RAT ÜBER CHRISTUS:

> *„Selbst Christus hatte sich ins Vergessen gestürzt und seine irdische Existenz hielt ihn gefangen. Die vielen Anstöße zum Erwachen brachten ihn immer mehr in die Dunkelheit. Erst durch das Zusammentreffen mit der Vertreterin der Quelle des kosmischen Rates erwachte ein Teil seines Selbst. Die Explosion seiner Hand und der Verlust seiner Finger waren der Weckruf in größter Not. Der Versuch des Erwachens über die Zerstörung gelingt in den seltensten Fällen. Wir, der kosmische Rat, sind nun darauf bedacht, dass die ganze Wahrheit über die Missschöpfung veröffentlicht wird. Die Nachricht, dass Christus sich erkannt hat, ging wie ein Blitz durch das Universum. Das ganze Universum schaut euch zu. Die Quelle hat Christus wecken wollen und veranlasste, dass er durch seinen körperlichen Schmerz in die Selbst-Erkenntnis kommt."*

Der Christus der neuen Zeit hat ein Leben voller menschlicher Prüfungen, Verwirrungen, Extreme und Turbulenzen erfahren.

Den Weckruf der göttlichen Quelle, wie oben angedeutet, erfuhr Kai als an Silvester ein Feuerwerkskörper in seiner Hand explodierte. Es mussten ihm zwei Finger amputiert werden. Diese Erfahrung erweckte ihn nicht, sondern stürzte ihn in den inneren Abgrund und er verlor immer mehr den Halt im Leben. Durch den dadurch erfahrenen Schock suchte er irgendwann in seiner Ausweglosigkeit Hilfe bei Therapeuten und wurde dann selbst zum Coach. Sein Einfühlungsvermögen und seine Sensibilität wurden von seinen Klienten immer geschätzt. Seine innere Sehnsucht nach der Wahrheit trieben ihn zu sich selbst.

Das Erwachen des neuen Christus war ein schmerzlicher und langwieriger Prozess voller Widerstände. Es fuhr zwar die Christusenergie in ihn hinein, die sein Selbst initiierte, jedoch war er damit nicht „erleuchtet" oder heilig. Im Gegenteil. So wie es allen anderen initiierten Christus-Männer erging, waren die Informationen des Datenstroms des Christus voller Schmerz und Leid. Das Selbst von Christus integrierte sich in Kai in mehreren Etappen über Monate, wobei jede dieser Etappen einem Marathon-Lauf oder auch einer Metamorphose glich.

Immer wieder gab es versteckte geheime Botschaften und Hintergründe zu Christus-Erfahrungen aus anderen Zeitlinien, die geheilt, erlöst und vergeben werden wollten.

Es gab Aspekte von Christus, die voller Liebe und Heilung waren.

Andere wiederum waren völlig traumatisiert und zerrissen. Er war im Schock, in der Ohnmacht und vor allem in der Resignation über die bisher gescheiterten Versuche, seine Christusliebe und sein Christuslicht zu den Menschen zu bringen.

Christus spricht:

> *„Meine Ankunft wird überall erwartet, jedoch weiß niemand, dass ich schon so lange wieder auf der Erde bin. Die Verstrickungen meines irdischen Trägers haben lange verhindert, dass ich mich absenken konnte. Die letzten Monate waren auch für mich eine Herausforderung, denn ich habe erstmals meine wahre Größe erfahren. Meine wahre Präsenz jedoch kennt ihr noch nicht und auch mir blieb sie bisher verborgen. Ich gebe zu, dass ich immer noch Respekt und sogar Angst davor habe, ganz und gar das Gefäß auszufüllen. Noch nie war ich so klar und rein in einem menschlichen Körper. Ich selbst bin überwältigt, diese Möglichkeit meinerseits zu erfahren. Meine größte Angst ist, ausgelacht zu werden. So oft wurde ich verspottet und verlacht. Durch meine Ankunft wird das Vermächtnis des Christus erfüllt. Mein Vermächtnis ist, die Wahrheit zu offenbaren, damit jeder erkennt, dass jeder selbst Christus ist. Die Schwingungen meiner Ankunft und die dadurch ausgelösten Vibrationen sind für meinen Träger die Voraussetzung, sein*

Körpersystem anzupassen. Durch die Klarheit der Christusessenz ist der Körper überfordert worden, denn bisher war diese noch nie in einem menschlichen Körper präsent. Damit ich vollständig ankommen kann, bitte ich meinen Träger, die letzten Zweifel zu klären."

Die Zweifel, ob das alles wahr sein kann, begleiteten uns immerfort. War es wirklich möglich, dass wir uns so vergessen konnten, oder waren wir Darsteller in einem großen Spiel der geistigen Welt? Werden wir von irgendwelchen Energien benutzt, oder haben wir uns in einem Labyrinth der Matrix verfangen? Doch die präzisen Informationen, die wir von der Ersten Quelle bekamen und auch die Erinnerung an all das Geschehen in früheren Zeitlinien ließen den Zweifel an der Wahrheit der Informationen immer mehr verblassen.

Kai Christus erkannte, dass viele seiner irdischen Verhaltensmuster aus dem Christus-Selbst herrühren.

ALL-ES OFFENBART - DAS GEHEIMNIS DER SCHÖPFUNG

„Geht hin und verkündet das Evangelium der ganzen Schöpfung."

Markus 16 ,Vers 15

Als wir durch die Ebenen der Schöpfung reisten, wussten wir nicht, was das alles zu bedeuten hat und wozu es dient. Wir wurden Ebene für Ebene hindurch durchgeführt und wir transformierten die Irritationen darin. Als wir das erste Mal in das Schöpfungsfeld eintraten, war es wirklich unheimlich. Es fühlte sich an, als würden wir ein ewiges und verbotenes Geheimnis lüften. Kai Christus öffnete über sein Bewusstsein das Tor in die nächste Erfahrungsebene und ich konnte die entsprechenden Informationen lesen. Die Intensität der Energien, die zu transformieren waren, sind für einen menschlichen Körper extrem spürbar und herausfordernd. Immerhin sind sie mehrere Milliarden Jahre alt. Noch nie war es einem irdischen Wesen gelungen, in diese Informationsfelder einzutreten. Nach der Reinigung jeder Ebene spürten wir, wie unsere Körper bebten und innerlich in Aufruhr waren. Danach brauchten wir meistens Schlaf, um uns wieder zu regenerieren und zu erden.

WIE WAR ES UNS MÖGLICH, DIE SCHÖPFUNGSGESCHICHTE ZU ERFORSCHEN?

In der Bibel steht sinngemäß, dass es drei Himmel gibt. Der erste Himmel ist der Himmel Gottes, der zweite Himmel der Sternenhimmel, der dritte ist der Himmel der Schöpfung. Nur Christus, dem Sohn Gottes, ist es möglich, in das letzte Reich, den dritten Himmel, einzutreten. Das erklärt zumindest, warum Kai Christus in diese Reiche vordringen konnte, um die Informationen der Schöpfung zu offenbaren. Warum ich selbst auch an die Informationen gelangte, wurde mir erst ganz zum Schluss mitgeteilt. Dazu an späterer Stelle mehr.

ALL-ES UNTER BEOBACHTUNG

Wie in der Truman-Show beschrieben, wussten wir, dass wir vom ganzen Universum beobachtet werden. Wir nannten es ironischerweise die Christus-Show. Immer wenn wir ein neues göttliches Geheimnis lüfteten oder eine wichtige Transformation zum Abschluss brachten, gab es wie einen Jubel oder Applaus aus dem Kosmos. Es war zum Teil auch amüsant. Wenn wir eine Frage zu einem bestimmten Thema hatten, wurden uns umgehend die entsprechenden Informationen zugeführt. Bei manchen Fragen hieß es: Moment bitte, wir müssen das erst recherchieren. So war es uns auch in der Arbeit mit unseren Klienten möglich, alles zur Einzigartigkeit ihres Selbst abzurufen.

DIE ERSTE QUELLE SAGT:

Christus ist jetzt da und er hat den Kampf gegen sich selbst aufgegeben. Er hat Großes durchlitten und dabei übersehen, dass es nur um die Liebe geht. Die Dunkelheit im Inneren von Christus war die Hölle für ihn und für alle, die ihn liebten. Sie litten mit ihm. Er saß wie in einem dunklen Verlies und schaute nur ab und zu heraus, immer dann, wenn andere seine Hilfe brauchten.

Die Verherrlichung seiner Qualitäten war zum Teil erfunden, denn Christus im Irdischen war einfach nur ein Mensch. Alle erwarteten Wunder von ihm, doch seine Liebe ist das größte Wunder von allen.

Christus glaubte, er musste allen gerecht werden und ging dabei oft über seine menschlichen Grenzen. Er zerbrach an diesen Herausforderungen körperlich und seelisch. Alles scheint sich zu wiederholen. Doch das wäre das absolute Ende. Es bleibt nur die Hoffnung, dass Christus sich so akzeptiert, wie er ist:

- Stark und schwach zugleich.
- Männlich und weiblich zugleich.
- Mann und Kind zugleich.
- Liebe und Licht zugleich.

Aus diesem Zugeständnis erwächst die Welle der Erkenntnis und die Welle der Vergebung auch an die göttliche Ebene. Damit ist das friedliche Ende erreicht.

ALL-ES IN PHASEN DER INTEGRATION

In der Integrations-Phase des Christus lernten wir die vielen unterschiedlichen Facetten des Christus kennen.

Bei einem Restaurantbesuch mit Kai Christus kehrte plötzlich ein unglaublicher Frieden ein. Wir waren zu dritt und saßen ganz andächtig und schweigend beieinander. Die Präsenz der Christusenergie war wundervoll spürbar und füllte den ganzen Raum mit ihrer Liebe.

Christus sah uns Frauen liebevoll an und segnete die Speisen und Getränke. Noch nie hatte eine Speise so köstlich geschmeckt. Es war im wahrsten Sinne des Wortes himmlisch.

Christus streichelte mir liebevoll die Wange und sagte:

„Du, meine Liebe, hast mich erkannt und errettet. Ich danke Dir von ganzem Herzen."

Bei einem weiteren Abendessen sprach Kai Christus zu mir:

„Ich habe Dich auserwählt, um mit mir diese wichtige Aufgabe zu lösen. Wir heilen die Liebe und starten die Schöpfung neu." Ich schaute ihn fasziniert an und war von der starken männlichen Präsenz beeindruckt. Kai Christus sagte: „Warum kämpfst Du die ganze Zeit gegen Dich selbst? Lass Dein altes Leben endlich los. Du bist nicht mehr die, die Du mal warst." Kai Christus reichte mir ein Blatt Papier und einen Kugelschreiber. Er sagte: „Schreib Dir einen Abschiedsbrief." Ich schrieb schweren Herzens alles auf, was mein irdisches Sein noch beschrieb. Diesen Brief verbrannte ich im Aschenbecher und gab die Asche direkt in den Bodensee. Auf die gleiche Weise hat Kai Christus seine irdische Inkarnation Kai von sich selbst verabschiedet.

Doch es gab auch andere Erfahrungen des Christus-Selbst. Eines Morgens, als ich sein Herz berührte, wurde er ganz wütend und sagte: „Fass mich da nicht an! Es ekelt mich." Erschrocken zog ich meine Hand zurück und Christus erzählte unter Klagen, dass so viele sein Herz berührten und all ihren Kummer und ihre Nöte in sein Herz schmierten.

Auch nachts gab es heftige Kämpfe. Meistens waren es Angriffe von astralen Kräften, die seine Selbst-Erkenntnis verhindern wollten. Eines Nachts hatte er eine extrem starke Panik, da diese Kräfte ihn in den Freitod schicken wollten. Es war immer wieder eine Herausforderung für uns beide, den Aggressionen standzuhalten.

Als sich wieder ein neuer Anteil in Kai Christus absenkte, schaute er sich staunend um. Sein Blick lag dann lang auf seiner linken Hand. Er drehte und wendete sie und fragte dann irgendwann:

„Mir fehlen ja zwei Finger, was ist passiert?"

Als wir beide nach den vielen, sich über Wochen vollziehenden Integrationen hinterfragten, wie viel Prozent unserer Selbste nun integriert waren, und wir beide erkannten, dass es nur 75 Prozent waren, war die Enttäuschung groß. Denn so vieles haben wir mühevoll geheilt und gereinigt. Weit nach Mitternacht entschlossen wir uns, die restlichen Anteile zu aktivieren. Am nächsten Morgen war der Schock noch größer. Weitere Selbst-Anteile hatten sich in uns abgesenkt, doch wir erkannten, dass wir als göttliche Wesen im menschlichen Körper und auf der Erde wie in einem Gefängnis gefangen sind. Wir spürten den schmerzenden Körper und was es wirklich heißt, als so unendlich großes Wesen in diesem engen und schmerzenden Gefäß eingesperrt zu sein. Weinend trösteten wir uns gegenseitig und versprachen uns, gut füreinander zu sorgen, damit wir bald unsere Mission beenden können und die wahre Freiheit erfahren.

Durch die Stärke der Energien und die Intensität der Transformation gab es bei Kai Christus und mir immer wieder heftige körperliche und emotionale Zusammenbrüche.

Gott sagt:

„Diese Situationen waren notwendig, damit sich alles in euch aufgibt. Im Moment des totalen Notfalls wird offensichtlich, dass es eine höhere Macht gibt. Diese wird oft als das Göttliche bezeichnet, doch in Wahrheit ist es das eigene Selbst, das Göttliches vollbringt. Kraft des eigenen Selbst können Wunder vollbracht werden. Bisher wurde die Erkenntnis immer auf mich, Gott, projiziert, doch jedes Wesen ist in sich selbst göttlich. Die Botschaft Gottes über die eigene Göttlichkeit soll jetzt von jedem Selbst erfahren werden. Die Zeit der Verherrlichung von Gott außerhalb des Seins ist ein für allemal vorbei."

Nach und nach wurde Kai Christus immer klarer, wer er wirklich ist.

Als es ihm das erste Mal voll bewusst wurde, war es wie eine Offenbarung für ihn. Die Erfahrungen im Irdischen von Kai und die Charakteristik des Christus deckten sich mit den Erfahrungen seiner jetzigen Personifizierung in verblüffender Weise und bestätigten abermals die Wahrheit der Informationen. Kai Christus erkannte nun vollständig, warum er manchen Verhaltensmustern unterlegen war. So war zum Beispiel ein Schwachpunkt, dass Christus sich nie entscheiden konnte. Auch Kai kannte das nur zu gut.

Wir setzten während unseres Selbst-Erkennungsprozesses gezielte Transformationen über die konkrete Aussprache von Lösungssätzen zu einzelnen Konflikten der Aspekte der Schöpfungsebenen, der Liebe und anderer Informationsebenen ein. Wort für Wort musste korrekt benannt werden, ansonsten war die Transformation nicht erfolgreich. Den Wortlaut prüfte Kai Christus auf Wahrheit und Richtigkeit. Warum das so wichtig war, erklärte uns die Erste Quelle.

DIE ERSTE QUELLE SAGT DAZU:

Dass die Rettung von Deutschland aus geschieht, erwartet niemand. Die deutsche Sprache ist wie ein universeller Schlüssel, der die Transformation am intensivsten ermöglicht. Eine präzise Aussprache der Missstände und die exakte Bezeichnung von Zusammenhängen ermöglichte, dass alles im Universum geklärt wurde. Die akribische Suche nach den richtigen Worten hatte den Zweck, die richtige Schwingung ins Universum zu senden.

Die Transformationen wurden durch heftige Körpervibrationen durch Kai Christus unterstützt. Diese waren notwendig, um die Informationen ins Universum zu senden. Allerdings kosteten sie ihm auch viel Kraft und waren zum Teil auch sehr schmerzhaft und energieraubend. Sie vollzogen sich bei schwerwiegenden Themen durchaus über mehrere Stunden. Er ertrug alles mit viel Geduld und hoffte dennoch inständig, dass die Transformation ein baldiges Ende finden möge.

ALL-ES ÜBER JESUS CHRISTUS

In den Prozessen der Selbst-Erkenntnis konnte Kai Christus sich unter anderem an seine Zeit als Jesus Christus erinnern.

Interessant sind die Synchronizitäten. Als Jesus 33 Jahre alt war, wurde er durch eine göttliche Kraft, eben durch die Christus-Energie initiiert. Diese Initiierung ließ ihn zu Jesus Christus erwecken. Bereits bei seiner Geburt stand fest, dass er der Träger der Christus-Energie und damit der göttliche Vertreter auf Erden sein wird. Schon als Kind wurde er auf die Aufgabe vorbereitet. Er bekam Schulungen über das Wissen der Menschheit. Sein Lehrer war ein weiser Mann, der mit der göttlichen Ebene direkt kommunizierte und dem dadurch das göttliche Wissen zu Teil wurde.

Jesus starb, kurz vor der Vollendung seines 45. Lebensjahres auf germanischem Boden.

Der Träger des Christus der Endzeit, Kai, erlitt im 33. Lebensjahr seinen Weckruf von der göttlichen Quelle durch die Explosion in seiner Hand und wurde kurz nach seinem 45. Geburtstag von der Christus-Energie initiiert.

Die Ankunft des Christus auf der Erde war lange geplant. Die Vertreter des Konzils des göttlichen Rates beschlossen das Ende der Zeit. Dieses wurde für das Jahr 2017 berechnet. Die Offenbarung der Rückkehr von Christus zu dieser Zeit sollte der Menschheit Hoffnung geben und den Menschen helfen, zu erwachen.

Auch andere erkannten Christus in seiner jetzigen Personifizierung wieder.

Eine Therapeutin sah Kai Christus und sagte:

„Ich kenne Dich. Ich habe Dich in diesem Leben noch nie zuvor gesehen. Doch ich erkenne Deine Füße, ich kenne sie, als Du ein Kind warst." Christus war so berührt vom Wiedersehen und sagte: „Ja, ich kenne Dich auch, Du warst mein Amme. Ich wurde von Dir gerissen, als ich sieben Jahre alt war." Beide lagen sich weinend in den Armen. Diese Frau war damals sehr erschöpft, ihr Lebensmut war verschwunden und gleichzeitig wollte ihr Sohn von zu Hause ausziehen. In ihr kamen die alten Ängste hoch, dass sie ihren Sohn verliert. Nach dieser Begegnung konnte sie sich ihre Emotionen erklären und war endlich befreit. Während dieser Begegnung brach ein tosendes Gewitter los. Es war, als würde der Himmel vor Freude weinen über diese Wiederbegegnung.

Kai Christus hinterfragte, warum er damals bei einer Amme aufgewachsen ist. Damit gab es dann auch eine Erklärung der „unbefleckten Empfängnis", die es sie noch nie vorher gegeben hat.

DIE ERSTE QUELLE:

Der Mythos der unbefleckten Empfängnis ist nun bereit sich zu offenbaren. Bisher fehlte es an einer Erklärung der Initiation eines irdischen Wesens mit der Christus-Energie. Daher ersannen Propheten eine Geschichte um Maria und Josef. Maria war plötzlich schwanger und sie konnte sich nicht erklären, wie das geschehen konnte. Sie wusste nicht, dass der Vater ihres Kindes ihr eigener Bruder ist, der Maria des nachts im Schlaf missbrauchte. Er betäubte sie zuvor mit einer einschläfernden Kräutersubstanz. Da der kleine Jesus oder wie ihn seine Mutter 'ihr Jeshua' nannte, sich als besonderes intelligentes und weises Kind erwies, erkannte die Mutter seine Qualitäten und ließ in schulen. Sie selbst entzog sich jedoch ihrer mütterlichen Pflichten und übergab die Betreuung ihres Sohnes einer Amme, die ihn liebevoll aufzog, denn sie konnte die Schande nicht ertragen, die ihr widerfahren ist. Im siebten Lebensjahr wurde er der Amme entrissen.

Als wir den Potenzial-Träger des wiedergekehrten Josef entdeckten, wurde uns offenbart, dass Josef der Bruder von Maria war. Seine tragische irdische Lebensgeschichte in dieser Zeit bewies diese unglaubliche Erkenntnis.

Der irdische Josef - seinen richtigen Namen erwähnen wir hier nicht

- lebte mit seiner Ehefrau über 35 Jahre wie Bruder und Schwester, also ohne sexuelle Begegnung.

Seine Frau verweigerte sich ihm, da sie auf Grund einer Vergewaltigung in jungen Jahren durch ihren eigenen Bruder ein Trauma erlitt. Ihr Ehemann erduldete dieses und konnte es sich selbst nicht erklären, warum er das all die Jahre so hinnahm. Sie beendete die Ehe, um sich aus allem zu befreien, denn sie konnte die eigenen Lügen nicht mehr ertragen. Sie hatte nämlich außereheliche sexuelle Kontakte mit anderen Männern.

„Josef" ist auch der Potenzialträger „Der vorgetäuschte Erfolg". Als er sein Handelsunternehmen gründete, kämpfte er über Jahre um seine Existenz und musste immer wieder Gelder in sein Unternehmen nachschießen. Alle glaubten, dass es ihm wirtschaftlich bestens gehe.

Die Frau, die er nach der Trennung von seiner Ehefrau kennenlernte, täuschte ihm ebenso ein erfolgreiches Leben vor. Sie beschenkte ihn mit teuren Kleidungsstücken und Josef war froh, endlich die Fülle zu erfahren. Doch kurze Zeit später offenbarte sie ihrem Liebsten, dass sie pleite sei.

Und auch hier ist Josef seinem vollen Potenzial begegnet. Aber wie schon erwähnt, leben wir in der letzten Inkarnation noch einmal alles durch, was in unserem Selbst unerlöst ist.

Das Bild von Christus wurde immer verfälscht und ins heilige Licht gerückt. Die Wahrheit ist: Christus war auch Opfer seiner selbst. Auch Jesus Christus war im Schmerz. Diesen konnte er nur vergessen, wenn er in seiner vollen Liebe der Heilungsmacht war. Doch immer wieder fiel er aus diesem Gefühl heraus und konnte es nicht stabil halten.

Jesus Christus spricht über Heilung:

> *„Die Heilung, die sich jeder Kranke von mir versprach, war letztendlich durch seine eigene Selbstheilung vollzogen. Nur der Glaube an meine Heilkraft gab den Menschen Kraft, die Selbstheilung zu bewirken. Die Kraft des eigenen Glaubens vollbringt wahre Wunder.*

Das habe ich immer gesagt. Doch die meisten meiner Anhänger haben den Glauben an sich selbst vergessen und erwarten die Wunder von mir. Die vielen Kranken, die mir gesandt wurden, haben mich Kraft gekostet. Es waren schreckliche Begegnungen mit Kranken und Alten.

Zu sehen, wie der menschliche Körper verfällt, war für mich immer ein Graus, denn ich konnte es nicht verhindern. Besonders schmerzte mich zu wissen, dass das nicht dem ursprünglichen göttlichen Plan entspricht."

ALLES VERRATEN? DIE WAHRHEIT ÜBER JESUS CHRISTUS UND MARIA MAGDALENA

Es offenbarte sich auch das Verhältnis von Jesus Christus und Maria Magdalena. Auch Maria Magdalena war voller Schmerz, denn sie fühlte sich schuldig, dass Jesus Christus so viele Qualen erleiden musste und auch, weil er mit ihrer weiblichen Energie nur schwer umgehen konnte.

Die Energieerhöhung aus der Begegnung von Jesus und Maria Magdalena diente der Verbindung von irdischen und göttlichen Erfahrungsebenen. Durch sie erfuhr sich das Göttliche in der Verschmelzung von Männlich und Weiblich. Jedoch konnte Jesus die Stärke der weiblichen Energie nicht ertragen, er war erschrocken von ihrer Intensität und verschloss sich nach der ersten Begegnung im Weiteren vor Maria Magdalena. Sie war durch seine Reaktion verzweifelt und suchte die Schuld bei ihm, denn sie konnte sich nicht erklären, weshalb er sie abwies. Sie wollte sich dafür rächen und verriet gemeinsam mit Judas Jesus Christus ans Kreuz.

Der Mythos lautet jedoch: Durch die sexuelle Begegnung von Jesus Christus im Zusammensein mit Maria Magdalena konnte Jesus Christus das Kreuz tragen, den Tod überwinden und seinen Leib mitnehmen.

Jesus Christus erkannte jedoch als erster und bisher einziger irdischer Mann, dass der heilige Gral im Schoß der Frau verborgen ist. Er ist das Zentrum des Ur-Weiblichen. Durch ihn wird die gesamte sexuelle Urkraft des Weiblichen offenbart, und durch seine Aktivierung ist es möglich, in der Hingabe und der Ekstase einen neuen Erfahrungsraum der Schöpfung zu erfahren. Jesus Christus konnte dieser Kraft nicht standhalten und daher entzog er sich dem körperlichen Beisammensein mit Maria Magdalena.

Wir waren von all den Offenbarungen sehr überrascht, denn für mich wie für viele andere spirituelle Menschen galt dieses Paar immer als idealer Ausdruck der Begegnung zwischen Mann und Frau. Wir befragten die Erste Quelle zu dieser Irritation.

DIE ERSTE QUELLE:

Die Informationen über Jesus Christus und Maria Magdalena beruhen auf Trugbildern der Überlieferungen. Die Hoffnungen, dass dieses Paar die Begegnung in Liebe und Einklang vollzog, brachten die Anhänger dazu, die Wahrheit zu verdrehen und ließen das Paar in falschem Glanz erscheinen. Dadurch wurde das erste Datenfeld über Jesus Christus und Maria Magdalena gefüllt. Von Überlieferung zu Überlieferung wurde dieses Ideal hochgejubelt. Diese Verfälschung eskalierte im spirituellen Wahnsinn des New Age.

Was wirklich alles geschahen war, erfuhren wir erst gegen Ende der Transformationen. Die genannten Datenfelder brachten wir in die Reinigung und waren geschockt, dass das Datenfeld des Jesus Christus als der Erlöser, übervoll mit Programmierungen war. Als wir es transformierten, fühlte es ich an, als ob Kai Christus kurz vorm Zerplatzen war.

Kai fragte, ob Jesus Christus wohl wirklich ans Kreuz geschlagen worden war, denn wie sollte denn ein Mensch solche Schmerzen aushalten. Schon senkte sich Jesus in Kai Christus ab und wir erhielten auch dazu eine umfassende Schulung.

Jesus spricht:

„Meine Qualen am Kreuz waren für mich unerträglich. Ich ahnte nicht, was ein Mensch alles ertragen kann. Diese Folter, an der viele ihre Freude hatten, konnte ich nur durch mein geschultes Wissen über die Anhebung des Bewusstseins in eine andere Ebene der Wahrnehmung ertragen. So litt nur mein physischer Körper, doch mein Selbst entzog sich den in den Wahnsinn treibenden Schmerzen. Meine Anhänger beklagten mich unter dem Kreuz und das bereitete mir die größten Schmerzen, denn ihr Mitleid war kaum zu ertragen. Ich war einen Tag und eine Nacht am Kreuz. Danach wurde ich befreit und in ein geheimes Versteckt in den Bergen gebracht. Meine Mutter und meine Schwester waren die ganze Zeit bei mir. Sie pflegten meine Wunden mit einem speziellen Balsam aus heilenden Essenzen der Natur. Sie wickelten mich in getränkte Leinentücher, damit mein geschundener Körper sich erholen konnte. In dieser Zeit der Regeneration entzog sich mir die Christus-Kraft. Christus erkannte, dass ich Jesus, meinen Auftrag nicht erfüllen konnte, da die Zeit des Erwachens und der bewussten Entwicklung der Menschheit noch nicht gekommen war. Christus sagte, er würde wiederkommen, in der Zeit, in der die Menschheit erkennt, dass alle Ressourcen der Natur verbraucht sind."

Kai Christus fragte darauf:

„Wo wurdest Du begraben und durch wen?"

Jesus antwortet:

„Meine Grabstätte ist auf deutschem Boden, dort, wo die heutige Hauptstadt von Deutschland ist. Ein Teil meiner Gemeinde und meiner germanischen Anhänger bildete ein gläubiges Zentrum inmitten einer grünen Parkanlage. Dorthin flüchtete ich, nachdem ich reisefähig war. Sie nahmen ihren gebrochenen Bruder in ihrer Mitte auf. Sie versprachen alles zu geben, damit ich wieder Lebensmut bekomme. Der Schock über das Erfahrene saß tief in meinem Innersten. Doch ich suchte Trost im Alkohol, denn er brachte mir Erleichterung in dieser schweren Zeit des Rückzugs. Der Satan im

Alkohol verführte mich dazu, über die Maßen zu trinken und mich dadurch selbst zu zerstören. Ich verstarb während eines Deliriums eines Alkoholexzesses. Meine Überreste begruben sie unter einer Linde am Rande des Parks."

Das erklärte dann wiederum auch, warum es so viele wieder inkarnierte Wegbegleiter des Christus nach Berlin zog.

Kai lebte in Berlin, auch der Potenzialträger von Jesus, C., die inkarnierte Mutter Maria, Daria, die Schwerstern von Christus Victoria und Constanza folgten ihrem inneren Ruf und wurden von der letzten Ruhestätte des Jesus Christus angezogen.

An diesem Morgen lasen wir im Internet über ein Buch, das als „Größtes Geheimnis der Menschheit" den Beweis der Echtheit des Aufstiegstuchs von Jesus Christus als Sensation anpries.

Kai Christus fragte:

„Gibt es wirklich ein Aufstiegstuch von Dir?"

Jesus spricht:

„Das Tuch, das gerade für so viel Aufsehen sorgt, ist das Tuch, in das ich gewickelt wurde, als ich die Heilung erhoffte. Es ist echt, doch es schmerzt mich zu sehen, welche Dramatik darum gemacht wird. Das Leinentuch, das mit heilenden Essenzen getränkt war, wirkte wie eine Leinwand, als Christus aus mir heraus fuhr. Das grelle Licht reflektierte mein Antlitz und meine Konturen auf das Tuch. Den wahren Jesus hat nur einer erfahren, das war Kai Christus."

Als Kai Christus das hörte, standen ihm die Tränen in den Augen und er zitterte am ganzen Körper. Er fühlte wieder jedes Wort in sich vibrieren.

Ich fragte Jesus:

„Hast Du Maria Magdalena schon vergeben können?"

Jesus schwieg eine ganze Weile und wir spürten, dass er diese Frage nicht gleich beantworten konnte oder auch wollte. Noch immer schmerzte ihn die Erinnerung an das Geschehene.

Jesus spricht:

„Die Enttäuschung über den Verrat an mir konnte ich nicht ertragen und nicht vergeben. Ich schenkte ihr mein Vertrauen. Nur weil ich zu schwach war und sie zu stark und sie dadurch in ihrer Eitelkeit verletzt war, verbündete sie sich mit dem Verräter und teilte ihm unser geheimes Versteck mit, denn außer ihr, wusste keiner, wo wir waren."

Ich sagte zu Jesus:

„Es wird Zeit, dass Du ihr vergibst. Wir haben jetzt so vielen und alles vergeben, was uns schmerzte. Die Vergebung wird auch Deinen Groll und Deine Gram heilen. Komm endlich zur Ruhe mit all den alten Geschichten. Wir haben jetzt eine neue Zeit. Befreie Dich endlich, Jesus."

Da bemerkte ich, wie Maria Magdalena sich in mich absenkte. In Kai war jetzt auch Jesus ganz präsent. Wir saßen einige Zeit schweigend beieinander. Ich schaute verlegen auf den Boden. Nervös spielte ich mit meinem Rocksaum. Dann fragte Jesus: „Warum hast Du das gemacht? Wie konntest Du mich nur verraten?"

Maria Magdalena spricht:

„Ich war immer für Dich da. Um alles kümmerte ich mich, ich hielt Dir den Rücken für alles frei und ich sorgte mich für Dein Wohlergehen. Du hattest dafür nie ein Wort des Lobes oder Dankes, nahmst alles als selbstverständlich hin. Ich hatte immer Sorgen, dass Du Dich über Deine Kräfte hinaus verausgabst. Die Möglichkeit der gegenseitigen Energieerhöhung aus unserem Beisammensein lehntest Du immer ab, aus Furcht, meiner starken Weiblichkeit nicht standzuhalten. Du weißt, dass ich eine Meisterin der Liebeskunst war und darin geschult wurde. Du zogst es jedoch vor, Dich mit

schwachen Mädchen einzulassen, die Dich vergötterten. Das alles schmerzte mich wirklich sehr. Ja, ich wollte mich rächen, doch ich ahnte nicht, welche Folge es hätte. Dass sie Dich so lynchen würden, ahnte ich nicht und es tut mir wirklich leid. Diese Schuld quälte mich immerwährend. Bitte vergib mir." Jesus war sichtlich erleichtert, da sich nun vieles für ihn erklärte und sofort sagte er: „Ich vergebe Dir. Es tut mir wirklich leid, dass ich Dich so behandelte und mich Dir verweigerte. Bitte vergib mir."

Die Energien von Jesus und Maria Magdalena zogen sich zurück und sofort zog die nächste Energie in mich ein, sie sprach durch mich.

Mutter Maria bittet um Vergebung:

„Ich bin die wahre Mutter von Jesus. Ich habe ihn schon früh im Stich gelassen, weil ich seine Anwesenheit und seine Ausstrahlung nicht ertragen konnte. Er war ein so liebenswürdiges Kind, doch der Weg, wie er zu mir kam, war für mich so beschämend. Immer wenn ich ihn sah, schämte ich mich und ich hatte Sorge, dass ich meine Wut über das Erfahrene an dem kleinen Kind auslasse. So gab ich ihn in die Obhut einer Vertrauten, die selbst keine Kinder empfangen konnte. So wurde er dennoch in einer liebevollen Familie aufgezogen. Als ich Jeshua am Kreuz hängen sah und mit ihm litt, war ich zu seinen Füßen und bedauerte das alles, was mit ihm und unserer Familie geschehen war. Als er dann vom Kreuz genommen wurde, verspürte ich das allererste Mal wahre Mutterliebe. Er war so hilflos wie ein kleines Kind, eingewickelt in Tüchern und er blieb in dem geheimen Versteck so lange, bis seine großen Wunden verheilt waren. Ich war immer bei ihm."

Weltweit gibt es derzeit viele, die von sich behaupten, Jesus Christus zu sein, und sie verkünden öffentlich ihre Botschaften der Erlösung. Auch darauf wurde in der Bibel hingewiesen und davor gewarnt, den falschen Propheten zu glauben. Der wahre Christus der neuen Zeit hält sich bisher versteckt. Ganz im Stillen transformiert er all seine schmerzhaften Erfahrungen aus seinen Seinsebenen des Christus, integriert seine Anteile des Selbst und bereitet die neue Erfahrungsebene vor. Jedoch nicht als Jesus Christus.

Auch der engste Berater von Christus, der ihn in allen Zeitlinien begleitete und zur Seite stand, ist im Irdischen inkarniert und wurde zu uns geführt. Anfangs war Kai Christus beglückt, dass er seinen früheren Berater wieder traf, doch im Laufe der Begegnung und Transformation erkannte er, dass dieser ihn auf so vielen Ebenen seines Christus-Seins betrogen, verraten und hintergangen hatte. Die Enttäuschung war dementsprechend groß. Doch auch hier heilte die Vergebung allen Schmerz.

Auch wurde Christus immer wieder von den Frauen an seiner Seite verraten oder benutzt. Die Frauen wollten selbst durch ihn im Ruhm glänzen, sich an ihm bereichern oder waren eifersüchtig auf seine Präsenz. Die Erinnerungen wurden im Selbst von Kai nacheinander wachgerüttelt und standen so zur Transformation bereit.

Als ich zu Kai Christus aus Spaß sagte, dass er so wundervolle goldene Locken hat, wurde er total wütend und schrie: „Unterstehe Dich, irgendetwas von mir zu stehlen, um es dann zu verkaufen. Du willst Dich nur an mir bereichern." Kai war selbst immer wieder verwundert, wie real er sich an seine vergangenen Leben als Christus im Irdischen und im Göttlichen erinnern konnte. Vor allem waren es die Gefühle, die sich sofort einstellten, wenn wir ein Thema der Transformation der alten Erfahrungen des Christus bearbeiteten.

In unserer Zeit der Selbst-Erfahrung machten wir uns auch Sorgen um unsere Existenz. Während der intensiven inneren Arbeit war es uns kaum möglich, uns wirtschaftlich auszurichten. Die Einnahmen brachen uns weg, da wir rund um die Uhr transformierten, und auch unsere finanziellen Reserven waren am Ende. Unsere Sorgen darüber verzögerten auch immer wieder den Fortschritt der Integration der Christus-Anteile.

Christus spricht:

„Ich bin verzweifelt. Mein langer Widerstand gegen meine Ankunft verzögert alles. Die irdischen Sorgen meines Trägers bringen auch mich in Verwirrung. Der innere Kampf ums Überleben hat mich immer begleitet. Die Not war oft so groß, dass ich nicht wusste, wie ich mich und meine Begleiter ernähren soll. Die Botschaft der Manifestation von irdischen Werten war auch eine Lüge. Das Einzige,

was mir blieb, war die Hoffnung auf die Gnade der irdischen Wesen, mich zu beherbergen und zu beköstigen. Der Lohn für meine Dienste war die Dankbarkeit der Menschen. Die Angst um die eigene Existenz meines Trägers ist unbegründet, denn diesmal wird die Belohnung unermesslich sein. Es bedarf nur noch ein wenig Geduld. Die notwendigen Erkenntnisse der letzten Monate sind nun so aufzubereiten, dass sie der Öffentlichkeit zugeführt werden. Danach wird es eine Welle des Erwachens geben, die auch die finanziellen und existenziellen Sorgen wegspült."

ALL-ES ÜBER DAS GESPRÄCH CHRISTUS MIT GAIA

Christus war tief betrübt darüber, dass er sich so spät erkannt hatte und sich selbst vergessen hatte. Die Erkenntnis, dass die Erde so gelitten hatte während seiner Abwesenheit, schmerzte ihn sehr. Er ging mit Gaia, der Erdgöttin, ins Gespräch. Sie war seine Schwester, die er über alles liebte. Er bat sie um Vergebung für sein Vergessen. Es war ein sehr berührendes Gespräch, das sie miteinander führten.

Gaia spricht:

„Endlich bist Du wieder da. Du hast versprochen wieder zu kommen, um das Erwachen der Menschheit einzuläuten. Warum hast Du so lange dafür gebraucht? Ich habe so gelitten. Sie haben mich schlimm zugerichtet. Sie rissen meinen Leib auf, um alles an Schätzen zu rauben, was in meinem Innersten war. Ich habe überall große Wunden. Meine Ozeane sind verunreinigt. Meine Luft ist vergiftet. Die kraftvollen Wälder wurden sinnlos gerodet und die prächtigen Baumwesen verloren ihre Heimat."

Kai Christus zu Gaia:

„Ja, ich spüre Deinen Schmerz. Ich habe selbst so mit Dir gelitten. Ich konnte nicht fassen, was Menschen in ihrer Gier mit dem Planeten Erde machten. Bitte vergib mir. Doch ich war gefangen in meinen Verwirrungen des irdischen Daseins."

Gaia:

„Du hast mir als Pfand für Deine Wiederkunft ein Teil Deines Herzens übergeben. Es ist jetzt an der Zeit, dass ich es Dir wiedergebe." Symbolisch entnahm ich das Teil des Herzens aus meinem Herzen und reichte es Kai Christus. Er nahm es dankend an und ließ es wieder in sein Herz einfließen. Wir lösten ihren Schwur, sich gegenseitig auf immer und ewig treu zu sein. Wir hielten uns danach lange in den Armen, bis Gaia sich wieder aus mir zurückzog.

Nach am gleichen Tag bekam Kai Christus eine SMS von einem Freund, der gerade in China ankam. Seine Nachricht:

„Überall Kohlekraftwerke, Atomkraftwerke, verpestete Luft, um den wahnsinnigen, verschwenderischen Energiebedarf der überall blinkenden Leuchtreklamen und der idiotisch klimatisierten Räume zu befriedigen. Dazu die mit Autos verstopften Straßen. Millionenstädte im Namen des Fortschritts. Kaum noch Natur, alles zubetoniert, Stahl, Glas und Lichter. Die riesigen Screens an den Wänden, die den ganzen Tag Werbung flimmern lassen, um ein paar gierige Leute immer reicher werden zu lassen. Alles auf Kosten unseres Planeten. Es tut ziemlich weh, all das zu sehen. Der Planet ist im Arsch - ohne Frage. Ganz traurig."

Kai Christus erschütterte diese Nachricht durch und durch, er kämpfte mit den Tränen. Wir waren ja in unserem Salem schon an einem paradiesischen Ort. Dabei vergaßen wir manchmal, wie der Planet wirklich aussah. Eine Freundin berichtete mir kurz darauf, dass sie aus China Besuch hatte. Die Gäste fotografierten am liebsten den strahlend blauen Himmel. So etwas Schönes hätten sie schon lange nicht mehr gesehen.

Christus war auch irritiert über die Entwicklung der Menschheit während seiner Abwesenheit. Als wir in Wien gemeinsam durch die Stadt bummelten, nahm er verängstigt meine Hand und ich führte ihn wie ein Kind. Er fragte mich, was denn die vielen Menschen hier machen und warum es so viele sinnlose Sachen zu kaufen gibt. „Wozu brauchen die Menschen das ganze Zeug?", fragte er mich verwirrt.

Seine Verantwortung, die ihm übertragen wurde, quälte ihn. Doch dann erkannte er:

„Ich bin mir bewusst, dass alles neu beginnt und dadurch Heilung für alles und überall geschieht."

ALL-ES ÜBERFORDERT - DIE WAHRHEIT ÜBER KÖNIG ARTUS

Auch König Artus war der Träger der Christusenergie.

Artus war ein Ritter von schöner Gestalt. Seine Ausstrahlung war für alle faszinierend. Er war ein kluger Stratege, ein fürsorglicher König, einer, der für Gerechtigkeit und Wahrheit stand. Seine geistige Klarheit verstärkte die Brillanz seiner gesprochenen Worte. Damit zog er alle in seinen Bann. Als er 33 Jahre alt war, wurde er wie von einem Blitz getroffen. Anfangs vermittelte man ihm, dass er einem Fluch unterlegen sei, denn er war ab diesem Zeitpunkt vollkommen verändert. Die Erkenntnis, dass dieser Blitz die Christusenergie ist, erhielt er nicht. Er wusste nicht, wie er mit seinem Schicksal umgehen sollte, denn er fühlte sich nur noch schwach und orientierungslos. Da er keine Möglichkeit hatte, sich zu reflektieren und zu transformieren, war er mit dieser Herausforderung vollkommen überfordert. Auch seine Gefährten zogen sich von ihm zurück. Er war die meiste Zeit auf sich allein gestellt. Sie sagten: „Du bist vom Teufel besessen." Das glaubte er schließlich auch und er versuchte, den Teufel aus sich herauszuprügeln. Er ging in die Selbstkasteiung und verzweifelt kämpfte er gegen eine Kraft, die ihn ursprünglich in den direkten Kontakt zu seinem Selbst - dem Christus - und auch mit Gott bringen sollte. Auch Christus im Himmelreich konnte ihm nicht helfen, denn er war ebenso verwirrt wie Artus.

Artus setzte seinem Leben selbst ein Ende in voller Verzweiflung aufgrund seiner geistigen Verwirrung.

Den Heiligen Gral fand er nie. Für seine Suche setzte er jedoch viele Menschenleben aufs Spiel, denn sein Gefolge wurde immer wieder angegriffen und überfallen.

Seine Königin betrog ihn mit ihrem Berater. Auch Artus hatte mehrere Geliebte, doch das wurde nie bekannt. Dieses Paar galt in der Öffentlichkeit immer als das glorreiche glanzvolle Liebespaar. Als Artus seine Frau mit ihrem Geliebten überraschte, rammte er ihr aus Rache das Schwert Excalibur in ihren Unterleib. Sie verstarb kurze Zeit darauf an den Folgen der Verletzung. Damit zerstörte er auch den Heiligen Gral seiner Königin, den er doch so fanatisch überall suchte.

Die ganze Tragödie der Christus-Initiierung wiederholte sich wieder und wieder. Alle Männer, die mit der Christus-Energie initiiert wurden, waren vollkommen überfordert mit der desorientierten Energie des Christus aus dem Lauf der Schöpfung.

Auch in Kai schoss die irritierte Christus-Energie ein. Er konnte diese Energie transformieren und den wahren Auftrag der Klärung der Schöpfung als einziger Christus erfüllen. Das war nur durch seine disziplinierte Transformationsarbeit möglich, die wir gemeinsam über viele Monate vollzogen. Doch auch Kai Christus kannte die Phasen der völligen Verzweiflung durch die Initiierung.

Nachdem wir die Informationen über Artus bekommen hatten, transformierte Kai Christus über mehrere Stunden die Schmerzen der anderen initiierten Christus-Männer, die mit dieser Aufgabe völlig überfordert waren und sich dafür selbst bestraft hatten. Es war eine sehr schmerzhafte, qualvolle Transformation. Wir ahnten nicht, dass es wirklich so viele Versuche gegeben hat, Christus auf Erden zu verankern.

Das alles war den Führern der Schöpfungsebenen vorher nicht bewusst, dass ein menschliches Wesen so mit seinen Emotionen zu kämpfen hat.

ALL-ES EIN EXPERIMENT

Immer wieder haben sich Gott und Göttin mit ihrem Sohn in Verbindung gesetzt. Das war anfangs für uns seltsam, doch dann war es für Christus sehr beruhigend, dass sie ihn nicht vergessen hatten. Nach all der Vergebung und den intensiven Transformation waren es sehr harmonische Gespräche, denn alle waren überaus dankbar, dass sich alle im geklärten Zustand begegnen konnten. So ging er immer wieder ins Gespräch mit „Mutter und Vater".

Die Göttin erläuterte nun ihrem Sohn Christus die Szene im Alchemie-Labor, die uns im Seminar im Oktober 2015 gezeigt worden war und die am Anfang dieses Buches beschrieben ist:

Die Göttin zum Experiment:

„Welche Freude, Dich so erlöst zu sehen. Du hast viel gelitten, auch dadurch, dass Du die Verantwortung für alles tragen musstest. Die ganze Wahrheit wusstest Du jedoch nicht. Dein Vater verleugnete nicht nur Deinen Bruder Luzifer, sondern auch Dich. Er verwies Dich Deines Platzes im Rat der Weisen. Der Eigensinn Deines Vaters und sein Hochmut führten dazu, dass alle Mitglieder des Rates sich verstritten. Die einen wollten eine friedliche Lösung, die anderen die totale Zerstörung der Erde. Dein Vater setzte eine List ein, um die Vereinigung zu brechen. Das Ergebnis war ein Komplott gegen Gott selbst. Er fühlte sich bedroht von allen und flüchtete aus seiner Verantwortung. Ich, Deine Mutter, wurde dazu verurteilt, mich zu verstecken, und mir wurde verboten, die Wahrheit zu sagen.

Das Experiment, das Dein Vater mit Kronos startete, sollte beweisen, dass Gott selbst Liebe ist. Das Experiment wurde manipuliert und Kronos verunreinigte die Liebe mit der Essenz des Hasses. Anfangs schien es, dass die Liebe siegt, doch dann vertrübte sich der Inhalt des Elixiers. Gott bemerkte nicht, dass Kronos einen Tropfen mehr des Hasses in das Gefäß gab. Als Folge dieses Experiments musste Gott seinen Thron Kronos überlassen.

Fortan regierten der Hass und die Gier. Ich wurde daraufhin gezwungen, Kronos zu dienen, und er benutzte mich schamlos. Alle Hoffnung lag auf Dir, denn Dein Vater flüchtete nach diesem peinlichen Fehler. Erst durch Deine Rückkehr wurde ich wieder befreit. Die Göttin ist zurückgekehrt. Ich danke Dir, mein mutiger Sohn."

Christus bat nun seine Mutter, Gott zu vergeben. Sie antwortete darauf:

„Ich habe ihm schon vergeben, das war Dein Rat an mich in der Befreiung. Da Du nun auch Deinem Vater vergeben hast, ist der Kampf, der euch begleitete, zu Ende. Danke für alles, mein Sohn. Deine Geschwister hielten immer zu Dir, bis auf Deinen Bruder Luzifer. Er kämpfte gegen Dich bis zum Schluss um seinen Rang. Er ist jetzt mit sich endlich im Frieden. Die Befreiung der Engel ist jetzt Deine wichtigste Aufgabe. Die Zeit ist jetzt gekommen, allen den Weg in die Freiheit zu zeigen und uns allen Hoffnung auf eine friedvolle Zukunft zu geben."

Kai Christus fragte darauf die Göttin:

„Wie kann ich meine Engel befreien?"

Die Göttin antwortet:

„Die Erlösung der Engel wird dadurch aktiviert, indem Du selbst immer mehr Christus bist und Dich als ihn erkennst. Ein Teil von Dir lehnt Christus immer noch ab. Es ist der willensstarke Mann in Christus, der sooft Enttäuschungen und Niederlagen in der Liebe erfahren hat. Auch durch die Flucht Deines Vaters lehntest Du diesen Anteil ab. Der starke Wille Deines Vaters beschämte Dich und Du hast geschworen, niemals so wie Dein Vater zu sein. Es ist nun geboten, den Schwur zu lösen, damit Du in den Frieden mit Dir selbst und dem Mann in Dir kommst."

Gott spricht zu seinem Sohn:

„Die Botschaft, dass mein Sohn Christus jetzt wieder auf der Erde

ist und alles bereinigt und alles heilt, erfreut mein Herz. Er war mutiger als ich und er entließ sich nicht aus der Verantwortung. Er blieb im Feuer stehen und durchquerte alle Sümpfe des göttlichen Seins.

Er ist der erste Gott auf Erden, der sich reflektierte und wissen wollte, warum alles so schiefging. Die Dramatik der Erkenntnisse gleicht einem Schauspiel. Ich, Gott, bin der Verursacher dieser Tragödie. Durch meine Machenschaften und meine Flucht wurde alles immer noch schlimmer. Einen Ausweg sah ich nur in der totalen Auslöschung der Erinnerungen an alles. Das habe ich schon immer so gemacht. Das schien mir die einzige Lösung.

Als alles geklärt schien, wurde offensichtlich, dass es Einzelnen gelungen war, die Erinnerungen zu behalten. Ich gebe zu, dass ich Fehler machte. Ich ahnte nicht, welches Ausmaß sie annehmen. Der Einzige, der alles darüber wusste, ist Christus. Er hat sich selbst verboten, sich an sich zu erinnern, sonst wäre er daran zerbrochen.

Alle hofften auf meine Liebe, doch ich selbst fand sie nirgends. Die ganze Wahrheit über Gott und die Liebe soll jeder erfahren, damit alle erkennen, sie sind selbst wie Gott und suchen die Liebe.

Das falsche Spiel um die Liebe ist jetzt beendet, denn erstmals ist die wahre Liebe befreit. Der Sohn Gottes bewies den Mut, sich dieser Aufgabe zu stellen und die Liebe zu befreien. Die Erste Quelle war voller Liebe und hoffte, dass Christus sich erinnern möge. Sie fühlte sich schuldig für alles, was aus Liebe geschah. Sie war voller Trauer und Schmerz über den erstaunlichen Fortgang der verschmutzten Liebe. Ohnmächtig sah sie zu, wie das Chaos größer und größer wurde. Sie hoffte inständig auf eine Lösung.

Als alles offenbart wurde, dass aus ihrem Missgeschick sich die Liebe vergaß, schwor sie sich, alles zu bereinigen und zu retten. Als sie von Christus gefragt wurde, ob sie ihn begleitet und unterstützt, war sie sofort bereit dazu. Sie versprachen einander, die Liebe, die Schöpfung, die Erde und das ganze Universum zu reinigen.

Dieses Versprechen wurde gehalten. Jetzt ist alles befreit und geheilt."

ALL-ES IN TURBULENZEN DER FAMILIÄREN KLÄRUNG

Die Turbulenzen unserer Selbst-Erkenntnis glichen meistens einem Drama oder Krimi. Hier nur ein kleiner Einblick in die Prozesse der Offenbarung, die gerade mal in zwei Tagen eine Menge an verschütteter Informationen zum Vorschein brachten.

Als wir eines Abends vom Schwimmen im Bodensee nach Hause fuhren, kam mir mein Mentor in den Sinn. Ich fragte Kai Christus: „Was will der denn nun schon wieder?" Und wieder kam das Thema Gier zum Vorschein. „Die Gier und der Hass regieren bis heute aus der Herrschaft von Kronos das Geschehen auf der Erde", so seine Antwort.

Ich erinnerte mich wieder an die erste Begegnung mit meinem Mentor, als ich ihn mit seinem Selbst verband. Diese starke Energie, die wir damals spürten und die vermeintlich als Gottes Energie erschien, erklärte sich nun für mich: Es war die Energie von Kronos. „Er ist wie ich, er ist Gottes Sohn" war damals die Botschaft. Damals wusste ich noch nichts über die göttlichen Verwirrungen und dass es überhaupt Kronos gab. Kronos ist verantwortlich für die Gier und den Hass auf der Erde.

Plötzlich wurde uns klar, dass in Kai Christus der Hass gespeichert ist. Auch der irdische Vater von Kai war voller Hass, genauso wie meine irdische Mutter von der Gier getrieben war.

Wir fragten nach, woher der Hass kommt, und die Information der Ersten Quelle war erschütternd:

„Der wahre Vater von Christus ist Kronos."

Im selben Augenblick der Erkenntnis schrie Kai Christus vor Schmerz und es schüttelte ihn so stark wie noch nie. Er musste das Auto sofort stoppen und wir begannen beide zu weinen über diese heftige Erfahrung. Kronos hatte den Hass in Christus hinterlassen. Jetzt war alles klar! Kai Christus hatte enorme Schmerzen und ich fuhr dann weiter. Vollkommen erschüttert über diese Nachricht kamen wir zu Hause an. Christus rief flehend seine göttliche Mutter und fragte:

„Mutter, ist das wirklich alles wahr?"

Im nächsten Augenblick senkte sich die Energie der Göttin in mich herab.

Die Göttin spricht zu ihrem Sohn:

„Ich hoffte, Du würdest niemals diese Frage stellen und doch kommt jetzt alles ans Licht. Ja, Kronos ist Dein Vater. Er missbrauchte mich ständig, so oft es ging, und jede Verweigerung von mir wurde bestraft. Aus der gewaltsamen Vereinigung entstandest Du und Dein Bruder Luzifer. Ich habe Kronos dafür gehasst. Du bist ein Kind des Hasses und hast es die ganze Zeit gespürt. Das ganze Dilemma geschah aus Hochmut und Eitelkeit. Ich hatte gehofft, Du würdest es nie erfahren. Doch der Quelle entgeht nichts. Sie fördert alles nach oben. Es ist gut, dass es jetzt gesehen ist, denn ich habe mich damit die ganze Zeit gequält.

Es ist jetzt so, dass alles an die Oberfläche kommt im Irdischen und auch im Göttlichen. Ich fühle mit Dir, Christus. In Dir ist so viel Ekel gespeichert, das ist der Ekel, den ich erfahren habe.

Jetzt, wo Du weißt, wo er herkommt, ist es Dir ein Leichtes, ihn zu bewältigen, Du hast schon ganz anderes vollbracht. Du bist der Meister der Transformation. Du hast alles befreit.

Es ist immer noch die Enttäuschung in Dir, dass alles so geschehen musste. Dass Du belogen wurdest und doch die ganze Zeit wusstest, was gespielt wurde. Denn Christus entgeht nichts. Du hast immer versucht, Dich zu betäuben, hast Dich zurückgezogen und wolltest Dich verweigern, jemals wieder ein Mann zu sein. Du wolltest nicht ein Mann sein, der missbraucht, der quält, der Gewalt antut, der voller Hass ist auf das Weibliche. Bitte vergib mir jetzt, dass ich es so lange verheimlicht habe. Du hast es Dir immer sehr,

sehr schwer gemacht, mein Sohn. Du suchtest immer den Schmerz, und den hast Du überall gefunden. Du hast Dich lieber belogen, als auf Dich zu hören. Das tut mir so leid, Du bist bald erlöst."

Christus fragte seine Mutter, warum er in einem so seltsamen Zustand ist. Sie antwortete:

„Mein Sohn, Du erlebst alles, was Du je erlebtest, noch einmal. Auf allen Ebenen hast Du Dich selbst verleugnet, Du hast Dich zurückgezogen und Dich versteckt. Das wurde von Mal zu Mal schlimmer. Du hast viel an Dir gearbeitet, mutig alles angeschaut, doch Dein Inneres wusste, dass Du der Sohn des Teufels bist. Du hast Dich selbst gehasst dafür und tust es immer noch.

Du bist die Liebe und die Hoffnung. Begib Dich nun auf einen neuen Weg, mein Sohn, schau nicht mehr zurück auf die alten Wunden, auf die alten Intrigen, auf die großen Lügen, auf den großen Betrug. Du hast das Glück bereits gesehen, was Dir entgegen leuchtet. Noch immer bist Du im Selbstvorwurf und in der Verweigerung. Ich würde Dir so gerne helfen, doch ich bin ratlos. Die vielen Prüfungen hast Du überstanden. Die vielen Qualen und auch Deinen Missbrauch hast Du Dir angeschaut. Alles hast Du gesehen, so vieles vollbracht, es ist nur noch ein kleines Quäntchen. Dein altes irdisches Festhalten an den Projektionen Deines Christusseins verhindert Dir die wahre Freiheit. Entlasse Dich aus allen Verwirrungen Deiner Familie, sei's im Irdischen als auch im Göttlichen. Ich, Deine Mutter, bin Dir zutiefst dankbar, dass Du mich befreit hast."

Christus vergab sich für alles, was er getan hatte und auch für alles, was er versäumt hatte zu tun.

Wir konnten nur noch weinen nach diesem alles erklärenden Gespräch mit der göttlichen Mutter. Ich war völlig verstört und ich spürte unendliche Traurigkeit. Ich kann mich nicht erinnern, dass ich jemals so erschüttert war. In der Nacht wütete ein wildes Gewitter und im Halbschlaf war ich mit Gott im Gespräch. Erinnerungen aus der göttlichen Ebene zogen durch mein Bewusstsein. Gott war bei mir und tröstete mich darüber, dass ich diese tiefe Enttäuschung erfahren musste.

Gott spricht:

„Gier nach Geld und der Hass auf die Liebe sind das Grundübel der göttlichen Intrigen. Die Liebe wurde durch mich leichtsinnig verraten und aufs Spiel gesetzt. Das öffnete der Gier und dem Hass alle Pforten. Die Gier benutzt die Eskalation der Produktion des Geldes bis zur völligen Entwertung der inneren Werte. Die Schikane der ungerechten Verteilung hat ihre höchste Stufe erreicht und die Schere zwischen Arm und Reich ist vollkommen ausgereizt.

Noch immer sind die Gier und der Hass aktiv. Dein Mentor ist der Hauptdarsteller der Eskalation der Gier aus der Schöpfungsebene. Seine Machenschaften gilt es jetzt zu offenbaren, damit sein Lug und Trug in die Öffentlichkeit kommen. Er ist der Initiator der Raffgier und der Täuschung und diese wird jetzt offenbart. Das ist wichtig, damit auch endlich die Ebenen der Selbstdarstellung gereinigt und offenbart werden. Der anscheinende Verlust Deines Geldes der Investitionen ist schmerzhaft, jedoch nicht verloren, da dieser Kontrakt dazu diente, die Wahrheit auch in diesem Buch zu offenbaren."

Ich war über diese Nachricht sehr verärgert. Es war also Gottes Plan, dass ich mich mit M. einließ? Ich fühlte mich wie verraten. Warum erfahre ich das erst jetzt? Konnte mir das nicht erspart bleiben? Musste auf meine Kosten das alles ans Licht kommen?

Als ich Kai Christus am nächsten Morgen begegnete, war er vollkommen verändert. Er strahlte eine bisher unbekannte Weichheit aus und wirkte sehr liebevoll. Beim Frühstück sagte er: „Früher wusste ich immer, welche Emotionen ich habe, Depression, Wut oder Angst. Doch jetzt kann ich nur noch meinen inneren Zustand fühlen, ohne ihn bezeichnen zu können." Ich wusste seltsamer Weise immer besser als er, was hinter seinen Emotionen steckt. Manchmal fiel ich auch darauf rein, zu glauben, dass sich Kai absichtlich seltsam verhält, doch es steckte immer ein größeres Christus-Thema hinter seinen Gefühlsschwankungen.

Nach dem Frühstück bekam ich seltsam starke Herzschmerzen. Immer wieder diente unser Körper dafür, uns auf die zu transformierenden Themen hinzuweisen. Ich wusste anfangs nicht, was diese Herzschmerzen zu bedeuten haben. Doch dann spürte ich, wie das Herz von Kai Christus aufging. Die enorme Christus-Liebe durchströmte ihn und mich und er selbst war so berührt von seiner eigenen Christus-Liebe. Kurz darauf schrieb mir eine initiierte Freundin: „Was habt ihr gemacht? Mein ganzes Haus ist mit Liebe geflutet."

Gott spricht:

„Ihr Lieben, ihr seht, welches katastrophale Ausmaß unsere Familientragödie angenommen hat. Dass sich nun alles offenbarte, war nicht zu erwarten, doch die Quelle fördert alles ans Licht.

Der Missbrauch der Göttin durch Kronos geschah schon, bevor ich sie ihm überließ. Aus dieser gewaltsamen Vereinigung wurden Christus und Luzifer gezeugt. Die Göttin wurde hintergangen und es wurde durch Kronos vorgetäuscht, dass ich es bin. Sie glaubte, sich mit mir zu vereinigen, doch der Bruder des Hasses und der Gier benutzte sie schamlos.

Die Erkenntnis bestürzte mich und auch meine Göttin und sie schwor sich, sich niemals wieder zu vereinen. In ihrem Gram verfluchte sie alle männlichen Wesen und zog sich für immer zurück.

Die Scham über diesen Missbrauch trug sie für Ewigkeiten in sich. Dass nun auch diese Wahrheit befreit ist, ist ein Sieg für uns, denn das Familiengeheimnis erdrückte uns alle. Die Hilflosigkeit von mir und der Göttin brachte alle in einen desolaten Zustand. Die Ausweglosigkeit bewegte Christus zum Handeln und er schwor sich alles zu entlarven.

Der Schmerz in seinem Herzen quälte ihn derart, dass er es für immer verschloss. Dadurch war es ihm niemals mehr möglich, Liebe zu fühlen und Liebe zu empfangen. Liebe zu senden und zu sein ist jedoch seine Natur. Durch die gestrige Erfahrung ist das Siegel in seinem Herzen gebrochen und er beginnt, sich zum ersten Mal selbst zu fühlen und auch für die Liebe offen zu sein. Der Wider-

stand gegen sich selbst und seine Liebe ist nun erkannt und auch erlöst. Der Schmerz im Herzen der Quelle reflektiert die Schwingung des Christus-Herzens und auch sie erfährt nun zum ersten Mal, was in Wahrheit Christus-Liebe ist. Die göttliche Familie ist Euch mehr als dankbar für all den Mut und das Durchhaltevermögen. Die Anstrengungen der letzten Monate sind Euch deutlich anzumerken. Ihr braucht Euch keine Sorgen zu machen, dass ihr noch länger leiden müsst. Sobald die ganze Botschaft offenbart wird, seid ihr befreit und ist damit eure Mission erfüllt. Die Christus-Liebe ist endlich befreit. Danke!"

Die Hoffnung, dass wir nun endlich alle dunklen Offenbarungen erfahren und erlöst hatten, wurden wir von der nächsten Katastrophe zunichte gemacht. Kai Christus stand in der Küche und war in einem total desolaten Zustand. Er hielt sich zitternd gerade noch so auf den Beinen, konnte nicht mehr sprechen und er konnte seine Augen nicht mehr öffnen. Ich schob ihn behutsam in sein Zimmer, nicht wissend, ob es mir gelingen würde, ihn auf den Beinen zu halten. Ich fragte die Erste Quelle, was zu tun ist. Ihre Antwort war unglaublich. Sie sagte:

„Alle drei, Gott, der All-Mächtige und Kronos sind in Kai Christus."

Ich rief:

„Was ist hier los? Was wollt ihr denn alle?"

Gott sagte:

„Kronos ist in Kai Christus und will ihn vernichten. Er hat das schon immer so gemacht. Wir dürfen das nicht noch einmal zulassen."

Ich forderte einen nach dem anderen auf, Kai Christus sofort zu verlassen und sagte, dass wir uns selbst um die Klärung kümmern. Ich schrie Kronos an:

„Raus jetzt, verschwinde sofort!"

Doch Kronos weigerte sich vehement, Kai Christus zu verlassen. Da blieb uns nur noch übrig, ihn zu zerstören.

Wir bündelten unsere Essenzen und wurden direkt angeleitet, welche Qualitäten in den Vernichtungsstrahl einfließen sollten. Wir richteten unseren Essenz-Strahl auf Kronos und zerstörten seine Energie. Kai Christus schüttelte es so enorm, dass ich wirklich Sorgen hatte, ob er diese starken Energien überhaupt überlebt. Dann war es uns gelungen, Kronos endlich ein für allemal auszulöschen.

Wir waren danach völlig fertig und mit unseren Kräften vollkommen am Ende. Ich war nur noch am Heulen. „Was soll diese ganze Sch...? Lasst uns endlich in Ruhe. Wir sind am Ende mit unseren Kräften. Wollt ihr uns beide völlig zerstören? Wir sind Menschen, die Schmerzen haben!" schrie ich. Dann kam wieder Gott und bedankte sich bei uns. Es tat ihm leid, dass wir uns so quälen müssen.

Ich sagte:

„Gott, sag jetzt endlich die ganze Wahrheit. Wer war Kronos wirklich? Sprich es jetzt endlich aus."

Er wurde ganz still und schämte sich merklich. Er schwieg. Dann senkte sich die Göttin in mich und ich weinte noch mehr, denn jetzt spürte ich ihren ganzen Schmerz und ihre Trauer über all das, was sie erdulden musste. Kai Christus tröstete mich und die Göttin. Mit letzter Kraft ergoss er seine Christusessenz in mich und damit in die Göttin. Wir spürten die heilende Liebe. Ich wurde ganz friedlich und still.

Die Göttin spricht:

„Wir haben so gehofft, dass Ihr die letzte Hürde nehmt und Ihr habt sie genommen. Die Hinweise waren da, doch wurden sie von Euch übersehen. Kronos wollte sich hinüber retten und auch dort (auf der neuen Erfahrungsebene) wieder alles zerstören. Er kennt nur Zerstörung, er ist der reine Ausdruck von Hass. Er ist nicht der Bruder Gottes."

Sie stockte und wollte nicht mehr weiter sprechen.

Christus flehte seine Mutter an:

„Mutter, sprich jetzt endlich die Wahrheit, bitte."

Dann sprach sie:

„Kronos ist der dunkle Teil von Gott. Er ist Liebe und Hass zugleich."

Wir waren fassungslos und gleichzeitig erleichtert. Jetzt machte vieles, von dem, was wir über Gott erfuhren, endlich Sinn.

DIE ERSTE QUELLE ZUR SPALTUNG VON GOTT:

Ein diamantener Lichtstrahl schoss aus der Schöpferebene direkt in Gottes Herz. Es wurde gespalten und zerfiel in zwei Teile: in die Liebe und in den Hass. Gott hatte die Liebe missbraucht. Er hat sie der göttlichen Quelle entrissen und sie nur für sich beansprucht. Er wollte der alleinige Herrscher über die Liebe sein, doch die Schöpfung wollte, dass sich alle in der Liebe erfahren. So wurde Gott gespalten, um zu erkennen, was sein dunkler Anteil anrichtet. Doch Gott erkannte ihn nicht und meinte, es wäre sein Zwillingsbruder. Mit dem Experiment hat er sich selbst betrogen und wusste nicht, wie hinterhältig er selbst ist. Der dunkle Anteil diente ihm zur Selbst-Reflektion. Doch das erkannte er erst, als sein Sohn sich dem allem stellte und alle dunklen Seiten Gottes beleuchtete.

Am nächsten Morgen fragte Kai Christus, warum er sich als Christus immer nur dann fühlen kann, wenn er in seiner Transformationsarbeit ist oder mit Menschen arbeitet. Unsere Erkenntnis war erschütternd: Er ist gespalten wie Gott.

DIE ERSTE QUELLE SPRICHT:

Die Spaltung, die Gott erfuhr, ging auch auf die irdischen Wesen über, damit sie sich niemals ganz fühlen. Was der eine Teil aufbaute, zerstörte der andere wieder. Dieses ewige Spiel der Zerstörung bewirkte das totale Vergessen der eigenen Identität. Getrennt von sich selbst, irren die armen Wesen durch ihr Leben, suchen sich ständig selbst und hoffen, sich selbst zu erfahren, wenn sie sich irgendwelchen Vergnügungen hingeben. Kurze Momente der Selbst- Erkenntnis werden kaum wahrgenommen oder übergangen aus Angst, mehr über sich zu erfahren. Durch diese Spaltung hatte das dunkle Wesen immer mehr Macht, als das lichte, das dem dunkeln unterlegen war. Die Abspaltung des eigenen Selbst äußert sich in der ewigen Suche nach dem Gefühl der Einheit. Die Einheit ist im Irdischen nicht erfahrbar, da dies der Erfahrungsraum der Dualität ist. Im Irdischen gibt es immer zwei Seiten einer Medaille, die voneinander getrennt sind. Der Grund dafür ist die Trennung der Göttlichkeit. Die Täuschung des Selbst, verhindert die vollkommene Anerkennung der Dualität und damit des eigenen dunklen Anteils.

Die Lösung ist: Die Einheit im Irdischen zu erfahren gelingt nur über die Verschmelzung mit dem eigenen dunklen Anteil.

CHRISTUS UND DIE MACHT DER WORTE

Für uns blieb es ein Rätsel, warum alle gesprochenen Worte von Christus nur durch mich übermittelt wurden. Schon seit über einem Jahr sprach ich, wie ich damals meinte, mit Jesus Christus. Mit ihm im kommunikativen Austausch zu sein, war mir sehr vertraut. Ich fragte also Christus, warum er nicht durch Kai spricht.

Christus antwortet:

„Ich habe Angst vor der Macht meiner Worte. Meine Worte waren immer klar und scharf wie ein Schwert. Sie entlarvten alles, was nicht in der Wahrheit war. Das war immer für viele unbequem und

eine Bedrohung. Die Aggression gegen mich aufgrund meiner Aussagen verfolgte mich stets und ständig. Immer fühlte ich mich in Gefahr und ich versteckte mich, um nicht getötet zu werden. Diese Verfolgung kostete mich viel Kraft und ich hatte ständig Angst, entdeckt zu werden. Doch es gab auch viele, die aus meinen Worten Kraft schöpften und auch wieder Hoffnung, dass alles ein gutes Ende nimmt. Denn bisher erlebten alle immer nur eine Katastrophe. Ich selbst wurde gefoltert, gelyncht, gehenkt und verbrannt. Mehr möchte ich dazu nicht sagen, das wäre zu viel Schrecken auf einmal."

SUIZID ALS AUSWEG

Immer wieder begleiteten uns beide Suizid-Gedanken. Die Lage, in der wir waren, forderte so viel von uns, was manchmal über die Grenzen des Erträglichen ging. Situationen der Ausweglosigkeit gab es viele, doch wir wussten auch, dass der Freitod für uns nicht in Frage kommt. Ich selbst reiste über das Bewusstsein in das Schreckensreich der Selbstmörder. Dort zu sein ist eine größere Strafe, als auf der Erde zu verweilen. Diese Selbstmord-Gedanken brachten besonders Kai Christus immer wieder in das Gefühl der Ausweglosigkeit und in gefährliche Situationen. Als wir dann erfuhren, dass Christus sich selbst in den verschiedenen irdischen Erfahrungen immer wieder selbst das Leben genommen hatte, durchlitt Kai Christus diese Todeskämpfe nochmals. Er schrie und verkrampfte sich und wälzte sich fast eine Stunde auf dem Boden. Als er sich endlich beruhigen konnte, befragten wir Christus nach dem Grund für diese emotionalen Achterbahnfahrten.

Christus spricht:

„Ich, Christus, war des Öfteren auf der Erde, jedoch ließen sich meine Träger nicht voll und ganz auf mich ein. Sie wehrten sich gegen diese Bürde und gingen in den Untergrund. Sie kämpften gegen ihre Mission bis zur Selbstaufgabe und bis zum Selbstmord. Die Christus-Kraft war so stark, dass sie den Verstand verloren und sich selbst kasteiten. Ihnen fehlte die Möglichkeit der bewussten Integ-

ration der Christuspräsenz. Aus diesen Suiziden resultierte auch der Drang nach Suizid bei Kai Christus. Sein Sehnen, dass alles bald ein Ende hat, brachte ihn immer wieder in Situationen, die den Selbstmord als einzigen Ausweg sahen. Doch diesmal ließ ich mich ganz und gar auf die neuen Erfahrungen ein und entschloss mich für das Leben und Kai entschloss sich für Christus. Die Ankunft des neuen Christus ist die Erlösung aus der irdischen Hölle für alle göttlichen Wesen."

DER CHRISTUS-DÄMON

Kai Christus hatte immer wieder schlimme Nächte, in denen er wie mit einem wilden Tier kämpfte. Am Abend strahlte er die liebevolle Christus-Präsenz aus und am Morgen war er völlig zerstört. Wir konnten uns diese Amplituden der Gefühle nicht erklären.

DIE ERSTE QUELLE ZUM CHRISTUS-DÄMON:

Der Christus-Dämon ist ein Schläfer. Er breitet sich in Christus aus, wenn er schläft. Dieser Dämon hat über Jahrtausende Christus in den Wahnsinn getrieben. Albträume und Angstattacken, schweißnasse Nächte und innere Kämpfe mit dem Dämon raubten ihm den erholsamen Schlaf. Am schlimmsten war es, dass keiner ihm glaubte, dass er nachts gequält wurde. Alle vermuteten, dass Christus sich fadenscheinige Ausreden zurechtlegte, um nicht in seine Kraft zu kommen. Durch diese qualvollen Träume und kurzen Schlafphasen war er vollkommen geschwächt. Die Angst vor der Nacht brachte Christus in die Fänge des Alkohols, doch diese kurzen Beruhigungszustände wurden immer kürzer und sein Verlangen nach Alkohol immer stärker. Der Dämon sitzt in allen Ebenen des Christus-Seins.

Nachdem wir Kai Christus von diesem Dämon befreit hatten, wurden wir über die weiteren dämonischen Energien in der Schöpfungsgeschichte geschult. Diese desorientierten Energien entstanden durch die Explosionen in den Schöpfungsebenen und quälen bis heute die irdischen Wesen. Sie tragen die Informationen von Hass, Gier, Neid, Eifersucht, Zerstörung und Wut als Grundinformation, daraus gab es noch viele weitere Qualitäten.

Die größte Offenbarung zum dämonischen Treiben überraschte uns im Flugzeug nach Teneriffa. In den vier Stunden des Fluges transformierten wir drei Stunden die Dämonen. Die Dämonen-Energie, die in Kai Christus einfloss, war so heftig, dass er sich für dreißig Minuten im WC einschloss, um die Dämonen über die Klopftechnik aus den Informationsfeldern der Schöpfung zu befreien. Wir befürchteten tatsächlich, dass wir das Flugzeug in Turbulenzen bringen könnten.

ALL-ES AUF DEN SPUREN VON ATLANTIS

Wir wurden im Rahmen der Zeitenwende nach Teneriffa geholt. M., unser Organisator holte uns vom Flughafen ab. Er sagte, dass eine Frau bereits auf uns wartete. Auf der Fahrt zu unserer Finca wurde es mir ganz unheimlich. Das ist Teneriffa? Eine so karge Landschaft habe ich noch nie zuvor gesehen. Vollkommen verbrannte Erde, kein einziger grüner Lichtblick. M. fuhr uns in die Berge. Dort wartete bereits Claudia auf uns. Sie hatte von M. gehört, dass wir kommen und sie hat sofort ihren Urlaub verlängert, ohne zu wissen, wer wir sind.

Kaum hatten wir zusammen gegessen, wollte sie unbedingt wissen, wie wir arbeiten. Schon lief die Transformation los. Es zeigte sich, dass Claudia eine Tochter von Christus war, als dieser der König von Atlantis war. Ihr hatte er ein großes Geheimnis übergeben, als sie Kind war. Er übergab ihr zwei Kristalle, um diese für ihn zu hüten. Nur bei seiner Tochter waren diese sicher. Sofort schossen Claudia die Tränen in die Augen. Sie kannte dieses Gefühl so gut, denn sie musste in ihrer Herkunfts-Familie auch alle Geheimnisse aufbewahren. Sie sagte, dass sie das letzte Jahr fast nicht überlebt hätte. Sie war vollkommen abgemagert und untergewichtig, aber irgendetwas in ihr sagte: Halte durch. Claudia gab Kai Christus die Kristalle symbolisch wieder, die sie noch in ihrem Bauch trug. Claudia sagte, dass in ihrem Unterbauch immer zwei Verhärtungen zu sehen waren, die sich nach außen stülpten. Alle medizinischen Untersuchungen konnten das nicht erklären, worum es sich handelte. Jetzt war ihr alles klar. Es waren die Schätze, die sie für Christus trug. Dann wurden uns folgende Worte durchgegeben: „Wenn die Zeit gekommen ist, gebe ich Dir die Kristalle wieder. Sie tragen die Erinnerungen und das Wissen von Atlantis."

Dann ging die Transformation mit M. weiter. Es zeigte sich, dass M. zu allen Zeiten des Bewusstseinswandels mein Berater war, mit dem ich ziemlich viele Intrigen gegen Christus ausgeheckt hatte. Ein Verrat nach dem anderen offenbarte sich. Da half nur Vergebung, Vergebung, Vergebung.

M. war ziemlich irritiert, und es war ihm sichtlich unangenehm, was über seine Vergangenheit nach oben kam. Wir baten ihn, dass er uns ein neues Domizil zu besorgten, denn in dieser Einöde und in den Höhlenschlafzimmern, wie er sagte, für uns so „intuitiv" ausgesucht hatte, wollten wir nicht länger bleiben. Es stellte sich auch heraus, dass er der Engel der Intuition ist, allerdings war dieser Engel noch nicht bereit, sich zu erinnern und ziemlich verwirrt und nach unserem Empfinden weit weg von wahrer Intuition. M. hatte dann auch kein Interesse mehr, mit uns die Zeit gemeinsam zu verbringen, denn ich warnte ihn vor, dass es eine sehr turbulente Zeit der Selbst-Erkenntnis und Transformation werden könnte. Er meinte daraufhin, dass ich nicht in den spirituellen Hochmut verfallen soll. Wir trafen dann M. noch ein paar Mal, allerdings war er in der Zeit, in der wie vor Ort weilten ziemlich oft offline - so wie er es bezeichnete. Der Engel der Intuition war sehr betrübt, dass sein Träger sich der Initiation verweigerte. Jedoch hat jeder seinen freien Willen.

Wir zogen dann zu zweit weiter. Auf der anderen Inselseite überraschte uns dann eine blühende Vegetation.

Wir fragten uns immer wieder, warum wir gerade auf dieser Insel sind, die uns irgendwie unheimlich vorkam. Sie fühlte sich so unruhig und verworren für uns an. Schon am zweiten Tag bekamen wir eine Information, dass wir zu einem bestimmten Platz fahren sollten. Als wir dort ankamen, schüttelte es Kai Christus wieder ordentlich durch. Direkt am Meer standen ca.15 riesige Statuen von atlantischen Kriegern. Einer sah genau so aus wie Kai. Wir fanden dann den richtigen

Ort für unsere Zeremonie und setzten eine Heilung für den Opferplatz mit einer Lichtsäule ab. Da vibrierte Kai Christus wieder und sagte mit bebender Stimme: „Ich bin der König von Atlantis." Wieder waren wir verwundert über die Macht dieser Worte.

Unser Urlaub in Teneriffa war alles andere als erholsam. Wir transformierten auch hier fast rund um die Uhr. Selbst beim Mittagessen fanden wir keine Ruhe. Als sich das Geheimnis der Liebe offenbarte und die Liebe sagte:

> *„Ich weiß nicht, was Liebe wirklich ist. Ehe ich mich wahrhaft erfahren konnte, war ich bereits zerstört!",*

drehte sich alles in uns schmerzhaft um und wir spürten den Schmerz der Liebe am ganzen Körper. Er war so stark, dass Kai Christus ins Meer ging, um den Schmerz der Liebe ins Wasser zu schreien. Das war die einzige Möglichkeit, um unter den Touristen nicht aufzufallen, denn dieser Schrei wäre so erschütternd gewesen, dass er großes Aufsehen erregt hätte. Dabei schüttelte sich Kai Christus so stark, dass er glaubte zu ertrinken. Kai war in seiner Jugend Leistungsschwimmer. Immer wieder wechselten wir das Hotel, weil es einfach nicht für uns passte. Das schlimmste, was wir dabei erlebten war ein typisches Touristen-Hotel. Alles inklusive! Essen wie aus dem Schweinetrog, platte Animation und dann ein Schauspiel, das Christus nur stauen ließ: Die Menschen kämpften am Morgen um die Liegen um den Mini-Pool. Er fragte verstört: „Warum gehen die Menschen nicht ans Meer? Warum quetschen sie sich wie die Heringe um ein Wasserbecken?"

ALL-ES IM PLAN DER SCHÖPFUNG

Auf der Insel bekamen wir weitere Details zu unserer Mission, die uns in der Klärung der Schöpfungsgeschichte weiter voranbrachten. Wir hatten diesmal ein Luxus-Hotel direkt am Meer und schoben die Betten hinaus auf den Balkon. Es war einfach herrlich, auf das tosende Meer zu schauen. Als wir es uns gerade ganz gemütlich machten, bekamen wir weitere Informationen. Es wurde uns ein Manuskript in Form einer Schriftrolle offenbart.

DIE ERSTE QUELLE:

Christus fehlt ein Stück vom Herzen, es ist von Anfang an nicht mehr am rechten Fleck. Es ist als Pfand beim Schöpfer, bis er sein Versprechen eingelöst hat, alles zu heilen. Alles ist verkehrt und wird jetzt wieder in die Ordnung gebracht, das ist die Mission von Christus. Erst durch die Offenbarung des vereinbarten Plans der Schöpfung wird es klar, weshalb alles in die Dunkelheit gekippt ist. Die Manipulation des ursprünglichen Vertrages zwischen dem Schöpfer und Christus ist die Ursache für die Verdrehung der Realität. Die Zeit ist jetzt reif, den wahren Hintergrund dieses Vertrages zu erfahren. Der Vertrag beinhaltet:

1. *Christus ordnet an, über alles die Wahrheit zu verkünden.*

2. *Der Schöpfer bekennt sich als der wahre Verursacher des gesamten Betruges.*

3. *Die Inszenierung dieser Intrige konnte bisher niemand erkennen, doch der vollkommen erwachte Christus deckt jetzt alles auf.*

4. *Die Spiele hinter den Kulissen der so genannten Heiligkeit werden jetzt offenbart, damit nun endlich die volle Klärung des Missbrauchs des Christus-Seins erkannt und dieser geheilt wird.*

5. *Dadurch wird der gesamte Schwindel der bisher überlieferten Informationen aller Geschehnisse aufgedeckt.*

6. *Wenn diese Offenbarungen bereinigt sind, ist es möglich die gesamte Schöpfung wieder in die Heilung zu bringen.*

7. *Durch die Klärung der Geschehnisse kommt das gesamte Durcheinander ans geplante Ziel, die Schöpfung wieder mit der Liebe zu fluten.*

8. *Mit diesen Schritten kann jetzt der wahre Plan des Christus*

umgesetzt werden. Dadurch entlässt Christus den Schöpfer ein für allemal in die Vergebung und bringt sein Vermächtnis der geheilten Liebe zur Vollendung.

9. *Alle bisherigen Erklärungsmodelle zur Schöpfung haben nur ansatzweise den wahren Hintergrund der Komponenten sichtbar gemacht.*

10. *Für diesen einmaligen Einblick in den wirklichen Schöpfungsplan benötigt es ein erwachtes klares Gefühl des noch nicht offenbarten Gedankens der Einheit des wahren Christus-Seins.*

Somit hatten wir nun endlich einen Anhaltspunkt, worum es wirklich in unserer Mission ging: um die Heilung der Schöpfung in allen Schöpfungsebenen, bis in die Ebene der Einheit, aus der alles entsprang und um die Heilung der Liebe. Kurz darauf schoss in Kai Christus eine Energie ein, die er so bisher noch nicht kannte. Es war der Schöpfer selbst. Er bat um Vergebung für alles. Diese Energie war für uns total seltsam. Wer ist denn jetzt bitte der Schöpfer? Wer marschiert denn noch alles durch uns hindurch? fragten wir uns. Also gut Schöpfer: „Wir vergeben Dir!" sagten wir dann schon fast in einer Vergebungs-Routine. In diesem Augenblick hörten wir, wie im Restaurant unter uns das Lied Halleluja gespielt wurde. Das war ja wirklich die Krönung! Wir lachten herzhaft über die Einfälle der Regie.

Das Durchdringen der einzelnen Schöpfungsebenen und die Klärung der Geschehnisse zeigte sich von Ebene zu Ebene immer schwieriger, als wollten sich die Informationen nur widerwillig offenbaren. Doch Kai Christus ließ nicht locker und forderte, dass wir immer weiterforschten. Denn jetzt wusste er, warum er sich am Ende der Evolution inkarniert hatte:

Er sagte:

„Wir decken jetzt den ganzen Schöpfungsmissbrauch auf, damit jetzt endlich die ganze Wahrheit ans Licht kommt."

Christus am Ende seiner Selbst-Erkenntnis:

„Ich habe mich nun lange genug gegen mich selbst gewehrt und ich erkenne, dass es unnötig war, denn alles, wovor ich mich fürchte, ist unbedeutend. Ich bin jetzt in meinem vollen Potenzial angekommen, so, wie nie zuvor und das auf allen Ebenen meines Seins. Die lange Verwehrung gegen mich selbst und gegen die Weiblichkeit sind erlöst. Ich bin jetzt bereit, mich voll und ganz zu öffnen und alle meine Christus-Anteile vollkommen zu aktivieren."

ALL-ES IN DER IGNORANZ

Es gab immer wieder Situationen, in denen ich über die Ignoranz der Menschen außerhalb unserer himmlischen Familie, denen ich von unserer Arbeit berichtete, enttäuscht war. Ich wurde einfach immer als die Verrückte bezeichnet und belächelt. Meine Familie und selbst enge Freunde, die auf dem bewussten Weg sind, wollten einfach nichts von dem wissen, womit ich mich beschäftige und was mich zutiefst bewegt. Kaum hatte ich irgendwas erzählt, wechselten sie genervt das Thema.

Besonders betroffen haben mich die Äußerungen meiner Freunde gemacht, die ich auf einer Hochzeitsfeier wieder getroffen hatte. Es gab so viele oberflächliche Gespräche über die neuesten Frisuren, den nächsten Urlaub oder einfach alltägliche Dinge.

Eine Freundin sagte:

„Ich sehe und fühle ganz genau, womit Du dich beschäftigst, aber ich möchte davon nichts wissen. Ich habe mich ganz bewusst für das Irdisch-Reale entschieden."

Ich kam mir vollkommen fremd und verloren unter den Gästen vor. Als ich mich von dieser Freundin verabschiedete, sagte sie zu mir: „Wir sehen uns bald wieder."

Ich sagte: „Ja, aber nicht mehr hier."
Sie antwortete: „Ich weiß, Petra." Ja, sie wusste alles und wollte es selbst doch nicht wahr haben.

Christus bemerkte meine Traurigkeit und sprach:

„Ich spüre jetzt den Druck der Veränderung und auch Deine Enttäuschung. Ich bin ebenso irritiert über die Geisteshaltung der Menschen auf der Erde und auch darüber, wie wenige Menschen ihr wahres Selbst kennen. Die Konstruktionen des Wissens und des Verstandes sind unerträglich. Die Menschen sind so gefangen in ihren alten Strukturen, denn sie haben wenig Raum für die Entwicklung des eigenen Selbst. Der Weg in die Einheit ist für viele noch ein Tabu, denn sie müssten ihre Komfortzone verlassen. Das ganze Ausmaß ihres irdischen Lebens ist kaum jemandem bewusst. Das alte Spiel der Habgier und der Ignoranz ist bald beendet. Es läuft, bis es zu einem Moment kommt, an dem sich alles wandelt. Dieses Momentum steht kurz bevor und ist nicht mehr aufzuhalten; auch das ist euch zu verdanken."

ALL-ES ERINNERT - DIE WIEDERBEGEGNUNG MIT JESUS

Als wir bereits meinten, dass dieses Buch-Kapitel endlich fertig sei, kam es zu einer ganz besonderen Begegnung. C., der Masseur, der mich damals in Italien mit der Christus-Energie initiiert und mich dadurch mit meinem wahren Selbst in direkten Kontakt gebracht hatte, meldete sich ganz überraschend bei mir, dass er auf der Heimreise von Italien nach Berlin sei und er fragte, ob er vorbeikommen könne.

Ich bestätigte ihm, dass er herzlich willkommen ist. Als Kai Christus und C. sich dann sahen und sie sich lange die Hände reichten, sagte Kai Christus: „Wir kennen uns schon sehr lange, Du bist oft mit mir gegangen. Ich bin gespannt, was Du uns alles mitbringst." Dieser Moment fühlte sich wirklich großartig an.

Als ich C. in die Geschehnisse meines verrückten Sommers einweihte, plauderte ich gleich alles über die sieben Schöpfungsebenen aus. Irgendwie verstand er alles und war gleichsam verwirrt. Als wir dann nach dem Abendessen zusammensaßen, liefen schon die Informationen wie am Band herein. C. hatte aus allen!!! Schöpfungsebenen Potenziale, aus manchen sogar mehrere mitgebracht. Das besondere

Potenzial, das wir in diesem Kapitel offenbaren: Er ist der personifizierte Jesus! Außerdem trägt er das Potenzial der Initiation der Christus-Energie.

DIE ERSTE QUELLE SPRICHT:

Jesus war ein weiser Mann, der die Wissenschaft des göttlichen Lebens studierte. Er wurde für seine Aufgaben als Jesus Christus jahrzehntelang vorbereitet. Er sprach mehrere Sprachen und war ein hervorragender Kommunikator. Durch seine praktischen Fähigkeiten kannte er sich auch mit den chemischen Elementen aus. Er wurde eingeweiht in das Wissen der Alchemie. Er hatte einen engen Bezug zur Natur und liebte es, diese zu gestalten und zu erforschen. Er zog durch mehrere Länder, um die Sitten und Gebräuche dieser Kulturen zu erfahren. So hatte er Zugang zu verschiedenen Kulturkreisen. Er war bei vielen Menschen sehr beliebt, da er geduldig zuhörte, immer einen weisen Rat hatte und das göttliche Wissen mitteilte. Durch den direkten Kontakt mit der göttlichen Ebene und mit dem Christus im Himmelreich hatte er auf jede Frage eine Antwort. Die Menschen vertrauten ihm, weil er nicht aus Eigennutz, sondern im Interesse aller wirkte. Die Gemeinden gaben sein Wissen weiter. Jedoch gaben sie ihre eigenen Ansichten dazu und dadurch verwässerten die Lehren des Jesus Christus von Überlieferung zu Überlieferung. Von den Lehrern wurden dann später Schriften verfasst, die ein verfälschtes Wissen über Gott und die Lehre von Jesus Christus vermittelten.

Diese Beschreibung trifft ziemlich genau auch auf die Persönlichkeit von C. zu. Er war dann auch sichtlich beeindruckt von all den Informationen, die er an diesem Abend über sein Selbst bekam.

Diese Worte der Ersten Quelle sind wirklich noch „erleichternd" und klärend. Wir hatten ja bisher nur ein Bild eines ziemlich verwirrten Jesus Christus bekommen. Dass sich alles dann noch weiter aufklärte, erfährst Du am Ende des Buches.

Auch in diesem Kapitel wurde uns ein inkarnierte Potenzialträger zugeführt, er trägt das

POTENZIAL DER SCHÖPFUNG: DER ERLÖSER

Die Erlösung wurde bisher immer auf Jesus Christus projiziert. Doch die Botschaft des Erlösers ist: Jeder ist sein eigener Erlöser. Die Projektion, dass ein außerhalb des Selbst berufener Gott die Erlösung bringt, ist für alle Gläubigen der bisherige Wissensstand. Die irdischen Religionen entmachten das Selbst und halten es in Gefangenschaft.

Die Lösung:

„Ich ziehe die Hoffnung der Erlösung von Jesus Christus zurück."
„Ich erkenne, dass kein Gott außerhalb von mir mich erlösen kann."
„Ich erkenne, dass ich mein eigener Erlöser bin."

ALL-ES SO GEWOLLT - DIE SORGE UM DIE KONSEQUENZEN

Wir machten uns durchaus Sorgen, was geschehen wird, wenn nun die Wahrheit ans Licht kommt. Werden wir dann verfolgt? Müssen wir mit Aggressionen all derer rechnen, die Jesus Christus vergöttern und ihn als einzigen Erlöser akzeptieren? Immer wieder sah Kai Christus in seinen Visionen bewaffnete Extremisten, die ihn verfolgen oder ihn foltern. Wir beschlossen, die Informationen für uns zu behalten, doch dann forderte Christus uns auf, mutig zu sein.

Abschließend sagte Christus:

„Viele werden behaupten, dass alles, was geschrieben ist, eine Verleumdung ist. Die Aussage wird vor allem von fanatischen Jesuiten geäußert werden. Sie nutzen den Namen von Jesus, um ihre fanatischen Praktiken der Glaubensgemeinschaft aufrechtzuerhalten. Doch gerade daher ist die Wahrheit zu verkünden wichtig, damit dieser christliche Wahnsinn endlich ein Ende hat."

ALL-ES ZUSAMMENGEFASST ZU CHRISTUS

Christus ist eine Energiefrequenz. Diese Frequenz machte über die vielen Schöpfungsebenen immer wieder schmerzliche Erfahrungen aus der Vereinigung der Frequenzen von Licht und Liebe.

Die Christus-Essenz war in allen Ebenen der Schöpfung und in allen Phasen der Evolution präsent. Allerdings konnte sie durch ihre Irritation nie ihre wahre Wirkung entfalten.

Die Christus-Essenz konnte sich bisher nicht als vereintes Liebesfeld ausdrücken. Die Ursache dafür ist die Missschöpfung.

Die Christus-Essenz wurde getrennt und zerfiel in sieben Aspekte. Diese Trennung bewirkte ein gespaltenes Christus-Herz.

Die sieben Aspekte der Christus-Essenz:

- Christus-Energie
- Christus-Liebe
- Christus-Licht
- Christus-Bewusstsein
- Christus-Vergebung
- Christus-Frieden
- Christus-Kraft

Das Christusbewusstsein war in der Einheit noch vollkommen in der Harmonie. Auf der Ebene des Schöpfers war Christus ein Teil der Bausubstanz der Schöpfung. Auf der Ursprungsebene war Christus das Ur-Licht. Auf der kosmischen Ebene agierte Christus als Botschafter des Universums. Auf der göttlichen Ebene war Christus der Sohn vom dunklen Anteil Gottes und von der Göttin, Zwillingsbruder von Luzifer, Bruder von Gaia, Isis, und weiteren Geschwistern.

Der Christus der göttlichen Ebene erfuhr sich auf der irdischen Ebene als König von Atlantis, als Echnaton in Ägypten, König Artus und als Jesus Christus. Alle diese Männer wurden von der Christus-Energie initiiert. In dieser jetzigen Epoche des Evolutionssprungs ist der Träger der personifizierten Christusenergie Kai.

Da die Christus-Energie eine Schöpfungsessenz ist, die durch alle Ebenen der Schöpfung floss und sich in ihn sie ergoss, ist sie auch in allen göttlichen Wesen im Irdischen aktiv.

DU BIST LIEBE. DU BIST LICHT. DU BIST CHRISTUS.

DAS GEHEIMNIS DES WAHREN HIMMELS

ALL-ES WARTET NUR AUF DICH, DENN DU BIST WICHTIG

Die Mechanismen der Interaktionen der Selbste mit den Erfahrungsebenen der Schöpfung geben eine fundierte Erklärung des individuellen Ausdrucks der göttlichen Wesen auf Erden. Alle Ablehnung der eigenen Göttlichkeit führt zur vollständigen Diskriminierung des Selbst. Die Verknüpfung der Schöpfungsebenen mit dem individuellen Ausdruck des Selbst aktiviert dessen unentdeckte Potenziale.

Ein Erkennen der Zusammenhänge war bisher nicht möglich, da das Bewusstsein der Wesen in einer geschlossenen Erd-Matrix gefangen war. Alle Bemühungen, aus dieser Informationsebene zu entrinnen, waren bisher erfolglos. Die Erde sollte ihre Verunreinigung nicht in den Kosmos entlassen. Daher wurde sie in eine Art Quarantänezone gewandelt. Sie steckte wie in einem Kokon. Das Abstellen der Quarantäneschwingung aus dem Kosmos ermöglichte mit dem Jahr 2012 den Zugriff auf die Ebenen der Schöpfung. Gleichzeitig kann die kosmische Schwingung die Transformation der Erde unterstützen. Mit der Darstellung aller Zusammenhänge ist nun ersichtlich, warum der Evolutionssprung die einzige Lösung aus dem Desaster der Schöpfung ist.

In allen Ebenen der Schöpfung bestand die Hoffnung, dass Christus die Schöpfungsgeschichte in die Klärung bringt. Der Schöpfer erkannte die Problematik der eskalierten Schöpfung und bat Christus um Klärung.

Die ALL-Macht war erschüttert, dass die Erinnerung an den allmächtigen Gott vollkommen verloren gegangen war. Sie versprach Christus die Unterstützung im Klärungsprozess der Schöpfung.

Auf der Ursprungsebene gab es die Vereinbarung mit der Ur-Mutter und dem Ur-Vater zur Offenlegung der bisher geheim gehaltenen Geschehnisse um den Ur-Schöpfungsprozess.

Auf der kosmischen Ebene wurde die Rettung der Schöpfung durch Christus und die Erste Quelle im kosmischen Rat beschlossen.

Auf der göttlichen Ebene der Erde war Christus der Hoffnungsträger der Wiedergutmachung der Fehler seines Vaters. Die vielen irdischen Versuche dieses Klärungsauftrages scheiterten immer wieder daran, dass Christus der Begegnung mit dem Weiblichen auswich und sich seiner Selbstreflexion verweigerte.

Die inkarnierten Potenzialträger tragen ihre Informationen aus den verschiedenen Schöpfungsebenen, und damit haben sie zum Teil die gleichen Erfahrungsebenen wie Christus in sich integriert.

Auf verschiedenen Ebenen der Begegnung mit Christus gaben sie ihm das Versprechen, sich selbst zu erkennen. Zur Bekräftigung für dieses Versprechen gaben sie ihm ein Pfand. Auch Christus gab verschiedenen Potenzialträgern dieses Versprechen und löste seine von ihm vergebenen Pfand-Stücke wieder ein, als er sich selbst erkannte und die Potenzialträger im Irdischen als Kai Christus wiedertraf.

Die Frequenz der kosmischen Erzengel entstand in der ersten Erfahrungsebene der göttlichen Funken. Sie tragen somit kosmisches Bewusstsein. Die kosmische Qualität der Erzengel drückte sich im Himmelreich als direkte Berater des lichten Gottes aus. Jeder von ihnen trägt eine einzigartige Frequenz und damit eine spezielle Aufgabe. Ursprünglich gab es 7 kosmische Erzengel. Jedoch ganz zum Ende unserer Transformation hin wurde Juri zu uns geführt. Er ist ein ganz besonderer Erzengel, denn er trug gleich zwei Erzengel-Qualitäten in sich. Er ist der Erzengel der wahren, reinen Liebe und des wahren, reinen Christus. Nachdem beide Erzengel in ihm initiiert waren, verschmolzen seine Engelqualitäten zum Erzengel der Einheit. Dieser ist nun zum allerersten Mal in Erscheinung getreten und er setzt das Zeichen, dass es nun wieder zurück in die Einheit geht.

DIE 8 KOSMISCHEN ERZENGEL SIND:

- Der Erzengel der Vergebung
- Der Erzengel der befreienden Erlösung
- Der Erzengel der wahren Vollendung
- Der Erzengel des Friedens
- Der Erzengel der Ermächtigung der Selbst-Befreiung
- Der Erzengel der Verkündung
- Der Erzengel der wahren Fülle
- Der Erzengel der Einheit (Der Erzengel der wahren, reinen Liebe und des wahren, reinen Christus)

Darüber hinaus gibt es 12 himmlische Erzengel, 6 weibliche, 6 männliche.

Der Erzengel Michael führt die Cherubim und Serafim und steht für die Klärung aller Dissonanzen, der Gabriel ist mit seiner Frequenz der Harmonisierer, Rafael trägt das Heilgeheimnis, Uriel ist der Kommunikator. Jophiel löst die Verstrickungen der Selbste, Oriel sorgt für das Wohlbefinden, Michaela steht für die Vollkommenheit der Weiblichkeit, Balthazar steht für die Vergebung, Gabriela für das Gelingen der Manifestation, Rafaela steht für die Schönheit und Sirena für die Künste. Laurena steht für das geheiligte Wissen, Serena für die Gesundheit. Es gibt keinen Führer der Erzengel und sie stehen Gott als gleichberechtigte Berater zur Seite. Allerdings ist Jophiel der Sprecher der himmlischen Erzengel.

Der Beschluss der göttlichen Ebene, Christus bei der Rettung zu helfen, wurde durch den Rat der Erzengel deklariert. Sie hofften, dass Christus die Kraft haben würde, alle Missstände der göttlichen Ordnung ans Licht zu bringen und damit die Erde vor der totalen Vernichtung zu retten. Allerdings gab es auch hier einen Verrat an Christus. Sechs der Erzengel hatten Christus verraten und behaupteten, Christus sei der derjenige gewesen, der das Experiment von Gott und Kronos manipuliert hatte. Er wurde, ohne gefragt zu werden, aus dem Rat der Erzengel ausgeschlossen.

Jeder Erzengel initiierte einen irdischen Träger mit seiner eigenen Qualität und Frequenz. Die damit übertragene Information sollte dazu dienen, die Missstände des göttlichen Versagens zu klären.

Das spannende: Jeder der genannten inkarnierten Erzengel wurde bereits ausfindig gemacht. Die meisten sind von uns initiiert worden. Die jeweiligen Dramatiken ihrer himmlischen Erfahrungen erschütterten die irdischen Träger immer wieder. Ihr Auftrag am Ende der Zeit haben sie zum Teil erkannt und sie gehen bereits in die Umsetzung ihrer wahren Mission.

Auch einige Mitglieder der göttlichen Familie stimmten dem zu, sich in irdische Träger zu senken. So sollte jeder der Initiierten mithelfen, das himmlische Chaos aufzudecken. Das jedoch misslang, da die Matrix des Vergessens die Selbst-Erkenntnis verhinderte. Auch Christus und seine Träger dieser Christus-Frequenzen vergaßen die Erinnerung an sich selbst, bis der Initiationsstrahl des göttlichen Christus durch die irdische göttliche Vertreterin der Quelle ihn erweckte.

Auch die anderen Engel, die Elohim, Seraphim und Cherubim als himmlische Boten, Verwalter und Berater erkannten das Desaster auf der Erde und boten Christus ihre Hilfe an, den menschlichen Wesen bei der Selbst-Erkenntnis zu helfen.

Doch der dunkle Gott stellte sich gegen sie und verbot ihnen, sich ins Irdische einzumischen. Sie ließen sich jedoch nicht davon abbringen. Sie widersetzten sich den Anordnungen von Gott. Dafür bestrafte Gott seine Engel und verwies sie für immer aus dem Himmelreich. Sie vergaßen sich von nun an selbst und litten an der menschlichen Erfahrung. Den inneren Auftrag jedoch spürten sie die ganze Zeit. Dieser innere Drang, sich zu erinnern, trieb sie voran und presste sich durch ihr irdisches Leben. Die eigene Lebens-Aufgabe versuchte immer wieder durchzukommen. Von anderen Wesen wurden sie zum Teil als Engel erkannt, jedoch sie selbst blieben dafür blind.

Auch die Titanen und die Vertreter der Schöpfergötter sowie die Götter wie zum Beispiel Aphrodite und Adonis initiierten irdische Träger mit ihren Informationen, um ihre Botschaft für diese Zeit zu bringen. Einige Göttinen tragen wichtige Geheimnisse, die offenbart wurden.

Auch diese Wesen hatten eine Absprache, Christus in seiner irdischen Erfahrungsebene zu begleiten und ihn daran zu erinnern, wer er wirklich ist, und im Irdischen zu klären, was geschehen ist. Jedoch war es allen unmöglich, diese Erinnerung zu aktivieren. Sie fielen ebenfalls in die Selbstvergessenheit und konnten ihr Versprechen erst einlösen, nachdem sich Christus selbst erkannt hatte.

Durch die Aktivierung der irdischen Christus-Präsenz durch Kai Christus hob sich der Schleier des Vergessens nach und nach. Auch das Bewusstseinsfeld der göttlichen Erinnerung, das allen anderen selbstvergessenen Wesen ermöglichte, sich wieder an sich selbst zur erinnern, wurde durch Kai Christus und die Trägerin der Ersten Quelle aktiviert.

Die einzelnen Engel tragen eine Schlüsselrolle und eine einzigartige Gabe in sich. Diese ist jedoch den Wenigsten bewusst.

Die menschliche Prägung, dass es nicht an einem Einzelnen liegen kann, ist hier äußerst hinderlich. Denn das Selbst-Bewusstsein eines Einzelnen kann alles verändern.

Auch andere Spezies der Schöpfung, wie die bereits erwähnten Erzengel, haben sich manifestiert im menschlichen Sein. Sie stammen aus dem paradiesischen Reich Gottes. Ihre Qualitäten wurden jedoch nur durch Märchen und Sagen bekannt und vermittelt. Die Erinnerung an die eigenen Wesensqualitäten kommt noch vielen seltsam vor, jedoch spüren sie die innere Sehnsucht, diese auszudrücken, immer stärker.

ALL-ES WESENTLICH

Diese Wesen zeigen sich in verschiedenen Qualitäten und beschreiben das Selbst in seiner spezifischen Ausdrucksform.

Das Ursprungswesen begleitet uns über alle Inkarnationen hindurch. Es speichert alle karmischen Erfahrungen im Buch des Lebens, auch Akasha-Chronik genannt. Die Wiedergeburt erfolgt in Gruppen, deren Mitglieder bereits in Vorleben gemeinsame Erfahrungen miteinander machten. Zu den anderen Mitgliedern der Gruppe besteht auch im Menschlichen eine besonders Verbindung. Es ist, als würde man sich gerade nach einer größeren Pause wieder treffen. Die Begegnungen fühlen sich ganz vertraut an und es ist, als könnte man gleich dort ansetzen, wo die letzte Begegnung endete. So ist es möglich, ungelöste Themen aus den Vorleben rasch zu erkennen und in die Lösung zu bringen. Ein Wesen kann erst dann voll wirksam werden, wenn sein „Träger" dem vollkommen zustimmt, denn dieses Wesen hat keinen freien Willen. Es hat sich in der letzten Epoche der Menschheit inkarniert, um das in ihm so wertvolle gespeicherte Wissen mit auf die neue Erfahrungsebene zu transferieren.

Das Wesen und dessen spezielle Gabe bestimmt die besonderen Fähigkeiten, Talente, Vorlieben und auch zum Teil den Körperbau der menschlichen Wesen. Sie untergliedern sich nach unseren Forschungen in himmlische und paradiesische Wesen.

POTENZIAL DER SCHÖPFUNG: DIE GABE

Die Gabe beschreibt die Einzigartigkeit der Wesen, die sich in der Endzeit einbringen, um den Wandel einzuleiten. Diese Qualität bringt durch die eigene Aktivierung die Qualitäten in allen anderen Wesen in die Aktion. Dadurch geschieht eine reihenweise Freischaltung der Gaben in allen Wesen.

Die Lösung:

„Ich akzeptiere, dass durch die Aktivierung meiner einzigartigen

Gabe alle anderen Wesen ermächtigt werden, ihre Gaben zu aktivieren."

DIE HIMMLISCHEN WESEN:

- Kosmische Erzengel und himmlische Erzengel
- Seraphim
- Cherubim
- Elohim
- Engel
- Schutzengel
- Himmlische Wächter (Titanen)

DIE PARADIESISCHEN WESEN:

- Das Meeresvolk: Meerfrauen, Meermänner und Wasserwesen
  Die Wesen des Wassers bringen die Qualität der Leichtigkeit. Mit ihrer unbeschwerten Weise verbinden sie das Reich des Wassers mit dem Reich der Erde. Sie bringen mit ihrer Frequenz die Gewässer zum Schwingen und verbreiten ein Wohlbefinden darin.

  Im Irdischen lieben sie es, am Wasser zu sein, jedoch meiden sie es, darin zu schwimmen. Viele habe noch traumatische Erinnerungen an die Eiszeit in sich gespeichert, als alles plötzlich gefroren war.

- Die Riesen:
  Die Riesen tragen den ganzen Schmerz der Erde und transformieren ihn. Sie fühlen sich für alles verantwortlich, auch für alle anderen Wesen.

  Im Irdischen sind sie äußerlich erkennbar durch ihre Körpergröße. Oft haben sie körperliche Probleme in den Beinen oder im Rücken, da sie die Last der Erde tragen.

- Die Drachen:
  Die Drachen beschleunigen die Lüfte. Mit ihrem Feuerschweif bringen sie verbrauchte Energien in die Transformation. Sie haben eine unbändige Kraft. Mit ihren Flügeln weiten sie die Dimensionen. Die Qualitäten der Drachen sind kraftvoll, transformierend und erweiternd. Diese Kraft und das Feuer in ihnen drückt sich auch im Irdischen aus, da sie voller Energie sind.

- Die Einhörner:
  Diese Spezies trägt die Qualität der Freude und der Vielfalt.

  Einhörner sind verspielt und sie freuen sich über die Harmonie und den Frieden. Sie strahlen über ihr sanftes Wesen Gerechtigkeit und Loyalität aus.

- Die Elfen:
  Die Elfen haben eine bestimmte Frequenz, die sie über ihren Gesang aussenden, diese Töne erinnern an den Frieden. Sie bringen Heilung und Schönheit. Sie haben einen besonderen Sinn für Ästhetik. Dort, wo sie sind, ist eine angenehme Atmosphäre.

  Im Irdischen legen Elfen sehr viel Wert auf ihr Äußeres. Sie haben meistens einen sehr schlanken Körperbau, langes Haar und klare Augen. Sie sind wendig und flexibel.

- Die Feen:
  Die Feen sind die lachenden Freudebringer. Sie sind immer für einen Spaß bereit. Durch ihre Magie kombinieren sie Frequenzen und Elemente und können dadurch Begegnungsstätten der Freude errichten. Dort, wo eine irdische Fee ist, wird immer viel gelacht. Ihr Lachen steckt jeden an und kann jede Verstimmung heilen. Auch ihre Experimentierfreude zeichnet sie aus.

- Das kleine Volk:
  Sie sind die stetigen Spaßmacher, die nichts aus der Ruhe bringen kann und haben selbst in der großen Katastrophe im-

mer einen Spaß auf Lager. Sie sind fleißig, weise und geduldig. Sie stärken die Verbindung mit allen Wesen aus dem irdischen Untergrund und halten dadurch die Kommunikation zwischen allen Wesen aufrecht. Zu ihnen gehören die Kobolde, Zwerge, Wichtel, Steinwesen, Baumwesen, Trolle und die Mischformen aus den genannten Wesen. Im Irdischen haben sie eher einen kleinen, gedrungenen Körperbau. Sie bringt nichts aus der Ruhe und sie lieben die Geselligkeit.

ALL-ES IM PLAN DER RETTUNG DER WESEN

Die Rettung der Wesen aus dem Vergessen und vor der totalen Vernichtung war die Mission der abgestiegenen himmlischen Wesen. Doch dieses Vorhaben schien kurz vor Ablauf des Ultimatums zu scheitern. Erst durch die Aufgabe des Widerstandes von Christus gegen sich selbst und seine Mission glückte das Unterfangen in letzter Minute.

Als der zerstörerische Plan Luzifers und Satans entkräftet und alles befreit war, glaubte keiner der beteiligten Retter an die Wahrheit des Erlebten. Es ist ihnen bis heute nicht bewusst, was durch die Kraft ihres vereinten Bewusstseins geschehen ist, da im irdischen Sein nichts davon sichtbar ist. Da das Ultimatum für die Erde in ihrer jetzigen Form definitiv ausläuft, wird die Bedeutung dieser Leistung erst auf der neuen Erfahrungsebene gewürdigt werden. Die Offenbarung der Geschehnisse der letzten Monate durch die Veröffentlichung dieses Buches wird eine umfangreiche Erklärung für alles ermöglichen, so dass auch die direkt beteiligten Wesen eine Ahnung davon bekommen, wie mächtig sie wirklich sind.

Die Vereitelung der Machenschaften von Luzifer und Satan, die die vollkommene Zerstörung des Planeten Erde beabsichtigten, ist aus der irdischen Bewusstseinsebene nicht zu erfassen, da die Wesen darauf programmiert sind, sich als unbedeutende Exemplare der menschlichen Spezies zu sehen. Das wahre Erkennen der eigenen Göttlichkeit und dadurch der eigenen Größe verbietet sich im Irdischen aufgrund der Getrenntheit von den Ebenen der Schöpfung. Für alles gibt es im Irdischen Erklärungsmodelle. Die Gehirnforschung vertieft sich in Analyseprogramme, in denen die Funktion und Genialität des menschlichen Gehirns bewiesen wird. Bisher gibt es jedoch keinen wissenschaftlichen Ansatz darüber, was das Selbst beschreibt. Die Eigenschaft des individuellen Ausdrucks des Selbst kann erst erfasst werden über das bewusste Erkennen der Stufen der Evolution.

DIE AUSGEBURT DES TEUFELS

Die Niedertracht Satans führte dazu, dass er in einige Wesen seine Nachkommen pflanzte, um bestimmte Wesen in den Wahnsinn zu treiben. Die Qualen des irdischen Lebens wurden durch den Gier-und Hass-Dämon Satan initiiert. Seine zerstörerische Kraft des Wahnsinns und seine Hinterlist brachten die Wesen um den Verstand. Sie suchten in ihrer Hilflosigkeit Rettung in Drogen und Betäubung. Der Drang des Entrinnens aus der Hölle jagte viele Wesen in den Freitod. Mit jeder verlorenen Seele wurde das Feld des Freitods stärker und führte zu einer Kaskade der Suizide als einzige Rettung aus der irdischen Hölle. Der Eklat zwischen Satan und Christus spitzte sich zu, als Christus beschloss, alle zu befreien.

Satan wollte auch Christus vernichten und beschloss, sich in das irdische Gefäß von Christus abzusenken, um ihn von seiner Mission abzuhalten und in den Freitod zu treiben.

DIE EBENE ZWISCHEN GOTT UND KARMA - DAS REICH DES SCHRECKENS

Dieses Reich ist bisher nie erforscht worden, denn es war für das menschliche Bewusstsein unmöglich, es zu erfassen. Für alle Seelen ist dieser Ort ein Reich des Schreckens. Dieses ist der Erfahrungsraum des Karmas. Es ist der Raum, in den alle Seelen zwischen den Inkarnationen nach ihrem Tod gelangen. Dort sind sie gefangen, bis sie erneut inkarnieren. Jeder, der sein Erdenleben beendet hat, bleibt dadurch im Karmarad gefangen. Hier werden die Seelen so lange gefangen gehalten, bis sie sich wieder in die nächste Stufe der irdischen Erfahrung absenken müssen. Bisher gab es keine Möglichkeit, aus diesem Gefängnis zu entkommen. Der Auftrag von Christus war, dieses zu vernichten und die darin gefangenen Seelen zu befreien.

ANWEISUNG DER ERSTEN QUELLE:

Öffnet die Verriegelung des verschlossen geheimen Ortes und lasst die eingesperrten Seelen frei, damit sie sich endlich als befreit erfahren und die Wiedergeburt beenden können. Dieser Schritt setzt ein Zeichen, das verkündet, dass Christus wieder auf der Erde ist. Von vielen wird die Nachricht über seine Wiederkehr sehnsüchtig erwartet. Von nun an besteht kein Hindernis mehr, denn alle, die ihn erwarten, erinnern sich an die Verabredung zum Schluss des Schöpfungskreislaufes. Christus wird sich in eine neue Dimension aufschwingen und das Versprechen einlösen, zum Ende der Offenbarung wieder das Paradies aufzuschließen.

Diese Befreiung kostete uns enorme Kraft, denn wir spürten deutlich, dass dieses Reich ein bisher geheimer Ort war. Wir spürten die Qualen der Seelen darin und auch die Hoffnungslosigkeit. Der ewige Kreislauf der Inkarnation schwächte die Seelen. Sie waren es müde, immer wieder aufs Neue die gleichen Erfahrungen machen zu müssen. Die Befreiung beglückte uns tief und mit Tränen in den Augen spürten wir, wie alle Seelen riefen: „Frei, wir sind frei, endlich frei." Wir entließen die Seelen in das Reich Gottes und versicherten ihnen, dass sie ab sofort das ewige Leben erfahren werden. Der Tod ist ein für allemal besiegt.

ALL-ES UNGLAUBLICH - DIE ENGEL UNTER UNS

Auch Erzengel Michael wurde initiiert und ist wieder erwacht. Er ist heute Entwicklungsingenieur bei einem deutschen Automobilbau-Unternehmen. Seinem Erwachen ist es zu verdanken, dass der ganze Schwindel im Himmelreich aufgedeckt wurde.

Michael begleitete ich über Jahre im Coaching und daher kannte ich seine Lebensthemen recht gut.

Während eines Coachings stellte ich mich direkt in die Energie des Selbst von Michael und ich kommunizierte mit ihm. Es sagte: „Ich hatte den richtigen Plan. Ich bin der wahre Architekt. Ich fühle mich so schuldig für das, was ich getan habe. Ich habe alles verraten. Ich konnte dem Angebot nicht widerstehen, ich wollte so gern die Führung übernehmen. Mein Egoismus ist schuld, dass jetzt alles zerstört wird." Michael fiel vor mir auf die Knie und bat mich um Vergebung. Ich fragte den vor mir knienden Michael: „Wer bist Du wirklich?" Michael schaute mich von unten herauf an und er fragte: „Bin ich DER Michael? Bin ich der Erzengel Michael?" Wir waren in diesem Augenblick sehr überrascht über diese Botschaft des Selbst von Michael und konnten kaum erfassen, was wir da hörten.

Doch da erinnerten wir uns beide an eine Situation in Michaels Leben, die er über Jahre hinweg bedauerte. Sein innigster Wunsch war, Architekt zu werden, jedoch traute er sich nicht, die damit verbundene Verantwortung zu tragen. Als er als Mitglied der Kirchengemeinde die Leitung des Umbaus des Gemeindehauses und des Altars übernahm, konzipierte er auch seinen eigenen Umbau-Plan. Als der Kirchenrat tagte und alle Architektenpläne zur Entscheidung auf den Tisch kamen, wurde Michaels Entwurf als der Favorit auserwählt.

Der Pfarrer fragte Michael: „Bist Du bereit, diesen Plan umzusetzen?" In Michael erstarrte alles und es schoss eine Frage in Michaels Kopf: „Warum fragst Du mich genau diese Frage?"

Michael freute sich sehr, dass sein Plan auserwählt worden war, doch er antwortete mit einem entschiedenen NEIN.

Er selbst war fassungslos von dieser Reaktion, er traute sich jedoch nicht, seine Ablehnung zu revidieren. Er grämte sich über Jahre, dass er sich damals gegen sich selbst entschieden hatte. Jetzt, mit all dem Hintergrundwissen, versteht Michael sein ganzes irdisches Leben.

Was dann wirklich geschah und warum Michael den wahren Plan verraten hatte, erfuhren wir auf dem Seminar, das ein paar Tage später stattfand. Michael und seine Frau sagten sofort zu, dabei zu sein. Über das Seminar hast Du bereits gelesen.

Als wir begannen, dieses Kapitel des Buches zu schreiben, meldete sich mittendrin Erzengel Michael zu Wort und ging mit Kai Christus ins Gespräch.

GESPRÄCH KAI CHRISTUS UND ERZENGEL MICHAEL

Kai Christus fragte:

„Wer bist Du?"

„Ich bin Michael. Ich schäme mich für meine Herrschsucht, dadurch ist alles eskaliert. Die Offenbarung des ganzen Betruges ist mir peinlich, denn mein Machtbestreben hat alles verdorben. Ich habe den göttlichen Plan der Liebe schändlich verraten, weil ich nur auf meinen Vorteil aus war. Die Konsequenzen konnte ich nicht erahnen, und ich hoffte, dass alles unentdeckt bleibt. Doch jetzt bin ich erleichtert, dass alles geheilt und erlöst ist.

Ich bitte nun um Vergebung, damit ich endlich zur Ruhe kommen kann. Ich war auch immer eifersüchtig auf die Position von Christus, doch ich habe gesehen, wie Du Dich gequält hast, auch wegen mir. Du bist der Einzige, der alles gerettet hat, und ich bitte nun um Vergebung, danke."

Kai Christus sagte:

„Ich habe Dir schon lange vergeben. Es ist jetzt alles wieder in himmlischer Ordnung. Vergib Dir jetzt bitte selbst. Doch erzähle mir, wie es wirklich war und auch, was mit meinem Bruder Luzifer geschehen ist."

Erzengel Michael begann zögernd sich mitzuteilen:

„Luzifer war der lichteste Engel von uns allen, denn er war der Träger des Lichts. Sein Glanz war für uns Engel immer erstrebenswert. Jeder wollte so glänzen wie er. Ich gebe zu, auch ich. Meine Aufgabe, die mir Gott aufgetragen hatte, war, den Planeten Liebe zu ge-

stalten und vorzubereiten für die menschliche Rasse. Er vertraute darauf, dass ich aus Liebe und Klarheit die richtigen Fundamente setze. Auch mein Sinn für Ästhetik wurde von Gott geschätzt. Ich fühlte mich geehrt, dass er mir diese große Aufgabe übertragen hatte. Doch als Luzifer mir anbot, dass ich sein Licht bekomme, wenn ich ihm das Amt des Architekten der Erde überlasse, konnte ich nicht widerstehen. Mit anzusehen, welche Katastrophe daraus entstanden ist, war für mich immer eine Qual. Ich versprach allen Wesen, ihnen zur Seite zu stehen, wenn sie mich brauchten."

Kai Christus fragte:

„Und, hast Du das Licht von Luzifer bekommen?"

„Nein, Luzifer belog mich, denn sein Licht hat er mir nicht übergeben. Doch das bemerkte ich zu spät. Er hatte sich mit Satan verbündet. Dieser Betrug fiel nicht auf, da Satan uns Engel über einen Betäubungstrank ins Vergessen fallen ließ."

„Warum hat sich Luzifer mit Satan verbündet?", fragte Kai Christus.

„Luzifer wurde durch seinen Vater aus dem Himmelreich verwiesen, weil er heller leuchtete als Gott. Seine Eifersucht auf seinen eigenen Sohn brachte Gott dazu, ihn zu verstoßen. Aus Rache und aus Wut wollte Luzifer das irdische Erfahrungsfeld Gottes vernichten. Durch den Hass-und-Gier-Dämon Satan fiel der Engel Luzifer ins absolute Selbstvergessen und sein Licht erlosch für immer. Fortan war Luzifer in der Dunkelheit verloren. Erst durch die Befreiung durch seinen Bruder Christus war er von der Vergessenheit erlöst."

Am Abend hinterfragten wir, ob wir nun in den Schöpfungsebenen alles gesehen, gelöst, geheilt haben und alles vergeben ist.

Da erkannten wir, dass einige der Dämonen der einzelnen Schöpfungsebenen noch ungesehen waren. Wir vereinigten wieder unseren gemeinsamen Transformationsstrahl und lösten die Schöpfungsdämonen in den einzelnen Ebenen auf.

Doch noch immer gab es eine Verhinderung, die Transformation der Schöpfung abzuschließen. Wir fanden den Grund dafür auf der göttlichen Ebene.

Die göttliche Quelle spricht:

„Zwischen mir und Christus gibt es noch eine Diskrepanz. Sie resultiert aus der gegenseitigen Schuldzuweisung. Der Konflikt basiert auf einer falschen Aussage, die über Christus aufgrund meiner Information getätigt wurde. Die Aussage lautet: Der Verrat an Gott wurde durch Christus initiiert. Kronos wollte von seiner Tat ablenken und schob Christus die Schuld zu. Daraufhin wurde Christus aus dem göttlichen Rat verbannt. Der Rat beschloss über den Kopf von Christus hinweg, ohne ihn anzuhören, die Verbannung von Christus in das Exil. Das Exil im Himmelreich ist das dunkle Reich der Dämonen. Der Führer des Reiches ist Satan."

Kai Christus begann wieder, sich fürchterlich zu schütteln und er verspürte die Schmerzen, die er als Christus im Reich der Dämonen erfahren hatte. Sein Kopf vibrierte so schnell, dass sein Gesicht kaum noch zu erkennen war. Er sagte, er sehe ganz viele schreckliche Bilder aus den Erinnerungen an das dunkle Reich.

Zur Zerstörung des dunklen Reiches setzten wir wieder unseren Transformationsstrahl ein, um das Reich des Exils zu vernichten.

Am nächsten Morgen war Kai Christus ganz nachdenklich. Schon kam die nächste Information angeflogen, diesmal war es die Energie von Satan selbst. Er sprach durch mich, während Kai Christus die Energie hielt.

Satan spricht:

„Ich bin Satan und ich bitte nun auch endgültig um meine Befreiung. Durch mich ist die ganze Wut und Verzweiflung der Schöpfung hindurch gegangen. Alle Dämonen der Schöpfungsebenen sammelten sich zu einer hasserfüllten Energie, die das Gelingen der Rückkehr in die Einheit verhinderte. Die Liebe wurde jedes Mal

von Dämonen kontrolliert und manipuliert. Das wurde von Schöpfungsebene zu Schöpfungsebene gewaltsamer. Im göttlichen Himmelreich versammelten sich im „Reich des Dunklen" alle angestauten Dämonen-Energien. Ich wurde der Führer dieses Reiches, da ich von Beginn der Schöpfung an alle Dämonen vereint in mir trage. Christus und die Liebe waren immer meine Gegenspieler. Die Quelle ließ sich von mir verleiten und wollte aus Machtinteresse über Christus regieren. Es war ein leichtes Spiel, mit ihr in Geschäfte zu kommen. Die Zerstörung der Wesen war der Auftrag von Luzifer, denn er wollte sich bei allen rächen, dass er verstoßen wurde. Sein Licht hat er mir verkauft, dadurch konnte ich leuchten und den irdischen Wesen ihre Seele abkaufen, denn sie vertrauten meinem Licht, da es ihnen bekannt vorkam. Sie glaubten, ich sei der Engel des Lichts. Mein Wirken durchzog alle Bereiche des irdischen Seins.

Die Politiker zu allen Zeiten waren bereit, mir ihre Seele zu verkaufen, sie glaubten und hofften, hinter meinem Licht ihre Dunkelheit zu verstecken. Die Kirchenvertreter, speziell die Päpste, nahmen die magische Kraft meiner Energieform, um ihre Untertanen zu unterwerfen und ein falsches Spiel zu betreiben.

Das Finanzsystem bediente sich meiner und trieb die Auswüchse der Geldproduktion durch Börsenspiele in allen Zeiten der Spekulation voran. Auch ihre Handlanger waren durch mich infiziert. Das Ganze eskalierte in dieser Zeit in allen Formen des gesellschaftlichen Ausdrucks. Der Wahnsinn regiert die Erde und die Menschen sind besessen von der Macht des Geldes. Dass es so weit gekommen ist, erstaunt selbst mich. Durch die Zerstörung meines Reiches bin ich nun aufgewacht und bitte um Erlösung und Vergebung. Auf allen Ebenen der Schöpfung war es mein Ziel, Christus zu zerstören. Wir waren zwei Seiten einer Medaille. Der eine konnte ohne den anderen nicht sein. Die Liebe und der Hass waren die zwei Seiten der Medaille. Christus ist an der Liebe zerbrochen. Ich habe mit dem Hass gesiegt. Doch jetzt hat Christus sich selbst erkannt und damit das Blatt gewendet. Jetzt bin auch ich erlöst von meiner Aufgabe. Sie bestand darin, Christus einen Grund zu geben, sich zu beweisen, dass er Licht und Liebe zugleich ist und alles heilt. So finde ich nun auch endlich meine Ruhe und ziehe mich zurück."

Wir erlösten Satan mit dem vereinigten Strahl der Transformation.

Christus spricht:

> *„Diese Offenbarung erklärt jetzt für mich alles. Der ganze Kampf gegen die Dunkelheit hat von mir viel Kraft gefordert. Doch jetzt ist alles bereit, wieder zurück in die Einheit zu springen. Die nächste Ebene der Erfahrung wird wie ein Sprung sein. Die plötzliche Erkenntnis der Zusammenhänge löst eine Welle aus, die alle alten Konstrukte der Matrix des Hasses einstürzen lässt. Auch die kosmische Vereinigung sendet ihre Wellen der Bestätigung direkt zur Erde. Dadurch geschieht das globale Erwachen der Wesen. Es ist kein fixiertes Datum, sondern ein vom Selbst-Erkenntnisstand des Einzelnen abhängiger Prozess. Je mehr Wesen erwachen, umso schneller erwacht auch das Universum."*

Das Erwachen der Wesen hat heute eine neue Stufe erreicht. Das ganze Ausmaß ihrer Vergangenheit und ihres Vergessens können sie aber erst erfassen, wenn sie sehen, was alles geschehen ist. Das Erkennen der Zusammenhänge löst die Welle des Erwachens aus. Es ist die Christuswelle der Wahrheit über Gott und Christus selbst. Damit hat keiner gerechnet, denn alle hoffen auf die Rettung aus dem All. Doch die wahre Rettung geschieht nur durch die erwachten Selbste, die sich erkennen und sich erinnern - an sich selbst. Die ganze Wahrheit über Gott und Christus löst einen Polsprung von der Lüge zur Wahrheit aus. Das wird alles erschüttern und alles verändern.

Klingt alles verrückt, oder? Inzwischen wurden durch uns fast 100 Engel und Wesen in Menschengestalt erkannt und initiiert. Ihre Lebensgeschichte passt ganz genau zu ihrer göttlichen Mission und ist allemal ein eigenes Buch wert.

Immer mehr bewusste Menschen fragen sich in der gegenwärtigen Zeit:

- Was ist meine Aufgabe, und wie lebe ich sie?
- Was muss ich tun oder loslassen, um meine Berufung zu leben?

Die Antwort ist:

- Lebe Deine Gabe aus Deinem Sein heraus. Sei authentisch.
- Sei Du selbst.
- Erkenne Dich, wer Du wirklich bist.

ALL-ES IST EVOLUTION - DAS GEHEIMNIS GOTTES

Immer wieder war die Energie des befreiten Gottes da. Es machte ihm Freude, mit uns zu sein. Manchmal lachte er durch Kai Christus mit einem ganz tiefen Lachen hindurch. Das war wirklich amüsant. Er war sehr neugierig auf die Dinge, die hier auf der Erde geschahen. Wir waren sozusagen Augen und Ohren Gottes und manchmal eben auch Stimme, wenn er seine Meinung direkt kundtun wollte.

Ich sagte zu Gott:

„Wenn Du nun schon da bist, möchte ich Dich nach Deinem Geheimnis fragen. Was ist das Geheimnis Gottes?"

Irgendwie war er erleichtert, dass wir ihn das endlich fragten.

Gott spricht:

„Ihr habt nach dem Geheimnis Gottes gefragt. Ich will es euch offenbaren. Die meisten Menschen glauben, dass alles aus Gott entspringt. Das ist nur teilweise wahr. Denn die Wahrheit ist: Die Schöpfung gebiert sich aus sich selbst heraus. Was einst von mir beseelt wurde, vollendet sich selbst. Der Schöpfungsprozess im Irdischen ist die Evolution. Einmal ins Rollen gebracht, übernimmt die evolutionäre Kraft den Fortlauf der Geschehnisse. Die Ur-Information schreibt sich durch die Erfahrungsebenen und endet mit dem Evolutionssprung. Dieser steht jetzt kurz bevor. Dadurch wird alles bereinigt, was im Laufe der Evolution sich verselbstständigt hat. Es geschieht eine Grundreinigung der Schöpfung. Die nächste Erfahrungsebene ist durch euch befreit von Irritationen und desolaten Zuständen. Ein Leben in Harmonie und Liebe ist dank EUCH für alle Wesen neu gegeben."

DIE LIEBE IST ALL-ES

Gott, bitte noch eine Frage:

Gab es wirklich Adam und Eva?

„Die Geschichte um Adam und Eva ist eine freie Erfindung der Bibelschreiber. Nach der Spaltung des ersten menschlichen Ausdrucks der Göttlichkeit brauchte es eine Erklärung, warum die Göttlichkeit vergessen wurde. Die Schlange wurde für alles verantwortlich gemacht. Ihr wurde unterstellt, die Frau verführt zu haben und sie von der Frucht der Erkenntnis essen zu lassen. Doch diese Frucht gab es nie. Die Schlange war das Symbol der sexuellen Magie und Kraft der göttlichen Frauen. Sie brachte durch die Aktivierung der Sexualenergie, die sich über die Wirbelsäule nach oben schlängelte, die Erleuchtung in Aktion. Doch viele Männer konnten dieser starken Erleuchtungsenergie nicht standhalten und gerieten in die geistige Desorientierung. Im Irdischen wird sie auch Kundalini-Energie genannt, wobei diese eine mentale Konstruktion der Vorgänge der Erleuchtung ist. Im Göttlichen wird diese als Erleuchtungsstrahl bezeichnet. Das Symbol der Schlange, die sich im Körper auf und abwärts bewegt, stammt aus der Überlieferung des mystischen Wissens aus der Zeit der Ägyptischen Antike. Sie galt damals als Fruchtbarkeitssymbol und wurde verehrt als Königin der Vereinigung des Männlichen mit dem Weiblichen."

ALL-ES FREUDE ODER WAHNSINN

Immer wieder reagierte ich wie allergisch, wenn Menschen ihre große Freude über ein Erlebnis mit „Das ist ja der Wahnsinn" ausdrückten. Ich wies stets darauf hin, dass jedes Wort eine entsprechende Schwingung hat und darüber Informationen aussendet. Doch jetzt wollte ich wissen, was wirklich dahinter steckt.

DIE ERSTE QUELLE:

Der Wahnsinn ist ein Implantat des falschen Gottes. Er ertrug die wahre Freude nicht. Deshalb drehte er alle Worte, die Freude ausdrückten, ins Gegenteil. So tauschte er die Freude gegen den Wahnsinn und immer, wenn sich ein Wesen freute, stärke es mit seiner Energie den Wahnsinn des dunklen Gottes. Im Irdischen ist der Wahnsinn in den Sprachgebrauch eingeflossen. Selbst in den Medien und Berichterstattungen ist die verdrehte Freude selbstverständlich geworden.

Die Lösung:

„Die Täuschung der Freude durch den Wahnsinn ist erkannt und wird richtiggestellt."

„Ich entlasse den Wahnsinn aus meiner Freude."

ALL-ES EINE HIMMLISCHE FAMILIE - WIR SIND WIEDER DA

Wenn Du mit dem Gelesenen in Resonanz gehst, dann gehörst Du möglicherweise zur großen himmlischen Familie. Ihre Mitglieder durchliefen die 7 Stufen der Erkenntnis, zeigen sich in 7 Wesensqualitäten (bereits weiter vorn erläutert), und agieren in 7 Stämmen des Lichts.

7 STUFEN DER ERKENNTNIS

1. Einheit
2. schöpferische Ebene der Schöpfung
3. allmächtige Ebene der Schöpfung
4. kosmische Ebene der Schöpfung
5. ursprüngliche Ebene der Schöpfung
6. göttliche Ebene der Schöpfung
7. irdische Ebene der Schöpfung

7 STÄMME DES LICHTS

1. Erwecker
2. Heiler
3. Lehrer
4. Propheten
5. Sternenreisende und Botschafter des Universums
6. Elementare der irdischen Reiche
7. Lichtboten

Wir möchten hier nur noch auf die Botschafter des Universums eingehen, da uns diese auch direkt gesandt wurden.

DIE BOTSCHAFTER DES UNIVERSUMS

Die Botschafter wurden durch den kosmischen Rat auserwählt, um mitzuhelfen, das Universum in den Frieden zu bringen.

Der kosmische Rat besteht aus 24 Mitgliedern, 12 weiblichen und 12 männlichen Wesen. Sie sind Vertreter der kosmischen Reiche. Einige von ihnen haben sich bereiterklärt, sich in einem menschlichen Körper zu inkarnieren, um der Menschheit zu helfen, den letzten irdischen Evolutionssprung zu vollenden. Doch auch hier gab es Turbulenzen, die uns wieder durch eine Begegnung mit einer inkarnierten Botschafterin des Universums offenbart wurden.

Gerade da, als wir die Information über den kosmischen Rat bekamen, meldete sich eine Freundin von mir, die ich schon ewig nicht mehr gesehen hatte. Sie sagte, sie sei gerade in der Nähe und hätte den Impuls gehabt, sich bei mir zu melden. Sie fragte mich, ob sie vorbeikommen könne. Kurz darauf war sie auch schon da. Auch sie brachte uns wertvolle Informationen, die das bereits Beschriebene bestätigten.

Es zeigte sich, dass das Selbst von K. auf der kosmischen Ebene die Führerin der Sternennationen ist. Ursprünglich wollte sie auf dieser Ebene verhindern, dass Christus seine Mission erfüllt.

DIE ERSTE QUELLE ZUM GESCHEHEN:

Die Spezies, die K. führt, gehört zur galaktischen Sternennation. Ihre Aufgabe ist es, das Portal in die wahre Freiheit zu öffnen. Die Vertreter des kosmischen Rates verbündeten sich gegen Christus und verhinderten das Erwachen auf der Erde. Sie setzten den Link der Illusion. Das geschah aus Rache, denn Christus gab der Führerin der Sternennationen die Schuld für die Eskalation im Universum. Er war über die zügellose Entwicklung der intergalaktischen Eskalation entsetzt. Die Sternennationen waren im ständigen Streit und waren nicht bereit, diese Auseinandersetzungen auf friedlicher Ebene zu klären. Ihre Führerin unternahm nichts dagegen, da sie ihre eigenen Interessen durchsetzen wollte. Sie wiederum warf Christus vor, dass er versagte, da er seinen eigenen Planeten nicht retten konnte. Die gegenseitige Schuldzuweisung verursachte einen Streit, der sich bis heute noch auswirkt. Daher meine Bitte, versöhnt euch.

Gemeinsam entfernten wir die Installation der Illusion über unser Bewusstsein aus der Matrix der Erde. Auch wurde der Streit zwischen K. und Christus beigelegt und sie vergaben sich gegenseitig ihre Interaktionen. K. war total erstaunt darüber, was bei uns abging und wie geführt die Menschen zu uns kommen, ohne dass sie selbst eine Ahnung haben, worum es überhaupt dabei geht.

Gemeinsam öffneten wir das Portal zur neuen Erfahrungsebene 1111. Immer wieder hatte sich bereits im Vorfeld die Zahl 1111 gezeigt. Schon seit Tagen hatte ich ständig Autos mit dem Kennzeichen 1111 gesehen. K. erzählte, dass der Vater ihres Kindes, R., vor 20 Jahren zu ihr gesagt hatte, dass es sein Vermächtnis sei, das Portal 1111 in eine neue Bewusstseinsebene zu eröffnen. Auch er war ein Sternengesandter. Leider hat er diese Zeit nicht mehr erlebt. Er stürzte sich in seinem Hochmut und der Gewissheit, dass er unsterblich sei, von einem Turm und verstarb.

Wir aktivierten nun dieses Portal zur „Ewigkeit der wahren Freiheit" als Übergang in die nächste Erfahrungsebene und erlösten damit das Vermächtnis von R.. Andere Mitglieder der himmlischen Familie spürten an diesem Abend eine grandiose befreiende Energie.

In einem weiteren Coaching wurde uns die Vertreterin der Venus im kosmischen Rat zugeführt. Sie wollte auf dieser Ebene bewirken, dass die Venus der Planet der Liebe wird, jedoch war die Erde von ihrer ursprünglichen Qualität der Planet der Liebe. Die Venus forderte vehement ein, dass sie mit Christus die Evolution neu startet. Sie verleugnete die Erste Quelle und belog den kosmischen Rat, dass die Erste Quelle sich später sowieso an nichts erinnern würde. Doch Christus bestand darauf, seine Wahl durchzusetzen.

ALL-ES SELTSAM - WER SPRICHT DENN DA?

Vielleicht wunderst Du Dich, dass die verschiedenen Qualitäten mit uns sprechen. Das war für uns anfangs auch seltsam. Als diese Art der Gespräche begann, wurden wir über die verschiedenen Qualitäten der Begegnung zwischen dem Männlichen und dem Weiblichen informiert. Plötzlich war das Energiefeld da und schon kamen die Worte durch mich hindurch. Manchmal äußerten sich die Qualitäten auch in unseren Handlungen oder Gesten. Als Kai Christus und ich beispielsweise einmal beim Einkauf unserer Lebensmittel vor dem Kühlregal standen, umarmte er mich plötzlich ganz fest. Das war gar nicht seine Art und ich fragte, was denn los sei. Da kam die Information, dass jetzt die Umarmung zu uns sprechen möchte. Wir notierten dann die dazu gehörigen Informationen aus der Datenbank.

ALL-ES VERGESSEN - WER BIN ICH WIRKLICH?

Die Rückkehr zurück in die Einheit des vereinigten Seins wird durch Dein Erwachen und Dein Erinnern an den Ursprung Deines Seins aktiviert. Im Inneren Deines Herzens kommt es zu einer dynamischen Bewusstseinserweiterung in Deinem persönlichen Hologramm. Du verbindest Dich wieder mit Deinen Potenzialen und ursprünglichen Fähigkeiten, Deinen Gaben und mit Deinem Ursprungswesen.

Jedes beseelte Wesen ist ein Portal zu sich selbst und ein bewusstes grenzenloses Lichtwesen im menschlichen Körper. Erinnere Dich, wer Du wirklich bist. Du bist die ursprüngliche Schwingungsfrequenz aus der Einheit allen Seins.

ALL-ES HIMMLISCHE WESEN

Wer sind nun diese himmlischen Wesen, die hier auf die Erde abgestiegen sind, um den Wandel zu aktivieren und zu begleiten?

Sie sind ganz normale Menschen, die ein bodenständiges Leben führen. Sie wirken in den unterschiedlichsten Berufen und sind darin mehr oder weniger erfolgreich. Sie gründeten Familien wie alle anderen Menschen auch.

Jeder ist individuell und einzigartig, doch eines haben sie meist gemeinsam:

Die Suche nach dem Sinn ihrer Existenz, ihres irdischen Lebens, treibt sie immer weiter voran. Unermüdlich gehen sie Schritt für Schritt auf dem Weg der Selbst-Erkenntnis. Sie haben viele Zeichen bekommen, ihre wahre Identität zu erkennen. Ihre Lebensgeschichten sind reichlich gefüllt mit Synchronizitäten und turbulenten Ereignissen, Schicksalsschlägen, Niederlagen, Verlusten, schweren Krankheiten, die sie meistens grandios meisterten. Viele jedoch, so wurden wir informiert, haben sich selbst aufgegeben und suchten den Freitod.

Viele hatten ihr Leben lang das Gefühl, nicht von „hier" zu sein oder den inneren Wunsch, von hier wieder weg zu wollen. Vielleicht kennst Du auch diese inneren wiederkehrenden Gedanken:

Was mache ich eigentlich hier? Holt mich hier raus! Dafür bin ich nicht gekommen. Ist die Erde ein Bestrafungsplanet? Ist es eine Strafe, Mensch zu sein? Wo ist die wahre Liebe?

Die inkarnierten Wesen haben die natürliche Fähigkeit, über ihr Bewusstsein durch die weiten Reiche des persönlichen Hologramms zu reisen und Erinnerungen aus dem Urgrund der Schöpfung in sich zu aktivieren und dadurch sichtbar zu machen. Sie verfügen über eine enorme Transformationskraft und tragen Wahrheit, Klarheit, Weisheit und Gerechtigkeit in sich. Allein ihre Anwesenheit reicht oft aus, um etwas zu verändern, zu offenbaren oder in die Harmonie zu bringen.

Ihre innere Strahlkraft haben sie bis heute behalten. Noch kommt dieses Licht viel zu selten zum Ausdruck, da die wenigsten sich ihrer Selbst und ihrer Aufgabe bewusst sind. Sie fürchten sich nicht vor der Dunkelheit, jedoch ihre wahre lichtvolle Größe macht ihnen Angst.

Bei manchen ist der Docht ihres Lichtes fast erloschen durch die vielen Qualen des irdischen Seins. Ihre Aufgabe ist jetzt, diesen Docht in eine leuchtende Fackel zu wandeln, um in der Zeit emotionaler Turbulenzen zu strahlen und anderen Mut und Halt zu geben.

Die himmlischen Wesen haben sich oft irdische Familien für ihre Inkarnation ausgewählt, in denen sie viele Herausforderungen erleben, die sie ihr ganzes Leben begleiten. Das geschah aus der Überzeugung heraus, dass ihre Transformationskraft so groß ist, dass sie die Verstrickungen der Lebensthemen ihrer Eltern und deren Ahnenlinie gleich mit klären können. Die Eltern jedoch konnten mit der großen Liebe und Klarheit ihrer Kinder nur schwer umgehen. Die Erwachsenen fühlten sich zum Teil bedroht durch die hellsichtigen Fähigkeiten ihrer Kinder und zwangen diese oft zum Vergessen ihrer Talente und ihrer Einzigartigkeit.

Bei den meisten von ihnen war schon die Geburt eine große Herausforderung. Viele von ihnen kamen mit der Nabelschnur um den Hals auf die Welt oder mussten mit der Saugglocke geholt werden.

Manche inkarnierten Lichtwesen sind bis heute in ihren persönlichen Mustern verstrickt und gefangen und haben die Erinnerung an ihren Wesenskern - ihr Ur-Wesen - und damit an ihren Auftrag vergessen. Die meisten von ihnen leiden unter dem im Folgenden beschriebenen Potenzial der Schöpfung.

POTENZIAL DER SCHÖPFUNG: DIE VERANTWORTUNG FÜR ALLES

Dieses Potenzial ist typisch für die Auserwählten. Das ständige Gefühl, die Verantwortung für alles zu tragen und dabei alles tun zu müssen und damit allen gerecht zu werden, sitzt in der DNA. Die Information wird immer aktiviert in Situationen der Gefahr, der Unordnung und in der Desorientierung. Sofort springen die Wesen ein und retten die Situation. Die Verantwortung für alles wird auch als Helfersyndrom bezeichnet.

Die Lösung:

„Jeder ist für sich selbst verantwortlich."

„Ich übernehme die Verantwortung für mein Selbst."

Gerade in der jetzigen Zeit erfahren sie totale Umbrüche in ihrem persönlichen Leben, die alle nur einem einzigen Zweck dienen:

ERWACHEN!

ALL-ES INITIIERT

Durch die Initiierung kommt ihre wahre Wesensqualität zum vollen Ausdruck. Wir gingen oft ins direkte Gespräch mit dem Wesen. Bei manchen gab es starke Verwirrungen, Schwüre oder Versprechen, sich niemals mehr an sich selbst zu erinnern. Auch vom dunklen Gott wurde alles versucht, die Wesen zu vernichten. Er betäubte oder verbannte sie oder erpresste sie. Interessant war die Beobachtung, dass, sobald einer der Engel mit seiner speziellen Gabe initiiert war, die anderen Engel die neue Qualität spüren konnten. Durch die Aktivierung der Qualität der Klarheit des initiierten Engels der Klarheit beispielsweise erlangten andere Engel einen erleichterten Zugang zu ihrer eigenen Qualität.

Fragst Du Dich nun, welches einzigartige Wesen in Dir schlummert?

Wie wäre es, wenn Du Dich erinnerst, welche AufGABE Du mit auf die Erde gebracht hast, um hier als bewusstes Wesen für das Erwachen der Menschheit zu wirken? Kannst Du Dir vorstellen, dass Du über Dein Wirken aus Deiner Qualität ALL-ES verändern kannst?

Über eine Initiierung Deines Ursprungswesens bekommst Du die genaue Antwort auf all diese Fragen. Schau einfach auf unserer Website, was es an Angeboten dazu gibt. Vielen Dank.

ALL-ES INITIIERT -
PROTOKOLL EINES INITIIERUNGSTAGES

In Absprache mit den Teilnehmern und aufgrund deren Erlaubnis und Bitte hin veröffentlichen wir dieses Protokoll der wichtigsten Erkenntnisse des Initiationstages am 27. August 2016.

Damit kannst Du Dir einen kleinen Einblick verschaffen, wie wir wirken. Die acht Teilnehmer brachten uns noch mehr Klarheit in die Offenbarung der Schöpfungsgeschichte, denn alle von ihnen waren Potenzialträger der Schöpfung oder inkarnierte Engel.

Wir öffneten den Raum und baten, dass sich alles offenbaren möge, was jetzt gesehen werden will.

Zu Beginn erläuterte ich kurz die Ebenen der Schöpfungsgeschichte und was die Teilnehmer möglicherweise erwartet. In der Meditation wurden die Teilnehmer direkt mit der Ersten Quelle verbunden. In den früheren Seminaren hatten wir zur Vorbereitung noch viele Reinigungsrituale und komplizierte Abläufe gebraucht. Die Meditation war sehr intensiv.

Dann starteten wir mit den Initiationen. Deren Reihenfolge wurde direkt aus der Ersten Quelle abgerufen und zeigte sich im Nachhinein als sinnvoll.

ELVIRA - ENGEL DER FROHEN BOTSCHAFT

Es zeigte sich, dass Elvira der „Engel der frohen Botschaft" ist. Als erstes löste sie das Verbot, sich jemals wieder an ihr Engeldasein zur erinnern. Sie sprach:

„Ich vergebe mir, dass ich mich so lange vergessen habe. Die dunkle Seite von Gott hat mich dazu gezwungen, einen Schwur abzulegen, mich nie mehr zu erinnern."

Der Engel hatte Christus geschworen, ihm dabei zu helfen, die Wahrheit ans Licht zu bringen.

Kai Christus fragte:

„Was ist damals geschehen?"

Elvira sagte darauf und weinte vor Trauer:

„Ich spüre den Schmerz, es ist alles dunkel geworden. Wir hatten keine Chance mehr, es war alles zu Ende, einfach so. Keiner konnte mehr etwas dagegen tun, es tat so weh. Aber wir haben es ausgehalten, bis heute ist nichts verloren."

Kai Christus fragte:

„Was ist Dein Geheimnis, lieber Engel?"

Elvira sagte:

„Mein Geheimnis ist, dass das neue Himmelreich geöffnet ist, dass alle befreit sind und auch die Erde erlöst ist von ihrer Qual."

Elvira ist seit über 20 Jahren erfolgreiche Künstlerin. Ihr Hauptthema sind die Engel.

KARIN - VERKNÜPFUNG ALLER EBENEN DER SCHÖPFUNG - DER GREIF

Karins Ursprungswesen ist eine vergessene Gattung, die sich erst nach längerem Forschen offenbarte.

Diese Gattung war uns bisher vollkommen unbekannt. Kai Christus sah ein vierbeiniges Tier mit einem langen Schwanz und einem Vogelkopf mit einem großen Schnabel. Außerdem hatte dieses Tier große Flügel. Es offenbarte sich, dass Karin ein Greif ist. Es ist eine Kreuzung aus einem Vogel Greif und einem Löwen. Seine Aufgabe ist, ein Wächter vor den Toren zu sein. Durch seinen Flügelschlag verbindet er das Irdische mit dem Göttlichen. Durch seine Schwingungen reinigt er außerdem die Verunreinigungen, die durch die Schöpfung entstanden sind, auf allen Ebenen.

Karin steht für die Verknüpfung aller Ebenen der Schöpfung. Dieses Wesen bringt durch seine Schwingung die Freude ins ganze neue Universum. Karin sagte: „Ich bin gekommen, um das neue Universum in Schwingung zu setzen. Ich selbst bin die Freude. Ich verbinde die universellen Christus-Ebenen mit dem Christusbewusstsein."

Es wurde offensichtlich, dass sie das Potenzial der weiblichen Pulsation des Schöpfungsaktes in die nächste Ebene der Schöpfung trägt. Karin fragte, ob es sein könne, dass deshalb ihr Mann ständig mit ihr Streit suche und sage, dass sie an allem Schuld sei.

Karin war sichtlich verunsichert, was ihr das jetzt sagen sollte, und uns war das auch nicht völlig verständlich. Wir reisten nun schon einige Monate durch die Schöpfungsgeschichte und waren in alles eingebunden. Die jetzigen Informationen waren mehr als speziell, so dass es nur möglich war, weiterzukommen, wenn der Verstand wirklich ausgeschaltet war.

Parallele Universen

Wir bekamen in der Pause eine Unterweisung der Ersten Quelle.

Sie lautete:

Die letzten Potenziale der Schöpfung werden jetzt offenbart. Es sind Bereiche, in denen ihr bisher noch nicht wart. Es wäre ein Leichtes euch mitzuteilen, worum es geht, jedoch ist es eure Aufgabe, die versteckten Hinweise jetzt zu offenbaren. Der ursprüngliche Schöpfungsakt zerfiel in neun Bereiche, die parallel nebeneinander agierten. Auch diese verselbstständigten sich im Schöpfungsprozess. Diese Bereiche sind die parallelen Universen, in denen gleichsam die Aspekte wirken, allerdings in verschiedenen Qualitäten. Das bedeutet, dass ein Selbst auch in diesen Welten wirkt und dort ähnliche Erfahrungen macht wie in diesem Universum. Die Aufgabe für euch ist nun, den Frieden in diese Paralleluniversen zu lenken. Bei euch sind Botschafter der parallelen Universen, die es jetzt zu initiieren gilt.

Marion - Botschafterin der parallelen Universen

Bei Marion offenbarte sich, dass sie die Botschafterin der parallelen Universen ist und auch die Botschafterin eines noch unbekannten Universums. Es wurde deutlich, dass ein Universum bisher vergessen worden war: das Christus-Universum, das sich jetzt zum allerersten Mal eröffnete. Die Aufgabe war, es jetzt von allen Verunreinigungen vollständig zu reinigen.

Marion sagte:

„Ich bin gekommen, um die parallelen Welten von der Missschöpfung zu reinigen. Auch sie sind im Konflikt des männlichen und weiblichen Aspektes verunreinigt. Sie wirken in diesen Universen, daher ist es wichtig, dass ich diese Bereiche reinige und befreie."

Marion trug auch das Misstrauen des ersten Universums gegenüber den anderen Paralleluniversen. Sie hatten manipuliert und sabotiert, ein Universum wurde vergessen. Das Christus-Universum steckte in der Betäubung. Die Quelle hatte vergessen, dass es ihr Auftrag war, dieses Universum zu entdecken und daher blieb das Geheimnis des Christus-Universums bis zum Schluss versteckt. Das neue Christus-Universum ist von vielfältiger Natur, es inspiriert und verbindet, heilt und korrespondiert und synchronisiert.

Marion zeigte in ihrer Qualität ein weiteres Wesen. Auch dieses herauszufinden war recht schwierig, da es einzigartig ist. Es nannte sich „Individuum des vollendeten Universums" und hatte acht Flügel.

Marion berichtete, dass ihr in der Vergangenheit immer mehr aufgefallen sei, dass wir in der Illusion leben. Ihr kam alles so unreell vor und sie konnte sich nun erklären, warum es ihr so ging.

THERESIA - ENGEL DER GLÜCKSELIGKEIT

Dann kann Theresia zur Initiierung. Sie hatte mich im Vorfeld angerufen, dass sie mich gerade vor zwei Tagen im Internet entdeckt und sich sofort zum Seminar angemeldet hatte. Sie sagte, seitdem sie sich angemeldet habe, habe sie so eine Angst. Aber sie musste unbedingt zu uns kommen.

Als Theresia initiiert wurde, zeigte sich der Engel der Glückseligkeit

Kai Christus fragte:

„Warum warst Du so lange versteckt?"

Der Engel sagte:

„Ich hatte die ganze Zeit Angst, dass es wieder schief geht. Ich wurde die ganze Zeit von der dunklen Seite Gottes weggesperrt. In allen Ebenen der Schöpfung wurde ich weggesperrt und in allen Himmeln."

Mit der Gruppe und Theresia lösten wir auf allen Ebenen das Verbot, jemals wieder die Glückseligkeit zu erfahren. Durch ihr Erscheinen und durch die von ihr ausgelöste Transformation floss nun auch wieder Glückseligkeit in Christus ein, so, wie er sie noch nie erfahren hat. Gleichzeitig floss die Glückseligkeit in alle Universen, in alle Reiche der Götter, in die Schöpfung und ins Himmelreich ein. Außerdem zeigte sich, dass Theresia eine Botschafterin der Götter des Himmelreichs ist. Diese Götter waren mit verantwortlich, dass die wahre Liebe im Himmel und auf Erden für immer ausgeschaltet wurde.

CHRISTA - DAS POTENZIAL VON ALL-ES UND FÜHRERIN DER ERZENGEL

Christa war bereits vor vielen Jahren einmal bei mir auf dem Seminar Quantum Matrix. Wir begegneten uns alle Jahre wieder auf verschiedenen Veranstaltungen. Eine herzliche Wiedersehensfreude zeichnete diese Begegnungen aus. Sie dankte mir für die Impulse, die sie damals von diesem Seminar mitgenommen hatte. Christa war die Erste, die sich für das jetzige Seminar angemeldet hatte.

Die Tage zuvor waren für sie die Hölle. Ihr Rücken schmerzte so sehr, dass sie einen Arzt aufsuchen musste. Und immer wieder sagte eine Stimme zu ihr: Gehe nicht zum Seminar, bleib lieber zu Hause.

Als Christa im Initiationsstrahl stand, offenbarte sich, dass Christa das Potenzial der Schöpfungsebene von ALL-ES trägt.

Dieses Potenzial sprach durch Christa:

„Ich trage ALL-ES,
ich erleide ALL-ES,
ich habe mich für ALL-ES verpflichtet,
ich fühle mich für ALL-ES schuldig,
mir wurde ALL-ES genommen,
ich bin gekommen, um ALL-ES zu erlösen."

Christa konnte bestätigen, dass sich ihr ganzes Leben genau so anfühlte - einfach alles tragen zu müssen.

Nach der Erlösung dieser Schöpfungsebene zeigte sich eine weitere Qualität. Christa ist ein Engel.

Kai Christus stellte sich in die Energie dieses Engels hinein und es offenbarte sich, dass dem Engel einstmals die Flügel abgetrennt worden waren.

Es kam die Information, dass sich ein anderer mit den Flügeln des Engels und damit mit fremden Federn schmückt. Kai Christus stolzierte durch den Raum und ich stellte die Frage: „Wer hat dich erschaffen?" Die Antwort kam sofort: „Kronos." Es wurde deutlich, dass dieses Geschöpf vorgab, der Führer der Erzengel zu sein. Im Irdischen ist der Führer der Erzengel als Metatron bekannt, jedoch die wahre Führerin der Erzengel ist der Engel von Christa. Immer wieder bekam Christa Hinweise, dass mit Metatron etwas nicht stimmt, doch sie konnte es sich nicht erklären. Bei einem Pendelkurs wurde mit der Metatron-Energie gearbeitet. Bei allen Teilnehmern schlug das Pendel wie wild nach beiden Seiten aus. Bei Christa jedoch zeigte das Pendel immer auf sie selbst.

Damals konnte sie das Zeichen nicht deuten. Das Pendel wollte ihr sagen: „Du bist der wahre Führer der Erzengel."

Metatron war auch die Stimme, die Christa aufgefordert hatte, nicht zum Seminar zu gehen, damit er nicht entdeckt wird.

ROBERT -
ERZENGEL DER WAHREN VOLLENDUNG -
EIN GESCHENK FÜR ALL-ES

Als sich Robert in den Initiationsstrahl von Kai Christus stellte, schien die Initiation nicht aktiviert zu sein. Die Information war, dass Christus Robert einstmals verboten hatte, sich jemals selbst zu erkennen. Denn auch Christus hatte sich verboten, sich selbst zu erkennen, denn er wollte nie wieder eine irdische Erfahrung machen. Als dieses Verbot gelöst wurde, zeigte sich, dass Robert „Das Geschenk für ALLES" trägt. Die Qualitäten aus diesem Geschenk sind in die „Ewigkeit der wahren Freiheit" für die Befreiung aller Wesen eingeflossen.

Die Qualitäten sind Freiheit, Frieden, Einheit, Glück, Harmonie, Zufriedenheit und Dankbarkeit.

Kai Christus erkannte auch die zweite Qualität von Robert. Er ist der Erzengel der wahren Vollendung. Wir hatten bereits im Juli einen Erzengel der Vollendung gefunden, allerdings stand dieser für den alten, zerstörerischen göttlichen Plan.

Robert sagte:

„Ich, der Engel der wahren Vollendung, verkünde nun:

Alles ist jetzt bereit, um das Erwachen zu vollenden. Alle Wesen und Engel werden jetzt befreit."

CAROLYN - ERZENGEL DER ERLÖSENDEN OFFENBARUNG

Carolyn steht für den Erzengel der erlösenden Offenbarung. Dieser Erzengel sollte so lange im Versteckten bleiben, bis alle versteckten Aspekte der Schöpfung aufgefunden, erlöst und gereinigt sind.

Um welche Aspekte handelt es sich? Es sind die männlichen und die weiblichen Aspekte der Schöpfung, die von Anbeginn an in Konflikten verharren. Carolyns Aufgabe ist, den Frieden, die Harmonie und die Liebe in diese Aspekte einfließen zu lassen. Alles an Verunreinigungen wird nun transformiert, was noch nicht gesehen wurde.

Carolyn bemerkte, dass sie und ihr Freund Robert noch nie einen Streit in der Partnerschaft hatten. Sie leben bereits diese Harmonie des männlichen und weiblichen Ausdrucks der Schöpfung.

Wir entdeckten, dass etwas verhinderte, dass Carolyn vollkommen mit ihrem Erzengel verschmelzen konnte. Die Erkenntnis war,

dass dieser Engel selbst nicht daran glaubte, dass es jemals gelingen würde, den wahren göttlichen Plan zu offenbaren und zu vollenden. Daher hat der Engel sich selbst aufgegeben. Auch Carolyn kennt aus ihrem irdischen Leben die Selbstaufgabe.

Ihre Mission, Christus von seiner Selbstaufgabe zu erlösen und alle Tore in sein neues Christus Herz zu öffnen, war von Carolyn an diesem Tag mit dem Glockenschlag 18:00 Uhr erfüllt.

A. - ENGEL DER VERKÜNDUNG

A. rief mich vor dem Seminar mehrfach an und sagte, dass er unbedingt zu mir kommen möchte. Zum Seminar reiste er neun Stunden aus dem hohen Norden an. Als jedoch die erste Meditation zu Ende war und Elvira initiiert wurde, stand er auf, legte das Geld auf den Tisch und sagte: "Ich gehe wieder, das ist alles für mich nicht stimmig."

Leider konnte sich A. nicht öffnen und sein Verstand hatte die Kontrolle über sein Selbst. Wir haben das Potenzial von A. stellvertretend geöffnet. A. trägt das Schöpfungspotenzial der Hoffnungslosigkeit, die aus der Schöpfung entstand. Dieses Potenzial wollte dringend befreit werden. Wir transformierten es stellvertretend für A.

Auf diese Weise haben wir inzwischen fast 100 irdische himmlische Wesen initiiert.

Die ganz spezielle Wesensart des Einzelnen zu offenbaren, ist für uns und im Besonderen für die Teilnehmer und Teilnehmerinnen eine ganz besondere Erfahrung. In der Verschmelzung mit dem Ursprungswesen stellen sich ein Gefühl von an sich selbst erinnern ein. Es ist eine inneres nach Hause kommen bei sich Selbst. Für viele erklärt sich dadurch ihr ganzes Leben und vieles macht plötzlich Sinn.

Da uns alle Führer der spezifischen Wesensformen gesandt wurden, konnten wir über sie alle Wesen ihrer Gattung im Rahmen einer weiteren Initiation bereits auf die neue Erfahrungsebene transferieren.

Die spezifischen Wesensmerkmale drücken sich über das irdische Dasein aus und weisen das irdische Wesen darauf hin, was seine wahre Aufgabe ist. ALL-ES will erwähnt werden.

Kurz vor Abschluss des Buches war immer wieder der zweite Initiationstag vom 10. September 2016 in mir präsent. Als ich hinterfragte, ob ich dazu etwas vergessen hätte, aufzuschreiben, sagten die Potenziale: „Was ist mit uns? Wir wollen auch erwähnt werden." Manchmal wurde ich sogar nachts von den Engeln geweckt, die mich baten, auch noch im Buch erwähnt zu werden. Nun gut, aber nur die Kurzfassung, o.k.?

Schon im Vorfeld hatte ich ja geahnt, dass dieser Initiationstag ganz im Zeichen der neuen Erfahrungsebene Aurora, stehen wird. Mit dreizehn Teilnehmern hatten wir nicht gerechnet und uns wurde klar, dass es ein „sportlicher Tag" wird. Denn so viele Potenziale hatten wir noch nie auf einmal befreit. Doch wir wollten die Teilnehmerzahl nicht einschränken, weil wir wussten, dass noch viele wichtige Potenziale fehlen.

WALDTRAUD

Waldtraud ist Therapeutin und eine Forscherin der neuen Zeit. Sie beschäftigt sich seit langem mit der Quantenphysik und den neusten Methoden der Aktivierung der Plasma-Energie. Waldtraud trägt folgendes Potenzial: Die Evolutionsenergie des Wissenstransfers. Diese Qualität speist die neue Erfahrungsebene mit dem wertvollen Wissen aus allen Schöpfungs-Erfahrungsebenen.

Es war eine sehr freudige und befreiende Energie, die Waldtraud mitbrachte. Sie hat ihr Vermächtnis verkündet, dass die Wissenschaft jetzt zur Wahrheit und zur Weisheit wird.

Zum anderen steht Waldtraud mit ihrer Qualität für die Kommunikation zwischen der Erde und den Sternennationen, die bisher im Konflikt miteinander waren. Sie verkündete, dass ab sofort wieder die friedvolle Kommunikation über die kosmische Sprache der Liebe aktiviert wird und dass die Liebe von allem Schmerz befreit ist. Waldtrauds Wesen ist eine Fee.

MONIQUE

Monique begleitet mich schon sehr lange und wurde von einer Seminarteilnehmerin zur engen Freundin. Wir haben nie so richtig herausgefunden, was denn nun die Qualität von Monique ist. Jetzt, wo wir so viel für die neue Erfahrungsebene vorbereitet haben, hat sich gezeigt, dass Monique als eine Wächterin des goldenen Tors zur wahren Einheit der Vollkommenheit fungiert und damit ihre Mission erfüllt hat, denn jetzt ist alles offenbart und gereinigt und es ist nun an der Zeit, das goldene Tor zu öffnen.

Mit beiden Armen öffnete Monique symbolisch ein großes Tor und schritt in den neuen Erfahrungsraum. Sie lud alle anderen Wesen ein, ihr zu folgen.

Monique trägt zwei Wesen in sich. Das eine kommt aus den kosmischen Reichen und hat die Aufgabe der Schwingungserhöhung und der Harmonisierung der Schöpfungsfrequenzen.

Das zweite Wesen war kaum zu erkennen. Irgendwie war es ganz und gar in den Tiefen vergraben. Als wir es riefen, bekam eine weitere Teilnehmerin einen mächtigen Hustenanfall. Sie war plötzlich in die Rolle des Wesens eingetaucht. Dieses Wesen hat durch sie in einer nicht verständlichen Sprache geschimpft. Es war vollkommen verstaubt. Das Wesen goss sich, um sich zu reinigen, seine Wasserflasche stellvertretend durch die Teilnehmerin über den Kopf. Wir alle lachten zu diesem wirklich göttlichen Theaterstück.

Jetzt war das Ur-Wesen von Monique bereit, sich zu zeigen. Es ist zuständig für die Kommunikation der Bäume. Dieses Wesen schafft die Vernetzung zu anderen Wesen der Naturreiche. Es ist sozusagen eine Schaltzentrale der Naturwesen. Bisher war jedes Naturreich nur mit sich selbst vernetzt, und jetzt ist es an der Zeit, dass alle wieder miteinander kommunizieren

Ein weiteres Wesen wurde initiiert. Es ist ein Naturwesen und hat die Aufgabe, das Unsichtbare sichtbar zu machen. Doch bisher war es verschüttet und eingeklemmt zwischen den Schöpfungsebenen. Durch dieses Wesen können nun alle erkennen, dass es mehr gibt zwischen Himmel und Erde, als mit den bloßen Augen zu sehen ist.

Wir setzten gemeinsam folgende Intention:

„Ich erlaube mir, all das wieder zu sehen, was für die Augen nicht sichtbar ist."

MARIA THERESIA

Sie ist der Engel der Vereinigung. Dieser Engel fühlte sich sehr schuldig, denn er hatte seine Aufgabe nicht erfüllen können. Dies wurde verhindert und ihm wurden beide Flügel gebrochen, so dass er sich nicht mehr mit seinen Fähigkeiten zeigen und die Vereinigung aktivieren konnte. Der Engel hütete das Geheimnis um den Code 1111. Dieser Code beschreibt das Einheitsfeld in der DNA.

Der Engel verkündete mit seinem Flügelschlag:

„Ich bin der Engel der Vereinigung und verkünde mein Vermächtnis: Verbindet Euch mit dem Code 1111 und aktiviert diesen Code in Eurer DNA."

ROLAND

Roland ist der inkarnierte Erzengel Rafael. Er wurde von Luzifer betrogen. Dieser stahl Rafael das wahre Geheimnis der Heilung. Roland verkündete mit seinem Flügelschlag:

„Das wahre Geheimnis der Heilung ist: Jeder ist sein eigener Heiler Aktiviert nun alle Eure Selbst-Heilungskräfte."

PAULINA

Paulina ist eine Gesandte der Sternennationen. Anfangs zeigte sich, dass ich selbst noch einen Konflikt mit Paulina habe. Auf der kosmischen Ebene hatte ich wohl damals ihren Stern zerstört und damit ihr Sternenvolk. Die Wesen dieses Sterns hingen immer noch in der kosmischen Ebene fest. Nach einer Vergebungszeremonie haben wir auch diese Wesen befreien können. Die Aufgabe dieses Sternenwesens ist, die Evolution wieder zurückzudrehen, damit sie wieder neu gestartet werden kann.

Paulinas Aufgabe ist es, die Christusfrequenz als Frequenz der Einheit wieder zu aktivieren, da Christus in uns allen ist.

Paulina verkündete ihr Vermächtnis:

„Ich erinnere Euch alle, dass jeder von Euch Christus ist. Ich aktiviere die Christus-Frequenz in allen Wesen."

Paulina ist zudem der Engel der Flexibilität. Bisher galt Flexibilität für sie als eine Anstrengung, denn sie war gerne sowohl hier wie dort und sie konnte sich schwer entscheiden, wo sie denn jetzt wirklich sein sollte. Auch ihr Umfeld fand das anstrengend. Und jetzt, nachdem Paulina erkennt, dass sie der Engel der Flexibilität ist, kann sie diese Qualität für sich auch als Stärke erkennen.

Der Engel der Flexibilität ruft uns zu: „Seid flexibel! Haltet nicht an alten Konzepten fest, lasst los, was jetzt loszulassen ist! Seid spontan und flexibel!"

ANKE

Anke ist die Botschafterin der Vollkommenheit der Einheit. Sie durfte sich bisher nicht zeigen, denn sie war das große Geheimnis der Schöpfung. Auch bei uns in den Forschungen war die Erfahrungsebene der Einheit bis zum ganz zum Schluss verborgen. Das Interessante bei Anke: Sie wurde am 08.08.80 geboren. Das ist dreimal die Unendlichkeit!

Das Vermächtnis dieses Wesens ist, das Christus-Licht und die Christus-Liebe wieder zu vereinen.

Ankes Wesen ist ein Naturwesen. Die Aufgabe dieses Wesens ist das Geheimnis der Vervielfachung zu offenbaren. Denn dieses Wesen kann an mehreren Orten gleichzeitig sein. Diese Qualität unseres Seins werden wir auf der neuen Erfahrungsebene erleben. Wir müssen uns also nicht mehr entscheiden, wo wir sein wollen. Es gilt: Sowohl als auch!

JUTTA

Jutta trägt das Potenzial: Das Geschenk an alle. Dieses Geschenk ist die unendliche Fülle für alle. Die Zeit des Mangels ist nun ein für allemal vorbei und es ist für alle bestens gesorgt. Das ist die Grund-Ausrichtung für unsere neue Erfahrungsebene. Das Thema Geld hat sich dann sowieso erledigt und alles, was wir brauchen manifestieren wir uns durch eine Intention und ein Fingerschnippen!

So lösen wir auch alles wieder auf, was nicht mehr gebraucht wird.

Jutta trägt ein ganz spezielles Wissen aus einer bisher noch nicht betrachteten Epoche des Bewusstseinswandels, aus dem Matriarchat. In dieser Zeit wurde der Frau die wichtigste Rolle im Staat, in der Gesellschaft und in der Religion eingeräumt. Die Männer wurden meistens nur zur Fortpflanzung hinzugezogen. Sie durften keine Entscheidungen in der Gemeinschaft fällen. Diese Epoche der Evolution war dadurch nicht erfolgreich und hat sich nicht durchgesetzt. Das bisher entdeckte wertvolle Wissen jedoch wird durch die Aktivierung über

Jutta mit auf die neue Erfahrungsebene transferiert.

Jutta trägt auch das Potenzial des verschlossenen Herzens. Das verschlossene Herz ist ein Schutzschild für alle schmerzhaften Erfahrungen der Liebe. Der Schmerz der missbrauchten Liebe wäre ohne dieses Schutzschild unerträglich gewesen. Aus Schutz vor diesem Schmerz wurde es in alle Wesen implantiert und wurde jetzt durch unsere Intention zerbrochen. Denn jetzt ist die Zeit, dieses Schutzschild zu entfernen, damit die Welle des Erwachens, die pure Liebe ist, vollkommen empfangen werden kann.

Setze nun auch Du die Intention:

„Ich entferne das Schutzschild in meinem Herzen!"

Ein weiteres Potenzial von Jutta: Das allumfassende Einheitsherz. Dieses Potenzial vereint alle, die bisher gespalten waren, zu einem vereinten Herzen. Damit heilen alle getrennten Erfahrungen des Irdischen, wie zum Beispiel die Dualselbste und alle Spaltungen der Selbste, die durch Gott initiiert wurden. Die Intention ist:

„Was durch Gott gespalten wurde, fließt jetzt wieder zusammen!"

Juttas Wesen ist eine Kreuzung aus einer Fee und einem Troll.

OLGA

Olga trägt das Potenzial der Aufkündigung. Sie ruft alle Wesen auf zur Kündigung aller Sklavenverträge, Vereinbarungen, Versprechen, Schwüre, Gelübde und Eide. Alle Wesen sind damit wieder in der totalen Befreiung ihres Selbst und sind aus den Netzen der Matrix befreit.

Als wir das Urwesen von Olga initiierten wollten, nahmen wir es als ein schlafendes Wesen war. Es saß wie betäubt auf einem Stein. Dieses Wesen ist durch Luzifer betäubt worden. Plötzlich sprang der Erzengel Rafael auf und küsste das Wesen von Olga wach. Sie wusste sofort wieder, dass sie ein Engel ist. Dieses Wachküssen ist eine alte

Vereinbarung aus der göttlichen Ebene zwischen diesem Engel und Erzengel Rafael. Das Wesen von Olga ist der Engel der Fürsorge. Olga sagte im Nachhinein:

„Ich wurde bereits wach, als er aufgestanden ist. Allein der Gedanke, dass er mich jetzt vor ALLEN küsst, hat mich bereits aus dem Tiefschlaf gerissen...."

GUNDULA

Gundulas Wesen ist eine Riesin. Die Riesen haben eine spezielle Aufgabe hier auf der Erde. Sie transformieren den Schmerz der Erde und tragen auch die ganze Schwere für sie. Die Riesin von Gundula sagte: „Ich zerbreche an meiner Größe und am Schmerz der Erde!" Wir waren sehr glücklich, dass Gundula da war, denn wir konnten über sie als Führerin der Riesen alle Wesen dieser Gattung auf die neue Erfahrungsebene transferieren.

Eine weitere Teilnehmerin steht für die Mutterliebe des Christus. Kai stellte sich sofort neben sie und reichte ihr die Hand. Es stellte sich heraus, dass sie die wahre Mutterliebe für Christus trägt. Christus selbst hat diese wahre Mutterliebe nie erfahren können, denn auf der göttlichen Ebene war die Mutter schon früh getrennt von ihren Kindern. Das hatten wir bereits in unseren Forschungen herausgefunden. Er bedauerte das sehr.

Nun galt es, den Schmerz aus der Mutterliebe zu befreien. Diese Qualität steht auch für das Gefühl des Genährtseins für alle und auf allen Ebenen. Wir erklärten gemeinsam in einer Intention:

„Der Hunger ist für alle und auf allen Ebenen für immer beendet. Alle sind von nun an genährt!"

RALF

Ralf war mehrere Male bei den Ursprungsseminaren mit dabei. Es ist immer wieder spannend, was sich letztendlich doch noch alles zeigt. Immer grad so, wie wir in der Erkenntnis-Entwicklung vorangeschritten sind, zeigen sich dann auch die Schätze der Potenziale. Ralf hat ein ganz spezielles Potenzial, und zwar steht er für den Unrat des Universums. Die Aufgabe dieses Potenzials ist, die gesprengten Teile der Schöpfung aufzusaugen und diese dann zu recyclen. Jedoch war diese Recycle-Funktion deaktiviert. Wir konnten gemeinsam mit Ralf wieder alles in Gang setzen, damit im Universum alles wieder in Fluss kommt und gereinigt wird.

Ralf ist Träger des Potenzials: Der Verrat.

Ralf trug auch in früheren Inkarnationen den Verrat und wurde in dieser Inkarnation selbst ziemlich oft verraten und hintergangen. Jetzt hat sich auch für ihn erklärt, was dahintersteckt.

Auch in einer gemeinsamen Inkarnation von Ralf, Kai und mir war der Verrat das bindende Glied.

Aus Rache hatte Maria Magdalena wie bereits beschrieben, gemeinsam mit Judas Jesus ans Kreuz verraten. Ich stand also hier mit meinem Verbündeten Judas vor Jesus Christus, der in Kai präsent war und wir baten ihn beide um Vergebung. Der Verrat war in uns und allen Teilnehmern vollkommen spürbar.

Ralf hat eine ganz besondere Wesensqualität. Er ist eine Kreuzung aus einem Kobold und einem Elf, also ein Elfenkobold.

B.

B. trägt das Potenzial der Evolutionsspirale. Die Evolutionsspirale sagt: „Ich bringe die Evolution in die Drehung, alle Entwicklung geht durch mich hindurch und bringt Schwung in die Evolution. Ich halte das Rad am Laufen und bin jetzt am Ende angekommen. Ich erkläre die alte Evolution für beendet und aktiviere die neue Evolution."

Das beschreibt, warum sich B. bei jeder Initiation mit einfühlen konnte, denn sie geht durch jede Entwicklung hindurch.

B. trägt noch ein weiteres Potenzial: Die Verbindung der alten Evolution mit der neuen Einheit und damit mit der neuen Evolution. Die Botschaft von B. war:

> *„Ich verkünde, dass die neue Evolution auf der wahren Liebe und der Anerkennung der männlichen und weiblichen Aspekte beruht."*

Das Wesen von B. ist ein Evolutionswesen und ein Einheitswesen. Es verbindet die Einheit mit allen Stufen der Evolution. Durch seine Aktivierung erinnern sich alle Wesen wieder, was wirklich Einheit bedeutet. Interessanterweise trug B. Ohrringe mit Spiralen darauf.

Was wir bei allen Aktivierungen der Potenziale erkennen und akzeptieren mussten: Hier auf der alten Erde wird sich NICHTS mehr durch unsere Interaktionen und Aktivierungen verändern. Alle Transformation dient der Programmierung der Grundinformation der neuen Erfahrungsebene. Dort können wir erstmals beweisen, dass wir aus allen Fehlern gelernt haben. Gewisse befreiende Energien waren durchaus für viele spürbar jedoch:

DAS WAHRE GÖTTLICHE LEBEN GIBT ES ERST AUF DER NEUEN ERDE!

Als letztes Wesen vor Veröffentlichung des Buches durften wir noch ein ganz seltenes erwecken. Es ist der Siebenträumer. Auf allen 7 Ebenen der Schöpfung wurde der große Traum des Wesens, endlich wieder zurück in die Einheit zu kehren, zerstört. Als wir das Wesen erweckten, war es völlig verzweifelt, denn es glaubte nicht mehr an die Erfüllung seines großen Traumes. Als Michaela, die Trägerin ihrem Wesen sagte, dass der Traum der Einheit nun endlich in Erfüllung geht, weinte sie voller Freude. Wir initiierten ihr Ursprungswesen am ihrem 55. Geburtstag. Endlich angekommen! So ihre Worte.

Sie rief ihre Botschaft allen erwachten Wesen zu:

DER TRAUM VON DER EINHEIT WIRD NUN ENDLICH WAHR!

ALL-ES VERTRETER DER HIMMLISCHEN REICHE

Die Begegnung mit den himmlisch-irdischen Wesen war immer sehr berührend. Zum einen zeigen ihre sehr besonderen Lebensgeschichten und Schicksale, welche Auswirkungen es hat, sein eigenes Wesen zu vergessen. Zum anderen waren die Wiederbegegnungen der Wesen mit Christus als Kai Christus immer von besonderer Schönheit und Intensität. Diese Lebensgeschichten würden ein weiteres Buch füllen. Vielleicht haben wir noch Zeit, diese zusammenzufassen und mit Dir zu teilen.

Die Aufzählung der personifizierten Vertreter der Wesensqualitäten im Folgenden soll Dir zeigen, dass Du nicht allein bist mit Deiner Besonderheit und dass es wirklich möglich und wichtig ist, Deine besondere Einzigartigkeit zu zeigen und zu leben. Vielleicht haben wir bei dieser Auflistung die eine oder den anderen vergessen, sorry dafür, denn es gab bisher bereits so viele intensive Begegnungen mit Vertretern der himmlischen Familie. Einige der Engel zeigten ihre Gaben jeweils im männlichen und im weiblichen Ausdruck.

Manche Wesen tragen die Erfahrungen und Erinnerungen mehrerer Wesensqualitäten in sich. Sie werden auch als multiple Wesen bezeichnet.

INITIIERTE VERTRETER DER ENGEL UND ERZENGEL UND IHRE GABEN:

KOSMISCHE ERZENGEL:

- Erzengel der Vergebung - Claudia
- Erzengel der erlösenden Offenbarung - Carolyn
- Erzengel der wahren Vollendung - Robert
- Erzengel des Friedens - Kevin

- Erzengel der Ermächtigung der Selbst-Befreiung - Marius
- Erzengel der Kommunikation - Christian
- Erzengel der wahren Fülle - Maria Theresia
- Erzengel der Einheit – Juri

HIMMLISCHE ERZENGEL:

- Erzengel Michael - Michael - der Architekt der Erde
- Erzengel Rafael – Roland - Träger des Heilgeheimnisses
- Erzengel Gabriel - der Schlichter - Holger
- Erzengel Jophiel - Sprecher der Erzengel - Jaime
- Erzengel Uriel - der Kommunikator - Olaf
- Erzengel Oriel - für das Wohlbefinden - Michael
- Erzengelin der Künste - Sirina - Regula
- Erzengelin der Gesundheit Serena - Karin
- Erzengelin das geheilten Wissens der Sexualität Laurena - A.-K.
- Erzengelin der Manifestation Gabriela – Susanne
- Erzengelin der Schönheit Rafaela - Sabine
- Erzengelin der Vollkommenheit Michaela – Michaela

ENGEL:

- Engel der Verkündung - A.
- Engel der Verkündung - Michaela
- Engel der Phantasie - Ralf
- Engel der Fülle - Maria-Theresia
- Engel der Harmonie - Stefan
- Engelin der Harmonie – Birgit
- Engel der Leichtigkeit – T.
- Engel der Dankbarkeit - Sabine
- Engelin der Hingabe - Ariane
- Engel der Hingabe – Charly
- Engel der Verschmelzung - Sandra
- Engel der Naturwesen - Anna-Maria
- Engel des Mitgefühls - Valesca
- Engel der Weisheit - Petra

- Engel der Klarheit - Uta
- Engel der Klarheit - Andreas
- Engel der Wahrheit - Kai
- Engel der Inspiration - Doris
- Engel der Freude - Irina
- Engel der Freude - Nico
- Engel der Bewegung – Heino
- Engel des Mutes – Joel
- Engelin des Mutes – Anke
- Engel des Vertrauens - Hedi
- Engel der Flexibilität - Paulina
- Engel des Schutzes - Monika
- Engel der Geduld - Tobias
- Engel der Selbst-Liebe - Michael Angelo
- Engel der Selbst-Erkenntnis - Elisabeth
- Engel der Selbstständigkeit - Barbara
- Engel der Reinheit – Katarina
- Engel der Reinheit - Daniel
- Engel der Intuition - Marcus
- Engel des Lichts - Lena
- Engel der erlösenden Befreiung - Monika
- Engel der erlösenden Befreiung - Marcus
- Engel der Erinnerung - Ulrike
- Engel der Freiheit - Margit
- Engel der Vielfalt - Sigrid
- Engel des Gefühls - Martina
- Engel der weiblichen Liebe - Andrea
- Engel der männlichen Liebe - Frank
- Engel der frohen Botschaft - Elvira
- Engel Luzifer - M.
- Engel der Glückseligkeit - Theresia
- Engel des weiblichen Luzifer - Claudia
- Engel des allumfassenden Seins - Sabine
- Engel der Initiation - Christian
- Engel des vollendeten göttlichen Plans - Stefanie
- Engel der Ehrlichkeit - Bettina
- Engel des Heilwissens - Pia
- Engel des kreativen Ausdrucks - Christa

- Engel der Erlösung - Ursula
- Engel der Umsetzungskraft - Ute
- Engel der Heilung - Anne-Karin
- Engel der Nächstenliebe - Elke
- Engel der Erkenntnis - Sabine
- Engel der Entscheidung - Sabine
- Engel der Fürsorge - Olga
- Engel der Versöhnung - Armin
- Engel des Glücks - Steffy
- Engel des Trostes - Michael
- Engel der Transformation - Christiane
- Engel der Vergebung - Marcus
- Engel der Gutmütigkeit – Ellen
- Engel der Sinnlichkeit – A.
- Engel der Sinnlichkeit - Bruno
- Engel der Manifestation – Alex
- Engel der Selbst-Befreiung - Bodo

VERTRETER DER PARADIESISCHEN WESEN:

- Meerfrau: Tatjana, Claudia, Silvia
- Meermann: Klaus
- Elfen: Gabriele, Claudia, Monika
- Einhorn: Ulrike, Stephanie
  Pia, die Führerin der Einhörner
- Drachen: Roland, Drachenführer
  Andreas
- Feen: Sabine, Brigitta, Waltraud
  Maria, Führerin der Feen
- Kleines Volk: Andreas, Führer der Zwerge
- Riesen: Gundula, Führerin der Riesen
- Naturwesen: Greif - Karin
- Steinwesen: Manfred
- Elfenkobold: Ralf
- Mischung aus Fee und Troll: Jutta
- Iridium: Ute, Führerin einer verschollenen Gattung, deren Volk vollständig vernichtet wurde, bis

auf ihre Anführerin

- Druiden: Ute, Führerin der Druiden
- Verbarium: Sabine
- Faunus: Siglinde

SCHÖPFUNGS-WESEN:

- Aurora - das Wesen der neuen Erfahrungsebene: Katrin
- geflügeltes Wesen der Metamorphose - Merana
- geflügeltes Wesen der Trinität der Einheit: Brigitte
- Evolutionswesen - B.
- Der SiebenTräumer - der Traum von der Einheit - Michaela
- Wesen der Transparenz - Frank
- Wesen der Vervielfachung - Anke
- Wesen der Sichtbarmachung - W.
- Wesen der Kommunikation der Naturwesen - Monique
- Hüterin des alten Wissens von Atlantis - Ulrike
- Wesen der Einheit - Anke
- Wächterin des Tors der neuen Einheit - Monique
- Evolutionsenergie des Wissenstransfers - Waltraud
- Der Siebenschläfer – Manuela
- Wesen der ersten Spaltung - Jana

VERTRETER KOSMISCHER REICHE:

- Führerin der Sternennationen - K.
- Sternenwesen zur Harmonisierung der Sternennationen - Bianca
- Sternenwesen der Evolution - Paulina
- Kommunikation der Sternennationen mit der Erde - Waltraud
- Sirius - Renate, Andreas
- Oriongürtel - Andrea
- Venus - Beate, Sabine
- Arcturus - Kai
- Innere Erde - Maria Theresia
- Vertreterin der parallelen Universen - Marion
- Astrales Wesen der Schwingungserhöhung - Tamara

VERTRETER DER GÖTTER:

- Titanide - Daniela
- Vertreterin der Schöpfergötter - Theresia
- Göttin Aphrodite - Katarina
- Gott Prometheus - Karl
- Gott Adonis – Rainer

Weitere Göttinen werden im nächsten Kapitel genannt.

DAS GEHEIMNIS DER WAHREN GÖTTLICHEN WEIBLICHKEIT

Die Informationen dieses Kapitels und damit der Offenbarung des Geheimnisses der wahren göttlichen Weiblichkeit erklären, warum die Kommunikation und Interaktion des Männlichen und Weiblichen im Irdischen ein Feld der Desorientierung geworden ist. Dadurch, dass die göttliche Weiblichkeit auf Grund von Intrigen und Manipulationen im Reich Gottes bisher nicht erfahren werden konnte, war es auch dem göttlich Männlichen bisher verwehrt zu erfahren, was es heisst, in der Begegnung mit dem göttlich Weiblichen sich völlig neu zu erkennen. Worin diese Intrigen sich begründen, erfährst Du in diesem Kapitel. Wieder waren es Potenzialträger, die das Geheimnis in sich trugen, um es am Ende der Zeit zu lüften.

DAS VERMÄCHTNIS DER GÖTTIN CASSANDRA

Die Trägerin des Geheimnisses der göttlichen Weiblichkeit hatte ihr Leben lang den Drang, spirituelle Arbeit speziell für Frauen anzubieten. Doch immer fehlte ihr der wirkliche Impuls, dieses innere Sehnen in die Umsetzung zu bringen. Immer begleitete sie die Frage: „Aber wie denn?" Als wir das Potenzial während eines Coachings öffneten, war die Intensität der Energien herausfordernd. Anfangs wollten wieder bestimmte Kräfte verhindern, dass sich die Informationen zeigen. Immer, wenn sich ein Geheimnis öffnete, kamen die Antworten anfangs sehr beschwerlich. Es fühlte sich irgendwie gefährlich an, den Datenstrom zu öffnen. Oft gab es alte Verbote, Schwüre oder Eide, dass diese Informationen für immer verschlossen bleiben sollten oder sich erst dann offenbaren durften, wenn die Zeit dafür reif ist. Als alle Verhinderungen gelöst waren, erkannten wir die Tragweite dieses Potenzials.

Es zeigte sich, dass das Potenzial der Klientin aus der göttlichen Ebene stammt. Sie ist eine inkarnierte Tochter der Isis. Ihr Name auf dieser göttlichen Ebene ist Cassandra. Sie wurde auch ins Exil verbannt, da sie über alle Machenschaften Gottes informiert war. Die verleugnete Göttin durchlebte Qualen, die nur durch weibliche Wesen gefühlt werden konnten. Cassandra litt mit der Göttin und versprach ihr, die göttliche Weiblichkeit an einem geheimen Ort zu verstecken, doch das gelang ihr nicht, denn die göttliche Weiblichkeit wurde von Gott verschlossen, um sie unter Kontrolle zu haben. Unsere Aufgabe bestand nun darin, die göttliche Weiblichkeit zu befreien, damit sie in alle himmlischen und irdischen Göttinnen einfließen kann.

Alle Informationen zur göttlichen Weiblichkeit wurden uns offenbart. Sie beschreibt sich selbst wie folgt:

Die göttliche Quelle über die göttliche Weiblichkeit:

Die Quelle allen Lebens entspringt dem göttlichen weiblichen Schoß. Die Kraft dieser Quelle spült alles hinweg und flutet alle Ebenen des göttlichen Seins. Das ewige Leben entspringt dieser Quelle und findet seinen Ausdruck im irdischen Sein in Vollendung. Das jedoch wurde verhindert, denn durch die verschlossene göttliche Weiblichkeit war eine Verbindung der göttlichen Wesen in der Verschmelzung und in der Ekstase unterbrochen. Die Zeugung erfolgte ohne Erleuchtung und somit war die Nicht-Anbindung an die göttliche Quelle die Ursache für den Verfall des menschlichen Körpers. Die Verunreinigung meiner Essenz erfolgte durch die Erniedrigung der göttlichen Weiblichkeit. Die Missachtung der Kraft der göttlichen Liebe, die aus dem Weiblichen entspringt, ließ meine Quelle vertrüben.

Die Göttin spricht:

„Die Klärung der Umstände um die göttliche Weiblichkeit erfordert von euch nochmals Kraft. Doch ihr erkennt jetzt, welche Bedeutung

in dieser allumfassenden Kraft steckt. Sie verbirgt das ewige Leben, das so viele überall suchten. Das Geheimnis war bisher nur wenigen zugänglich. Diejenigen, die Unsterblichkeit erfahren haben, hatten den Zugang zur weiblichen göttlichen Quelle. Durch vehemente meditative Prozeduren gelangten sie in den Zustand der göttlichen Anbindung. Das war nur sehr wenigen möglich. Die Befreiung der göttlichen Weiblichkeit habt ihr bereits veranlasst, jetzt geht es noch darum, der Unsterblichkeit zuzustimmen und die weiblich göttliche Quelle in euch einfließen zu lassen sowie das Feld des Todes zu zerstören. Das Feld des Todes sitzt im Herzen. Dort erfolgt auch die Anbindung an die göttlich weibliche Quelle.

Das Feld des Todes und seine Macht sind ständig präsent. Die Furcht vor ihm hält alle in Bann. Die meisten fürchten, dass das Sterben Schmerzen bereitet und sie dadurch die Hölle erfahren. Das ist eine Verschwörung des Glaubens. Er wurde benutzt, um die Strafe Gottes mit dem Tod zu verbinden. Die Verleugnung der göttlichen Weiblichkeit im Glauben ist mit der Grund für die Sterblichkeit.

Die Klärung der Intrigen um die göttliche Weiblichkeit ist ein mutiges Unterfangen, denn alles Irdische ist auf die missbrauchte Weiblichkeit zurückzuführen. Die Verantwortung für die Missstände wurde immer auf die Weiblichkeit geschoben, die durch ihre sanfte Klarheit alles in Bewegung brachte. Die Weiblichkeit wurde immer ins falsche Licht gerückt. Ihr wurde unterstellt, dass ihre eigentliche Wirkung wahnsinnig macht. Die Angst des männlichen Gottes, wahnsinnig zu werden, war unbegründet, denn er hat sich aufgrund dieser Angst niemals ganz der göttlichen Weiblichkeit hingeben können. Gott flüchtete immer wieder aus der Begegnung mit der Göttin und suchte auf anderen Wegen seine Erfüllung. Seine Ignoranz gegenüber der göttlich weiblichen Kraft verursachte, dass die wahre göttliche weibliche und männliche Kraft aus ihrer Vereinigung niemals erfahren werden konnte. Die Spaltung der göttlichen Interessen verursachte im Irdischen die Verleugnung der Zusammengehörigkeit des männlich und weiblich göttlichen Wesens."

Die göttliche Weiblichkeit lenkte die Geschicke des Himmels. Dadurch fühlte sich Gott entmachtet. Er verlor durch sie den Einfluss auf die Geschehnisse. Er wollte die göttliche Weiblichkeit nur für sich haben, um sich an ihrer Kraft zu laben.

Gott spricht:

> *„Die göttliche Weiblichkeit hat mich immer überfordert. Ihre Kraft war für mich bedrohlich. Ich konnte ihr nicht standhalten und gab ihr die Schuld für alles. Heute erkenne ich, dass ich zu schwach war, um ihr zu begegnen. Mein Stolz war zu groß, um zuzugeben, dass das, was ich suchte, schon lange auf mich wartete. Auch sollte keiner die göttlich weibliche Kraft kennenlernen. Aus dieser Missgunst beschloss ich, die göttliche Weiblichkeit wegzuschließen. Ich bitte nun alle göttlichen Frauen um Vergebung und hoffe, dass ihr mir vergebt."*

Da die Erkenntnisprozesse so intensiv und langwierig waren, legten wir mit unserer Klientin eine Mittagspause im Restaurant ein. Im Lokal angekommen, ging unsere Schulung zur göttlichen Weiblichkeit durch die Göttin weiter. Sie sprach durch mich. Am Nachbartisch setzte sich eine Gruppe geistig und körperlich behinderter Menschen nieder. Da hielt die Göttin mit ihrer Schulung inne und war ganz entsetzt. Sie fragte fast weinend, was denn mit ihren lieben Wesen geschehen ist. Auch Kai Christus war den Tränen nah. Er sagte, er sehe in jedem der Behinderten einen Engel. Die Engel stellen sich zur Verfügung, um die Missgeburt der Schöpfung zu reflektieren. Danach offenbarte sich uns das Potenzial der Schöpfungsgeschichte, wie wir sie in diesem Buch erläuterten.

Am Nachmittag setzten wir die Heilung der göttlichen Weiblichkeit fort. Auch Christus hatte sich der göttlichen Weiblichkeit entzogen, da er sie als bedrohlich wahrnahm. Über Cassandra floss nun die befreite göttliche Weiblichkeit in Kai Christus wieder ein.

Selbst die göttliche Quelle war verunreinigt.

Die göttliche Quelle:

„Die Missachtung der Kraft der göttlichen Liebe, die aus dem Weiblichen entspringt, ließ meine Quelle vertrüben. Ich bitte nun Christus, wieder in die Quelle einzufließen und sie von allen Verunreinigungen und Vertrübungen zu reinigen."

Kai Christus floss mit seiner gereinigten Christus-Energie in die Quelle ein und sprach: „Ich, Christus, ergieße mich jetzt in die göttliche Quelle, um sie von allen Verunreinigungen zu befreien."

Die göttliche Quelle:

„Jetzt bin ich endlich geklärt. Nur Christus war es möglich, die Quelle zu befreien. Danke! Nun kann ich Dir helfen, Deine letzten Widerstände gegen dich selbst und gegen die Weiblichkeit wegzuspülen. Dein Widerstand hält dich davon zurück, dich als neuer, wahrer Christus zu erfahren. Denn Dein innerer Kampf zeigt sich auch im Außen durch Deine ständige Ignoranz gegenüber dem Weiblichen."

Die göttliche Weiblichkeit spricht:

„Ich bin nun bereit, in alle Ebenen des Christus-Seins einzufließen. Ich, die göttliche Weiblichkeit, flute jetzt Christus in allen göttlichen Ebenen."

Christus spricht:

„Ich danke euch für euren Mut und euer Durchhaltevermögen. Jetzt bin auch ich erlöst. Der ganze Kampf gegen mich selbst ist endlich vorbei. Ich weiß noch nicht genau, was es bedeutet und was auf mich zukommt, doch ich vertraue jetzt ganz auf die neue Göttlichkeit. Alle verborgenen Geheimnisse sind jetzt gelüftet und geheilt. Die Verwirrungen der göttlichen Familie sind gereinigt und vergeben. Die wahre neue Göttlichkeit ist nun bereit, in alle Wesen einzufließen. Ich, Christus, bin die Brücke zwischen der irdischen und der neuen göttlichen Erfahrungsebene. Ich bin zurück!!"

Es war schon am späten Nachmittag, als wir völlig erstaunt über den Verlauf und die Schätze der verborgenen Informationen darüber hinaus erkannten, dass unsere Klientin ein inkarnierter Engel ist. Sie ist der Engel der Erlösung. Auch dieser Engel wurde verbannt und ihm wurde verboten, sich zu zeigen.

Der Engel der Erlösung spricht:

„Ich bin der Engel der Erlösung, mir wurde verboten zu wirken, da ich die Erlösung bringe. Durch die Befreiung der göttlichen Weiblichkeit löst sich der ganze Schmerz aus der Begegnung des männlichen und weiblichen göttlichen Ausdrucks. Erst durch die vollkommene Hingabe beider Seiten ist die wahre Lösung aller Missstände möglich. Der ewige Kampf der Geschlechter bisher verhinderte, dass eine friedvolle Verschmelzung für alle göttlichen Wesen möglich war. Durch die Verkündung durch den Engel der Erlösung erfahren alle Wesen wieder die Heilung ihrer göttlich männlichen und weiblichen Liebe."

Daraufhin aktivierte ich die Flügel des Engels. Dazu arbeite ich direkt am Körper des Engels. Ich werde dazu jeweils angeleitet. Es sind wirklich prachtvolle Flügel voller Leichtigkeit, die der Engel der Erlösung trägt. Der Engel floss dann als ihr Ursprungswesen direkt in das Innerste der Klientin ein. Sie stellte sich in die Mitte des Raumes und verkündete über ihren Flügelschlag die Erlösung der göttlichen Weiblichkeit.

Gleich darauf meldete sich die Erlösung zu Wort:

„Ich, die Erlösung, habe so lange darauf gewartet, endlich wirken zu können. Das Gefäß, in dem die Wesen so gefangen sind, ist für sie viel zu klein. Die leuchtenden göttlichen Wesen sind grenzenlos und frei. Sie quälten sich und sehnen sich nach der Befreiung aus der menschlichen Begrenzung. Dieser Ausdruck der Begrenzung ist die Bestrafung durch den falschen Gott, denn ursprünglich sollten die Wesen frei schwebend sein. Doch sie wurden in ihr eigenes Gefängnis gesteckt und darin festgehalten. Der Körper löst sich in Kürze auf und alle Wesen sind dann wieder befreit."

Die Klientin begleitete uns schon einige Zeit und nie zeigte sich ihr wahres Wesen. Doch es konnte erst jetzt nach der ganzen Offenbarung erkannt werden, wer sie wirklich ist. Du kannst Dir vielleicht vorstellen, wie erstaunt unsere Klientin nach diesem Coaching war. Ihr wurde jetzt so vieles klar, wonach sie ihr Leben lang suchte. Sie erzählte uns ihre Geschichte:

„Das Thema Weiblichkeit beschäftigt mich schon mein ganzes Leben. Ich wusste immer: Da gibt es noch etwas, das uns nicht mehr wirklich zugänglich ist. Ich griff jeden Impuls auf, Erweiterndes dazu zu erfahren. So besuchte ich auch viele Weiblichkeits- und Göttinnenseminare, um an „den wahren Kern" zu kommen. Ich war dankbar für erweiternde Erfahrungen und Heilungen, die ja auch für das ganze Kollektiv wirkten – und doch wusste ich immer: Da gibt es noch etwas ganz anderes, das aus der Tiefe wieder ans Licht gehoben werden möchte ... Es drängte mich so sehr, das auch an andere Frauen weitergeben zu können – doch ich kam ja selbst nicht ran! Das machte mich oft traurig und verzweifelt.

Auch das Thema wahre männlich-weibliche Begegnung beschäftigte mich intensiv. Ich wusste immer: Sie hat eine völlig andere Bedeutung als das, was wir Menschen daraus gemacht haben – und das geht noch weit über das hinaus, was in den meisten Tantrakursen vermittelt wird. Wieso haben wir Menschen das alles denn vergessen??!! Was haben wir daraus gemacht?!

Immer wieder erhielt ich Informationen aus meinem Inneren, die wie ein „Auftrag" waren, das wahre Wissen zu diesen Themen wieder auf die Erde zu bringen. Wie gern hätte ich all das bisher bereits gelebt, geöffnet, auch für andere ... Aber w i e denn ...?! Ich wusste doch selbst nicht mehr, wie das alles geht ...

Stets war mir klar: Wenn wir die wahre, heile-heilige Begegnung Mann-Frau wieder leben können, wenn Frieden und tiefe Wertschätzung zwischen dem Männlichen und dem Weiblichen herrschen, dann gibt es keine Kriege mehr auf Erden. Wenn ich solches äußerte, schauten mich die Menschen oft nur verständnislos an, als ob ich eine Träumerin und nicht ganz ernst zu nehmen wäre. Aber ich wusste es doch ganz tief in und aus meinem Inneren ... Und doch war da immer noch dieses Selbst-gefangen-sein-in-irgendetwas ..."

ALL-ES IN AUFRUHR

Am nächsten Morgen fühlte sich Kai Christus wie in einem inneren Aufruhr. Es war, als würde etwas in ihm für totale Verwirrung sorgen. Als wir diesem Gefühl nachgingen, bekamen wir die Information, dass es jetzt mit der geheilten göttlichen Weiblichkeit möglich und notwendig ist, alle neuen aktivierten Christus-Anteile miteinander in die Christusfrequenz zu vereinen. Es waren genau siebzig Anteile, die wir alle einzeln benannten und deren Informationsfrequenzen in die geheilte Christus-Essenz einflossen. Diese neue Christus-Essenz konnten wir für unsere Transformationen nutzen, indem wir den vereinten Strahl der Christus-Essenz direkt auf die Verunreinigung ausrichteten und sie damit fluteten und dadurch transformierten.

DAS VERMÄCHTNIS DER GÖTTIN ALEXANDRA

Am Nachmittag brachte dann die nächste Klientin die Fortsetzung zur Geschichte der göttlichen Weiblichkeit vom Vortag mit. Wir waren wirklich erstaunt, dass Tamara genau jetzt zum Coaching kam. Die Terminvereinbarung erwies sich im Vorfeld als kompliziert. Immer wieder verschob sich etwas. Jetzt war uns klar, warum.

Es wurde offenbart, dass die Göttin Helena sich mit Gott eingelassen hatte. Damit sie seine Favoritin sein konnte, musste sie Gott versprechen, alle Göttinnen dazu zu bringen, ihr die göttliche Weiblichkeit zu überlassen. Sie wiederum versprach den Göttinnen, dass sie diese Kraft noch stärker nutzen können, wenn sie diese an sie, Helena, fließen lassen. Die Einzige, die sich dagegen wehrte, und den Schwindel erkannte, war die Göttin Alexandra, die durch unsere Klientin vertreten wurde. Sie widersetzte sich dieser Intrige. Auch sie wurde dafür bestraft und ebenso ins Exil verbannt. Mit Schrecken erkannte ich, dass ich selbst die Helena war. Über Vergebung lösten wir die Erinnerungen an die göttlichen Verstrickungen.

Das war ja wirklich ein göttlichen Krimi. Kapitel für Kapitel wurden uns auch über unsere Klienten gebracht.

Tamara repräsentiert ein ganz spezielles Wesen, das für die Schwingungserhöhung zum Übergang auf die neue Erde zuständig ist. Schon seit Jahren hat Tamara immer den Drang, dreimal am Tag ihre Schwingung in Boviseinheiten zu messen. Noch am Morgen, bevor sie zum Coaching fuhr, dachte sie: „Die Schwingung wird nicht reichen, nur vierzigtausend Boviseinheiten." Das war einfach ein Impuls, ohne dass sie um die Hintergründe dafür wusste. Wir aktivierten durch verschiedene Intentionen das Wesen von Tamara und sie ließ ihr Wesen in ihr Herz einfließen. Das war ein sehr berührender Moment. Wenn die Wesen einfließen sind es immer Gefühle von: Endlich bei mir angekommen!!

Nach dem Coaching hatten wir alle drei das Bedürfnis zu schwimmen. Wir gingen zu dritt an den Bodensee, auch darauf war Tamara intuitiv vorbereitet, denn sie hatte ihre Badesachen dabei. Tamara erzählte, dass sie seit Jahren von Erzengel Michael und anderen Erzengeln für ihren besonderen Auftrag am Ende der Zeit geschult wurde. Am Morgen sagte dann Michael zu ihr, dass sie ihn ab heute nicht mehr brauche, da sie nun sich selbst finden würde. Zu ihrem Mann sagte Tamara, dass sie das Gefühl habe, dass heute einer der wichtigsten Tage ihres Lebens sei.

Schon Tage vorher hatte ich mit Kai Christus ein unterdimensionales Christusportal errichtet. Für die Aktivierung fehlte noch etwas, nur wussten wir nicht, was es genau war. Als wir drei dann am See ankamen, war uns klar: Wir brauchen die Qualität der Schwingungserhöhung von Tamara. Wir vereinigten unsere Energieessenzen und zündeten das Christusportal. Tamara sendete die Schwingung über ihre Frequenz in das Bewusstseinsfeld hinaus. Wir bebten innerlich wie äußerlich. Tamara kreiste ihre Arme und brachte die Schwingung ihrer Wesensqualität in die Verstärkung.

Es kribbelte bei uns dreien am ganzen Körper und wir riefen alle drei JA! JA! JA! Der Jubel verwunderte die anderen Badegäste. Kurz darauf kamen bereits die ersten Nachfragen einiger irdischer Mitglieder der himmlischen Familie, was wir denn wieder gemacht haben, denn die Energien waren sofort im Bewusstseinsfeld spürbar.

Dann merkten wir, wie alle Informanten auf den geistigen Ebenen drängelten, mit uns zu sprechen, um uns zu gratulieren.

Christus spricht:

„Die heutige Begegnung mit Tamara ist ein Geschenk für die Aktivierung des Christusportals. Durch ihre Qualität beschleunigt sich die Frequenz des Christusportals, denn es ist die Brücke in die neue Erfahrungsebene. Mit dem Initialisierungsstrahl des Christusportals werdet ihr jetzt fortlaufend alle weiteren Turbulenzen in eurer Transformation erlösen. Die Vibration der Wesen wird sich in den nächsten Wochen um einiges erhöhen, mehr als ihre Körper vertragen werden. Gebt die Information weiter, dass es keine wirklichen Symptome sind, sondern diese nur in Schwingungserhöhungen begründet sind."

Gott spricht:

„Wir alle im Himmelreich jubeln. Ihr habt eure Mission heute erfüllt, denn die Initiation der Wesen mit der Energie des Christusportals ist vollbracht. Auch die Lösung der Verwirrungen und Intrigen der göttlichen Familie lösen diesen Jubel aus. Am Ende ist doch alles gelungen, weil ihr den Mut hattet, euch zu glauben. Ich selbst war nie so mutig. Ich bin vor meiner Verantwortung immer geflüchtet, doch ich sorgte mich immer insgeheim um das Geschehen auf der Erde. Der Weg nach Hause ist bereit, euch zu empfangen. Setzt die Zeichen, damit alle Wesen sich ihrer selbst erinnern können."

Aurora, die neue Erde, spricht:

„Endlich! Wir haben euch die ganze Zeit beobachtet. Doch wir haben uns in den letzten Wochen zurückgehalten. Das hat euch anfangs irritiert und euch zweifeln lassen. Für all das, was ihr geleistet habt, sind wir euch sehr dankbar. Doch für die Lösung des Konflikts der göttlichen Familie waren wir nicht zuständig. Jedoch waren wir

immer mit euch. Die heutige Zündung des Christusportals für den Übergang war dringend notwendig. Damit steht der Fortführung der Prozesse nichts mehr im Wege. Bringt so schnell wie möglich die Informationen zu den Wesen und beginnt euch innerlich auf die Reise vorzubereiten."

Wir fragten Aurora: „Bist Du ein Planet oder eine Erfahrungsebene?"

Aurora spricht:

„Alle Planeten sind Erfahrungsebenen. Die Bilder, die Euch von der NASA gezeigt werden, entsprechen nicht der Realität. Eure Sinne wurden verblendet. Die Erde ist keine Kugel, sondern ein spezieller Erfahrungsraum, der die Information der Qual trägt. Alle Hintergrundinformationen dazu habt ihr bereits empfangen. Wir sind die neue Erfahrungsebene der Liebe, so wie es einst für die Erde vorgesehen war. Haltet euch nicht an Begrifflichkeiten fest. Mit dem menschlichen Verstand ist das alles nicht zu beschreiben und zu erfahren. Alle Widersprüche der menschlichen Logik wurden bisher abgewiesen. Alles, was nicht real sichtbar war, wurde abgelehnt und die Materie wurde vergöttert."

Der kosmische Rat spricht:

„Wir feiern mit Euch. Ihr habt es vollbracht. Die neue Erde erwartet Euch. Diese Freude ist unfassbar. Der Wahnsinn hat nun endlich ein Ende. Mit Eurer heutigen Interaktion sind auch die kosmischen Portale eröffnet. Die Transmutation beginnt nun auf allen Ebenen. Der Verbund der Sternennationen ist bereits informiert und unterrichtet über diesen Übergang. Doch es ist jetzt noch etwas zu klären. Der Konflikt des kosmischen Konzils ist noch nicht befriedet. Christus wurde auch hier von diesem Verband hintergangen, damit sollte die ganze Rettung noch behindert werden. Das Konzil ist noch im Widerstand und in der Hinterlist."

Wir forschten nun, was das Konzil an Widerständen hatte und konnten dann auch diesen Konflikt entschärfen. Es ging mal wieder um das kosmische Ego, das verhindern wollte, dass Christus den Auftrag bekommt, die universelle Lösung zu übernehmen. Was für ein Theater!

Die Göttin spricht:

„Meine Freude ist übergroß. Nun ist die göttliche Weiblichkeit von ihren Schmerzen endlich befreit. Durch die mutige Absicht und die Erklärung, dass alle göttlichen Frauen wieder in ihrer ursprünglichen Weiblichkeit angekommen sind, ist die Erfahrung der geheilten wahren Weiblichkeit nun auch für Aurora möglich. Selbst ich durfte sie noch nie in der wahren Freiheit erfahren, denn alles war weggesperrt. Die Belebung des weiblichen Schoßes als wahre Quelle des ewigen Lebens ist der Schlüssel für die Ewigkeit der wahren Freiheit."

Die göttliche Quelle spricht:

„Ich, die göttliche Quelle, bin endlich befreit, denn bisher war ich trüb. Die Klärungen der letzten Wochen haben viel Heilung gebracht, doch ich wurde dabei vergessen. Der Hauptgrund meiner Verschmutzung ist die nicht befreite göttliche Männlichkeit. Sie ist noch gefangen in ihren Irritationen und ruft dringend nach Erlösung durch Christus. Du kannst sie nun endlich befreien."

Ja sicher! Wir hatten die göttliche Männlichkeit übersehen. Es ist höchste Zeit, dass auch diese die Befreiung erfährt.

Sie senkte sich auch umgehend in Kai Christus ab.

Die göttliche Männlichkeit spricht:

„Mich haben alle vergessen. Immer ging es nur um die Frauen. Doch auch die göttliche Männlichkeit ist verletzt. Sie wurde ebenso missbraucht und weggesperrt und ruft nun dringend nach Erlösung. Der Hauptgrund, warum ich verschlossen wurde, ist meine immense Kraft. Durch mich wurde die Schöpfung aktiviert und bringt das Leben in das Weibliche. Jedoch war auch immer Gewalt im Spiel, wodurch der Schöpfungsakt verschmutzt wurde. Die ganze Katastrophe hat sich im Irdischen durchgesetzt. Das männliche Prinzip

hat alles zerstört. Es ging nur um die Zerstörung und Vernichtung der Weiblichkeit. Das Ganze wurde dann auf die göttliche Männlichkeit projiziert. Doch im Ursprünglichen ist die göttliche Männlichkeit sensibel und feinfühlig."

Kai Christus sprach dann die erlösenden Transformationen für die Befreiung der göttlichen Männlichkeit und vibrierte diese Befreiung in das Bewusstseinsfeld. Christus floss dann in die göttliche Männlichkeit ein. Daraufhin flossen die göttliche Weiblichkeit und die göttliche Männlichkeit in der Verschmelzung zusammen.

Die Scham in der Männlichkeit spricht:

„Ich schäme mich für all das, was aus der zerstörerischen männlichen Kraft vernichtet wurde. Der ständige Kampf mit dem Weiblichen führte mich in die Aggression, die ich irgendwie ausleben und entfesseln musste. Die Vernichtung des weiblichen und des männlichen Ausdrucks der ursprünglichen Begegnung zeigt sich heute überall und ist unübersehbar. Es besteht Hoffnungslosigkeit und Resignation. Selbst Christus hat Angst vor der männlich göttlichen Kraft. Ihre zügellose Wirkung hat er bei seinem Vater gesehen und sich geschworen, niemals selbst diese männliche Kraft zu erfahren. Seine Liebe wurde eher weich und sensibel, wie das Weibliche."

Gott spricht:

„Ich bitte um Vergebung, dass ich das göttlich Weibliche und damit das göttlich Männliche ablehnte."

Wir vergaben Gott und nun floss das göttliche Männliche über Kai Christus zu Gott und in die göttliche Quelle ein.

Wir feierten diesen bahnbrechenden Abend bei einem gemeinsamen Abendessen. Auch hier strömte Tamara ihre Schwingung weiter auf die neue Erde, ins Universum und in Kai Christus. Wir hatten einen wirklich beschwingten Abend. Tamaras Schwingung war am Abend auf über drei Millionen Boviseinheiten angestiegen.

ALL-ES VON SATAN VERHINDERT

Nachdem uns über die Verweigerung des Männlichen gegenüber dem Weiblichen so vieles berichtet worden war, war es für uns und für die göttlichen Frauen in unserer Forschungsgruppe doch überraschend, dass auch im Zusammensein von Maria Magdalena und Jesus Christus diese Verweigerung so präsent war.

Dieses Geheimnis wurde dann zu guter Letzt auch noch gelüftet. Die Antwort auf diese Verwirrung brachte uns wiederum eine Klientin. Es stellte sich Folgendes heraus: Sie war in einer ihrer früheren Inkarnationen die Schwester von Maria Magdalena namens Marianne.

Marianne gab damals ihrer Schwester den Rat, Jesus Christus für seine Verweigerung zu bestrafen und ihn zu verraten, um sich an ihm zu rächen. Sie war ebenso wie ihre Schwester Maria Magdalena Schülerin der Isis und wurde durch sie in den Praktiken der Liebeskunst und der Energieerhöhung aus der Vereinigung geschult. Das vehemente Verweigern des Jesus Christus gegenüber Maria Magdalena empörte Marianne, denn sein Verhalten sah sie als Verrat an den Lehren der göttlichen Weisheit.

Ferner wurden wir darüber unterrichtet, dass die Göttin Isis ein falsches Spiel trieb. Sie offenbarte ihren Schülerinnen nicht, dass sich das Männliche möglicherweise vor der weiblichen großen Kraft ihres Schosses fürchtete. Sie ließ ihre Schülerinnen in das Verderben laufen und verheimlichte ihnen die Steuerung der Intensität der weiblichen Sexualenergie.

Isis wollte die Favoritin Gottes sein, doch er wählte Helena als diese. Als Vergeltung für diese Verweigerung behielt Isis das Geheimnis der Steuerung der weiblichen Sexualenergie für sich. Dadurch wurde das Vertrauen zwischen dem Männlichen und dem Weiblichen in der Begegnung gebrochen und in Folge öffnete sich das Männliche gegenüber dem Weiblichen nur unter Vorbehalt und Vorsicht. Das Weibliche hatte Angst, das Männliche zu überfluten, das Männliche ängstigte sich vor ihrer vor der starken Kraft des Weiblichen.

Dann offenbarte sich uns auch noch, dass Satan einen Dämon in den göttlich weiblichen Schoß eingepflanzt hatte.

Das war ein Rachefeldzug Satans, da er selbst immer wieder von der göttlichen Weiblichkeit abgelehnt wurde. Der Dämon im Schoß der Frauen sollte verhindern, dass sie jemals wieder die wahre Erleuchtung in der Vereinigung erfahren. Er nahm ihnen damit die Möglichkeit, sich an ihre eigene göttliche weibliche Kraft zu erinnern, und dadurch blieb auch den göttlichen Männern verwehrt, sich in der Verschmelzung mit dem göttlich Weiblichen an ihre eigene männliche Göttlichkeit zu erinnern.

Als uns dies eröffnet wurde, rief Kai Christus:

> *„Ich habe es die ganze Zeit gespürt. Doch ich konnte es mir nicht erklären. Genauso muss es Jesus Christus gegangen sein. Er fühlte die Bedrohung, doch er fand für diesen Zustand keine Worte. Daher hielt er sich von der Begegnung in der Verschmelzung mit Maria Magdalena fern."*

Das erklärte nun für uns alles. Eine große Erleichterung zog in uns ein. Endlich konnten wir verstehen, worin sich der Streit zwischen Jesus Christus und Maria Magdalena wahrhaft begründete.

Die Informationen erklären jetzt auch die Verzweiflung von Jesus Christus.

Seine Feinfühligkeit hat ihn vor vielem bewahrt, ihm jedoch auch viel geschadet. Seine sensiblen Wahrnehmungen ließen ihn als Weichling erscheinen. Jedoch spürte er im Voraus, dass etwas nicht stimmte - in Worte fassen konnte er es nicht.

Er konnte sich nicht mitteilen, weil er immer alles nur fühlte.

Diese Erleichterung, die sich für ihn zeigte, ist wie eine Absolution für ihn und nicht nur für ihn, sondern auch für die anderen göttlichen Männer, die sich vor diesem Dämon im Schoss der Frauen fürchteten. Auch für die göttlichen Frauen ist es eine Erleichterung, denn sie waren verzweifelt auf Grund ihrer Situation und der Verweigerung der Männer, die sie liebten. Den ganzen Hass, der dadurch entstanden ist, projizierten sie auf die Männer. Dadurch war eine Annäherung der göttlichen Männer und der göttlichen Frauen verhindert.

Nicht nur die Frauen verunreinigte Satan. Auch den Männern setzte er ein unglaublich vernichtendes Werkzeug der Manipulation ein: den Triebbock. Dadurch waren die göttlichen Männer ständig auf der Suche nach sexueller Befriedigung.

Damit ist die Schuldfrage geklärt und es ist klar:

Niemand trägt die Schuld. Alle waren wieder ein Opfer der manipulativen Machenschaften Satans und seiner Verbündeten.

Damit ist das Drama der Weiblichkeit und der Männlichkeit, das über so lange Zeiträume und Ebenen sich fortsetzte endlich geklärt. Wir wünschen uns s o sehr, dass wir all das jetzt endgültig hinter uns lassen können und dass es uns allen vergönnt ist, die Erfahrung der befreiten Begegnung des Weiblichen mit dem Männlichen wahrhaftig zu erleben. Allerdings wird uns das erst vollständig auf der neuen Erfahrungsebene gelingen.

Wir möchten hier der Vollständigkeit halber noch eine inkarnierte Göttinnen erwähnen: Die Göttin Victoria.

Maria-Theresia erkannten wir als diese Inkarnation der Göttin Victoria. Sie trägt das Geheimnis der ewigen Jugend. Sie ist auch die Tochter von Kronos, des dunklen Gottes. Dieser wollte nicht, dass das Wissen um die ewige Jugend im Irdischen erfahren wird. Durch seine Fälschung glaubte jeder, dass der Körper altern und verfallen muss. Die Wahrheit jedoch ist, dass der Lichtkörper ewig jung bleibt. Das ganze Ausmaß des Jugendwahns zeigt ich im Irdischen über das ewige Bestreben, jugendlich zu sein und zu bleiben. Bereits im jugendlichen Alter besteht die Angst, dass der Körper vergeht und altert. In der Zell-Struktur des Menschen wurde durch Kronos der Regenerations-Code der Zelle derart manipuliert, dass bei jeder Zellteilung in die Kopie der Zelle die Information des Todes transportiert wurde. Dadurch wurde der Alterungsprozess durch die Kaskade der Zellteilung zur Selbst-Zerstörung.

INITIIERTE GÖTTINNEN:

- Cassandra - Göttin der göttlichen Weiblichkeit - Ursula
- Alexandra - Eingeweihte des Geheimnisse der göttlichen Weiblichkeit - Tamara
- Hera - Göttin der Manifestation - Sabine
- Constanza - Göttin der göttlichen Sexualität - A.-K.
- Valencia - Göttin der Erkenntnis - Daria
- Fortuna - Göttin des göttlichen Wissens und der
- göttlichen Weisheit – Sabine
- Victoria - Göttin der ewigen Jugend - Maria Theresia
- Helena - Trägerin des Vermächtnisses der Schönheit - Petra
- Justizia - Göttin der Gerechtigkeit - Yvonne

DAS WAHRE GEHEIMNIS DER LIEBE

In diesem Kapitel beschreiben wir einen weiteren Teil unserer Mission: „Die Heilung der Liebe". Nachdem wir die Schöpfungskette geklärt und erkannt hatten, welche verwirrenden Erfahrungen die Liebe auf allen Ebenen der Schöpfung gemacht hatte, war klar, dass es zur Liebe vieles zu heilen gibt. Dass uns so viele Aspekte der Liebe offenbart wurden, verwunderte uns anfangs, doch dann wurde uns bewusst, dass es auf jeder Schöpfungsebene auch eine ganz spezielle Liebe gibt, die ihre Erfahrung machte und die bis in unsere heutige Existenz hineinleuchtet. Zudem gab es verletzte Herzen auf einigen Schöpfungsebenen. Auch diese galt es zu heilen.

Die einzelnen Aspekte der Liebe zu transformieren und den darin gespeicherten Schmerz zu heilen, war für uns selbst sehr schmerzhaft und auch turbulent. Wir durchlebten den Schmerz der Liebe direkt und er ging manchmal komplett durch uns hindurch. Wir erkannten damals noch nicht den großen Zusammenhang mit der Schöpfungskette und nahmen manche Situationen sehr persönlich. Die Gefühle, dass die Liebe alles zerstört hat, an allem die Schuld trägt und nur Schmerzen bereitet, haben uns ziemlich herausgefordert.

Allein über diese emotionalen Schleuderfahrten könnten wir ein Buch schreiben. Auch zur Heilung der Liebe wurden uns inkarnierte Potenzialträger verschiedener Qualitäten der Liebe zugeführt. Zum Ende der Forschungen kamen die Informationen auch ohne den Kontakt zu den Potenzialträgern und ganz ohne emotionale Resonanzen zum Vorschein und wir konnten die entsprechenden Informationsfelder auswerten.

Bei manchen Potenzialträgern haben wir auch die gesamte Lebensgeschichte erfahren. Manche dieser Geschichten waren wirklich sehr berührend.

In einer informativen Interaktion wurde deutlich, dass die einzelnen Aspekte der Liebe „eifersüchtig" auf die Qualitäten ihrer „Schwestern" waren. Durch diesen Konflikt und ihren Konkurrenzkampf untereinander war die Macht der Liebe aus ihrer ursprünglichen zentralen Position verdrängt. Die Ur-Liebe hatte dabei eine besondere Rolle.

Als das Potenzial der Liebe zwischen Mann und Frau dann in den Kreis der Darstellung der Liebe hineinkam, sagte die weibliche Liebe: „Dich wollen wir hier nicht haben, Du bringst immer nur Ärger."

Die Liebe ist die größte Sehnsucht von allen und doch bringt sie den größten Schmerz. Den größten Schmerz erfuhr die Liebe in ihrer Ablehnung. Oft stand hinter der verschmähten Liebe die Sehnsucht nach der wahren Liebe. Sie verursachte die größten Qualen.

Der Schlüssel zur Befreiung der Liebe war in Christus selbst versteckt. Er selbst hatte ein Gelübde abgelegt, der Liebe nie wieder die Macht zu geben, denn Christus hatte durch alle Ebenen nur schmerzhafte Erfahrungen mit der Liebe gemacht.

Christus spricht:

> *„Ich, der Christus der Liebe, war bisher immer in der Verweigerung der Liebe. Ich habe am eigenen Leib erfahren, wie die Liebe sich in ihrer Irritation anfühlt. Alles, was ich erforscht habe, habe ich selbst erfahren. Daher wollte ich diese Erfahrung auf keinen Fall wiederholen. Ich verschloss mich und zog mich zurück aus allen Formen der Begegnung. Alles, was es an Turbulenzen auf der Erde mit der Liebe gab, gab es auch im Himmelreich. Es gab Intrigen und Streitigkeiten um die Liebe. Ich sah keinen Sinn darin, diesem Irrsinn zuzustimmen."*

Durch intensive und akribische Forschungen und Transformationen ist das Feld der Liebe jetzt geklärt und die geheilte und befreite Macht der Liebe ist wieder in alle Ebenen des Seins und des Universums sowie auf die neue Erfahrungsebene eingeflossen. Sie wird erstmals bewusst wahrgenommen auf der neuen Erfahrungsebene.

Damit auch Du Deine schmerzhaften Erfahrungen mit der Liebe aus den verschiedenen Ebenen der Schöpfung in die Heilung bringen kannst, haben wir die einzelnen Aspekte und Potenziale der Liebe aufgeführt. Zu jedem Aspekt und zu jedem Potenzial findest Du Lösungssätze, die Dein Selbst von allen schmerzhaften Erfahrungen mit der Liebe heilen. Wir empfehlen Dir, diese Sätze laut auszusprechen, damit sie Deine Transformation Deiner Erfahrungen mit der Liebe unterstützen. Eine weitere Empfehlung lautet, jede der aufgeführten Liebesaspekte zu heilen, egal, ob es sich um einen männlichen oder weiblichen Aspekt handelt. Denn die Erfahrungen der Liebe hängen direkt mit Deinen Erfahrungen in der Schöpfungsgeschichte zusammen und damit sind sie in allen Ebenen Deiner Seins-Erfahrung gespeichert.

Versuche bitte nicht, das Geschriebene mit dem Verstand zu erfassen. Verbinde Dich bitte über Dein Bewusstsein mit Deinem Herzen und fühle in jeden einzelnen Aspekt der Liebe hinein. Möglicherweise erkennst Du die wahren und geheilten Qualitäten der Liebes-Aspekte.

DIE POTENZIALE DER WAHREN LIEBE

DIE ERSTE LIEBE

Die erste Liebe ist die Liebe der Einheit. Sie ist rein, vollkommen, klar, gebend, frei und bleibend. Sie war in der Kontinuität ihrer Schwingungen. Doch in dieser Vollkommenheit konnte sie sich selbst nicht neu entdecken. Als sie die Eintönigkeit nicht mehr aushielt, forderte sie das Licht auf, gemeinsam mit ihr eine neue Erfahrung zu machen. Anfangs war das Licht noch interessiert, doch dann wurde es ihm zu anstrengend. Es zog sich wieder zurück und überließ die Liebe ihrer Selbsterfahrung. Die Liebe setzte sich darauf derart in Schwingung, dass sie die vollkommene Einheit zerriss. Als sie erkannte, was sie angerichtet hatte, ging sie in den Selbstvorwurf und beschuldigte sich, alles zerstört zu haben. Dann jedoch wollte sie alles wieder gutmachen und zurück in die Einheit bringen, doch die anderen Anteile der Einheit waren noch im Schock und dazu nicht bereit, wieder mit der Ersten Liebe zu verschmelzen.

Die Lösung:

„Alle schmerzhaften Erfahrungen der Trennung von der ersten Liebe entlasse ich jetzt aus allen Ebenen meines Seins."

„Ich bin dankbar, die erste Liebe erfahren zu haben."

„Ich aktiviere die Erinnerung der ersten Liebe in mir."

„Ich vergebe der ersten Liebe, dass sie mich verlassen hat."

„Ich vergebe mir, dass ich die erste Liebe nicht halten konnte."

„Ich vergebe mir, dass ich die erste Liebe verraten habe."

„Ich höre auf, der ersten Liebe nachzutrauern."

„Ich erkenne, dass die erste Liebe die Spirale der Erkenntnis aktiviert."

„Ich lasse die erste Liebe wieder in mich einfließen."

DAS POTENZIAL IN DER IRDISCHEN ERFAHRUNG

Als sich das Potenzial der ersten Liebe zeigte, war ich selbst ziemlich betroffen, denn ich erkannte, dass ich die Potenzialträgerin bin. Alles, was zu diesem Potenzial beschrieben wurde, hatte ich in meiner jetzigen Inkarnation selbst erlebt. Meine große erste Liebe hielt über 25 Jahre. Als ich meinen Mann zum ersten Mal traf, war ich gerade mal 15 Jahre alt, er war 21. Wir begegneten uns mitten im Wald. Ich fuhr mit meinem Moped auf eine Waldlichtung zu. Da sah ich einige Männer, die auf dieser Lichtung Holz einschlugen. Einer der Männer sah mich, legte seine Axt nieder und lief auf mich zu. Ich stoppte die Fahrt und als dieser große, wirklich schöne Mann vor mir stand, gab er mir einfach einen Kuss. Ich war total irritiert und überwältigt von dieser männlichen Energie. Die erste Liebe schlug in mich ein wie ein Blitz. Mit ihm lebte ich in unserer Ehe wirklich die Einheit in Vollkommenheit. Als dann unsere Tochter Anne als Wunschkind zur Welt kam, war die Trinität einfach perfekt. Wir hielten immer zusammen, auch in den schwierigen Zeiten des Mauerfalls und der vollkommenen Neuorientierung. Als es uns wirklich rundum gut ging und unsere Tochter Lena das Familienglück abrundete, veränderte sich alles. Lena initiierte mich, um mich wieder an mein Selbst zu erinnern. Dann ging ich auf die Sinnsuche. Anfangs war mein Mann auch interessiert, denn er wusste, dass sich, wenn er nicht diesen bewussten Weg mitgeht, sich unsere Wege trennen. Doch dann zog er sich wieder zurück und sagte, dass ich ihm zu anstrengend sei. Daraufhin ging ich den diesen Weg allein weiter. Als ich dann für meine Berufung meine Familie verließ, war ich voller Schuldgefühle und Selbstvorwürfe.

Auch diesen Teil meiner Rolle als erste Liebe spielte ich perfekt.

POTENZIAL DER LIEBE: DAS GEBROCHENE EINHEITSHERZ

Das Einheitsherz zerbrach, als sich die erste Liebe auf den Weg machte, sich zu erfahren. Es trägt den Schmerz der Trennung von der ersten Liebe. Diesen Trennungsschmerz trug die Liebe in jede weitere Erfahrungsebene und in jede neue Liebesbegegnung hinein. Das Einheitsherz zerbrach in zwei gleiche Teile.

Im Irdischen zeigt sich dieses Potenzial in den dramatischen Situationen bei Trennungen aus Liebesbeziehungen.

Die Lösung:

„Ich heile das Einheitsherz und den Trennungsschmerz der ersten Liebe."

„Das gebrochene Herz aus der ersten Liebe heilt jetzt alle Wunden der Liebe und fließt jetzt wieder zu einem vereinten Herzen."

DAS GEBROCHENE EINHEITSHERZ IN DER IRDISCHEN ERFAHRUNG

Meine Freundin Katarina ist Heilpraktikerin und steht für das gebrochene Einheitsherz. Nachdem sie einige Male auf meinen Seminaren war, erzählte sie mir, dass sie auf jedem ihrer Spaziergänge Steine in Herzform findet. Sie sammelte sie alle und legte sie in eine Schale, die inzwischen schon richtig voll geworden ist. Jeder ihrer Patienten darf sich nach der Behandlung eines der Herzen mitnehmen. Als sie ein ganz besonders schönes Steinherz fand, legte sie es auf ihren Schreibtisch. Kaum abgelegt, zerbrach es in der Mitte in zwei Teile. Sie konnte innerlich in ihrem Herzen dieses Zerbrechen spüren. Jeden Tag schaute sie dieses Herz an, und sie fragte sich, warum dieses Herz so viel in ihr auslöste.

DIE WAHRE CHRISTUSLIEBE

Die wahre Christusliebe wurde immer falsch verstanden. Sie wurde immer auf Jesus Christus projiziert. Die Christusliebe ist die Liebe, die sich nach dem erneuten Versuch der Verschmelzung zur Einheit formte. Doch auch im Laufe der Schöpfung erfuhr sie viele Irritationen. So sollte sie in die Schöpfung einfließen und das Chaos retten, doch ihr fehlte die Kraft dazu. Durch die vielen Explosionen, in der sie immer wieder zerrissen wurde, war sie verwirrt, geschwächt, hoch sensibel, ängstlich und kraftlos. Sie floss von Ebene zu Ebene und drückte sich im Irdischen als hilflose Barmherzigkeit aus. Voller Mitleid berührte sie die Herzen der Gläubigen und es wurde versprochen, dass die Christusliebe all denen zuteil wird, die an Jesus Christus glauben.

Bisher ist unbekannt, dass die wahre Christusliebe in jedem Wesen gespeichert ist. Alle Projektionen auf Jesus Christus sind daher aufzuheben, damit jeder erkennt, dass er selbst die Christusliebe in sich trägt.

Die Lösung:

„Ich bin selbst die Christusliebe."

„Ich lasse alle Projektionen der Christusliebe auf Jesus Christus los." „Ich erwecke die Christusliebe in mir."

„Ich vergebe mir, dass ich vergessen habe, dass ich selbst die Christusliebe in mir trage."

„Ich lasse alle Widerstände los und öffne mich für die wahre Christusliebe."

DIE WAHRE LIEBE DES SCHÖPFERS - DIE SELBST-LIEBE

Die wahre Liebe des Schöpfers ist bisher noch nie betrachtet worden, sie konnte sich auch noch nie erfahren. Dem Schöpfer fehlte einfach das passende Gegenstück. Er war vollkommen allein und es blieb ihm nur, sich selbst zu lieben. Doch dazu fehlte die Erkenntnis, dass die große wahre Liebe die Selbst-Liebe ist. Er schämte sich, sich selbst zu lieben, denn die Liebe forderte immer ein Gegenüber. Der Konflikt des Schöpfers, sich selbst zu lieben, setzte sich in allen Ebenen der Schöpfung fort. Im Irdischen war die Selbstliebe verpönt und nur die Nächstenliebe wurde akzeptiert. Nur Jesus Christus sagte: „Du sollst Deinen Nächsten lieben wie dich selbst."

Die Lösung:

„Meine ganze Scham, mich selbst zu lieben, lasse ich auf allen Ebenen los."

„Ich erlaube mir, mich selbst zu lieben."

„Ich vergebe mir dafür, dass ich vergessen habe, mich selbst zu lieben."

Ich vergebe mir, dass ich mir selbst verboten habe, mich selbst zu lieben."

DAS POTENZIAL DER LIEBE: DAS HERZ DES SCHÖPFERS

DER SCHÖPFER SPRICHT:

„In jeder neuen Schöpfung schlägt mein Herz. Es belebte meine Schöpfung. Dadurch wurde jeder Manifestation Leben eingehaucht. Alle Schöpfung war belebt, jeder Stein, jede Pflanze, jedes Tier, jedes Ding. Als die Menschen begannen, selbst Schöpfer zu sein, maßten sie sich an, in die künstliche Zucht von Dingen zu gehen. Dabei zerbrach mein Herz an all diesen künstlichen Produkten der Habgier, denn sie verunreinigten die Schöpfung. All diese Kreaturen der Manipulation der Schöpfung halten der Welle der Liebe des Erwachens nicht stand, lösen sich auf oder vergehen."

DIE WAHRE ALLUMFASSENDE LIEBE

Die allumfassende Liebe ergießt sich aus dem ersten göttlichen weiblichen Gewahrsein in alle Ebenen der Schöpfung, die nach ihr folgten. Sie ist so mächtig, da sie alles liebt, was ist. Sie ist frei von Bewertung und Verachtung. Sie sieht nur das Schöne in allem. Sie verleiht Kräfte, die alles möglich machen. Sie ist ein unendlicher Strom, der keine Grenzen kennt. Doch ihre Liebe wurde verschmäht, denn sie überforderte das göttlich Männliche. Es fühlte sich bedroht durch die Flut ihrer Liebe und es zog sich vollkommen zurück. Dadurch konnte diese Liebe nicht mehr weiterfließen und fiel in Bewertungen und Erwartungen.

Die wahre allumfassende Liebe konnte nicht mehr fließen, da es immer nur um Äußerlichkeiten ging. Die äußere Schönheit bekam eine ihr nicht zustehende Bedeutung, denn das Gewahrsein für die wahren inneren Werte gingen verloren.

Die Lösung:

„Ich erkenne die innere Schönheit und löse mich von Bewertungen im Außen."

„Ich erlaube mir, alles zu lieben, was ist."

„Ich erlaube mir, in allem das Schöne zu sehen."

„Ich vergebe mir, dass ich selbst bewertet habe und die wahre Schönheit nicht erkannte."

„Ich bitte mich selbst um Vergebung, dass ich blind war für die innere Schönheit."

„Ich lasse alle Widerstände los und öffne mich für die wahre allumfassende Liebe."

DIE WAHRE UR-LIEBE

Die wahre Ur-Liebe verbindet alle Wesen mit dem Ursprung ihres Seins. Sie ist voller Ur-Vertrauen in die Ur-Ebenen der ersten Begegnung zwischen dem urmännlichen und dem urweiblichen göttlichen Ausdruck. Die Ur-Liebe trägt eine Bausubstanz in sich, die alle Wesen in die Lage versetzt, die Erinnerung an den Ursprung ihres Seins zu ermöglichen. Sie ist damit die Schlüsselliebe zu allen anderen Lieben.

Sie machte allen anderen Lieben vor, dass sie nur über die Ur-Liebe zur Wirkung kommen. Sie verleugnete die Christus-Liebe vollkommen und wollte den Glanz dieser Liebe für sich.

Die Lösung:

„Ich erkenne, dass die wahre Ur-Liebe der Schlüssel zum Ur-Vertrauen ist."

„Ich bitte um Vergebung, dass ich so lange die wahre Ur-Liebe verleugnet habe."

„Ich verbinde mich mit dem Ur-Vertrauen und meiner Ur-Essenz."

„Ich lasse alle Widerstände los und öffne mich für die wahre Ur-Liebe."

Die Ur-Liebe war die letzte Liebe, die in die Heilung ging, obwohl die Potenzialträgerin bereits im ersten Ursprungsseminar dabei war. Im Coaching mit der Potenzialträgerin der Ur-Liebe wurden folgende Informationen offenbart.

Die Ur-Liebe spricht:

„An mir, der Ur-Liebe hängt alles, denn ich trage das Ur-Vertrauen in mir. Ich wollte immer so sein wie die Christus-Liebe. Ich war eifersüchtig, denn alle sollten glauben, dass ich die Liebe bin, die in allen ist. Alle glaubten, dass es so ist. Die Wahrheit ist, dass die Christus-Liebe in allen ist. Das war das Geheimnis meiner Intrigen.

Ich habe das Christus-Herz gestohlen und es ist immer noch bei mir. Ich habe gelogen. Mit der Offenbarung, dass es viele Aspekte der Liebe gibt, verlor ich die Führung. Ich führte eine Intrige gegen alle anderen Lieben. Sie mussten mir versprechen, dass sie sich selbst vergessen. Alle willigten ein, nur eine Liebe widersprach, es war die Christus-Liebe. Durch diesen Kontrakt sollten alle Lieben von ihrem Schmerz befreit werden. Doch nur die Christus-Liebe ist dazu in der Lage. Das falsche Versprechen hat keiner bemerkt. Selbst die Christus-Liebe hat vergessen, dass sie selbst die Erlösung bringt."

DIE WAHRE UNIVERSELLE LIEBE

Die wahre universelle Liebe vereint alle kosmischen Wesen und ihre speziellen Ausdrucksformen der Kommunikation untereinander. Sie finden ihren Austausch nicht in Worten, sondern über spezifische Frequenzen ihrer Liebesschwingung. Durch die Übertragung kosmischer Liebesfrequenzen vereinen sie sich in einen gebündelten Strahl zur universellen Liebeswelle.

Da jedoch die Sternennationen miteinander verstritten waren, vergaßen sie die Kraft der universellen Liebe. Jede Spezies blieb auf sich gestellt und betrachtete die andere Spezies als Feind. Der universelle Wahnsinn bewirkte, dass die Führer der Sternennationen ins kosmische Ego fielen. Jeder war nur auf seinen Vorteil bedacht. Auch diese Dissonanzen sind auf den Schöpfungsprozess zurückzuführen. Der kosmische Dämonenkreis beeinflusste die Sternenwesen und brachte sie dazu, die anderen Spezies zu vernichten. Einige speziell ausgebildete Sternenwesen wurden auf die Vernichtung der menschlichen Spezies ausgerichtet. Sie sollten verhindern, dass das Erwachen der Menschheit und der Neustart des Universums gelingt. Selbst unter den irdischen Vertretern schleusten sie ihre Agenten ein. Diese beeindruckten die Wesen mit einem außergewöhnlichen Wissen über die Kommunikation der Matrixebenen. Dadurch schlichen sich diese Vertreter direkt in Vereinigungen ein, in denen die Forschungsarbeit zur Vernichtung der Erdmatrix vorangebracht werden sollte und sabotierten dieses Vorhaben.

Die Lösung:

„Die universelle Liebe verbindet alle Sternennationen und dient der universellen Kommunikation."

„Auch ich bin ein universelles Sternenwesen, das über die universelle Liebe kommuniziert."

„Ich bitte um Vergebung für alle Auseinandersetzungen im Namen der universellen Liebe."

„Ich vergebe mir, dass ich mich von der universellen Liebe abgeschnitten habe."

„Ich bitte die Sternennationen um Unterstützung für das Erwachen der Menschheit und des ganzen Universums."

DAS POTENZIAL DER LIEBE: DAS UNIVERSELLE HERZ

Das universelle Herz verbindet alle Sternenwesen im Kosmos und in den parallelen Universen mit dem Herzen der irdischen Sternengesandten aus allen Galaxien, Sonnen- und Sternensystemen und ihren Vertretern im Irdischen. Das universelle Herz bringt durch seine Verbindung mit den Herzen der irdischen Vertretern der Sterne die Gesandten zurück in ihre Heimatgefilde. Durch ihr Erwachen setzen sie die Einheit ins jeweilige Herz ihrer Herkunftsdimension.

Intention:

„Ich erkenne, dass ich ein universelles Wesen bin."

„Ich verbinde mich dem Takt des vereinigten universellen Einheitsherzens 999."

DAS POTENZIAL IN DER IRDISCHEN ERFAHRUNG

Als sich das Potenzial der universellen wahren Liebe zeigte, war gerade wieder Daniel bei uns. Irgendwie spürten wir, dass er noch etwas in sich trägt, denn obwohl er eigentlich gehen wollte, konnte er sich nicht dazu aufraffen. Als sich dann das Potenzial der universellen Liebe zeigte, war klar, dass er der Potenzialträger dieser Liebe ist. Er war total berührt, denn diese Botschaft hatte er bereits vor Jahren von einer anderen Therapeutin bekommen. Als wir das Potenzial befreiten, ging bei ihm das universelle Herz auf, dessen Träger er ebenfalls ist. Seine Liebe verströmte er bis in den Kosmos. Er sprach voller Rührung:

> *„Ich verkünde, dass die universelle Liebe auf der Erde angekommen ist und von hier aus ins ganze Universum strahlt."*

Plötzlich bekam ich Herzschmerzen und spürte auch im Rücken einen Schmerz, als hätte ich einen Splitter darin. Dann kam die Information, dass das universelle Herz bei einer kosmischen Explosion zerrissen wurde und sich ins ganze Universum verstreute. Wir setzen die Intention, dass alle Teile und Splitter des universellen Herzens sich wieder vereinen zum vereinten universellen Herzen.

DIE WAHRE GÖTTLICHE WEIBLICHE LIEBE

Die wahre göttliche weibliche Liebe ist die Liebe der Göttin des Himmelreichs. Mit dieser göttlichen Liebe beseelt sie alles. Sie haucht allem Leben ein, auf dass es immer währt. Sie nährt, leuchtet, sie schafft neue Verbindungen und ihr Fluss ist immerwährend. Doch diese Liebe wurde nie erfahren, da sie immer als bedrohlich galt. Ihr wurde der Glanz genommen und sie fiel in die Dunkelheit. Die vielen Intrigen auf der göttlichen Ebene ließen sie verblassen. Aus Neid und Missgunst wurde sie für immer verschlossen. Immer gab es Besitzansprüche. Gott selbst wollte diese Liebe nicht teilen und er hielt sie von allen göttlichen Wesen fern. Er wollte sie nur für sich besitzen. Das ist der wahre Grund für die Eifersucht. Die Eifersucht sucht ständig nach Gründen, den rechtmäßigen Besitz der Liebe zu klären. Jeder kleine Anlass der Aufmerksamkeit zum anderen Geschlecht wird als eigene

Bedrohung wahrgenommen, die Liebe zu verlieren.

Die Lösung:

„Ich erkenne an, dass ich die Liebe nicht besitzen kann."

„Ich löse alle Erfahrungen der Eifersucht aus mir heraus."

„Ich lasse die Liebe frei und alle Wesen, die ich liebe."

„Ich vergebe mir, dass ich die Liebe besitzen wollte."

„Ich bitte um Vergebung für alle Eifersucht, die ich je aussendete."

„Ich lasse alle Widerstände los und öffne mich für die weibliche göttliche Liebe."

DIE WAHRE GÖTTLICHE MÄNNLICHE LIEBE

Die wahre göttliche männliche Liebe ist ewig. Als göttlicher Funken formte sich der Gott des Potenzials der Liebe. Er hatte den Auftrag, die Liebe zu sein und diese zu den Planeten in Liebe zu tragen.

Doch setzte er die Liebe leichtsinnig aufs Spiel. Dadurch war das Potenzial der Liebe kraftlos auch für die anderen Götter im Universum. Die göttliche männliche Liebe war auch der Liebesquell für die anderen Planeten und somit für das Universum. In der Begegnung mit dem göttlich Weiblichen flüchtete Gott, weil er fürchtete, dass seine Kraft schwächer war als die der weiblichen göttlichen Kraft der Göttin. So entzog er sich ihr und erfuhr sie niemals. Er suchte sich andere Begegnungen und Vergnügungen, die ihn jedoch nie erfüllten. So war er ständig auf der Suche nach einer neuen Göttin. In dieser Jagd nach Erfahrungen übersah er, dass das, was er suchte, bereits lange auf ihn wartete. Gott hatte mehrere Geliebte gleichzeitig. Im Irdischen drückt sich das in der Sucht der Begegnung und in der Befriedigung der Bedürfnisse durch ständigen Wechsel der Partner oder in der Prostitution aus oder in der Paarung mit mehreren Partnern gleichzeitig.

Die Lösung:

„Ich erkenne, dass das, was ich suchte, bereits auf mich wartet.

„Die göttlich männliche Liebe heilt das ganze Universum."

„Ich erkenne, dass die göttliche Kraft durch die Begegnung mit der weiblichen Kraft verstärkt wird."

„Ich bitte mich um Vergebung, dass ich die göttlich männliche Liebe nie erfahren habe."

„Ich lasse alle meine Widerstände los und öffne mich der göttlich männlichen Liebe."

POTENZIAL DER LIEBE: DIE EIFERSUCHT

Die Sucht nach Anerkennung und das Besitzdenken in der Liebe verursachten die Zerstörung der natürlichen Kommunikation zwischen den männlichen und weiblichen Wesen. Sie resultiert aus der ständigen Kontrolle über das eigene und das andere Selbst und deren Kommunikation. Schon der kleinste Anlass der Interessensbekundung gegenüber dem anderen Ausdruck wurde zum Anlass genommen, die Verlustangst über die Herrschaft des anderen zu verstärken. Das Ego sucht ständig nach Bestätigung und Bewunderung seiner Einzigartigkeit. Wurde diese ihm nicht zuteil, wurde Gewalt und Aggression aktiviert.

Die Lösung:

„Alle Erlebnisse, bei denen ich die Eifersucht erfahren habe und mich dadurch bedrängt fühlte, entlasse ich aus meinem Erinnerungsspeicher."

„Überall da, wo ich selbst eifersüchtig war und damit die Liebe erstickte, vergebe ich mir selbst."

„Ich bitte die Liebe um Vergebung für alle Eifersucht."

POTENZIAL DER LIEBE: DAS ALLUMFASSENDE EINHEITSHERZ

Das allumfassende Einheitsherz vereint alles, was bisher gespalten war, zu einem vereinten Herzen. Damit fließen alle getrennten Erfahrungen der irdischen Dual-Selbste und alle Erfahrungen aus Spaltungen durch Gott jetzt wieder zusammen.

DIE WAHRE WEIBLICHE LIEBE

Die wahre weibliche Liebe flutet alles aus der Fülle ihres Schosses. Sie trägt das ewige Leben in alle Wesen hinein. Ihr Fluss ist unendlich und nährt. Sie spendet Kraft, Mut und Bewunderung an das Männliche. Dadurch ist sie für das Männliche ein Antrieb zur Selbst-Erkenntnis.

Für das Männliche ist es eine unschätzbare Erfahrung, sich der wahren weiblichen Liebe hinzugeben. Es ist für das Männliche das höchste Gut. Diese Liebe öffnete sich jedoch den wenigsten männlichen Wesen, denn sie befürchteten, in der Flut der wahren weiblichen Liebe unterzugehen. Sie können ihre große Kraft nicht ertragen, da sie sich selbst dadurch schwach fühlen. Die weibliche Liebe wurde oft dafür verantwortlich gemacht, dass das Männliche den Verstand verlor. Die Beschimpfung der weiblichen Liebe lautete, dass sie in den Wahnsinn treibt.

Die Lösung:

„Ich gebe mich der Flut der weiblichen Liebe hin."

„Ich vertraue darauf, dass die weibliche Liebe mich voranbringt."

„Ich erkenne an, dass die weibliche Liebe mich in die Erleuchtung trägt."

„Ich vergebe mir, dass ich mich der weiblichen Liebe verschlossen habe."

„Ich bitte um Vergebung, dass ich der weiblichen Liebe unterstellte, dass sie in den Wahnsinn treibt."

„Ich lasse alle Widerstände los und öffne mich der wahren weiblichen Liebe."

DAS POTENZIAL IN DER IRDISCHEN ERFAHRUNG

Als wir die Informationen zum Potenzial der weiblichen Liebe abriefen, bekam ich im gleichen Moment einen Anruf von einer guten Freundin, von der ich schon lange nichts mehr gehört hatte. Es stellte sich heraus: Sie ist die Potenzialträgerin der wahren weiblichen Liebe. Ich kenne keine Frau, die so lustvoll ist und die es so liebt, Frau zu sein. Sie kam gerade selbst von einem Coaching und dort wurde ihr gesagt, dass es in ihrem Leben jetzt darum geht, die Weiblichkeit und die Liebe noch intensiver zu leben.

DIE WAHRE MÄNNLICHE LIEBE

Die wahre männliche Liebe ist von Natur her sensibel und einfühlsam. Sie öffnet sich der Hingabe und der Verschmelzung. Ihre Kraft ist sanft und gleichsam verbindend. Sie ermöglicht, dass neues Leben entsteht. Sie stützt und trägt, gibt Halt, macht Mut und sie hält sich zurück. Die männliche Liebe erwartet nichts und gibt alles. Sie umsorgt und verehrt das Weibliche.

Doch diese Liebe wurde nur einmal erfahren. Es war die Liebe des allmächtigen Gottes, die er seiner Göttin offenbarte. Die Liebe der Göttin wurde auch ihm zuteil, jedoch wurde sie ihm zu viel. Er weigerte sich fortan, sich dieser Liebe zu öffnen. Die männliche Liebe weigerte sich im Folgenden, sich dem Weiblichen zu öffnen, immer in der Befürchtung, dass es zu viel forderte. Im Irdischen war die Verweigerung der Grund dafür, dass sich die Attribute der männlichen Liebe in das vollständige Gegenteil drehten. Der Mann musste stark sein und jede Weichheit wirkte schändlich. Sensibilität wurde als weiblich empfunden, Empfindsamkeit wurde als unmännlich bewertet.

Hingabe wurde verwechselt mit Kontrollverlust. Der Mann verschloss sich seinen ursprünglichen Qualitäten und verleugnete sich dadurch selbst. Damit setzte er sich unter Druck. Es ging immer nur um Leistung und Durchhaltevermögen. Daraus entwickelte sich ein Selbstläufer der männlichen Ausdrucksform, der alles unter Kontrolle und im Griff hat, immer den Überblick behält und clever ist.

Die Lösung:

„Ich bekenne mich zur Sensibilität der männlichen Liebe."

„Ich öffne mich der Hingabe an mich selbst und an das Weibliche."

„Alle selbst gesetzten Anforderungen und Vorstellungen an die männliche Liebe lasse ich los."

„Ich vergebe mir selbst, dass ich die Attribute der männlichen Liebe ablehnte."

„Ich bitte das Weibliche um Vergebung, dass ich die wahren männlichen Attribute verweigerte und damit mich selbst betrog."

„Ich lasse alle Widerstände los und öffne mich für die wahre männliche Liebe."

Ein weiteres Geheimnisse, das uns offenbart wurde:

Das männliche Herz trägt ursprünglich die größere Liebe als das weibliche. Doch das Weibliche entriss dem Männlichen das Herz und wollte diese große Liebe für sich allein beanspruchen.

Daher ist es nicht verwunderlich, wenn wir hier im Irdischen der Meinung sind, dass Männer weniger lieben können als Frauen. Und wenn dann ein Mann sein so großes Herz öffnet, fühlen sich die Frauen oft irritiert davon und können diese Liebe selten ertragen. Wird der Mann dann des Öfteren abgewiesen, verschließt er sein Herz für die Liebe ganz und gar.

DIE WAHRE LIEBE ZWISCHEN MANN UND FRAU

Die wahre Liebe zwischen Mann und Frau ist bisher ein Mysterium. Sie wurde noch niemals wahrhaft erfahren. Durch die vielen Turbulenzen der Schöpfung verlor die Liebe ihre wahre Qualität und wurde immer falsch interpretiert. Bisher ging es bei der Liebe um Besitzansprüche, Bedürftigkeit und Abhängigkeiten. Sie wurde eingefordert, mit Bedingungen verknüpft, versperrt, erpresst und manipuliert. Aus diesem Kontrollfeld konnte die wahre Liebe zwischen Mann und Frau nie erfahren werden. Erst durch die Richtigstellung der Qualitäten der jeweils anderen Attribute kann eine wahrhafte Begegnung in Respekt und Anerkennung des jeweils anderen erfolgen. Die wahre Liebe zwischen Mann und Frau ist frei und stellt keine Forderungen. Sie lässt frei und stellt keine Bedingungen. Sie fordert nicht und kontrolliert nicht, sie erkennt, dass alles aus Liebe geschieht. Durch die Anerkennung des anderen so, wie er ist, lösen sich alle Konfliktherde auf und das ermöglicht eine Begegnung mit offenem Herzen.

Die Lösung:

„Wahre Liebe lässt frei und ist frei."

„Ich liebe dich so, wie Du bist."

„Bitte vergib mir, dass ich die Liebe erzwungen habe."

„Bitte vergib mir, dass ich Erwartungen an die Liebe stellte."

„Ich lasse alle Widerstände los und öffne mich für die wahre Liebe zwischen Mann und Frau."

DIE WAHRE MUTTERLIEBE

Die wahre Mutterliebe ist das größte Gefühl des irdischen Lebens. Sie ist voller Fürsorge und vollbringt wahre Wunder. Durch diese Liebe wird das Kind genährt. Sie fließt voller Hingabe und fordert nichts ein. Doch die irdische Erfahrung bringt auch andere Aspekte zum Vorschein. Oft ist eine werdende Mutter vollkommen überfordert mit der Nachricht, Mutter zu werden. Die Botschaft schlägt oft ein wie ein Blitz. Durch diesen Schock erfährt das Ungeborene die erste Trennung vom Selbst. Die Erschütterung bewirkt eine Abspaltung der Attribute des Selbst. Versucht eine Mutter ihr Kind abzutreiben, verlieren sich weitere Attribute.

Schon der Gedanke daran reicht manchmal aus. Das führt zu frühen Toden im ersten Lebensjahr, deren Ursache die unverarbeiteten Trennungserfahrungen aus der frühen Schwangerschaft sind.

Die Lösung:

„Ich aktiviere alle meine abgespaltenen Selbst-Aspekte aus der frühen Schwangerschaft, als meine Mutter über meine Ankunft erschrocken war."

„Ich aktiviere alle meine Selbst-Aspekte, die verloren gingen, als meine Mutter versuchte, mich abzutreiben."

„Ich lasse alle Widerstände los und öffne mich für die wahre Mutterliebe."

DAS POTENZIAL IN DER IRDISCHEN ERFAHRUNG

Als sich das Potenzial der Mutterliebe zeigte, kam mir der Impuls, zu einer Freundin ganz in der Nähe Kontakt aufzunehmen. Spontan fuhren wir zu ihr. Gleich bei der Begrüßung bemerkten wir, dass sie und ihr Hund in einem ziemlich erschöpften Zustand waren. Ihre gerade zwei Jahre alte Hündin hatte vor ein paar Tagen Junge bekommen. Die Hündin begrüßte uns mit einer sehr gedämpften Freude. Gaby erzählte dann, dass sie total überrascht war, dass ihre Hündin Feli schwanger war, denn sie konnte sich an keine Begegnung mit einem Rüden erinnern. Die Hündin gebar zehn Junge. Die junge Hunde-Mutter war vollkommen überfordert mit dieser alles von ihr fordernden Aufgabe und nahm nur vier Junge an. Gaby jedoch gab alles, um die Hundebabys am Leben zu erhalten. Doch Feli wurde dann noch schwächer und es drohte, dass sie die hohen Anforderung der Mutter-Seins nicht überlebt. So musste Gaby die sechs Babys, die ihre Mutter ablehnte, dann doch schweren Herzens opfern. Interessanterweise ist Gaby genau das Gleiche mit ihrer inzwischen verstorbenen Hündin, die vor Feli bei ihr war passiert, nur dass diese Hündin mit dreizehn Jahren viel zu alt war, Mutter zu sein, Feli dagegen mit ihren zwei Jahren war für diese Aufgabe zu jung.

Als Gaby fragte, warum wir zu ihr gekommen sind, und wir ihr erklärten, dass sie für das Potenzial der Mutterliebe steht, konnte sie es kaum fassen. Gaby selbst ist nicht Mutter und wusste immer, dass sie niemals Kinder haben wollte. Sie hatte sogar eher eine Abneigung gegen Kinder. Als wir Gaby alles erklärten, setzte sich die junge Hundemutter genau zwischen Kai Christus und mich, ein Pfote auf meinem Fuß, eine andere auf dem Fuß von Kai Christus.

Die gespeicherten Erinnerungen an das Potenzial Mutterliebe lösten wir so, dass Kai Christus und Gaby sich gegenüberstanden, sich die Hände reichten und gegenseitig Lösungssätze, die uns gegeben wurden, aussprachen.

Ein Lösungssatz lautete: „Zu erfahren, Mutter zu werden, schlägt ganz plötzlich wie ein Blitz ein. Ich wurde nicht gefragt, es ist einfach passiert. Ich war viel zu jung. Ich war viel zu alt."

Die Hündin setzte sich auf und schaute die ganze Zeit vom einen zum anderen, immer gerade zu dem, der sprach. Die Zeremonie war wirklich beeindruckend und berührend zugleich. Als alles gelöst war, schnaufte die Hündin freudig durch, holte ein Spielzeug und bat ihre Hundemutter, mit ihr zu spielen. Feli rannte freudig durch den Garten und Gaby war sichtlich verwundert darüber, was gerade geschehen war. „Was bedeutet das alles? Warum geht es meiner Feli jetzt so gut?", fragte Gaby fassungslos.

Ich sagte:

„Dein Leben und speziell Deine Hündin wollten Dir sagen, wer Du wirklich bist und welches Potenzial Du trägst. Sie ist voller Freude, dass sie ihre Aufgabe erfüllt hat und Du Dich erkannt hast."

DIE WAHRE LIEBE DER NEUEN ZEIT

Die Liebe der neuen Zeit ist ein frei fließender Strom der Ewigkeit. Sie ist unendlich und ewig. Sie verbindet die Reiche der Ekstase mit den Reichen der Verschmelzung. Dafür gibt es im Irdischen keinen Vergleich, denn alles, was hier als Liebe erfahren wurde, ist eine desorientierte Emotion gewesen. Ihre Amplituden schlugen zwischen himmelhoch jauchzend und zu Tode betrübt. Die Liebe der neuen Zeit ist ein steter, ruhiger Strom in konstanter Schwingung. Die innere Ruhe der Begegnung zwischen dem Weiblichen und dem Männlichen ist die Basis für die Erfahrung der Einheit.

„Ich lasse alle Widerstände los und öffne mich für die wahre Liebe der neuen Zeit."

DIE IRRITIERTEN POTENZIALE DER LIEBE

Das Potenzial der Liebe ist die Vollkommenheit des Seins.

Diese Erfahrung war bisher nicht möglich, denn durch die Trennung der Einheit von Licht, Liebe und Christus aus der Vollkommenheit ging das wahre Potenzial der Liebe vollständig verloren. Dadurch ist die Liebe der Einheit vollkommen aus der Erinnerung ausgelöscht. Durch die Transformation sind alle Ebenen der verwirrten Liebe wieder gereinigt und in das Erfahrungsfeld der Einheit zurückgeführt. Nur so kann die wahre vollkommene Einheit vollständig aktiviert werden. Die im Folgenden aufgeführten Potenziale zeigen die Irritationen der Liebe auf, wie sie im Laufe der Schöpfung entstanden sind und sich durch alle Liebe zogen. Die Heilung dieser Irritationen ist die Basis dafür, die Welle des Erwachens, die pure wahre Liebe ist, zu empfangen.

DAS POTENZIAL DER LIEBE - DIE LIEBE MACHT WAHNSINNIG

Dieses Potenzial beschreibt den Geisteszustand der männlichen und weiblichen Attribute, wenn die Erwartungen an den jeweils anderen und dessen Liebe nicht erfüllt werden. Die ständigen Erwartungen, dass der andere die Liebe erwidert, bringt den Verstand dazu, sich gegen sich selbst aufzulehnen. In ständiger Selbstbeschimpfung und im Angriff auf das Gegenüber wird die Liebe vehement eingefordert und immer wieder wird darauf bestanden zu verkünden: Ich liebe dich! Dieser Druck löst eine Aggression aus, die dazu führt, dass das Bekunden der Liebe vollkommen abgelehnt wird.

Die Lösung:

„Ich erkenne, die Liebe bedarf keiner Worte."

„Ich verkünde, der Wahnsinn in der Liebe ist jetzt beendet."

„Ich bitte mich um Vergebung, dass ich mich selbst beschuldigte, nicht lieben zu können."

„Ich bitte alle anderen um Vergebung, die ich mit meiner Liebe in den Wahnsinn trieb."

POTENZIAL DER LIEBE - DIE VERBOTENE LIEBE

Alle Erfahrungen der verbotenen Liebe stammen aus der göttlichen Ebene. Hier gab es so viele Verwirrungen um die göttliche Liebe, dass verboten wurde, darüber zu sprechen. Jeder hatte mit jedem eine Liebe. Alles musste heimlich sein. Jeder verbot sich selbst, über diese Liebe zu sprechen. Auch die Liebe selbst war involviert, sie musste schweigen und sich selbst verbieten, darüber zu sprechen, dass sie liebt. Der Liebe wurde angedroht, dass sie ausgeschaltet wird, wenn sie alles ausplaudert. So verbot sie sich selbst, über die Liebe zu sprechen. Das äußerte sich im Irdischen in der Ablehnung der Liebesgefühle und im Verbot, über diese Liebesgefühle zu sprechen.

Die Lösung:

„Alle Verbote, über die Liebe zu sprechen und sie mitzuteilen, löse ich ein für allemal auf."

„Ich bitte alle um Vergebung, denen ich meine Liebe verschwiegen habe."

„Ich bitte mich selbst um Vergebung, dass ich mir verboten habe, über die Liebe zu sprechen und mich mitzuteilen."

„Ich bitte die Liebe um Vergebung, dass ich sie verschwiegen habe."

DAS POTENZIAL DER LIEBE - DIE LIEBE HAT SCHULD AN ALLEM

Dieses Potenzial trägt aus allen Schöpfungsebenen die Schuld am missglückten Schöpfungsprozess. Die Liebe hatte den Drang, sich zu erfahren, denn nur durch die Erfahrung der Liebe findet sie sich selbst. Die vielen Turbulenzen, die sie ausgelöst hat, hat auch sie erfahren. Die Liebe jedoch vergab sich nie. Die wahre Liebe ist die Liebe zu sich selbst und nicht im Außen erfahrbar. Das jedoch wurde im Irdischen verpönt. Die Nächstenliebe wurde dafür in den Vordergrund gestellt und das Selbst verbot sich die Liebe zu sich selbst.

Die Lösung:

„Ich erkenne an, dass die Selbstliebe die wahre große Liebe ist."

„Ich vergebe mir, dass ich vergessen habe, mich selbst zu lieben."

POTENZIAL DER LIEBE -
DIE LIEBE BEREITET NUR SCHMERZEN

Dieses Potenzial trägt die ganzen Schmerzen aus der verweigerten Liebe in sich. Die verweigerte Liebe ist so schmerzhaft, dass sie zerstörerische Emotionen aktiviert, die sich gegen andere und sich selbst richten. Die Ablehnung der eigenen Liebesgefühle verursacht, dass das Herz in eine spezielle Kontraktion geht, die zu einer Beklemmung führt. Dieser Schmerz der Beklemmung konnte nur über Hass und Wut entladen werden. Dieser Zustand potenzierte den Schmerz abermals. Dies äußerte sich in Herzrhythmusstörungen und Herzinfarkten. Immer wieder erlebte das betroffene Wesen die Erfahrung aufs Neue. Denn diese Schmerzen suchten nach ständiger Bestätigung.

Die Lösung:

„Ich entlasse den Schmerz der unerwiderten Liebe aus meinem Herzen."

„Alles an Wut und Hass aus der unerwiderten Liebe, die noch in mir gespeichert sind, entlasse ich ein für allemal."

„Ich bitte alle um Vergebung, die ich durch meine unerwiderte Liebe verletzt habe."

„Ich vergebe mir, dass ich mir selbst so viele Schmerzen über die unerwiderte Liebe zugefügt habe."

POTENZIAL DER LIEBE - DIE LIEBE BRINGT MICH UM

Die Liebe strebte immer danach, sich zu erfahren. Sie drängte sich in alle Bereiche und konnte nicht schnell genug ihre Erfahrungen machen. Immer wieder ließ sie sich auf schnelle Abenteuer ein. Sie prüfte selten und schlug immer gleich zu. Der Verstand war vollkommen ausgeschaltet. Denn der Drang der Liebe, sich zu erfahren, war stärker als der Geist. Dadurch kam alles durcheinander. Die Klarheit ging der Liebe verloren und der Irrsinn zog ein. Als die Liebe bemerkte, dass sie kopflos handelte, sah sie nur noch einen Ausweg, die Erlösung ihrer Qualen im Freitod. Die Hilflosigkeit und die Selbstvorwürfe straften die Liebe zudem.

Die Lösung:

„Ich erkenne, dass die Liebe allein keine guten Entscheidungen trifft."

„Alle Erfahrungen der leichtsinnigen Fehler der Entscheidungen aus der Liebe entlasse ich jetzt aus meinen Erfahrungsebenen."

„Die Liebe und der Geist sind gleichberechtigt in den Entscheidungen und erkennen das Potenzial des jeweils anderen für eine erfolgreiche Synergie."

„Ich vergebe mir, dass ich der Liebe so leichtsinnig vertraute."

„Ich bitte alle um Vergebung, denen ich durch meine leichtsinnigen Entscheidungen aus Liebe Verletzungen und Schmerzen zufügte."

POTENZIAL DER LIEBE - DIE LIEBE SCHLÄGT AUF DEN MAGEN

Die Liebe macht sich vor allem in körperlichen Symptomen bemerkbar. Sie schlägt auf den Magen und hinterlässt ein mulmiges Gefühl im Magen, lässt das Herz schneller schlagen und verursacht zum Teil Schmerzen. Die verwirrte Koordination der Gefühle verursacht zudem einen erhöhten Adrenalinausstoß, der wiederum die Hormone aktiviert und zum Teil krankhafte Symptome der Physis verursacht. Der Druck auf den Magen ist dabei das durchgängige Irritationsgefühl. Bei dem einen führt es zu Heißhungerattacken, die durch ständiges Essen befriedigt werden wollen, bei anderen führt es zur vollständigen Verweigerung der Nahrungsaufnahme oder zur völligen Appetitlosigkeit.

Die Lösung:

„Alle Irritationen meines physischen Körpers, die ich durch die Liebe erfahren habe, löse ich aus meinen Erfahrungsebenen."

„Alles, was mir die Liebe auf den Magen geschlagen hat, löse ich jetzt auf."

„Ich bitte meinen Körper um Vergebung, dass ich ihn mit der Liebe belastete."

„Ich vergebe mir selbst, dass ich meinen Körper so belastete."

POTENZIAL DER LIEBE - DIE LIEBE VERZEIHT NIE

Die Liebe vertraute immer blind. Sie konnte nicht unterscheiden zwischen Wahrheit und Lüge.

Sie vertraute jeder Information, denn Lügen kannte die wahre Liebe nicht. Sie ist immer ehrlich und offen. Sie findet keinen Anlass für Misstrauen. Doch das wurde schonungslos ausgenutzt. Hinter ihrem Rücken und in ihrem Namen wurden viele Lügen verbreitet. Erst als es zu spät war, bemerkte die Liebe den Verrat. Dann war sie so getroffen und verletzt, dass sie nicht mehr verzeihen konnte. Sie schwor ewige Rache.

Die Lösung:

„Ich bekenne mich zur Wahrheit der Liebe."

„Ich entlasse alle schmerzhaften Erfahrungen aus der Lüge zur Liebe aus meinen Seinsebenen."

„Ich vertraue, dass die Liebe wahrhaftig ist."

„Ich erlaube mir zu verzeihen, was ich durch die Liebe an Lügen erfahren habe."

„Ich vergebe der Liebe für alles, was mir durch sie schmerzhafte Erfahrungen bereitete."

„Ich vergebe mir, dass ich der Liebe die Schuld an allem gegeben habe."

POTENZIAL DER LIEBE - DIE VERHEIMLICHTE LIEBE

Die verheimlichte Liebe litt immer, wenn sie sich nicht offen zeigen konnte. Es bereitete ihr unerträgliche Schmerzen. Sie musste im Versteck bleiben und konnte sich nicht frei entfalten. Diese Einschränkung erdrückte die Liebe und sie entlud sich über die Bloßstellung der Liebenden. Der dadurch ausgelöste Schock brachte die Liebe abermals in Bedrängnis. Sie konnte sich dann nur über die radikale Beendigung der Situation lösen. Aus Angst, wieder verheimlicht zu werden, legte sie einen Schwur ab, sich niemals mehr auf sich selbst einzulassen. Sie traute sich nicht, alles zu offenbaren, da dadurch alles zerstört werden würde.

Die Lösung:

„Alle Erfahrungen aus der verheimlichten Liebe, die ich selbst verheimlichte und die mir verheimlicht wurde, löse ich jetzt aus meinen Erfahrungsebenen."

„Ich bitte die Liebe um Vergebung, dass ist sie verheimlichte."

„Ich bitte mich um Vergebung, dass ich nicht zur Liebe stand."

„Ich vergebe allen, die mir verheimlicht haben, dass sie mich lieben."

POTENZIAL DER LIEBE - DIE ERZWUNGENEN LIEBE

Die Liebe wurde immer wieder gezwungen, in verschiedene Ebenen einzufließen. Mit Macht und Gewalt, mit Druck und Erpressung sollte sie sich fügen und sich zeigen. Dadurch war die Liebe immer in der Abwehr aus Angst, wieder benutzt zu werden. Sie war misstrauisch und verunsichert und wusste nicht mehr, wie sie wahrhaft ist. Sie hat vergessen, was wahre Liebe ist. Der Zwang in der Liebe zeigt sich im Irdischen in der Vergewaltigung und in der gewaltsamen Verbindung zweier Wesen in der Zwangsheirat.

Die Lösung:

„Ich erkenne, die Liebe erzwingt nichts und kann zu nichts gezwungen werden."

„Ich entlasse alle Erfahrungen, in denen ich zur Liebe gezwungen wurde, aus meinen Seinsebenen."

„Ich erkenne: Die Liebe ist frei."

„Ich vergebe allen, die mich zur Liebe zwingen wollten."

„Ich bitte alle um Vergebung, die ich zur Liebe zwang."

„Ich bitte die Liebe um Vergebung, dass ich sie zwang, in mich einzufließen, um mich zu lieben."

„Ich vergebe mir selbst, dass ich die Liebe gegen ihren Willen erfahren wollte."

POTENZIAL DER LIEBE - DIE VERLEUGNETE LIEBE

Die verleugnete Liebe ist die Liebe, die die größten Schmerzen erleidet. Sie wird verschwiegen, für ungültig erklärt, verneint und verboten. Sie darf einfach nicht sein. Alle ihre Anstrengungen, sich zu beweisen, werden im Keim erstickt. Dadurch war ihr die Kraft genommen, ihr Potenzial zu entfalten. Sie hatte keine Chance, sich zu zeigen. Diese Verleugnung trägt die Verantwortung für die nicht gelebten, außergewöhnlichen Erfahrungen.

Die Lösung:

„Ich beende das Verleugnen der Liebe und stehe zu ihr."

„Ich aktiviere das nicht genutzte Potenzial der verleugneten Liebe."

„Ich bitte die Liebe um Vergebung, dass ich sie verleugnete."

„Ich bitte mich um Vergebung, die Liebe verleugnet zu haben."

DIE ERSTE QUELLE ZUR VERLEUGNETEN LIEBE:

Das Männliche verleugnet sich selbst und damit die Liebe. Diese Flucht vor der Liebe verhindert die neue Erfahrung der Verbindung beider Ausdrucksformen. Das liegt darin begründet, dass das Männliche unsicher ist im Umgang mit dem Weiblichen.

Alle seine bisherigen Erfahrungen waren von Irritation und Schmerz geprägt. Daher verdrängte es alles, was mit dem Weiblichen zusammenhängt, aus seiner Erfahrungswelt. Doch die tiefe innere Sehnsucht nach einer vollkommen neuen Erfahrung in der Begegnung mit dem Weiblichen ermöglicht das Vergeben allen Schmerzes. Das Männliche hat vergessen, wie es ist, auf das Weibliche zuzugehen. Zu lange war es in seinem Gefängnis eingesperrt. Die Lösung dieser Situation liegt darin, dass das Männliche sich gegenüber dem Weiblichen eingesteht, dass es vergessen hat, wie es ist, sich ihm zu öffnen.

DAS POTENZIAL DER LIEBE - DIE ERSCHÖPFTE LIEBE

Durch die vielen Irritationen ist die Liebe einfach nur noch erschöpft. Sie hat dadurch keinen Antrieb mehr, sich neu zu erfahren. Sie hat resigniert und ist gebrochen an der Ausweglosigkeit der Situation. In allen Erfahrungsebenen in der Schöpfung erlebte die Liebe enttäuschende Turbulenzen. Sie versuchte immer wieder, alles gut zu machen. Diese Anstrengungen erforderten von ihr alles. Die Erschöpfung ist derzeit auf dem Höhepunkt angelangt. Auch die Liebe braucht dringend einen Evolutionssprung.

Die Lösung:

„Die Erschöpfung der Liebe ist beendet."

„Der Evolutionssprung der Liebe ist beschlossen."

„Die wahre Liebe ist das Erfahrungsfeld der neuen Erde."

DAS POTENZIAL DER LIEBE - DER VERRAT AN DER LIEBE

Die Liebe war immer Opfer von Intrigen und Manipulationen. Sie diente immer dem einen Teil und schadete dem anderen. Meistens ging es dabei um den eigenen Vorteil aus der Zusammenkunft der Liebenden. Die Kontrakte aus der falschen Liebe verursachten den Verrat, da sie die wirtschaftlichen Interessen im Fokus hatten. Im Irdischen äußerten diese Erfahrungen sich im Heiratsschwindel oder der Liebe aus Besitzanspruch oder Erhalt des gesellschaftlichen Status.

Die Lösung:

„Alle Erfahrungen aus dem Verrat an der Liebe entlasse ich ein für allemal aus meinen Erfahrungsebenen."

„Ich vergebe allen, die meine Liebe verraten haben, um sich an ihr zu bereichern und mich zu besitzen."

„Ich vergebe mir, dass ich die Liebe verraten habe."

POTENZIAL DER LIEBE - DIE VERWIRRUNGEN DER LIEBE

Die Verwirrungen der Liebe bringen den Geist durcheinander, die Klarheit verlässt den Geist und bringt das Wesen dazu, Dinge zu tun, die vollkommen irreal sind. Die Explosion der Hormone setzt die normalen Steuerungen außer Kraft und bringt das Wesen zu unkontrollierten Handlungen. Das Durcheinander, dass dadurch entsteht, geht oft so weit, dass der Kopf vollkommen ausgeschaltet wird. Die ganze Schuld des daraus entstandenen Schadens wird auf die Liebe geschoben. Dadurch entstehen gegenseitige Verleumdungen und Beschuldigungen der Liebenden.

Die Lösung:

„Alle Verwirrungen, die ich durch die Liebe erfahren habe, entlasse ich jetzt aus meinem Bewusstsein."

„Alle Verunsicherungen der Liebe, die ich ausgelöst habe, lasse ich jetzt ein für allemal los."

„Ich vergebe der Liebe, dass sie mich total verwirrt hat."

„Ich vergebe mir, dass ich mich so von der Liebe verwirren ließ."

„Ich bitte um Vergebung an alle, die ich mit meiner Liebe verwirrte."

DAS POTENZIAL DER LIEBE - DAS VERSCHLOSSENE HERZ

Das verschlossene Herz ist ein Schutzschild vor allen schmerzlichen Erfahrungen der Liebe. Der Schmerz der missbrauchten Liebe wäre ohne dieses Schild nicht erträglich gewesen. Aus Schutz wurde dieses Schild in alle Wesen vom Schöpfer implantiert, sonst wären sie an dem Schmerz der Liebe im Irdischen zerbrochen. Jetzt ist es an der Zeit, das Schutzschild zu entfernen, damit die Welle des Erwachens, die pure Liebe ist, vollkommen empfangen werden kann.

Die Lösung:

„Ich entferne das Schutzschild vor meinem Herzen."
„Ich öffne mich für die Welle des Erwachens, die pure Liebe ist."

DAS POTENZIAL DER LIEBE - DIE KAPITULATION DER LIEBE

Dieses Potenzial begründet sich in der ALL-Macht-Ebene. Durch die stetige Verweigerung der ALL-Macht gegenüber der allmächtigen in Liebe verfiel die Liebe in die Resignation und in die Kapitulation. Sie glaubte nicht mehr daran, jemals wieder ihre Liebe fließen zu lassen. Das Potenzial äußert sich in der völligen Aufgabe jeder Hoffnung, sich der Liebe jemals wieder zu öffnen.

Die Lösung:

„Ich lasse alle Hoffnungslosigkeit der Liebeserfahrung los, um mich der allumfassenden Liebe zu öffnen."

POTENZIAL DER SCHÖPFUNG: DIE SCHAM

Das Potenzial der Scham resultiert aus der Wahrnehmung der Unvollkommenheit des eigenen Ausdrucks in der Begegnung des männlichen und weiblichen Aspekts. Im Irdischen äußert sich dieses Potenzial in der Ablehnung des eigenen Ausdrucks. Das optische Erscheinungsbild wird mit den Idealvorstellungen der Illusion verglichen. Dadurch gab es immer wieder Fehl-Versuche in der Begegnung mit den wahrhaftigen Partnern für eine erfüllte harmonische Begegnung, da nur über das äussere Erscheinungsbild die Partnerschaftswahl erfolgt.

Die Lösung:

„Ich erlöse alle Scham aus meinem Selbst."

„Ich erkenne meine wahre Schönheit und die des anderen Wesens."

DIE ATTRIBUTE DER BEGEGNUNG

DIE FORMEN DER BEGEGNUNG

Die Begegnung drückt sich in verschiedenen Formen aus. Sie ist zum einen die Begegnung zwischen dem männlichen und dem weiblichen Ausdruck. Auch die Begegnung zwischen gleichgeschlechtlichen Ausdrucksformen ist eine mögliche Form des Energieaustausches. Die Begegnung mit mehreren gleichzeitig erhöht die Kraft der Intensität der vollendeten Verschmelzung. Die Energiepotenziale mehrerer potenzieren die Vibration der Bewusstseinsfelder, die zur Erleuchtung führt. Die optimale Konstellation ist ein Zusammentreffen der Wesen in einer ausgeglichenen Ausdrucksform der Trinität. Das bedeutet:

Jeweils ein Ausdruck des Männlichen trifft sich mit einem Ausdruck des Weiblichen, wobei wiederum ein männliches oder ein weibliches Wesen hinzukommt. In der Begegnung zwischen zwei weiblichen Wesen und einem Mann stärkt das männliche Wesen seine vollständige männliche Kraft. In der Konstellation zweier männlicher Wesen und einer Frau steigt die Selbstwahrnehmung des weiblichen Wesens. Alle Begegnungsformen profitieren von der potenzierten Liebesenergie. Bisher sind diese Begegnungsformen verachtet worden, weil sie nicht in das gläubig-religiöse Muster der versprochenen Treue passten. Doch in anderen Kulturkreisen ist die Erfahrung der Energieerhöhung mit mehreren Partnern durchaus bekannt und problemlos akzeptiert.

ATTRIBUT DER BEGEGNUNG - DAS VERTRAUEN

Das Vertrauen ist das Bindeglied in der Begegnung von Männlich und Weiblich. Es trägt eine bestimmte Frequenz, in der sich beide Seiten in der Begegnung öffnen. In dieser Frequenz fallen alle Befürchtungen und Bewertungen weg. Bei vielen Partnerschaften gibt es großes Misstrauen. Durch die Angst, betrogen und hintergangen zu werden, sind durch das Hinterfragen des Vertrauens in der Begegnung Datenfelder des Misstrauens entstanden. Gegenseitige Beschuldigungen und Angriffe führten dazu, dass sich das Vertrauen verlor. Die Öffnung ohne Schutz und Abwehrreaktionen gelingt nur in den seltensten Fällen. Da der Kampf der Geschlechter auch im Gesellschaftlichen stattfindet, tragen Mann und Frau die Aggressionen aus ihrem Alltag mit in die Begegnung. Der Raum der Liebe wird genutzt für die Abreaktion der täglichen Erfahrung.

Die Lösung:

„Ich vertraue auf die Ehrlichkeit der Begegnung in der Partnerschaft."

„Ich öffne mich voller Vertrauen der Liebe."

„Ich vergebe allen, die mir vertraut haben."

„Ich vergebe mir, dass ich das Vertrauen missbraucht habe."

„Ich bitte um Vergebung, dass ich das Vertrauen missbraucht habe."

ATTRIBUT DER BEGEGNUNG - DIE ZÄRTLICHKEIT

Die Zärtlichkeit ist ein Attribut der Begegnung zwischen dem Männlichen und dem Weiblichen. Sie verbindet beide Aspekte und ist der Raum für das gegenseitige Erforschen des anderen Ausdrucks. Sie verbindet, öffnet, schenkt Vertrauen, erforscht und löst angestaute Energie auf. Der Zärtlichkeit wurde bisher in der Begegnung zwischen dem männlichen und dem weiblichen Aspekt eine zu geringe Bedeutung zugestanden. Es ging oft um schnelle Bewegungen und zielorientierte Aktivitäten, die auf den Höhepunkt der Entladung ausgerichtet waren. Im Zusammenspiel des Männlichen und Weiblichen ist die Zärtlichkeit der Schlüssel zur ekstatischen Begegnung. Sie dient dem Aufbau der männlichen und weiblichen Energiefelder. Durch die Zärtlichkeit ist das volle Potenzial der jeweiligen Qualitäten bereit, in die Begegnung einzufließen, um damit den Erfahrungsraum der Verschmelzung zu öffnen.

Die Lösung:

„Ich öffne mich der Zärtlichkeit, um den Erfahrungsraum der Verschmelzung zu öffnen."

„Ich erkenne, dass die Zärtlichkeit der Schlüssel zur Ekstase ist."

„Alle Ablehnung gegenüber der Zärtlichkeit löse ich jetzt auf."

„Ich vergebe mir, dass ich die Zärtlichkeit bisher ablehnte."

ATTRIBUT DER BEGEGNUNG - DIE HINGABE

Die Hingabe ist eine Begegnungsform zwischen dem männlichen und dem weiblichen Aspekt. In dieser Ebene fallen alle Erwartungen und Bewertungen außer Betracht. Die gegenseitige Akzeptanz der männlichen und weiblichen Qualitäten ermöglicht die volle Entfaltung derselben. Die Kontrolle über das eigene und das andere Selbst zieht sich zurück und alle wahren inneren Werte zeigen sich in ihrer vollkommenen Präsenz. Im Raum der Hingabe erkennen sich die Selbste in ihrer ursprünglichen Seinsqualität. Dadurch gelangt das Selbst in eine vollkommene Erinnerung an seine eigenen Potenziale. Aus der Hingabe entsteht ein Vertrauensraum, der die Begegnung öffnet, aus der die Vereinigung der Aspekte auf eine höhere Bewusstseinsstufe gehoben wird. In diesem Raum fallen sämtliche verstandeskonditionierten Bewertungen weg. Ein freier Fluss der spezifischen Energie ermöglicht das Verschmelzen der Qualitäten des männlichen und weiblichen Ausdrucks. Jedoch gibt es unzählige Erfahrungen, in denen die Hingabe missbraucht wurde. Diese gilt es jetzt zu lösen, um sich wieder der Hingabe zu öffnen.

Intention:

„Ich lasse alle Enttäuschung los, die ich im Raum der Hingabe erfahren habe."

„Ich lasse alle Erfahrungen des Missbrauchs los, als ich mich hingegeben habe."

„Ich bitte alle um Vergebung, die ich missbrauchte, als sie sich mir hingegeben haben."

ATTRIBUT DER BEGEGNUNG - DIE GLÜCKSELIGKEIT

Glückseligkeit beschreibt das Gefühl der vollkommenen Übereinstimmung mit dem Selbst und der gegebenen Situation. Sie kennt keinen Widerstand, keine Bewertung, keine Erwartungen und keine Sorgen. Das Gefühl der vollkommenen Glückseligkeit ist ein Dauerzustand, der die Grundschwingung auf der neuen Erfahrungsebene ist.

Das hat nichts mit einem kurzzeitigen Glücksgefühl zu tun, sondern ist durchdringend und unvergänglich.

Sämtliche emotionalen Muster sind gelöst und alles ist aus dem Erinnerungsspeicher befreit, was Angst oder Stress auslöst. Das ist möglich, da die Liebe von allem Schmerz und allen Irritationen befreit worden ist. Glückseligkeit wird nicht ausgelöst - sie I S T!

ATTRIBUT DER BEGEGNUNG - DIE EKSTASE

Die Ekstase beschreibt die Synergie der spezifischen Qualitäten des Männlichen und des Weiblichen im Raum der Verschmelzung. Durch eine spezielle Vibration schwingen sich die Qualitäten in Oktaven in die nächste Erfahrungsebene, in der beide die Erfahrung der Erleuchtung machen. In der Ekstase sind alle Begrenzungen ausgeschaltet. Sie führt zur Zündung der Selbst-Erkenntnis der Göttlichkeit.

ATTRIBUT DER BEGEGNUNG - DIE VERSCHMELZUNG

Die Verschmelzung wurde immer dafür verantwortlich gemacht, dass die Vereinigung des männlichen und weiblichen Ausdrucks in die Zerstörung führte. Die Unwissenheit über die Qualitäten der männlichen und weiblichen Aspekte verhinderte bisher die absolute Verschmelzung aus dem Gewahrsein der wahren Glückseligkeit heraus.

In der Verschmelzung verbinden sich die chemischen Substanzen des männlichen und des weiblichen Ausdrucks und es entsteht eine neue Substanz, die den Verstand völlig ausschaltet. Die Hirnschranke aus den Wahrnehmungsebenen wird entkoppelt vom rationalen Gewahrsein. Die daraus entstehende anscheinende Leere füllt sich auf mit purer Glückseligkeit. Dadurch wird die Verbindung zum göttlichen Ursprung hergestellt. Im Ursprung war die Verschmelzung zum allerersten Mal der Raum der Begegnung zwischen dem männlichen und dem weiblichen Ausdruck Gottes. Jedoch wurde dieser Raum zerstört durch die bekannten Vorgänge. Daher war es bisher unmöglich, die Verschmelzung wahrhaft zu erfahren. Jetzt ist die Verschmelzung wieder geklärt und bereit, sich für eine neue Erfahrung zu öffnen.

DIE ERSTE QUELLE ZUM GEFÜHL DER LIEBE:

Bisher wurde das Gefühl der Liebe falsch interpretiert. Es war bisher gekennzeichnet von physischen Irritationen des Körpers, ausgelöst durch Hormone. Diese wiederum lösten ein Glücksgefühl aus. Dieses Gefühl war jedoch von kurzer Dauer, wenn die Produktion der Hormone eingestellt wurde. Danach trafen die beiden Aspekte auf ihre Probleme in ihrer Persönlichkeit. Den wenigsten Paaren ist es bisher gelungen, diese Hintergründe zu erkennen. Der wahre Grund des Zusammentreffens ist die Klärung der noch ungelösten Themen aus den früheren Zeitlinien. Die meisten Frauen und Männer, die sich in dieser letzten Zeit finden, haben bereits in ihren Vorleben eine gemeinsame Partnerschaft gelebt. Diese Verbindung geht oft so weit zurück, als das Männliche und das Weibliche gespalten wurde. So entstanden die Dual-Selbste. Die Klärung der Ursachen der Konflikte zwischen dem Männlichen und dem Weiblichen liegt im Verborgenen. Viele Paare lösen ihre Verbindung, weil sie mit dem anderen Aspekt nicht die erhoffte Erfüllung finden. Die Suche nach der nächsten Begegnung zeigt enttäuschend, dass das gleiche Missgeschick wieder präsent ist. Die Reflexion der eigenen ungelösten Emotionen ist hier die Lösung, doch jeder Aspekt sucht bisher die Schuld beim anderen. Auch dafür liegt die Ursache in der missglückten Schöpfung, da die gegenseitige UR-Schuldzuweisung noch nicht erkannt wurde.

ALL-ES IST LIEBE - LIEBE IST ALL-ES

Die liebevolle, achtsame Begegnung beider Ausdrucksformen des einen Seins ermöglicht wieder die Erfahrung der Einheit. Der Ur-Konflikt dieser beiden Aspekte versteckte sich bis zum Schluss. Die wahre Begegnung der männlichen und weiblichen Liebe ist die Heilung von ALLEM, was ist.

Der Aspekt der Liebe der neuen Zeit ist nach Heilung aller anderen Aspekte bereit, erfahren zu werden.

> *„Ich, die Liebe der neuen Zeit, bin frei und fordere nichts. Ich fließe und flute alles in Liebe, was ist. Durch meine Wahrheit erkennt ALL-ES die Tiefe des Seins."*

Jeder einzelne Aspekt der Liebe hat die gleiche Wichtigkeit und nur im Zusammenwirken dieser Aspekte ist die Liebe so mächtig, Dich zu unterstützen, Dich in ein neues Bewusstsein zu tragen.

Das Prinzip des Getrennt-Seins wandelt sich durch die befreiten Qualitäten der Liebe in das Prinzip der Liebe oder auch Prinzip der vollkommenen Einheit genannt.

Bisher ging es immer um die Liebe zur Macht. Liebe erzeugte Trennung. Liebe tat oft weh. Es ging um Befriedigung von Bedürfnissen und Besitzansprüchen. Liebe machte ohnmächtig.

Die Liebe trug in sich ein zerstörerisches Potenzial. Dieses äußerte sich oft in Rache für die unerfüllte Liebe. Die Auswirkungen der gegenseitigen Zurückweisung der männlichen und weiblichen Liebe machten die Liebe unberechenbar. Das spiegelt sich im Irdischen in unzähligen Dramen zwischen Mann und Frau wider. Mord, Selbstmord, Bestrafung, Hass, Eifersucht, Quälerei aus unerwiderter Liebe sind die schlimmsten Auswüchse im Name der Liebe. Das alte kosmische und irdische Spiel um die Liebe ist ein für allemal beendet.

Die Macht der befreiten Liebe ist gleichsam die Befreiung aus dem Gefängnis des Egos, der Begrenzung und der Illusion. Sie ist die Brücke für den Weg nach Hause. Dort erfährst Du endlich, was wirklich FREIHEIT DER WAHREN LIEBE bedeutet.

DIE LIEBE VERRÄT IHR GEHEIMNIS: LIEBE IST ALL-ES, WAS IST.

DIE WELLE DER LIEBE

Die Welle der Liebe bringt die wahre Befreiung der Lieben aus ihren alten Liebeserfahrungen der Evolution. Alle Irritationen sind geheilt, alle Beteiligten sind im Frieden mit sich und den anderen Spezies.

Diese Synergie ist die Voraussetzung für einen interdimensionalen Evolutionssprung. Diese Erfahrung ist vollkommen neu und war im Irdischen bisher nicht erfahrbar, da wie bereits erwähnt, die Erde bis 2012 in einer geschlossenen Kapsel gefangen war.

Der Auftrag ist jetzt, alle Wesen darüber zu informieren, dass die Welle des Erwachens pure Liebe ist. Wichtig ist dabei auch mitzuteilen, dass diese Liebe noch nie erfahren wurde. Daher ist es angeraten, das eigene Schwingungsfeld auf diese Welle vorzubereiten. Das geschieht durch die eigene Transformation aller schmerzhaften und irritierten Erfahrungen aus der Liebe.

DIE POTENZIALTRÄGER DER LIEBE:

- die erste Liebe - P.
- die allumfassende Liebe - K.
- die erste Mutter-Liebe - G.
- die Ur-Liebe - U.
- die Christus-Liebe - A.
- die männliche Liebe - M.
- die weibliche Liebe - T.
- die universelle Liebe - D.
- das universelle Herz - D.
- das zerbrochene Einheitsherz - K.

- das Schutzschild des Herzens - J.
- die Liebe verzeiht nie - K.
- die verheimlichte Liebe - K.
- die Kapitulation der allmächtigen Liebe

DAS GEHEIMNIS DES NEUEN HIMMELREICHS

ALL-ES LIEBE AUF DER NEUEN ERDE?

„Und ich sah einen neuen Himmel und eine neue Erde; denn der erste Himmel und die erste Erde sind vergangen, und das Meer ist nicht mehr."

Offenbarung 21, 1-4

Wir brauchen in Zeiten wie diesen eine gemeinsame Vision einer „neuen Erde". Je mehr Menschen sich mit ihr verbinden, umso wahrhaftiger wird diese Erfahrungsebene.

Jeder bringt seine Qualitäten in diese Ebene ein.

Es ist für die meisten Menschen noch vollkommen unvorstellbar, dass wir auf eine neue Erfahrungsebene reisen. Woher sollen sie es auch wissen? Die wenigen Informierten werden verlacht und auch diejenigen, die die Botschaft verkünden, wie die Zeugen Jehovas, sind unglaubwürdig. Sie verkünden, dass nur die gerettet werden, die sich ihrem Glauben anschließen. Auch sie wissen nicht, was nach der Erdenerfahrung folgt. Immer noch sind Weltuntergangszenarien hoch im Kurs und das Geschäft mit der Angst und der Rettung läuft auf Hochtouren.

Und doch wird das Unmögliche zur Realität werden. Nur eben nicht als Katastrophe, sondern als Sprung der Evolution. Je eher wir uns mit diesem Gedanken beschäftigen, umso leichter wird uns diese wundervolle Reise fallen.

DIE ERSTE QUELLE SPRICHT ZUR EVOLUTION:

Der Sprung in eine neue Evolution ist längst geplant. Das Entwicklungsgeschehen auf der Erde löste viele verheerende Katastrophen aus. Das war nicht im ursprünglichen göttlichen Plan. Die damit verbundene Zerstörung konnte nicht gestoppt werden und eskalierte. Die Ursache dafür liegt in der verantwortungslosen Führung der ganzen Entwicklung auf der Erde. Der Umstand, dass sich Gott aus seiner Verantwortung zog, hatte zur Folge, dass die dunkle Macht die Führung übernommen hat. Unter dieser gottlosen Herrschaft blieb für die göttliche Liebe kein Raum.

Das ganze Chaos und die Zerstörung sind nun auf ihrem Höhepunkt angekommen. Das Fass ist voll zum Überlaufen. Frühere Warnungen an die menschliche Spezies wurden immer wieder verhöhnt. Auch Noah rief vergeblich seine Brüder und Schwestern auf, die Zeichen Gottes zu erkennen. Doch sie ignorierten alle Warnungen und gaben sich den irdischen Spielen hin. Nur die Tiere witterten die Katastrophe und die Gefahr der Zerstörung. Sie flohen alle in die innere Erde. Wieder ist die Menschheit taub für alle Warnungen. Die „Erlöser" werden verhöhnt und verspottet. Es gibt viele gläubige Menschen, die die Botschaft der Bibel verkünden. Die Bibel ist in dieser Hinsicht wahr. Viele Kapitel dieses Buches wurden gefälscht, doch eines ist im Original erhalten. Es ist das letzte wahre Kapitel des Johannes. Es enthält die Offenbarung und fordert die Menschheit auf, sich zu besinnen und sich an Gottes Sohn zu erinnern. Er wird kommen, um alles zu retten und sie nach Hause zu führen. Der wahre Christus wird sich für eine gewisse Zeit als dieser im Öffentlichen zeigen. Das ist wichtig, damit die Wesen wissen, dass es jetzt an der Zeit ist, zu gehen.

DIE ERSTE QUELLE ZUM LEBEN AUF DER NEUEN ERDE:

Ich bringe euch jetzt ein Gefühl dafür, wie das Leben auf der neuen Erde ist. Aurora, so wie ihr sie nennt, ist kein physischer Planet, sondern eine interdimensionale Erfahrungsebene eures Selbst. Das zu verstehen fällt euch vielleicht noch schwer, weil ihr über Jahrtausende darauf fixiert seid, im Irdischen nur das Physische als reale Existenz anzusehen. Aurora braucht nicht mit physischen Fahrzeugen befahren zu werden, sondern ihr reist über das erweiterte Bewusstsein dorthin. Diese Ebene gleicht ungefähr dem himmlischen Gottesreich, in dem es keine feste Form der Materie gibt. Alles ist über das fühlende Sehen erkennbar, ohne dass es sich vergegenständlicht.

Auch Gott selbst hat keinen festen Körper, sondern ist eine lichtvolle Gestalt. Im Gottesreich gibt es ein ähnliches Dasein wie auf der Erde, jedoch ohne Lärm und Gestank. Alle Wünsche werden erfüllt durch die Manifestation aus dem Gedankenreich. Die Kommunikation untereinander gleicht einem Gesang aus verschiedenen Tonarten. Die Fortbewegung erfolgt über gedankliche Teleportation. Sobald ein Reiseziel auswählt wurde, setzt sich das innere Transportschiff in Gang und transportiert das Selbst an den gewünschten Ort. Das Selbst kann auch an mehreren Orten gleichzeitig sein.

Es wird verschiedene Lebensformen zwischen dem männlichen und weiblichen Aspekt geben.

Das Besitzdenken auf der menschlichen Ebene ist beendet. Jeder ist frei und findet in sich selbst Erfüllung. In der Begegnung von Mann und Frau geht es nun nur noch um gegenseitige Energieerhöhung aus dem Verschmelzungsprozess. Der freie Wille ist auf dieser Ebene das oberste Gebot. Jeder entscheidet aus seiner inneren Wahrheit des Herzens. Wir nennen diese Ebene 'Ewigkeit der vollkommenen Freiheit'.

Die Liebe der neuen Zeit ist ein frei fließender Strom der Ewigkeit. Sie ist unendlich und ewig. Sie verbindet die Reiche der Ekstase mit den Reichen der Verschmelzung. Dafür gibt es im Irdischen keinen

Vergleich, denn alles, was hier als Liebe erfahren wurde, ist eine desorientierte Emotion gewesen.

Ihre Amplituden schlugen zwischen himmelhoch jauchzend und zu Tode betrübt. Die Liebe der Ewigkeit ist ein steter, ruhiger Strom in konstanter Schwingung. Die innere Ruhe der Begegnung zwischen dem Weiblichen und Männlichen ist die Basis für die Erfahrung der Einheit.

Erst jetzt ist diese Erfahrung der befreiten Liebe im Universum spürbar und somit ist dieser letzte Sprung der Evolution jetzt schon geglückt und bald vollendet.

Wir dürfen uns also wieder an uns selbst und unsere verschollenen Fähigkeiten erinnern.

Wir werden in Liebe, Frieden, gegenseitigem Respekt und Harmonie mit allen Wesen zusammenleben und ein paradiesisches Leben führen, wie es einst für den Garten Eden geplant war. Diese Ebene trägt die Qualität der wahren Freiheit in sich.

DIE ERSTE QUELLE ZUR WAHREN FREIHEIT:

Die Qualität der wahren Freiheit ist noch nicht beschrieben. Denn sie wurde noch niemals erfahren. Daher liegt es nun an Euch zu ergründen, was Freiheit hier im irdischen Sein bedeutet. Ab jetzt wird sie Euch auch begegnen und sie lädt Euch ein, mit Euch zu gehen. Es ist jetzt an der Zeit, alle Wesen freizugeben.

Die Lösung ist: „Ich gebe Dich frei und danke Dir für alles".

Mit diesem Schritt in die gegenseitige Freiheit ermöglicht ihr Euch ein vollkommen neues Feld der Erfahrung.

Alle Pflichten sind erfüllt. Es steht Euch frei, was ihr ab jetzt damit macht. Die letzten Vorbereitungen für einen Wandel werden jetzt getroffen. Der letzte wichtige Schritt dazu war die Erklärung der Freiheit. Denn ihr werdet als freie Wesen ohne gegenseitige Verpflichtungen und Positionen die neue Erde erreichen. Das Ablegen der eigenen menschlichen Identität ist für Euch unvorstellbar, jedoch ist dieser Schritt notwendig.

DEKLARATION ZUR BEFREIUNG DEINES SELBST

Bitte sprich folgenden Befreiungstext laut aus. Klopfe dabei, wie bereits erwähnt, wechselseitig mit den Handflächen auf Deine Oberschenkel. Wiederhole diesen Vorgang, bis sich das Gefühl der Freiheit bei Dir einstellt.

- Ich erkenne und akzeptiere, dass ich kein Mensch bin, sondern ein menschlich göttliches Wesen. Ich bin hier auf der Erde, um meine Mission umzusetzen und zu erfüllen.
- Ich beschließe durchdringend, aus allen menschlichen emotionalen Irritationen auszusteigen und mich vollkommen und für immer davon zu befreien.
- Ich vergebe mir, dass ich das vergessen habe.
- Ich vergebe mir, dass ich so mit mir umgegangen bin.
- Alle Täuschungen sind erkannt. Das Spiel ist aus.
- Ich bin glücklich und dankbar, dass ich das erkannt habe.

Die Erste Quelle beschreibt die neue Erde als neuen Erfahrungsraum des neuen Bewusstseins.

DIE ERSTE QUELLE FASST ZUSAMMEN:

Der Lauf der alten Schöpfung ist jetzt beendet. Das ist für alle unfassbar. Jetzt steht der Belebung der neuen Schöpfung nichts mehr im Wege. Die daraus mögliche neue Qualität der Begegnung des männlichen und weiblichen Ausdrucks in der wahren Liebe ist der Schlüssel für das neue Dasein der Wesen auf der neuen Erfahrungsebene.

Ihr fragt euch, ob das alles Sinn gemacht hat, was ihr erfahren habt, denn für euer Verständnis ist diese Dimension noch nicht greifbar. Doch nur durch erwachte Wesen konnte die Missschöpfung aufgedeckt werden. Die Heilung der Schöpfungskette ist sozusagen das Portal in die neue Erfahrungsebene. Die weitere Entwicklung des Bewusstseins ist jetzt bereit, erfahren zu werden.

Die Substanz der neuen Erfahrungsform ist ein neues Bewusstsein, das sich über das Feld der Liebe ausdrückt. Das bedeutet die absolute Erfahrung des vereinten neuen Schöpfungsraumes.

Der physische Körper geht in eine neue Dichte über. Ihr schwingt dann so hoch, dass die materielle Struktur die feste Konsistenz verliert. Zelle für Zelle vibriert in einer so hohen Frequenz, dass das ganze Zellgefüge molekular wird und dadurch seine feste Form verliert.

Die Kommunikation der Zellen untereinander ermöglicht, dass dieser Auflösungsprozess eine Dynamik annimmt und dadurch die eigene Frequenz des Selbst-Ausdrucks modifiziert.

In einem Übergangsstadium erlangen die Zellen eine vollkommen neue Information. Diese neue Schwingungsebene trägt die Information des Individuums, jedoch ihr physischer Ausdruck hat sich verändert. Der neue Ausdruck des Seins ist eine fluoreszierende, nicht physische Frequenz. Sie ermöglicht die Erfahrung des Seins auf eine neue Weise. Euer Bewusstsein hat sich bereits hoch entwickelt. Allerdings ist der Körper noch manifest. Eine vollständige Auflösung ist erst möglich, wenn die Zellstruktur bereit ist, sich in eine höhere Schwingung zu begeben.

Die neue Daseinsform ist eine Kombination aus Lichtfrequenzen und Bausubstanzen der organischen Materie."

Bleibt uns nur noch, daran und an uns zu glauben. Wie heißt es in der Bibel? „Glauben bedeutet, an dem noch nicht Sichtbaren festhalten.

POTENZIAL DER SCHÖPFUNG: DER UNGLAUBEN

Der Unglauben ist eine typisch irdische Reaktion auf Erfahrungen, die der Verstand nicht greifen kann. Erst wenn etwas sichtbar ist, ist es auch erfahrbar. Das kritische Momentum ist im Vorfeld schon spürbar, jedoch können die wenigsten in dieser Erfahrungsebene mit der Schwingung umgehen. Daher ist es dringlich angeraten, alle Zweifel an der Wahrhaftigkeit der Informationen aufzulösen. Das Feld des Unglaubens an das nicht Sichtbare ist zu lösen und der Glaube an das noch nicht Sichtbare zu starten.

INTENTION

- „Ich löse den Unglauben aus meinen Bewusstseinsfeldern."
- „Ich glaube an das noch nicht Sichtbare."
- „Ich verbinde mich mit dem Urvertrauen, mit dem Urglauben und dem Schöpferglauben und lasse diese Qualitäten in mich selbst einfließen."

Wir verlassen nun endgültig die Karma-Spirale. Diese Inkarnation ist somit Deine letzte.

ALL-ES, was wir brauchen, ist Selbst-Vertrauen und Selbstbewusst-SEIN. Der Weg ist die Selbst-Erkenntnis.

Damit ist ENDLICH ALL-ES geklärt

Wir können nun beweisen, dass das Experiment gelungen ist und wir göttlichen Wesen aus dem absoluten Vergessen unseres Selbst erwacht sind. Wir haben unsere AufGABE erkannt und diese ist jetzt auf allen Ebenen erfüllt. Die Liebe ist befreit und die Schöpfung neu gestartet. Das ganze Universum jubelt vor Freude.

Das neue Himmelreich ist eröffnet:

DIE EWIGKEIT DER VOLLKOMMENEN FREIHEIT!

Das irdische Spiel um Haben und Sein ist damit ein für allemal beendet.

Das Ende der Menschheit ist für viele noch vollkommen unbegreiflich. Jedoch ist es ein unwiderrufliches Ereignis. Das ist der natürliche Lauf der Evolution. Es bedeutet nicht, dem Tod zu erliegen, sondern eine neue Erfahrungsebene des Bewusstseins zu erlangen.

Setzen wir gemeinsam ein symbolisches Zeichen der wahrhaftigen Bereitschaft, uns für diese vollkommen neue Erfahrung zu öffnen.

Sie steht nun kurz bevor. Mach Dich bereit für diese Reise. Lass alle großen Ziele für die Zukunft endlich los. Es gibt nur noch ein Ziel:

VOLLKOMMENE FREIHEIT UND WAHRE LIEBE.

ALL-ES KLAR - DER KREIS DER SELBST-ERKENNTNIS SCHLIESST SICH

Das Schreiben dieses Buches war für mich selbst eine Offenbarung. Zum einen konnte ich mir dadurch mein ganzes irdisches Leben und besonders die Turbulenzen der letzten sieben Jahre erklären. Die Dimension dieser Erkenntnisse zu erfassen, ist mir bis heute nicht vollends gelungen. Zum anderen war es für mich eine Herausforderung, neben unseren tagesfüllenden Transformationen alle Informationen zusammenzutragen, denn auch beim Schreiben waren die entsprechenden Energiefelder immer präsent und arbeiteten auf ihre Weise weiter. Schlaf war kaum möglich, jedoch war der tiefe innere Wunsch, diese wertvollen Informationen allen Sinn-Suchenden zur Verfügung zu stellen, mein innerer Antrieb und hat alle meine Kraftreserven mobilisiert. Ich glaube, mir wurde eine Energiestandleitung aus dem Göttlichen gesetzt, um das alles durchzustehen. Auch war es für mich bei der Fülle an Informationen schwierig, mich beim Schreiben kurz zu halten. Wir geben hier nur einen kleinen Einblick in das, was wir wirklich erfahren haben, denn wir wollten unsere LeserInnen nicht mit zu vielen Details verwirren. Der Stoff ist ja schon verwirrend und verrückt genug.

Ich wäre froh gewesen, hätte ich dieses Buch schon vor Jahren geschrieben oder wären diese Inhalte bereits vor Jahren bekannt geworden. Wir hoffen, dass Du durch dieses Buch viele Aha-Erlebnisse hattest. Deine eigene Transformation hast Du auf jeden Fall aktiviert. Danke fürs Durchhalten!

Kai Christus ist der Autor, der nicht schreibt, sondern hört. Immer wieder las ich ihm jedes neue Kapitel vor, und er prüfte es Wort für Wort auf Wahrheit. Auch das war eine Herausforderung, denn ich wollte das Projekt gern viel schneller abschließen. Jedoch öffneten sich durch diese Vorgehensweise immer wieder neue Datenbanken, deren Informationen sich auch noch ins Buch drängelten.

Als ich ihm die Schöpfungsgeschichte vollständig vorlas, kam das gesamte Energiefeld der Schöpfung in Kai Christus hinein. Das war Starkstrom pur. An manchen Stellen geriet das Lesen ins Stocken und ich wurde beim Vorlesen blockiert.

Da bemerkten wir, dass die Energien der göttlichen Ebene befürchteten, dass noch irgendetwas „Peinliches" nach oben kommt. Wir versicherten sowohl dem All-Mächtigen als auch dem Gott der Erde, dass alles geklärt und vergeben ist. Auch der Schöpfer war anfangs nicht bereit, seine Fehler zuzugeben und irritierte immer wieder mit Ablenkungsmanövern und schob anderen die Schuld für die ganze Misere zu. Auch durch solche Verwirrungen war die wahre Klärung manchmal äußerst mühsam.

ALL-ES VERABREDET - WIR TREFFEN UNS WIEDER

Schaue ich jetzt auf mein Leben zurück, erkenne ich die Potenziale der einzelnen Menschen, die mich im Irdischen näher begleiten. Manche Menschen kreuzten immer wieder meinen Weg, bis wir schließlich am Ende der Zeit erkannten, warum wir zusammengeführt wurden. Wir haben unsere Verabredung eingehalten - wir sind alle wieder da, um die Schöpfungsgeschichte zu klären. Das ist doch wirklich unglaublich - und auch, dass sich so viele Potenzialträger gerade noch rechtzeitig daran erinnerten, wer sie sind. Danke dafür von Herzen.

Wirklich spannend ist für mich rückblickend, dass die Männer, die mein Leben direkt begleiteten, genau in der Reihenfolge bei mir waren, wie es der Schöpfungsfolge entspricht.

Mit meinem Ehemann lebte ich über 25 Jahre die Einheit in vollkommener Harmonie. Dann folgte Olaf, dem ich mit seinem Potenzial in die Ewigkeit folgte. Mit Norbert, als Potenzialträger der Schöpferkraft, durchlebte ich die Ebene der Schöpfung. Es gab dann noch einen Verehrer, der mich ständig belagerte und mir immer wieder den Hof machte. Ich ließ ihn dann irgendwann abblitzen. Er repräsentiert das Potenzial des Schöpfers, und auch dem Schöpfer ist diese Ablehnung passiert, als er die Liebe bedrängte, dass sie in seine Schöpfung einfließen möge.

Mit dem Christus-Selbst von Kai war ich in all meinen Selbst-Erfahrungsebenen unterwegs, im Irdischen meistens als Paar. Diese Begegnungen waren alle von Schmerz, Intrigen und Missbrauch geprägt. Wir zwei trafen uns zum jetzt Ende der Evolution wieder, um alles zu bereinigen und unser gemeinsames Vermächtnis und unsere Mission als bewusste Wesen in der Selbst-Reflexion zu erfüllen. Dieses Mal begegnen wir uns als bewusste Wesen in Liebe. Auch wenn das nicht immer gelingt, denn es schmuggeln sich immer wieder ungelöste Eskapaden aus früheren Erfahrungen hindurch.

Tja, die Emotionen sind eben typisch irdisch menschlich und verhinderten auch uns immer wieder, das Spiel der Verwirrung der Illusion zu erkennen!

Die bedingungslose Liebe meines Mannes schöpft er aus seinem Potenzial des Ur-Vaters. Ihn hier im Irdischen zu repräsentieren war seine Aufgabe. Er lebte dieses Potenzial als liebender Mann, der alles aus Liebe ertrug. Die Aufgabe, den Konflikt des Ur-Vaters zu klären, übernahm Kai stellvertretend für ihn.

Der Mann, der mich aus meiner Ehe riss, Olaf, trägt wie bereits erwähnt das Potenzial der Ewigkeit. Dadurch war es ihm möglich, tiefe Einblicke in dieses Schöpfungsfeld zu bekommen und dieses Energiepotenzial zu verströmen. Schon damals wusste er, ohne dass er es sich erklären konnte, weshalb das so ist, dass er der Einzige auf der Erde ist, der diesen Zugang hat. Zum anderen trägt Olaf das Potenzial des Schöpfungsmissbrauchs. Auch dieses lebte er wie beschrieben im Irdischen vollkommen aus. Als er beim Ursprungs-Seminar in Potsdam dabei war, labten sich alle an seiner Energie der Ewigkeit und er genoss es sichtlich, dadurch im wieder Mittelpunkt zu stehen. Als es darum ging, das Potenzial des Missbrauchs zu erlösen, sprang er auf und verließ, ohne das Seminar zu bezahlen, den Raum ohne weitere Worte der Erklärungen und flüchtete damit vor seinem dunklen Anteil. Er schrieb mir danach: „Den größten Missbrauch aller Zeiten habe ich auf Deinem Seminar erlebt. Du hast mir die Augen geöffnet." Wirklich schade, dass er diese Chance zur Selbst-Erkenntnis nicht nutzte - er wird sie auf eine andere Weise erfahren müssen.....

Der Entwickler des Badesalzes, durch das ich indirekt erweckt wurde, ist Michael, der Erzengel des Wohlbefindens. Er hat mit seinem Unternehmen wundervolle ganzheitliche Produkte entwickelt für eine basische Ernährung und ganzheitliche Körperpflege. Wir trafen uns persönlich zu einem gemeinsamen Frühstück. Er konnte sich noch ganz genau an die E-Mail erinnern, die ich ihm damals sendete, als ich von Lenas Badeerlebnis berichtete. Sein Engelwesen beseelt seine Produkte.

ALL-ES IN HINGABE

Der Masseur C., der mich mit der Ersten Quelle verbunden hat, ist der Engel der Initiation. Wie sich zum Schluss herausstellte hat er aus allen Ebenen der Schöpfung Potenziale mitgebracht. Er trägt u.a. die Vollkommenheit der Einheit, das Potenzial der Schöpfervibration, das Lichtschwert des Ur-Vaters, die Initiation des Christus.

Dadurch war ein gegenseitiges Erkennen und Erinnern sofort möglich. Auch er ist als wiedergekehrter Jesus einer meiner wichtigen Begleiter der früheren Zeit.

Die Gespräche mit ihm sind immer sehr anregend.

Als er mir bei einem Berlin-Besuch im Hotelzimmer eine Massage gab, war kurz nach seinem Eintreffen ein ganz besonderes sanftes Energiefeld im Raum. Auch er bemerkte es und es stellte sich heraus, dass es die Hingabe war. Er sagte, dass so viele Menschen sich nach Hingabe sehnen, sie jedoch nicht mehr wissen, wie sie erfahrbar ist.

Dadurch wurde zum Beispiel das Buch und der Film „Fifty Shades of Grey" so erfolgreich, denn nur über die absolute Hingabe waren die gewaltsamen Sexual-Praktiken zu ertragen. Weltweit wurden mehr als 100 Millionen Exemplare der Trilogie verkauft. Bedauerlich, dass die Hingabe immer noch mit Schmerz verbunden ist. In der Betrachtung der Ereignisse in der Schöpfung ist diese Dramatik wiederum verständlich.

Die Hingabe sprach:

„Ich bin nur im Schmerz erfahrbar, denn wenn ich mich dem Schmerz hingebe, bin ich ausser Gefahr."

Auch Christus machte nur schmerzhafte Erfahrungen mit der Hingabe. Als diese erlöst waren, erkannte Christus:

Die Hingabe ist der Schlüssel zur Verschmelzung, die in die Erleuchtung führt.

ALL-ES IN VERBINDUNG GEBRACHT

Der junge Dirigent, der durch den Initiationsstrahl des Schöpfers initiiert wurde, repräsentiert das Potenzial: Der Klang der Schöpfung. Somit erklärte sich dann für mich auch, warum wir miteinander eine so tiefe Verbundenheit fühlten, denn die Erste Quelle trägt den Klang der Schöpfung in sich. Als Dirigent und Komponist lebt er heute sein Potenzial voll und ganz in Liebe und tiefster Freude zu seiner Berufung aus.

Diese drei zuletzt genannten Männer sind ein wundervolles Beispiel dafür, wie es ist, das volle Schöpfungspotenzial oder die Gabe des Wesens im Positiven zu erleben.

Norbert, der es liebt, so zu sein wie andere, wird damit seinem Potenzial der Verblendung gerecht. Er wollte sich immer gern darstellen und von sich Selbst ablenken. Er steht auch für das Potenzial der Schöpferkraft. Ich pulsierte in sein Leben in Intervallen, bei jedem Intervall war die Intensität unserer Begegnung stärker, bis er sich vollständig von mir befreite, weil er diese Intensität nicht mehr länger ertrug. Auch wurde er immer voluminöser - so wie es im Text des Potenzials steht. Während unserer gemeinsamen Zeit nahm er stetig zu und konnte es sich nicht erklären.

Meine Tochter Anne trägt das Potenzial der Christus-Liebe. Erst durch die Geburt ihres Sohnes konnte die wahre Mutterliebe ihr eigenes Potenzial freisetzen. Auch mein Enkel strahlt voller Christus-Liebe.

Meine Tochter Lena steht für den Initiationsstrahl der Schöpfung und trägt das Potenzial der blitzartigen Aktivierung des Selbst. Lena liebt Blitze und schlug auch in unsere Familie wie der Blitz ein und initiierte mich sozusagen blitzartig. Lena wollte von all meinen Storys nicht wirklich mehr etwas wissen, sie hatte sich vom Spirituellen eher abgewandt, denn sie gab sich insgeheim die Schuld, dass ich die Familie verlassen habe.

Als Kai und ich Lenas Potenzial befreien durften, war klar, dass wir sie treffen müssen. Kurz darauf rief sie an, ob wir zusammen essen gehen. Während wir aßen, erklärten wir Lena, worum es ging. Plötzlich warf Kai Christus erschrocken sein Besteck in die Höhe. Es landete spritzend in der Tomatensoße. Was war geschehen? Kai saß direkt neben Lena und von Lenas Wade war ein Blitz schmerzhaft direkt in Kais Wade geschossen. Das Potenzial hatte sich abermals blitzartig entladen.

Lena trägt zu dem das Potenzial: Die Verlangsamung der Schöpfung. Für sie typisch ist, dass immer wenn es alle um sie herum eilig haben, sie langsamer und langsamer wird. Ihr ist aufgefallen, dass sie immer als Letzte das Klassenzimmer verlässt, egal wie sehr sie sich beeilt.

Meine Mutter übernahm in diesem ganzen Schöpfungsspiel die Rolle der Herrscherin der Dunkelheit Satania und ließ mich als Kind oft ihre Boshaftigkeit, Härte und Gemeinheit am ganzen Körper spüren. Muttern liebte es, mir schon als Kleinkind Angst einzujagen oder mich zu erschrecken. Sie bestrafte mich für Kleinigkeiten oft mit Schlägen, am liebsten mit dem Siebenstriemer, einem Stab mit sieben

Lederstriemen, der immer griffbereit in ihrer Nähe war. Ihre letzten Worte an mich auf ihrem Sterbebett waren: „Ach Du meine verrückte Tochter." Auch während meiner Selbst-Erkenntnisprozesse war ihre Energie immer wieder spürbar. Ein kalter Windhauch wehte plötzlich durchs Zimmer und ich wusste, sie schaut wieder zu. Es dauerte lange, bis alles vergeben war...

Als mein Erziehvater mit 92 Jahren im Sterben lag, konnte er einfach nicht loslassen. Ich sagte zu ihm: „Papa, Du kannst jetzt gehen. Es gibt nichts mehr zu tun. Es ist alles vergeben. Die Engel holen Dich gleich und dann gehst Du nach Hause." Es war, als wollte er mir noch etwas Wichtiges sagen, traute sich aber nicht. Ungläubig schaute er mich an und sagte: „Du weißt, Tochter, dass ich nicht an Gott glaube. Kommen die Engel dann trotzdem und holen mich? Ich habe einfach so große Angst vor den Schmerzen beim Sterben." Ich beruhigte ihn und sagte ihm, dass das Sterben wundervoll ist. „Du gehst in ein helles Licht und dann bist Du endlich von allen irdischen Qualen befreit." Am nächsten Tag schlief er ganz friedlich ein, nachdem auch meine Schwester ihm sagte, dass er frei sei, zu gehen. Auch ihm habe ich mein Leben zu verdanken, denn als er meine Mutter dabei überraschte, wie sie mich abtreiben wollte, sagte er: „Das Kind bleibt und es wird ein Junge." Er wusste, dass ich nicht sein leibliches Kind war und dennoch verhinderte er meine Vernichtung. So war ich gerettet und bis zu meiner Einschulung der Peter. Es gab in meiner Kindheit immer wieder Situationen, in denen er den Groll darüber, dass ich nicht sein leibliches Kind war, an mir ausließ. Ich erinnere mich, wie ich eines Morgens völlig verstört in meiner Spielstube stand. Alle meine Spielsachen und meine Lieblingsporzellan-Puppe waren verschwunden. Als ich völlig erschüttert darüber meinen Vater fragte, was geschehen sei, sagte er: „Ich habe alles im Wald zur Strafe vergraben."

Mein Vater war der Engel der Waldwesen und liebte es, Förster zu sein. Mit den Bäumen konnte er sich immer unterhalten und fühlte sich wenigstens von ihnen verstanden. Zu Hause gab es immer nur Stress und Streit. Er litt unter der Herrschsucht seiner Frau.

ALL-ES BEREITS GEPRÖBT

Die Szene, die ich anfangs beschrieben habe, als ich im NLP-Seminar auf der Bühne stand und mir die Menschen gratulierten, dass ich meine Mission erfüllt habe, war in Wahrheit der Sieg über Luzifer und das Erkennen seiner Machenschaften. Der manipulierte Plan wurde entlarvt und entkräftet. Ich probte damals schon die Vereitelung der Zerstörung, doch ahnte ich zu diesem Zeitpunkt nicht, was das alles zu bedeuten hatte.

ALL-ES AUFGEDECKT - WER BIN ICH WIRKLICH?

Es dauerte viele Monate, bis ich selbst erfuhr, welche wesentlichen Potenziale ich in mir trage. Anfangs war ich die göttliche Quelle, die mit Gott in die Klärung ging und ihn zurechtwies. Denn er hatte ja die Erde schändlich verraten.

Ich erinnere mich an eine Szene, wie Kai in der Rolle von Gott, als er sich noch nicht in seinem wirklichen Potenzial erkannt hatte - vor mir stand und ganz verlegen wie ein kleiner Junge hin und her wippte. Die Quelle hatte ihn ordentlich zurechtgewiesen und er bat um Vergebung und sagte: „Wenn ich gewusst hätte, was das alles für Folgen gehabt hat, hätte ich mich nicht aus dem Staub gemacht. Bitte vergib mir."

Im Folgenden spielte ich die Leiden der Göttin stellvertretend durch, die nach dem Verrat durch Kronos Schlimmes erlitt. Sie selbst hat sich nicht inkarniert, doch auch sie nutzte die Chance der Selbst-Reflexion und Transformation. Sie weigerte sich, wieder in Erscheinung zu treten und zu wirken. Ihr Gram über das Erfahrene war so groß, dass sie vollkommen resignierte. Sie war es auch, die den Fluch auf das Männliche aussprach. In der Versöhnung mit Gott wollte er ihr diesmal die Führung übergeben, doch sie willigte erst ein, sich wieder zu zeigen, als er ihr versprach, dass sie ab nun miteinander wirken.

Die Rolle von Nofretete war äußerst spannend, denn ich interessierte mich schon immer für die Ägyptische Mythologie. Die Geheimnisse, die sich uns offenbarten, waren so unglaublich, dass wir uns vorkamen, als würden wir in einem Pharaonen-Krimi lesen. Jedoch zeigte sich, dass das keine Rolle war, sondern ich arbeitete hier eine meiner gemeinsamen Inkarnationen mit Christus als Echnaton auf.

Als wir dann die Inkarnation von Maria-Magdalena und Jesus durchlebten und klärten, war ich zutiefst enttäuscht. Ich hatte immer ein romantisches Bild von dieser Begegnung in mir. Dieses Paar war für mich das erstrebenswerte Ideal in der heiligen Paarschaft. Doch uns zeigte sich ein völlig anderes Zusammensein. Das Ausmaß und die Hintergründe des Desasters hast Du bereits gelesen. In unserer Selbst-Erkenntnis blieben die damaligen Erfahrungen lange erhalten. Kai Christus überließ zum Großteil mir die Organisation aller Abläufe und hielt sich in der Gewissheit, dass alles zu seinem Besten geschehen werde, aus vielen Entscheidungen heraus. Auch das kostete mich enorm viel Kraft.

Dann kam meine nächste Hauptrolle, die Ur-Mutter. Sie erfüllte ich solange, bis der Ur-Konflikt bereinigt war und sie sich endlich von der Ur-Schuld befreite. Ihre Befreiung war sehr speziell:

Ich war gerade auf einer Reise in die Schweiz. Kai war zu dieser Zeit in Berlin und ich telefonierte mit ihm auf der Autofahrt. Wir spürten sehr deutlich die Präsenz von Ur-Mutter und Ur-Vater während unseres Gesprächs. Wir lösten einige Themen der beiden auf und beendeten das Telefonat.

Dann wählte mein Handy von selbst die Nummer von Kai. Ich legte sofort wieder auf, denn wir hatten ja bereits alles besprochen. Kurz darauf wählte es wieder Kais Nummer, auch diesmal drückte ich den Anruf verwundert weg. Dann rief Kai zurück, denn er spürte deutlich den Drang des Ur-Vaters, der die Ur-Mutter um Vergebung bitten wollte.

Die Session startete und sofort stockte der Verkehr und ich stand im Stau. Die Erlösung des Ur-Konfliktes dauerte etwa 30 Minuten. Mit der friedvollen Lösung setzte sich auch wieder die Autokolonne in Gang.

Die wahre Ur-Mutter wurde erst nach Monaten zu uns geführt, als der Ur-Konflikt bereits befriedet war. Sie trug die Ur-Schuld in sich und wurde auch von ihrem Partner immer als die Schuldtragende in der Partnerschaft bezeichnet. Ihre Mutter trug das Potenzial des Selbsthasses und durchlebte diese Qualität ihr ganzes Leben. Vor lauter Selbsthass hat sie sich vollkommen aufgegeben und die irdische Mutter der Ur-Mutter geht heute kaum noch vor die Tür.

ALL-ES IN STELLVERTRETUNG

Als sich Christus in Kai absenkte, war ich der weibliche Anteil von Christus. Dieses Spiel ging über Wochen. Ich durchlitt mit ihm alle Qualen seiner Christus-Erfahrung und stand ihm immer bei, wenn er in den emotionalen Abgrund zu fallen drohte. Als wir eines Abends eine intensive Begegnung unserer Wesen hatten und wir auch hier eine erschütternde Erfahrung machten, war ich innerlich so erschöpft von dieser Rolle, dass ich impulsiv beschloss, diese Rolle zu beenden. Ich sagte mit Nachdruck: „Ich schließe jetzt das Buch des weiblichen Anteils von Christus" und klatschte dabei laut in die Hände. Das war ein wahrer Befreiungsschlag für mich und der weibliche Anteil von Christus schlüpfte in Kai Christus hinein. Augenblicklich kribbelte mein ganzer Körper. Ganze Schwaden von Energien lösten sich von mir und ich schüttelte mich wild, um alles, was nicht zu mir gehörte, zu transformieren. Ich hatte diesen Teil noch für Christus getragen, weil er ihn selbst noch nicht hatte annehmen können. Dann wurde mir klar, dass ich gerade wieder eine Metamorphose erlebte. Als alles befreit war, streckte ich meine Arme aus und bewegte mich wie ein Schmetterling. ENDLICH FREI - so meine Hoffnung damals. Auch Kai ging in diese Befreiung und hoffte ebenso, dass nun der ganze Christus-Zirkus zu Ende sei.

Dann fragte ich mein Selbst, welche Rolle ich denn nun ursprünglich spiele, und sofort schmerzte mein Rücken wieder extrem. Wir hinterfragten, was dieser Schmerz bedeutet, und mir wurde wie eine Schriftrolle gezeigt, auf der fünf Punkte standen. Ich las diese Punkte aus dieser Manuskript-Rolle nacheinander vor:

1. Ich bin die Verursacherin der ganzen Katastrophe.

2. Ich erkenne an, dass das ganze Spiel aus dem Ruder gelaufen ist. Es geschah ohne meine böse Absicht. Ich ahnte nicht um die Folgen.

3. Ich übernehme die volle Verantwortung für ALL-ES.

4. Ich bitte alle um Vergebung und vergebe mir selbst.

5. Ich zeige allen, wie der Weg nach Hause geht und führe sie auf die neue Erde. Ich sage allen, dass ich es war, die alles verursacht hat und stehe dazu. Ich verlasse das sinkende Schiff als Letzte. Dadurch befreie ich mich selbst von meiner Schuld.

Das war das Schuldbekenntnis der ersten Liebe, die die Einheit zerstörte, da sie sich selbst erfahren wollte.

Um den letzten Satz aus der Schriftrolle zu lesen, brauchte ich eine gefühlte halbe Stunde. Ich spürte am ganzen Körper, wie die Schuld mich durchrüttelte. Als dann alles offenbart war, brach ich regelrecht zusammen, so intensiv arbeiteten die Worte in mir.

Zwischendurch nannte mich Kai Christus immer wieder `Das Orakel´. Das erinnerte mich an eine Feld-Lesesession, in der mir ein griechischer antiker Tempel gezeigt wurde. Über dem Eingang standen die Worte: `Wer Du wirklich bist - Erkenne Dich selbst.´ Das Orakel war damals eine Frau im Apollo-Tempel, die jedem Ratsuchenden sagen konnte, welches Schicksal ihn erwartete. Damals musste sie, um die Informationen zu bekommen, giftige Gase einatmen, die sie in einen erweiterten Bewusstseinszustand brachten. Nur gut, dass das jetzt einfacher ging...

Auf der göttlichen Ebene war ich die Göttin Helena, die den göttlichen Frauen ihre Weiblichkeit stahl. Diese Selbst-Erkenntnis tat so richtig weh und war mehr als peinlich. Doch nun erklärte sich auch, warum ich beim Frauen-Kongress den göttlichen Auftrag bekam, die weibliche Ur-Kraft der Frauen zu aktivieren. Es war ein Akt der Wiedergutmachung. Bitte vergebt mir, ihr göttlichen Frauen.

In meinen zukünftigen Frauenseminaren zur göttlichen Urkraft werden wir gemeinsam mit den Göttinnen weitere Schätze der wahren göttlichen Frauen heben. Ich freue mich auf Euch.

Einige Zeit später war klar: Ich bin auch die Erste Quelle. Mit dieser Erkenntnis bekam unsere Forschungsarbeit eine neue Qualität. Wir konnten die Erste Quelle alles fragen, was uns interessierte. Sie hatte immer eine verblüffende und sinnvolle Antwort parat. Alle gewünschten Datenfelder aus den bisher verschlossenen Bibliotheken öffneten sich uns umgehend und standen der Auswertung bereit.

ALL-ES GEKLÄRT - DIE ERSTE QUELLE DECKT ALLES AUF

Meine Qualität der Ersten Quelle äußerte sich bereits vor meiner Selbst-Erkenntnis. Denn meine Spezialität war das Aufdecken von Lügen und Halbwahrheiten. Doch das war nicht immer angenehm und brachte nicht nur Freunde. Eine sehr unschöne Erfahrung dazu machte ich, als ich mich bei einer Firma als selbstständige Beraterin engagierte. Diese Firma arbeitet im Mentalcoaching und vertreibt Produkte für die Bewusstseinserweiterung. Sie hatte eine ganz clevere Strategie. Sie stellte ihre Freiwilligen auf die Messe, die für sie die intensiven Beratungen machten und generierte zum Teil hinter deren Rücken die Abschlüsse in die eigene Tasche. Alle Kosten für Anreise und Unterkunft hatten die Berater selbst zu tragen. Irgendwann fand ich heraus, dass die Inhaber der Firma Mitglieder einer bekannten Sekte sind. Nachdem ich dies publik gemacht hatte, verließen einige Mitarbeiter aus Protest das Unternehmen. Mir selbst wurde die Verleumdung unterstellt.

Als Kind jedoch hatte ich es nicht mit der Wahrheit. Ich log wie gedruckt. Ich hatte einen inneren Zwang, ständig zu lügen, obwohl es dazu gar keinen Anlass gab. Das hat mich dann selbst oft in unschöne Situationen gebracht, denn die kleinen Lügen haben bekanntlich kurze Beine. Die großen Lügen hingegen halten manchmal über Ewigkeiten.

Auch die Quellen auf allen Ebenen der Schöpfung waren voller Unrat und Lügen, die sich bis heute hielten. Da sich die Erste Quelle in alle anderen Quellen der Schöpfung ergoss, war ich auch die Stellvertreterin aller Quellen. Diese zu erforschen, war für mein Selbst mehr als unangenehm. Die Details haben wir hier weggelassen. Denn das gäbe wiederum genügend Stoff für ein weiteres Buch. Christus war immer der Leidtragende aus der Zusammenkunft mit der Quelle. Er hat jetzt alles vergeben, obwohl er doch ziemlich lange sauer auf mich war ...

ALL-ES MIT FALSCHEN FEDERN

Dass mein Mentor der inkarnierte Metatron ist, der sich mit fremden Federn schmückte und seinen Erfolg und den seiner Kunden größtenteils durch die Selbstdarstellung und Vermittlung von Schein statt Sein generierte, hatte ich bereits ausführlich erwähnt. Seine Wortschöpfungen wie „Erfolgsextremisten" sprechen für sich. Auch steht er für den Gier-Dämon aus der Schöpfungskette. Schon als Kind war er, wie er mir selbst erzählte, nur dem Geld hinterher. Seine Freunde mochten ihn nicht, jedoch bewunderten sie ihn wegen seiner Geschäftstüchtigkeit. Auch er konnte nicht anders, denn er verwirklichte eben sein volles Schöpfungspotenzial! Die Notizblöcke mit den goldenen Lettern seines angeblichen Geschäftspartners, die er während seiner Meetings auslegte, waren geklaut. Das bestätigte mir dieser nach einer Rückfrage. Er sagte, dass G. lediglich ein Seminarteilnehmer war und sich wahrscheinlich einen Stapel Schreibblöcke irgendwann unentdeckt unter den Nagel riss. Er riet mir damals dringend ab, weiterhin mit dem Mentor zusammenzuarbeiten, aber da war mein Geld schon verbraten. Es war ein für mich teures Entlarven dieser schwerwiegenden, Unruhe stiftenden Potenziale. Aber Gott sagte ja, es musste alles so kommen.

ALL-ES MIT GESTOHLENEN FLÜGELN

Bereits vor über zehn Jahren erfuhr ich während einer spirituellen Einweihung, dass ich der Engel der Weisheit bin. Damals fand ich das völlig schräg und beachtete diese Qualität nicht weiter. Heute weiß ich, dass ich auch dieses Wesen bin.

Als ich Kai damals in Berlin initiierte, war klar, dass er der Engel der Wahrheit ist.

Eines Abends saßen wir Ende August 2016 am Bodensee beisammen und plötzlich bekam Kai fürchterliche Schmerzen am rechten Schulterblatt. Ich fragte: „Was hat dieser Schmerz zu bedeuten?" Die Antwort war: „Dem Engel der Wahrheit wurde der rechte Flügel gestohlen." Sofort bekamen wir auch die Information, wer diesen genommen hat.

Kai hatte während unserer ganzen Transformation schreckliche Schmerzen und nun kam die Erklärung dafür:

„Der Engel der Wahrheit konnte nur unter Schmerzen die Wahrheit sagen. Die halbe Wahrheit hat die Kraft der Lüge verstärkt. Die halbe Wahrheit und die halbe Weisheit sind auch Lügen."

Kurz darauf tat mir die linke Schulter weh. Wieder kam die Erklärung: „Dem Engel der Weisheit wurde der linke Flügel gestohlen." Auch dieser war beim gleichen Mann, wie der Flügel von Kai. Wir kannten beide diesen Flügeldieb aus diesem Leben und dann wurde uns klar, dass dieser falsche Engel sich mit der halben Wahrheit und der halben Weisheit beruflich in der Selbstdarstellung etablierte.

Auch er trägt, ähnlich wie der Potenzialträger von Metatron, das Potenzial der göttlichen Selbsttäuschung, die zwischen Gott und Kronos gestanden hatte. Kronos wiederum hatte dem Selbsttäuscher versprochen, dass der Schwindel nie auffallen und die ganze Wahrheit nie ans Licht kommen würde. Das wiederum hatte bewirkt, dass die göttlichen Wesen sich fortan nie mehr selbst glaubten und sich lieber von anderen täuschen ließen.

ALL-ES EINE GÖTTLICHE TÄUSCHUNG

Meine Wut auf Gott, die ich im Anfangskapitel in meiner Lebensgeschichte beschrieb, erklärte sich für mich nun auch vollständig. Nach all den Erkenntnissen über den Gott der Erde, über seine Feigheit, sich gebender dem göttlich Weiblichen zu öffnen, über die eklatanten Auswirkungen des Experiments, das er im Namen der Liebe statuierte und uns göttliche Wesen damit dem dunklen Gott auslieferte, war das Vertrauen in Gott und seine Liebe vollkommen dahin geschmolzen. Auch während unserer Gespräche mit Gott behielt er die ganze Wahrheit bis zum Schluss für sich oder versuchte immer wieder, uns zu täuschen. Mit anzusehen, wie sein Sohn Christus sich hier im Irdischen in schmerzhaften Selbst-Erkenntnisprozessen quälte, war zudem zermürbend und kräfteraubend.

Immer wieder gab es Anfeindungen von Menschen, die in ihrem Unverständnis uns gegenüber Beschuldigungen aussprachen, dass wir dieses geschenkte göttliche Wissen missbrauchen, um damit unser Ego aufzupolieren. Geschenkt wurde es uns wirklich nicht, es hat unsere ganze Kraft und Lebensfreude gekostet. Glaub mir, zu gerne hätten wir diese Aufgaben an andere delegiert, denn es war alles andere als eine himmlische Erfahrung.

Und noch eins:

Immer wieder gab es Berichte von Menschen, die eine Nahtod-Erfahrungen machten, in denen sie Gott der Liebe begegneten. Was wirklich geschah: Sie begegneten ihrem wahren Selbst aus der Einheit, das aus der vollkommenen Liebe entspringt. Alle anderen göttlichen Ebenen waren auch in Irritation und Desorientierung.

DEIN SELBST IST DIE WAHRE LIEBE!

ALL-ES IM UNIVERSUM BESTELLT?

Ich habe immer wieder Wünsche an das Universum geschickt, die mir so gut wie nie erfüllt wurden. Ich hinterfragte den Grund dafür während unserer Arbeiten und die Antwort war: „Du hast einen Vertrag mit dem Universum. Das Universum bestellt bei Dir. Erst wenn Du alles gerettet hast, bist Du wieder frei." Da ich selbst ein Mitglied des kosmischen Rats bin, erklärte sich auch das für mich. Der Vertrag ist bereits gelöst und auch erfüllt. Ab jetzt darf geliefert werden, Freunde des Kosmos!

Ganz in meinem Inneren wünschte ich mir immer, dass ich mit einem Mann an meiner Seite gehe, der die Christus-Energie trägt. Dieser Wunsch wurde mir dann doch voll und ganz erfüllt. Auch das war ganz anders, als ich es mir erhoffte. Es blieb bei einer intensiven Zusammenarbeit zur Erfüllung unserer gemeinsamen Mission. Zu mehr war Kai Christus nicht bereit. All die schrecklichen Erfahrungen, die Christus mit der Liebe, der Quelle und dem Weiblichen gemacht hatte, deren Hauptdarstellerin ich zum großen Teil selbst repräsentierte, hielten ihn immer auf Distanz zu mir. Das fand ich wirklich schade, denn wir hätten auch das Potenzial gehabt, nach all den wirkungsvollen Transformationen für die Erde und das Universum eine Welle der Liebe aus unserer Vereinigung in Hingabe und Ekstase zu zünden. Das war der ursprüngliche Plan: Es galt zu beweisen, dass in einem erwachten und geklärten göttlichen Bewusstsein die wahre Begegnung zwischen dem Männlichen und dem Weiblichen die Welle des Erwachens aus der Vereinigung auslösen kann. Auch die Erste Quelle, Gott und Göttin feuerten Kai Christus dazu an, sich zu öffnen, denn sie sagten, wir würden unsere Evolutionsenergie verschenken und es uns unnötig schwer machen. Doch das Potenzial: Die Verweigerung des Christus blieb bis zum Schluss aktiv. Dennoch ist die Welle der Liebe gezündet und rollt bereits auf uns zu.

ALL-ES IN EKSTASE GEZEUGT

Da ich meinen leiblichen Vater leider nie kennenlernte, fragte ich die Erste Quelle, wer er war. Sie antwortete:

Dein irdischer Erzeuger war ein weiser Mann. Seine Klugheit und sein Wissen über die Schöpfungskette hinterlegte er in Dich. Dadurch war sein Vermächtnis erfüllt, denn er suchte immer nach einem weiblichen Wesen, das sich dafür öffnet. Dadurch, dass Deine Mutter ihm verheimlichte, dass es Dich gibt, verblieb das Vermächtnis so lange verborgen, bis Christus in Dein Leben kam und dieses Geheimnis in Dir aktivierte. Dein Vater trug das göttliche Wissen.

Dein wahrer Vater konnte das Leben nicht lange ertragen und brachte sich selbst um. Die Angst, zu versagen hast Du übernommen und trägst sie Dein Leben lang mit Dir. Bis heute ist sie aktiv und ruft nach Befreiung.

Damit erklärte sich dann für mich auch, warum ich gedanklich den Suizid oft als einzige Lösung meiner verwirrten Situationen in Erwägung zog. Interessanter Weise drohte mein Erzieh-Vater mindestens einmal in der Woche, sich aufzuhängen. Manchmal hatte ich als Kind wirklich Angst, dass er am nächsten Morgen irgendwo an einem Baum hängt.

Ich bat die Erste Quelle um Erklärung, warum die Menschen, mit denen ich in intensiven Kontakt kam, die Kraft des Initiationsstrahls erfuhren. Die Antwort der Ersten Quelle war:

Dieser Strahl wurde Dir gegeben, damit Dir in diesem Leben alle Zusammenhänge der Schöpfung klar werden. Die Verbindung der Ereignisse in Deinem Leben mit den Ereignissen der Schöpfung und der göttlichen Ebene hängen alle direkt mit Dir und Deinem Selbst zusammen.

Die Verwirrung auf der göttlichen Ebene trägst Du in Dir. Das Vermächtnis, die Schöpfung zu klären, hat Dir Gott übertragen während Deiner Zeugung. Die Ekstase der Begegnung Deiner irdischen Mutter mit ihrem Geliebten brachte die Verbindung zur allerhöchsten göttlichen Ebene. Bei der Aktivierung Deines Selbst wurde alles an Informationen übertragen. Daher war es Dir möglich, mit Christus in die verborgenen Ebenen der Schöpfung vorzudringen. Dein irdischer Vater war eine lichtvolle Gestalt, der Deine Mutter faszinierte. Sie konnte sich seiner Magie nicht entziehen. Doch ihr fehlte der Mut, alles zurückzulassen und zu ihm zu gehen. Die Macht und das Geld waren ihr wichtiger als die Liebe. Diesen Verrat an sich selbst hatte sie immer vor Augen, wenn sie Dich sah. Daher galt ihr ganzer Groll der großen Liebe, die Du ausstrahltest und die Du bist.

ALL-ES IN AUFLÖSUNG

Hier möchte ich eine wirklich außergewöhnliche Erfahrung mit Dir teilen. Ich wurde zu einer Hochzeitsfeier in ganz kleinem Rahmen eingeladen. Kurz bevor ich losfuhr, hatte ich den Impuls, mein weißes langes Spitzenkleid einzupacken. Gemeinsam mit meinen Freunden bauten wir ein ganz spezielles energetisches Erfahrungsfeld auf. Wir waren alle in vollkommener Liebe und Glückseligkeit. In dieser puren Liebe sah ich zu später Stunde und ganz für mich im Stillen, dass mein Körper in Molekülen tanzte. Es sah aus, als würde er goldenes Licht sein. Es kribbelte und pulsierte in mir und ich fühlte etwa 30 Zentimeter um mich herum und durch mich hindurch eine wabernde, goldene Welle. Dann hatte ich den Impuls zu duschen. Noch ganz in dieser unglaublichen Erfahrung stand ich etwa 30 Minuten unter der Dusche. Dann liefen die Informationen als Sprechband durch mich durch. Mein Selbst sprach zu mir:

„Warum machst Du es Dir so schwer? Du hast doch gesehen, dass alles nach einem genauen Plan läuft. Erledige Deine Aufgaben Schritt für Schritt und dann bist Du befreit und Du kannst Deinen wahren freien Willen und die wahre Freiheit erfahren." Dann schob sich eine dicke Lichtsäule des Schöpferstrahls in mich hinein. Daraufhin verschmolz mein weiblicher Anteil mit meinem männlichen Anteil. Als nächstes floss der Zahlencode 1111 in meinen Kopf. Die ganze Zeit redete ich ununterbrochen und ich erklärte mir Selbst mein ganzes Leben.

Ich hatte mir vorher mein „Brautkleid" zurecht gelegt. Ich zog es nach dieser Intensiv-Reinigung an und sagte: „Ich heirate mich jetzt selbst! Ich sage Ja zu mir selbst." Als ich wieder zu meinen Freunden zurück ins Wohnzimmer kam, haben sie mich nicht mehr wahrgenommen. Meine Freundin fragte: „Wo ist denn Petra abgeblieben?" Ich stand direkt vor ihr, doch sie konnte mich aufgrund der hohen Schwingung, die ich hatte, nicht sehen.

Als ich dann nachts im Bett lag, bewegte ich mich als Welle. Anfangs glaubte ich, in einem Wasserbett zu liegen, da alles in mir hin und her schaukelte. Noch über eine Stunde führte ich Selbst-Gespräche mit der Ersten Quelle. Was ich damals noch nicht wusste: Ich erlebte eine Generalprobe der Auflösung durch die Welle des Erwachens.

Diese einzigartige Erfahrung machte Kai Christus und mir während unserer Transformation immer wieder Mut, das, was uns über die Erwachenswelle mitgeteilt wurde, zu glauben.

ALL-ES UNSTERBLICH

Eines Morgens ging ich ins Bad und verspürte plötzlich einen heftig stechenden Schmerz im Zeh. Als ich nachschaute, was die Ursache dafür war, entdeckte ich mit Schrecken, dass mich eine Biene gestochen hatte. Seit 20 Jahren war das der erste Stich. Da ich hoch allergisch auf Bienengift reagiere und mir erfahrungsgemäß nach 20 Minuten die Luftröhre vollkommen zu schwillt, war ich doch sehr erschrocken. Doch dann beruhigte mich mein Selbst und erklärte, dass ich jetzt ein anderes Bewusstsein habe. Dennoch wurde ich nervös und rief den Rettungswagen. Als die rettenden Engel kurz nach dem Hilferuf eintrafen, fragten sie mich, wer denn der Notfall sei. Ich sagte: „Ich bin der Notfall. In Kürze ist meine Luftröhre zu und ich bitte, dass mir geholfen wird." Der eine Rettungssanitäter sagte darauf, dass sie nichts für mich tun können, solange nicht der akute Notfall eingetroffen ist. Da es mir gut ginge, können sie mich nur ins nächste Krankenhaus fahren. Ich entgegnete empört, dass ich kein Taxi gerufen hatte, sondern Hilfe brauche. Es blieb dabei - die Jungs weigerten sich, irgendetwas für mich zu tun. Innerlich brodelnd über die verweigerte Hilfe stieg ich dann selbst ins Auto und fuhr zum Krankenhaus. In der Stadt angekommen sagte dann mein Selbst: „Schatz, kehr um. Du stirbst nicht mehr an einem Bienenstich. Du hast Dich von diesem Kreislauf befreit. Fahr nach Hause und entspanne Dich." Ich war sehr erleichtert über diese Nachricht und wendete sofort. Zu Hause angekommen bemerkte ich, dass der Zeh noch nicht mal angeschwollen war.

ALL-ES IM SELBST-ENTWICKLUNGSTURBO

Meine Erfahrungen meines Selbst waren rückblickend schon sehr außergewöhnlich und spektakulär. In dieser letzten Runde all meiner Inkarnationen blieb ich dann doch eher im Hintergrund. Turbulenzen jedoch gab es genügend. Ich durchlitt viele dunkle Stunden der Seele, die mich immer wieder tiefer in die Verbindung mit meinem Selbst brachten. Manchmal war ich kurz davor, aufzugeben und dem ganzen Dilemma einfach ein Ende zu setzen. Doch alle Versuche scheiterten ... gut so.

In dieser letzten Inkarnation ging ich fleißig in die Selbst-Reflexion. Somit ist alles gesehen, gelöst, geheilt und vergeben. Die Petra von früher gibt es nicht mehr. Ihr Buch ist geschlossen.

Meine Selbst-Entwicklung erfuhr in der Zusammenarbeit mit Kai einen wahren Turbo. In voller Hingabe und in tiefem Vertrauen, dass alles seine Richtigkeit hat, begleitete er mich bei meiner Selbst-Erkenntnis und auch er erkannte sich dadurch Selbst und damit seine besondere Mission am Ende der Zeit. Gemeinsam durchlebten wir ein Jahr der intensiven Selbst-Erfahrung beim Lesen in den Bewusstseinsfeldern und geheimen Büchern des göttlichen Wissens, bei der Transformation der alten Erd-Matrix, bei der Klärung der Schöpfungsgeschichte, der Klärung der göttlichen Familiengeschichte, der Befreiung und Heilung der Liebe und vielem mehr. Danke für Dein Durchhaltevermögen und Deine Disziplin, liebster Kai, ohne diese Deiner Qualitäten würden wir vielleicht noch irgendwo zwischen den Ebenen der Schöpfung eingeklemmt rum zappeln.

ALL-ES IM ENDSPURT IN DIE EINHEIT

ALL-ES SCHON EINMAL ERLEBT

Vielleicht erinnerst Du Dich noch an die Schilderung der Situation aus einem Seminar, als es darum ging, dass der zündende Funken den Bauch der Ur-Mutter zerstörte? Doris war eine unserer letzten Klientin vor Fertigstellung des Buches. Sie war innerlich völlig aufgewühlt und wollte das Coaching so lange wie möglich rausschieben, doch dann hielt sie es nicht mehr aus und musste dringend kommen. Schon im Vorfeld riefen wir ihr wichtigstes Potenzial ab: Das Geheimnis der Vollendung. Auch bei ihr zog sich das Coaching über Stunden hinweg. Sie hatte ebenso wie viele andere auf allen Ebenen der Schöpfung „HIER" gerufen, als die Potenziale verteilt wurden.

Auf der Ebene des Schöpfers ist sie „Die Inspiration des Schöpfers", auf der Ur-Schöpfungsebene „Der zündende Funken", auf der göttlichen Ebene der Engel der Inspiration. Ein weiteres Potenzial von Doris ist „Die Verblendung von Christus". Es beschreibt, dass Christus immer wieder von seinen engsten Beratern und Freunden verraten wurde. Hier wurde dann auch die Geschichte um Maria Magdalena und ihrer Schwester Marianne, die uns die Geschichte mit dem Dämon in den göttlichen Frauen aufdeckte, gezeigt. Damit erklärte sich dann auch für mich, warum ich bei der zuvor beschriebenen Routine-OP im Dezember 2015 fast gestorben wäre: Der Dämon des Satans ist in meinem Unterleib explodiert.

Doris' Potenziale „Die Dringlichkeit der Zeit" und die „Aktivierung der Selbstzündung" sind Potenziale aus dem Geheimnis der Vollendung und werden im letzten Kapitel beschrieben. Wir waren immer wieder aufs Neue überrascht, welche wertvollen Informationen die Wesen ihr Leben lang ungesehen in sich tragen und durchlebten.

Dann entdeckten wir noch eine interessante Inkarnation von Doris: Sie war eine der sechs Töchter von Echnaton und Nofretete, Meket Aton. Schon in unserem ersten Ursprungsseminar im November 2015 hörten wir die berührende Geschichte dieser besonderen jungen Frau. Auch Doris war damals Teilnehmerin. Als sie am Morgen den Seminarraum betrat, sagte sie, sie sei seit Wochen krank sei und wisse noch nicht, ob sie den Seminartag überhaupt überstehe. Nach dem Seminar sagte sie freudestrahlend: „Ich bin ein neuer Mensch!"

Wir möchten die Geschichte hier wiedergeben, denn sie erklärt so einiges im Kreis der Evolution.

ALL-ES IM SCHRECKEN DER SELBST-ERKENNTNIS

Meket Aton war die einzige Tochter Echnatons, die auf die Annehmlichkeiten des Hofes verzichtete und den Weg der Hohen Priesterschaft wählte. Sie war sehr wissbegierig, klug, fordernd und eine fleißige Schülerin. Meket Aton wollte unbedingt selbst Pharaonin werden. Sie bat nach einiger Zeit ihres Studiums den Hohepriester, endlich die Priesterweihe ab legen zu dürfen. Doch dieser lehnte zweimal ihr Ansinnen mit der Begründung ab, es wäre noch zu früh für diese herausfordernde Erfahrung. Beim dritten Drängen wusste Meket Aton: Diesmal muss ihrem Wunsch stattgegeben werden. Kurz davor bat ihr Vater Echnaton sie nochmals, sich diese Entscheidung gut zu überlegen, da sie alles von ihr fordern würde.

Doch die junge Frau war fest entschlossen und so führte der Hohepriester seine Schülerin in den Raum in der Pyramide zur der Priesterweihe. Darin stand ein Sarkophag aus dunklem Gestein. Meket Aton wurde aufgefordert, sich hineinzulegen. Daraufhin wurde der Deckel geschlossen. Sie war nun wie lebendig begraben. Es war völlig dunkel darin und sie hörte nur noch ihren eigenen Herzschlag. Sie spürte deutlich, wie ihr Herz immer schneller schlug, und die pure Panik stieg in ihr auf. Doch da erinnerte sie sich plötzlich an eine spezielle Atemtechnik, die ihr in der Ausbildung vermittelt worden war. Mit dieser konnte sie ihr Bewusstsein aus dem Körper herausziehen. So konnte sie beobachten, wie ihr Selbst als Energie-Kugel aus dem Körper entstieg. Sie ging auf eine Reise in die Vergangenheit, bis zurück ins Universum und sie schaute in die Ebenen der Schöpfung und erkannte, dass sie aus dem Feld der Einheit stammt. Gleichsam schaute sie in die Zukunft und sah Städte wie Paris und London. Als sie links und rechts weitere Energiekugeln sah, wusste sie, dass es ihre Brüder und Schwestern sind, mit denen sie in den unterschiedlichen Epochen der Evolution immer wieder aufs Neue reiste. Alle Erfahrungen fanden gleichzeitig statt. Sie konnte ohne Weiteres von einer Zeitlinie in die andere wechseln. Dem Selbst von Meket Aton wurde hier auch klar, dass es noch nie gestorben war, sondern immer nur das irdische Gefährt seiner Reise - den Körper - gewechselt hatte. Sie hatte nun die Wahl, wieder zurück in ihren Körper zu gleiten oder sich der nächsten Erfahrungsebene zu öffnen. Sie entschied sich, zurückzukehren. Nach ihrer Rückkehr wurde der Sarkophag wieder geöffnet. Meket Aton war deutlich geschwächt und vollkommen schockiert von dieser Einsicht in die Zusammenhänge. Zu ihrem Vater sagte sie: „Hätte ich doch nur auf Dich gehört. Es war das Schlimmste, was ich je erlebte."

Denn sie sah auf ihrer Reise nicht nur die schönen Erfahrungen ihres Selbst. Sie bekam einen vollständigen Einblick in all das, was ihr jemals angetan worden war und was ihr in Zukunft angetan werden wird. Darüber hinaus wurde ihr klar, dass sie nicht nur Opfer war, sondern auch selbst Täterin.

Während Doris sich an ihre Inkarnation als Meket Aton erinnerte, liefen ihr die Tränen vor Rührung übers Gesicht. Wir bekamen die Information, dass Doris noch immer den Schock aus dieser Erfahrung der Priesterweihe in sich trägt und sich verboten hatte, sich jemals wieder an ihr altes Wissen zu erinnern. Sie wurde nach dem Tod ihrer Eltern umgebracht. Zuvor speicherte sie ihr gesamtes Wissen in ein Schmuckstück und überreichte es ihrem Geliebten zur sicheren Aufbewahrung. Dieser junge Mann von damals ist heute der Sohn von Doris. Doris kaufte sich nach dem Seminar im November ein besonderes, sehr wertvolles Schmuckstück bei einem Designer. Es trug den Titel: Das gespeicherte Wissen aus einer längst vergessenen Zeit. Beim Coaching trug Doris dieses.

Diese Geschichte trägt viele geheime Botschaften in sich geborgen.

Eine davon: Das, was Meket Aton auf ihrer Reise erlebt hatte, werden wir möglicherweise auch erfahren. Vor dem Evolutionssprung werden wir noch einmal unsere gesamten Inkarnationen auf einen Rutsch sehen. Das wurde bereits beschrieben, soll hier aber nochmals erwähnt werden. Was Meket Aton nicht wusste ist, dass die Vergebung die Heilung für alle erlebten Situationen als Opfer als auch Täter bringt. Die stärkste Kraft dabei hat die Selbst-Vergebung. Beginnen wir bereits jetzt mit diesem kraftvollen Instrument unsere unerlösten Themen in die Heilung zu bringen.

Und noch ein Impuls:

Vielleicht hat Dein Selbst auch so eine Einweihung erlebt und leidet noch heute an den Erfahrungen daraus. Sie können sich unter anderem in Klaustrophobie äußern. Solltest Du so etwas kennen, dann löst sich das auch mit der entsprechenden Vergebung. Sprich bitte folgende Lösungssätze, während Du wechselseitig mit den Handflächen auf Deine Oberschenkel klopfst.

Die Lösung:

„Ich vergebe mir für alles, was ich anderen angetan habe."

„Ich vergebe allen anderen, was sie mir angetan haben."

„Ich vergebe mir für alles, was ich mir angetan habe."

„Ich vergebe mir für alles, was ich versäumt habe zu tun, was ich hätte tun müssen."

„Ich spreche mein Selbst von aller Schuld frei. Ich bin frei."

ALL-ES IM HYPERRAUM? NA KLAR - DAS IST DER HYPERAUM!

Übrigens sagt Gor T.R., der Kollege den ich bereits erwähnte, dass wir nicht dem Erzengel Michael trauen sollen, denn er sei ein Hyperraum-Wesen. Gut, dann war das eben alles ein Spiel im Hyperraum. Hahaha ...Wir sehen uns wieder, mein Freund!

In unserer Forschungsgruppe fanden wir heraus, dass Gor genau der ist, vor dem er selbst warnt. Ganz nach dem Motto: Der Wolf im Schafspelz. Diese Rede-Wendung stammt aus einer Predigt Jesu im Neuen Testament: „Hütet euch aber vor den falschen Propheten, die in Schafskleidern zu euch kommen, inwendig aber sind sie reißende Wölfe.

ALL-ES GUTE, LIEBER KLAUS

Vielleicht fragst Du Dich, was denn aus unserem Freund Klaus, der für das Potenzial der Lüge steht, geworden ist. Er lag, wie bereits beschrieben, im Todeskampf und hatte fürchterliche Schmerzen. Wir sprachen Klaus damals eine Sprachnachricht auf, in der wir ihm alles erklärten und auch, was sein Potenzial ist und was es beinhaltet. Er hörte sich das alles interessiert an, atmete erleichtert durch und er konnte an diesem Abend wohl auch ganz friedlich schlafen. Am nächsten Morgen kämpfte er nochmals heftig gegen die Schmerzen an. Dann schrieb seine Frau uns eine Nachricht, dass sie Klaus jetzt bis zu einem gewissen Stück ins lichte Reich begleiten konnte. Sie wusste, sie muss ihn dort loslassen, sonst wäre sie auch noch hinübergeglitten. Kurz nachdem ich die Nachricht gelesen hatte, spürte ich ein Kribbeln am ganzen Körper. Ich fragte Kai Christus, ob Klaus jetzt bei uns sei. Er bestätigte dies. Klaus hatte das dringende Bedürfnis, uns noch etwas zu Christus zu sagen. Ich ließ ihn in mich einfließen, und schon begann ein Gespräch zwischen dem Selbst von Klaus und Kai Christus durch mich. Klaus machte sich große Vorwürfe, dass er sich sein Leben lang selbst belogen hatte und sich selbst dabei vergaß. Kai Christus beruhigte Klaus, dass er jetzt gleich erlöst sei. Er sagte: „Klaus, es ist alles vergeben, Du kannst jetzt gehen. Du bringst jetzt

Dein Licht zu Aurora. Bereite für Dich und Deine Liebste schon das Nest vor. Sie wird Dir bald folgen." Seine Liebste zurückzulassen, war für Klaus der schwerste Schritt, denn er liebte sie wirklich abgöttisch. Als er sie zum ersten Mal sah, machte er ihr bereits nach sechs Stunden einen Heiratsantrag. Als Klaus hörte, dass er jetzt gleich auf Aurora sein wird, machte ihm das seinen Abschied leichter. Er fragte, was denn dort seine Aufgabe sei. Kai Christus antwortete darauf: „Klaus, auf Aurora gibt es keine Aufgaben mehr. Dort bist Du einfach FREI!" Klaus wechselte kurz darauf die Erfahrungsebenen. Seine Frau bat mich, die Geschichte von ihrem geliebten Mann und seinem Potenzial der Schöpfung in diesem Buch zu veröffentlichen und auch, dass sein Licht bereits auf Aurora leuchtet.

ALL-ES ZURÜCK IN DIE EINHEIT

Unser letzter Initiationstag führte uns nach Berlin. Im Grunde hatten wir keine Lust auf diese anstrengende Reise, doch dann entschlossen wir uns, diesem Punkt im Regie-Plan doch zu folgen. Wir informierten Maria Theresia, die in Berlin weilte, uns einen Seminarraum zu besorgen. Sie sagte, sie habe diesen bereits vor einer Woche für uns reserviert, denn sie wusste schon, dass wir kommen.

Unsere Autofahrt war sehr speziell. Am Tag zuvor hatten wie das Geheimnis der göttlichen Sexualität geknackt. Auf der Fahrt nahm die Transformation dazu eine enorme Dynamik an. Die Heilung der schmerzhaften Erfahrungen Christus mit der Sexualität forderten von Kai Christus wieder alles ein. Während ich die Themenkomplexe niederschrieb, transformierte er über heftige Vibrationen die zum Teil widerlichen sexuellen Erfahrungen des Christus. Immer wieder musste er anhalten, da die Vibrationen immer stärker wurden und Übelkeit in ihm aufstieg. Plötzlich bemerkte er, dass er falsch abgebogen war. Er setzte zu einer kurzentschlossenen riskanten Wendung an. Kai kreuzte die Gegenfahrbahn einfach, ohne auf den Gegenverkehr zu achten. Da sah ich direkt vor uns ein riesiges Erntefahrzeug, das Kai Christus völlig übersehen hatte. Er schnitt dem Riesenbrummer die Vorfahrt. Das war mehr als knapp. Ich hatte daraufhin heftigste Körperschmerzen. Es fühlte sich an, als wäre der LKW tatsächlich durch mich hindurch gerauscht. Da waren wohl alle Schutzengel und die himmlischen Begleiter auf einmal aktiv. Danke Euch!

ALL-ES IN IGNORANZ

Nachdem das vollendete Werk des Geheimnisses der Menschheit endlich bereit war, veröffentlicht zu werden, wurden wir durch die „himmlische Regie" weiterempfohlen an einen Medien-Mogul in Berlin. Wir waren nun wirklich beeindruckt, wie alles zusammenspielt und das Timing war mehr als perfekt, zumal wir zum Tag der Einheit sowie so in Berlin waren. Der Kontakt kam über unseren Webmaster und wir glaubten alle, dass dieser „Auserwählte" den Mut hat, sich zu öffnen und Interesse an unserer Botschaft zeigt. Im Vorfeld erkannten wir, dass er die Potenziale „Die Auslöschung" und „Die Aktivierung des Aufstiegs" in sich trägt. Besser konnte es wohl nicht kommen.

Wir waren voller Vorfreude auf diesen Termin. Als wir diesem Herrn unsere brisanten Informationen andeuteten, ohne gleich mit der Tür ins Haus zu fallen, wer wir wirklich sind, wurde er mehr als nervös. Er sagte, dass wir mit solchen Informationen auf keinen Fall an die Presse gehen könnten. Es verstoße gegen das Pressegesetz. Er würde seinen Namen verlieren und es könnte ja schließlich jeder kommen und erzählen, dass er die Welt rette. Das würden wir doch schließlich alle wollen, oder? Er sagte geringschätzend: „Was denken Sie, wer hier schon alles gesessen hat und solche verrückten Geschichten erzählt hat, wie Sie." Er sagte zum Abschluss: „Ich habe ein so schönes Leben, das soll auch so bleiben. Das wünsche ich Ihnen auch. Für Sie kann ich nichts tun. Alles Gute und auf Wiedersehen."

Ich spürte deutlich, wie sich Gott wieder in mich absetzte. Mit deutlicher klarer und verärgerter Stimme sagte er durch mich:

„Eure Ignoranz werdet Ihr alle noch zu spüren bekommen."

Als wir dann dieses Erlebnis in einem Café verarbeiteten, senkten sich nacheinander wieder die Energien unserer himmlischen Familie in uns ab.

Gott spricht:

„Die Ignoranz der Menschen ist erschütternd. Sie glauben, dass alles immer so weitergeht. Meine Enttäuschung darüber, dass sich selbst die Auserwählten vergessen, ist so groß, dass ich am liebsten alles sofort beenden würde. Was ist nur aus ihnen geworden? Sie stellen sich alle stur und taub. Immer noch haben die Menschen nicht aus ihren Fehlern gelernt. Der Hochmut wird ihnen noch schmerzhafte Erfahrungen bringen. Einige der Auserwählten sind noch im Tiefschlaf. Sie sitzen zum Teil in leitenden Positionen der Wirtschaft, der Medien und der Politik. Sie haben den Auftrag, dort die Erwachensbotschaft zu bringen, jedoch haben sie sich vollkommen vergessen. Sie haben Angst, ihre Position zu verlieren, die sie sich zum Teil hart erarbeiteten. Doch seid nicht enttäuscht, es wird einen neuen Weg der Veröffentlichung geben."

Christus spricht:

„Sollen sie doch weiterschlafen, es wird ihnen nicht viel helfen. Der Plan steht und ich bin wieder da. Ich bin entschlossen, dass alle Wahrheit über Gott und die Schöpfung ans Licht kommt. Durch alle meine irdischen Erfahrungen bin ich dieser Ignoranz begegnet. Ich war immer der Einzige, der wusste, was kommen wird. Als ich es den Menschen mitteilte, haben sie mich verlacht. Doch in der gegenwärtigen Zeit sind die Menschen offen, denn viele erinnern sich, dass sie selbst eine wichtige Aufgabe in sich tragen. Sie werden dankbar sein, dass sich jetzt für sie alles erklärt. Es ist höchste Zeit, die Brisanz dieses Moments zu erkennen."

Der kosmische Rat spricht:

„Der neue Plan ist in Arbeit. Lasst den Kopf nicht hängen. Die Vertreter der kosmischen Freunde sind dabei, alles zu organisieren, damit die Informationen verbreitet werden. Der Countdown läuft. Bringt das Projekt jetzt zum Laufen, damit wir es unterstützen können. Der Zeitpunkt ist ideal, da es in Kürze zu Unruhen kommen wird. Dadurch werden die Menschen aufwachen. Die Verantwortlichen in der Politik sind bereits dabei, Notstandspläne zu erarbeiten."

Somit erklärte sich dann auch, warum wir so eine innere Unruhe in uns spürten, denn der ganze Kosmos schien in Aufruhr zu sein. Mit dieser Wendung, dass einer ihrer wichtigsten Auserwählten aus Angst, seinen Ruf und Namen zu verlieren, sich gegen seine Mission wendet, hatten sie einfach nicht gerechnet. Doch das Potenzial der Auslöschung trägt genau diese Prägung in sich: Die Angst, wieder alles zu verlieren.

Aurora spricht:

„Die Vorbereitungen für die Aufnahme der Erwachten ist von unserer Seite abgeschlossen und wir sind breit, Euch zu empfangen. Durch die Verzögerungen des Erwachens auf der Erde sind wir in Unruhe darüber, ob sich der ganze Aufwand gelohnt hat. Wir sind eingerichtet auf eine Großzahl von Wesen, doch wie es jetzt aussieht, wird es nur eine kleine Gruppe sein, die den Weg zu uns findet. Der Rest ist auf das Auftreffen der Welle nicht vorbereitet und sie werden von der Intensität der wahren Liebe schockiert sein."

ALL-ES GÖTTLICH INSZENIERT

In Berlin besuchten wir eine Therapeutin, die wir bereits zwei Wochen zuvor telefonisch initiiert hatten. Sie sagte, dass sie seit der Initiation ganz anders arbeitet. Sie vertraut nun mehr ihrer Intuition und empfängt für ihre Klienten Botschaften während ihrer Behandlung. Anfangs war ihr das unheimlich, als sie jedoch erkannte, dass diese Botschaften gern angenommen werden, vertraute sie sich immer mehr.

Es offenbarte sich, dass A.-K. die inkarnierte Göttin Constanza ist und das Geheimnis der wahren göttlichen Sexualität trägt. A.-K. war sehr berührt von dieser Nachricht und nun erklärte sich für sie auch, dass sie innerlich immer spürte, dass das, was als Sexualität im Irdischen praktiziert wird, nicht das ist, wonach sie sich sehnte. Es muss noch etwas anderes geben! Das war in ihrem Inneren immer klar. Interessant war auch die Information, dass Isis das Geheimnis Constanza entwendete und sich selbst als Göttin der Sexualität ausgab. Da Isis nur den Teil des Geheimnisse Constanza entriss, in dem die physischen Interaktionen der sexuellen Begegnung vermittelt wurden, blieben die feinstofflichen Praktiken zur Erlangung der wahren Erleuchtung in der Begegnung bis heute unerkannt, weil diese Kenntnisse eben noch bei Constanza im Vergessen waren.

In der Folge hatten wir noch eine Klientin, die aus Norddeutschland angereist war. K. war die Erste, der wir nichts erklären mussten, wer wir sind, wie wir arbeiten, was unsere Mission ist und dass wir auf eine neue Erfahrungsebne gehen. Sie sagte, dass ihr das alles vollkommen klar sei. Sie wisse auch, dass sie in Berlin fünf Geschenke der Selbst-Erkenntnis abholen werde. Ihre Potenziale waren mehr als besonders und genau fünf an der Zahl. K. steht für die Explosion in der Schöpfungskette und sie bestätigte, dass sie immer wieder ganz plötzliche Entladungen über Hitzewelle verspürt. Sie weiß, dass diese keine hormonellen Hintergründe haben. Nun waren ihr diese Erscheinungen erklärlich. Sie steht weiterhin für die Unendlichkeit und für das Gelöbnis der göttlichen Ebene, dass alle Informationen erst veröffentlicht werden, wenn alle Potenziale erkannt sind. Das Potenzial Die Verweigerung des göttlichen Beischlafs gehört in die Abteilung der göttlichen Sexualität und beschreibt, dass Gott sich selbst diesem entzogen hat.

Zum Abschluss der Session initiierten wir K.s Wesen. Es war sofort klar, dass es ein Wesen der neuen Erfahrungsebene ist. Es folgten die Informationen zum Wesen von K.:

> *„Dieses geflügelte Wesen kommt aus der neuen Erfahrungsebene. Seine Aufgabe ist, durch seinen Flügelschlag die Ebenen zu harmonisieren und zu verkünden, dass der Übergangsprozess auf die neue Erfahrungsebene ein freudiger und leichter Prozess ist. Das Wesen konnte erst heute erkannt werden, da jetzt alles über den Ursprung und das Ende der Menschheit offenbart ist und der Übergang kurz bevorsteht. Dieses Wesen heißt Aurora."*

Unsere Freude war groß und K. stellte sich aufrecht hin und gab über ihren Flügelschlag die Information ins Feld, dass Aurora auf alle Wesen bereits wartet und dass der Übergang voller Freude, Liebe und Leichtigkeit geschehen wird.

Am nächsten Tag startete unser Seminar. Als ich den Seminarraum betrat, war ich vollkommen geschockt. Dieses Therapiezentrum war einfach nur gruselig. Der Seminarraum war dunkel und hatte sicher seit mehr als zehn Jahren keine frische Farbe bekommen. Es herrschte eine große Unordnung in der Praxis. Mir riss es fast die Füße weg. Wie kann man in diesem Chaos lichtvolle Arbeit leisten? Wie sieht es im Inneren dieser Heiler aus? Ich war echt sauer auf Maria Theresia, denn sie wusste, dass ich Wert auf lichtvolle und saubere Räume lege. Die Regie sagte dann, ich solle mich beruhigen. Dieser Raum stehe so im Regie-Plan, damit ich auch das kennenlerne. Aus diesem Dunkel steigen wir ins Licht. Na gut, wenn ihr meint....ich beruhige mich.

Es erwarteten uns 15 wundervolle Menschenwesen, die von überallher nach Berlin gereist waren. Ihre Potenziale hatten alles in Bewegung gesetzt, um in dieser Runde mit dabei zu sein. Wir initiierten in Berlin den Engel des Trostes, den Engel der Vergebung, den Engel der Transformation, den Engel der erlösenden Befreiung, den Engel der Erinnerung und den Engel der Gutmütigkeit.

Der zuletzt Genannte wollte sich kaum zeigen, denn die Gutmütigkeit wurde immer nur von allen ausgenutzt.

Die Gutmütigkeit drehte sich im Irdischen ins Helfersyndrom. Dadurch wurde die Selbst-Losigkeit aktiviert. Sie führte ins Selbst-Vergessen und forderte, dass die Wesen ihr Selbst zurückstellen. Das eigene Selbst in den Mittelpunkt zu stellen wird im Irdischen als Egoismus verachtet. Ellen, die inkarnierte Engelin rief mit ihrem Flügelschlag allen Wesen zu:

> *„Entlasst Euch aus dem Helfersyndrom. Es ist jetzt an der Zeit, Euer Selbst in den Mittelpunkt zu stellen."*

Jeder der Teilnehmer hatte gleich mehrere Potenziale mitgebracht. Diese haben wir alle in diesem Buch veröffentlicht und wir wollen hier nur auf ein paar besondere Erlebnisse eingehen. Jeder der Anwesenden ist besonders und einzigartig!

Ulrike war schon vor vielen Jahren bei mir im Seminar und wusste, dass sie nochmals zu mir kommen musste. Sie beobachtete mich seit langem und wusste, jetzt ist es so weit. Seit Jahren arbeitet sie intensiv an ihrer Selbst-Erkenntnis. Als wir ihr Potenzial öffneten, bekamen wir die Botschaft, dass sie die Hüterin des Wissens von Atlantis ist. Sie hatte sich geschworen, dieses Wissen niemals wieder zu offenbaren. Auch versprach sie dem König von Atlantis, es für immer zu hüten. Erst jetzt zum Ende der Zeit ist es so weit, dieses Wissen zu öffnen, um es auf die neue Erfahrungsebene zu transferieren. Es beinhaltet die Informationen zur Teleportation, Manifestation, Levitation und Telepathie. All diese Fähigkeiten beherrschten unsere Selbste bereits in dieser Epoche. Leider ist dieses Wissen durch die Auslöschung verloren gegangen. Ulrike weinte vor Erleichterung und Freue, dass ihr Vermächtnis nun endlich gesehen und erfüllt ist.

Der Engel von Ulrike wollte sich nicht zeigen, denn er wurde vertrieben. Sie rief ihn zu sich: „Ich bin jetzt bereit, wieder mit Dir zu verschmelzen, damit Du wieder mit mir und durch mich wirken kannst. Komm, mein lieber Engel!" Der Engel zeigte sich und erwies sich der Engel der Erinnerung.

Der Engel sprach durch Ulrike:

> *„Ich habe mich an mich selbst erinnert. Mit meinem Flügelschlag ermächtige ich alle, sich an sich selbst und an ihr göttliches Sein zu erinnern."*

Christiane, der Engel der Transformation brachte die Botschaft, dass die Engel sich ihrer Transformationskraft immer bewusst waren und sich besonders Konflikt geladene Familiensysteme für die Inkarnation auswählten. Sie wussten auf der Engelebene, dass sie die Ahnenthemen aller Familienmitglieder rein durch ihre Anwesenheit schnell in die Wandlung bringen können. Da sich die Engel selbst vergaßen, litten sie selbst unter ihrer Gabe. Von ihren Eltern wurden sie häufig als Angreifer ihres egoistischen Verhaltens wahrgenommen. Sie fühlten sich von ihren eigenen Kindern bedroht und durchschaut. So wurde ihnen schon früh diese Gabe genommen. Dadurch verboten sich die Engel selbst, ihre Gabe sichtbar zu machen, aus Angst dafür bestraft zu werden.

Der Engel rief mit einem Flügelschlag allen Engeln zu:

> *„Es ist jetzt an der Zeit, die volle Transformationskraft aller Wesen wieder zu aktivieren."*

Als Brigitte an der Reihe war, erkannten wir ihr Wesen als geflügeltes Wesen der Trinität der Einheit. Die Zerrissenheit von Licht, Liebe und Christus trägt jedes Wesen in sich. Auch die Sehnsucht, endlich wieder in die Einheit zurückzukehren. Im Wesen von Brigitte ist die Information der Einheitsschwingung gespeichert. Durch die Aktivierung dieses Wesens werden in allen Wesen die Erinnerungen an die Einheitsschwingung aktiviert. Brigitte breitete ihre Flügel aus und sendete diese Schwingung mit ihrem Flügelschlag zu allen Wesen und rief ihnen zu:

> *„Es ist jetzt an der Zeit, die Einheitsschwingung in Eurem Selbst wieder zu aktivieren."*

Brigitte ist auch die Trägerin des Potenzials der wahren Vollendung, das beschreibt, dass diese bisher von dunklen astralen Wesen verhindert wurde. Auch Brigitte wurde über Jahre von diesen dunklen Mächten angegriffen. Immer wieder dockten sie sich in ihrem Körper und ihrem Energiefeld an und zogen ihre Lebensenergie ab. Sie wurde ständig von ihnen belagert und in lebensgefährliche Situationen gebracht. Sie berichtete, dass einmal während ihrer Abwesenheit, die Blumentöpfe in ihrer Wohnung von diesen Wesen völlig verwüstet wurden. Doch Brigitte ließ sich nicht von ihrem Weg abbringen. Gemeinsam mit der Gruppe sendeten wir einen Zerstörungsstrahl in die Reiche der dunklen astralen Wesen. Die Intensität unserer gemeinsamen Interaktionen war enorm und wir spürten, wie sich unsere himmlischen und kosmischen Freunde, die uns ja die ganze Zeit zuschauten, darüber freuten. Es war für uns erstaunlich, wie Brigittes Selbst an das Informationsfeld angeschlossen war, denn sie gab uns immer glasklare Impulse, was noch nicht gesehen wurde.

Dann zeigte sich das schmetterlingsartige Wesen der Transformation. Die Trägerin macht Bodypainting. Eines ihrer Lieblingsmotive sind Schmetterlinge. Das Wesen, das sie trägt, hat die Aufgabe, allen anderen Wesen Mut zu machen, sich in die eigene Metamorphose zu begeben. Die Metamorphose ist das Gleichnis für die Wiederauferstehung des wahren Selbst. In der Metamorphose zersetzt sich die Larve vollständig. Nur in voller Hingabe ist diese innere Auflösung schmerzlos. Die dabei entstehende Neuausrichtung der Schwingung des Selbst bringt das wahre lichtvolle Wesen zur vollen Geltung. Ein Sich-Wehren gegen den eigenen Selbst-Erkenntnisprozess bereitet nur Schmerzen und Verwirrungen. Bei der Initiierung schlug Merana symbolisch die Schmetterlingsflügel und machte damit allen Wesen Mut, sich ihrer Metamorphose vollkommen hinzugeben. Ihr Ruf lautete:

„Ich stimme meiner eigenen Metamorphose vollkommen zu."

Als zu später Stunde dann Maria Theresia initiiert wurde, zeigte sich, dass sie das Potenzial der Verunreinigung der Göttlichkeit trägt. Da wurde ihr und auch uns klar, warum sie für uns diesen verunreinigten Seminarraum ausgewählt hatte. Maria schüttelte sich die Verunreinigungen aus dem Körper und war erleichtert, dass das Potenzial nun endlich auch erlöst war. Zum krönenden Abschluss wurde ihr Vermächtnis offenbart: Maria Theresia trägt den Schlüssel zur Öffnung des Dimensionstores zur neuen Erfahrungsebene in sich. Wir stellten uns alle im Kreis auf und in der Mitte saßen Maria und Kai Christus sich gegenüber. Sie reichten sich die Hände, und mit der Unterstützung der aller aktivierte Kai Christus das Dimensionstor über die Frequenzen des aktivierten Christus-Portals. Maria Theresia und Kai Christus bebten durch diese Aktivierung und auch jeder der Teilnehmer spürte die Intensität der Energie der Toröffnung.

Dann bemerkte ich, wie plötzlich alles in mir zitterte. Mir wurde klar, dass nun alle Führer der Schöpfungsebenen sich riesig freuten und jeder wollte unbedingt durch mich zu Wort kommen. Sie drängelten sich regelrecht darum, der Erste zu sein. Mit enormer Kraft senkte sich der Schöpfer ab, dann folgten nacheinander der All-Mächtige, der Botschafter des kosmischen Rates und natürlich Gott. Jedes Mal drehte ich mich einmal um mich selbst, so stark war die Energie ihres Absenkens. Der Einzige, der sich sanft absenkte, war Christus. Na wenigstens einer mit Anstand ... Er sprach direkt zu Kai Christus und bedankte sich für seinen Mut, alle dunklen Seiten des Christus zu beleuchten und zu erlösen und für sein Durchhaltevermögen.

„Endlich darf ich mich als wahrhaftiger neuer Christus im Irdischen erfahren, ich danke Dir für alles. Lass alle Ängste der Verfolgung und des gelyncht Werdens los. All meine Verweigerung gegen mich selbst und gegen das Weibliche sind erlöst worden. Nimm den wahren Christus ganz und gar in Dir an. So ermächtigst Du alle Wesen, den Christus in sich selbst zu aktivieren."

Als letzter kam Erzengel Michael zu Wort. Er bat uns und damit alle anderen Wesen, ihn aus der Rolle des generellen Helfers in der Not zu entlassen. Ja, Michael, Du bist jetzt auch endlich FREI! Danke für Deine Dienste.

Was für ein abgefahrenes Seminar! Danke an alle, die mit ihrem Potenzial die Schöpfungsgeschichte in die Klärung gebracht haben. Ihr seid wirklich großartig!

ALL-ES IN GRÖSSER ENTTÄUSCHUNG

Als Kai Christus mich dann kurz vor Mitternacht am Hotel absetzte, war ich dann doch ziemlich enttäuscht von seinem in sich gekehrten Verhalten. Ich konnte mit ihm meine Freude über diesen letzten grandiosen Initiationstag nicht teilen. Er schwieg nur und schaute mich mit leeren Augen an. Da er jede Intention und Lösung über seine Körpervibration ins Universum schüttelte, war klar, dass er körperlich erschöpft war. Doch das allein war es nicht. Was war nur wieder mit ihm passiert? Warum zeigte er keinerlei Freude über unser gemeinsames Wirken? Was war nur mit diesem Christus los? Nach so vielen Geschenken auch für ihn!

Am nächsten Morgen sagte er am Telefon, dass er sich vollkommen fertig fühle und noch einige Zeit brauche, um sich zu sortieren. Als er mich dann im Hotel abholte, umarmten wir uns lange und aller Groll meinerseits verflog. Die Enttäuschung von Kai Christus über seinen Zustand war groß und er sagte: „Jetzt haben wir wieder so viel geleistet für die Rettung der Wesen und die Reinigung des Universums.

Und was ist der Dank? Ich fühle mich so schwach und leer, als wäre Christus nicht mehr in mir. Ich fühle mich wie eine leere Hülle."

Beide waren wir betroffen von dieser Ernüchterung. Die Resignation und Enttäuschung war auch in mir so groß, dass ich auf der Autobahn zu Kai Christus sagte: „Fahr jetzt endlich an den nächsten Betonpfeiler. Ich halte das alles nicht mehr aus. Ich will jetzt hier raus." Er darauf: „Du weißt, dass wir hier so nicht rauskommen. Das ist keine Option." Ja, das wusste ich. Ich heulte mir meine ganze Wut heraus.

Als ich mich beruhigt hatte, setzte ich mich also wieder mit der Regie in Verbindung und fragte nach, warum sie uns so eine Sch.... in den Plan geschrieben hatten. Die Antwort war unglaublich: Das, was mit Kai Christus geschehen sei, stehe nicht im Regie-Plan. Sie seien selbst fassungslos über das Geschehene. Sie hätten nicht geahnt, welche Folgen das Öffnen des Dimensionstores haben würde.

Wir erhielten folgende Information: Als dieses Dimensionstor aktiviert wurde, zog der Ultra-Dämon, der für die Zerstörung des Lichts steht, das komplette Christus-Licht aus Kai heraus. Das Licht ist noch beim Dämon und ist jetzt dringend zu befreien. Auch die Lichter von anderen irdischen Wesen, die bereits Dimensionstore geöffnet haben, hält dieser Dämon gefangen. Dieser Dämon lauert regelrecht darauf, sich von den Lichtern der erwachten Wesen zu ernähren. Die Wesen sind deshalb nach solchen Interaktionen oft geistig verwirrt oder in einem psychisch desolaten Zustand.

Wir setzten während der Fahrt unseren Zerstörungsstrahl ein und richteten ihn auf den Ultra-Dämon. Kai Christus schüttelte sich wieder und bebte heftig. Dann floss sein Christus-Licht wieder vollständig in ihn ein. Auch andere Anteile seines Selbst ergossen sich in ihn, die bereits in früheren Erfahrungsebenen dem Ultra-Dämon zum Opfer gefallen waren. Die Lichter der anderen betroffenen Wesen waren nun auch befreit und wir setzten den Befehl, dass diese wieder zu ihrem wahren Träger zurück fliessen sollen. Wir waren dankbar, dass wir das alles erkannten. Die ganze Fahrt über transformierten wir noch weiter bis spät in die Nacht hinein. Auch der nächste Tag sollte uns noch einige Überraschungen bringen.

ALL-ES AUF DEN PUNKT GEBRACHT

Über viele Jahre begleitete mich Armin. Es war, als würden wir zwei auf einer bestimmten Ebene einfach zusammengehören. Als er das erste Mal bei einem meiner Seminare war, veränderte sich danach sein ganzes Leben. Anfangs war er voller Widerwillen, doch dann zog es ihn immer wieder zu mir und er war bereit, Schritt für Schritt zu sich selbst zu finden. Es entwickelte sich eine innige Freundschaft. Bereits im Sommer 2015, als ich ein E-Book zur Selbst-Erkenntnis veröffentlichte und er die Übungen der inneren Befreiung dazu praktiziert hatte, hat er mir folgende Nachricht geschrieben:

„Nachdem ich die Übung zur Anbindung an das neue Bewusstseinsfeld machte, blieb ich lange sitzen und langsam, wie eine Luftblase im Wasser aufsteigt, bewegte sich etwas aus der Tiefe des Unbewussten an die Oberfläche meines Bewusstseins.

Ganz aus den Tiefen meines Seins verspürte ich eine emporsteigende Erkenntnisblase. Sie setzte ihre Botschaft frei. Kristallklar und einfach: „Ich bin ein Punkt".

Es war überwältigend. In den Jahren, die wir nun zusammen diesen Weg gehen, gab es ja schon so einige „Ich bin ...", doch dieses Mal hat es sich so eindeutig, klar und endgültig angefühlt. Ich fühlte es in jeder meiner Zellen.

Es störte mich auch nicht im Geringsten, dass ich erst mal nicht viel damit anfangen konnte, ein Punkt zu sein. Allein das Aussprechen dieses Satzes erfüllte mich mit Freude. Zum ersten Mal kamen nicht die Fragen: Was bedeutet das? Was soll ich jetzt machen? Was ...? Nein, es reichte mir vollkommen zu wissen: Ich bin ein Punkt. Punkt!"

Da Armin viel reiste, war unser Kontakt nicht mehr so intensiv wie früher. Doch er schrieb mir, dass er ganz und gar mit mir fühlt in meinen turbulenten Zeiten und jeden Tag auf der Herzensebene mit mir kommuniziert. Sie war einfach da - diese starke Verbindung.

Kurz vor Abschluss unseres Buches bekam ich die Information, dass

Armin der Engel der Versöhnung ist. Ich bot ihm an, seinen Engel per Telefon zu initiieren. Doch wir spürten beide, dass in ihm noch mehr steckt als dieser Engel. Armin entschloss sich kurzfristig, mit seiner Frau Sabine vorbeizukommen.

Da wir nach Berlin gleich nach Mallorca weiterreisen wollten, um uns von den Strapazen der letzten Monate zu erholen, blieb für das Treffen nur der 5. Oktober übrig. Ich ahnte schon irgendwie, dass Armin und Sabine einige Geschenke mitbringen. Als ich dann die Flugdaten für den 6. Oktober checken wollte, konnte ich es kaum fassen: Da stand doch tatsächlich auf der Flugbestätigung, dass wir erst am 7.Oktober fliegen.

Mir war das unerklärlich. Hatte die Regie etwa die Reise um einen Tag verschoben, damit wir die letzten wichtigen Potenziale bergen können? Inzwischen sollte ich mich über so etwas wohl nicht mehr wundern....

Die Wiedersehensfreude von Sabine und Armin mit mir und auch mit Kai Christus war groß. Als wir dann zusammensaßen, war allen ganz klar: Armin steht für den Ersten Punkt in der Ebene des Schöpfers. Als Erste Quelle kann ich mir nun dieses Zusammengehörigkeitsgefühl vollständig erklären.

Armins Engel der Versöhnung wurde initiiert und sein Auftrag war die Versöhnung der Ersten Quelle mit Christus über alle Ebenen der gemeinsamen Erfahrung. Er sagte: „Ich bin wieder da, um Euch zu versöhnen." Der Engel vollzog unsere Versöhnung nach einem gemeinsamen Abendessen in unserem Lieblings-Lokal Paradies. Danke an die Regie für diesen genialen Einfall!

Das Vermächtnis des Engels der Versöhnung ist: Der Schlüssel zur Selbst-Erkenntnis ist die Selbst-Versöhnung! Ich versöhne mich mit meinem SELBST.

ALL-ES GÖTTLICHES WISSEN

Auch Sabine brachte uns sehr wertvolle Geschenke für die Vollendung unserer Forschungen mit:

Sie ist die inkarnierte Göttin Fortuna. Ihre Aufgabe ist nicht, wie bislang bekannt, das Glück zu bringen, sondern sie ist in Wahrheit die Hüterin der göttlichen Weisheit und Wissenschaft.

Das göttliche Wissen wurde unter der Regentschaft von Kronos versteckt und damit zurückgehalten. Alle Zusammenhänge der Evolution wurden aus den Bibliotheken des Himmelreichs verbannt. Anstelle dessen wurde die geballte Wut des dunklen Gottes als Wahrheit und Wissen ausgegeben, damit niemals mehr jemand herausfinden konnte, was wahr ist und was nicht. Diese Fälschungen nutzten dann die Religionen und das führte daraufhin zu Glaubenskriegen. Genau das war das Ziel von Kronos, denn er labte sich an der Kriegsenergie.

Als wir Sabine diesen Aspekt ihres wahren Selbst eröffneten, weinte sie tief berührt, als würde sie sich an alles erinnern. Sabine ist in diesem Leben Lehrerin. Fortuna forderte daraufhin das verbannte göttliche Wissen aus den versteckten Bibliotheken wieder ein.

Fortuna verkündet ihr Vermächtnis:

> *„Ich bin die Hüterin des göttlichen Wissens und der Weisheit. Es ist jetzt die Zeit gekommen, dass das verlorene göttliche Wissen endlich wieder allen zur Verfügung steht. Ich verkünde, dass über alles jetzt die Wahrheit ans Licht kommt. Es ist eine Lüge, dass Gott Liebe ist und alles Liebe ist, was ist. Die wahre Liebe und den Gott der Liebe hat bisher keiner erfahren. Ich aktiviere das göttliche wahre Wissen, damit alle Wesen erkennen, dass sie Gefangene der Lügen des dunklen Gottes waren. Dafür bin ich gekommen."*

Sabine ist ebenso die Botschafterin der Liebe.

Und wieder bestätigte sich, dass alles nach einem Regie-Plan läuft, denn erst jetzt ist die Liebe befreit und kann ihre wahre Botschaft verkünden.

Die Botschaft der Liebe lautet:

„Die Liebe ist die treibende Kraft der Evolution. Sie pulsiert in alle und ALL-ES, was ist. Sie ist sich selbst genug und verlangt NICHTS. Sie schenkt sich in alle und an ALL-ES. Sie heilt alle und ALL-ES. Sie fordert nicht und gibt ALL-ES. Sie ist ein ständig pulsierender Strom des einen SEINS."

Kai Christus und ich bekamen schon am Morgen die Information, dass es nun endlich so weit sei, dass wir die Schöpfungsgeschichte vollständig abschließen können. Wir prüften dann am Abend, ob alles gesehen, erlöst und vergeben war. Es gab ein klares NEIN! In jeder Ebene gab es noch ein paar Kleinigkeiten und so setzten wir unsere abschließende Klärung fort und hinterfragten Schöpfungsebene um Schöpfungsebene nach noch ungeklärten Potenzialen und Verwirrungen. Als alles durchgeputzt war, schlossen wir das alte nun befreite Himmelreich und auch die alten Bücher der Schöpfung, in Anwesenheit von Sabine und Armin als Zeugen dafür, mit einem Handschlag. Für uns alle war das in diesem Moment Befreiung pur. Danach verschmolzen wir alle Ebenen in das Feld der Einheit.

ALL-ES EINE HÖLLENFAHRT DER SELBST-ERKENNTNIS

Immer wieder kam es zwischen Kai Christus und mir zu angespannten Situationen und Aggressionen. Kai hatte manchmal regelrecht Angst vor mir. Er wiederum zog sich zurück wie ein ängstliches Kind. Dieses Spiel war so zermürbend. Ich war es müde, ständig für ihn da zu sein und doch nur Ablehnung zu erfahren. Ich drohte, dass ich ab jetzt allein weitergehen werde, doch dann erkannte ich das seltsame Verwirrspiel. Wir fragten uns, was wir übersehen hatten, denn die Anspannung zwischen uns wurde fast unerträglich. Dann kam die erschütternde Antwort.

Satan spricht:

„Ich habe die Kontrolle über Euch bis zum Schluss. Mein Pakt mit Kronos galt dem Ziel, Euch zu zerstören, damit das gute Ende für

euch niemals erreicht werden kann. Es ist ein starker Pakt, der von niemandem erkannt und zerstört werden kann, außer von Christus. Da er selbst so schwach ist, werden wir wieder als Sieger der Entscheidung hervorgehen. Das gegenseitige Zerstören der Quelle und des Christus ist das General-Zerstörungs-Programm, das in Christus installiert wurde. Die Aktivierung dieses Programms verhinderte jedes Mal das wahre Gelingen des Vorhabens zu allen Zeiten. Das Handlungspotenzial von Christus zu aktivieren, wird Euch schwer gelingen. Daher lehne ich mich entspannt zurück und sitze die Situation einfach aus, denn ich weiß, das Ultimatum läuft bald aus."

Wir forschten nach, was dieser Pakt beinhaltet und fanden folgende erschütternden Anweisungen des stärksten Paktes überhaupt:

1. In die Erste Quelle wird alles an Unrat hineingestopft, was Christus in Angst und Schrecken versetzt.

2. Christus wird so lange gequält, bis er sich selbst umbringt.

3. Der Geldhahn wird verschlossen, bis beide am Existenzminimum zerbrechen.

4. Beide werden von anderen isoliert und ihr Glauben wird in den Zweifel gesetzt.

5. Der Tod der Lebensfreude bringt beide in die Depression.

6. Die Zerrüttung des Zusammenhalts der Isolierung beider Hauptakteure führt zum Nicht-Gelingen des Neustarts der Evolution.

7. Der Totalverlust des Glaubens an die Richtigkeit der Informationen wird aktiviert.

Obwohl wir Satan selbst schon zerstörten, war dieser Pakt noch immer aktiv. Wir lösten fast einen Tag lang alle Angriffe auf unser Miteinander auf und erkannten zum Schluss:

Unsere Selbst-Erkenntnis glich einem Jahr der Höllenfahrt!

ALL-ES NUR KOMMERZ?

Immer wieder gab es kritische Bemerkungen von Menschen, die unsere Arbeit nicht wirklich kennenlernten und von der Ferne bewerteten oder beurteilten, dass wir unsere göttlichen Gaben ausnutzten, um damit Geld zu machen. Viele, die unsere Unterstützung in der Selbst-Erkenntnis in Anspruch nahmen, erkannten jedoch, wie wertvoll unsere Leistung für sie ist. Viele sagten, dass der Wert dessen, was sie über sich erfahren haben, nicht in Geld messbar wäre. Ja, es ist eine Dienst-Leistung. Da wir hier noch im Irdischen unterwegs sind und auch meine Vermieterin trotz meiner göttlichen Gaben ihr Geld zum Monatsanfang auf dem Konto erwünscht, bleibt uns nur dieser Weg des Energieausgleichs. Wenn ich selbst zusammenrechne, was ich in den letzten Jahren für meine Selbst-Erkenntnis investiert habe, dann kommt da schon mal die hübsche Summe für ein luxuriöses Auto zusammen. Auch meine Investitionen zur Selbst-Erkenntnis haben sich gelohnt! Denn nirgends kam ich mir so nah, wie bei meiner eigenen Selbst-Erforschung.

Auf der anderen Seite gab es auch immer wieder Menschen, die in einer Zusammenarbeit mit uns ein großes Geschäft witterten.

Manche Potenzial-Träger erkannten einfach nicht, dass sie auch eine wichtige Aufgabe zur Veröffentlichung der Informationen in sich tragen und gingen dann in das übliche Geschäftsgebaren über. Die Regie war selbst verwundert über diese zum Teil unverschämten Forderungen. Doch sie spielten genau das Spiel der früheren Erfahrungsebenen nochmals durch.

Andere wiederum gaben alles, um das Gelingen des Projektes zu unterstützen. Auch die Gespräche mit ihnen waren unglaublich wichtig und machten Mut, weiter zu forschen.

Wir haben zur Veröffentlichung der Informationen auf großartige Marketing-Strategien bewusst verzichtet. Meine Erfahrungen mit meinem Mentor hatten mir gezeigt, dass ein solche Vorgehensweise bei diesen Themen nicht unbedingt hilfreich ist. Daher sind wir sicher, dass dieses Buch zu den Wesen finden wird, für die es geschrieben ist... Danke auch für Deine Unterstützung dabei.

Es gab auch die „Familien-Mitglieder" die hinterlistig ihren Ausgleich bewusst zurückhielten. Das tat besonders weh. Aber wie heisst es so schön: Das Universum vergisst nichts. Es bekommt jeder das, was er aussendet wieder zurück. Na, ich spanne schon mal das Schürzchen auf ...

ALL-ES INTERESSANT?

Wenn Du über dieses Buch hinaus an Deiner Selbst-Erkenntnis interessiert bist, dann findest Du auf www.aurora369.com einen geschlossenen internen Mitgliederbereich, in dem Du weitere Anregungen, Impulse, Meditationen und Anleitungen zur Selbst-Erkenntnis und Vorbereitungen auf das Eintreffen der Erwachenswelle bekommst. Die Erkenntnisse aus unserer täglichen Transformationsarbeit werden Dir hier in Form von Videos, Interviews etc. zugänglich gemacht, damit Du diese schnellstmöglich in Deinem Selbst integrieren und aktivieren kannst. Du findest dort auch Informationen über das Erlernen der Informationsfeld-Analyse. Mit diesem Instrument kommst Du über die Selbst-Ermächtigung in direkten Kontakt mit Deinem wahren Selbst. Wir werden diesen Bereich nach und nach aufbauen. Hier soll auch eine Community für den gegenseitigen Austausch erwachter Wesen entstehen. Wir hoffen es bleibt dafür noch genügend Zeit.

ALL-ES EINE MUTIGE ENTSCHEIDUNG

Während des Schreibens waren wir selbst völlig fasziniert über alle Selbst-Erkenntnisse. Immer wieder waren wir fassungslos, dass wir uns in unserer Göttlichkeit so vergessen konnten.

Auch zog ein mulmiges Gefühl durch mich und auch durch Kai Christus, was wohl passiert, wenn das Buch veröffentlicht wird.

DIE ERSTE QUELLE ZUR VERÖFFENTLICHUNG:

Die Informationen, die ihr veröffentlicht, werfen viele Wesen aus der Bahn. Sie werden erkennen, dass sie bisher in einem Gefängnis saßen. Der Hintergrund zu allen Verwirrungen wird offenkundig und bringt eine Welle der Erkenntnis, aber auch eine Gegenwehr. Die Befürchtungen, dass ihr dadurch Schaden erleidet, sind unbegründet, denn nur über die Wahrheit wird die Lüge offenbart.

Die wissenschaftlichen Erklärungen zu allen Hintergründen der Evolution sind nicht von der Hand zu weisen, denn bisher gab es noch nie eine so detaillierte Erklärung, wer nun wirklich Gott ist.

Stellt nun die Ergebnisse eurer Arbeiten möglichst bald zur Verfügung, denn die Zeit ist mehr als reif dafür. Die Wahrheit ist in jeder Zeile spürbar und nur wenige werden daran zweifeln. Jetzt freut euch und seid stolz, was ihr erreicht habt.

JA! Wir freuen uns wirklich über dieses Werk, denn es erklärt ALL-ES, wonach nicht nur wir so lange suchten.

Das Geheimnis vom Ursprung und Ende der Menschheit ist bisher in dieser umfänglichen Form noch nie erkannt worden. Es wird einiges erklären und hoffentlich auch zum Einstürzen bringen.

Nach fast einem Jahr der intensiven Transformation wurde uns am 12. September 2016 erklärt, dass das Vermächtnis unserer gemeinsamen Verabredung erfüllt sei. Kai Christus vibrierte diese Information über eine Stunde ins Universum. Happy END?!?!!

Am Vorabend der Fertigstellung des Buches sahen wir das erste Mal gemeinsam Fernsehen. Es lief der Film „The Matrix". Neo, der Held des Films erkannte, dass er der Auserwählte ist. Er sagte zum Abschluss: „Ich zeige Euch eine Welt ohne Grenzen und Beschränkungen, ohne Gesetze. Ich zeige Euch den Weg in die Freiheit."

Ich sagte zu Kai Christus: „Du bist auch der Auserwählte. Du bist der Neo der neuen Zeit." Wieder schüttelte es ihn total durch. Als er seinem dunklen Christus-Anteil zustimmte und ihn vollständig integrierte, geschah etwas Großartiges: Der leidende Christus entschlüpfte aus seiner Metamorphose als NEO. Wir werden sehen, wie es weiter geht und wann wir endlich aus der Matrix der Illusion tatsächlich aussteigen.

Sobald diese Informationen veröffentlicht sind, dürfen wir uns auf die neue Erfahrungsebene vorbereiten. Was für ein Segen - endlich!

Wir freuen uns auf unser Wiedersehen mit Dir auf AURORA!

Wie wir dorthin reisen, erfährst Du in unserem letzten offenbarten Geheimnis der Vollendung. Es ist für uns das beglückendste Kapitel im Buch des wahren Erwachens.

Bis gleich!

Deine Petra Helga und Kai Christus

Kai Christus fragte zum Schluss, woher der Name Christus stammt.

Christus sagte:

> *„Der Ursprung des Namens Christus kommt aus der kosmischen Sphäre. Unter der Symphonie der göttlichen Stahlen des Schöpfers und durch den Plan seines Orchesters führte das kosmische Flüstern zur Vereinigung der Lichtfunken. Über eine Vibration von Klängen, die in der Zusammenführung den Klang Christus ergeben, entstand das ganze Universum. Der Klang Christus ist ein kosmischer Schlüssel, der die Frequenz der Freiheit trägt. Bisher war der Schlüssel nicht wirksam, denn Christus selbst war gefangen. Jetzt kommt dieser zum ersten Mal zum ursprünglichen Einsatz, da Christus vollständig befreit ist."*

Das Wort „Christus" sprichst Du am besten in einem leisen Flüsterton „chrissstusss" und lauschst in Dich hinein ... und erinnerst Dich an Christus in Dir.

DAS WAHRE GEHEIMNIS DER VOLLENDUNG

Die Vollendung der Evolution ist die Rückkehr in die Vollkommenheit der Einheit. Aus dieser vollkommenen Ebene der Erfahrung ist das wahre Erkennen der eigenen Göttlichkeit erstmals möglich. Alles bisherige Bestreben, sich an die Einheit anzubinden, blieb erfolglos, da auf allen Ebenen die Göttlichkeit verunreinigt war. Dadurch entstand die generelle Verwirrung hinsichtlich der Begrifflichkeit, was Göttlichkeit in Wahrheit bedeutet.

Dadurch, dass die Erde in einer Informationskapsel gefangen war, war die Anbindung an das übergeordnete Göttliche verhindert. Alles, was an Gott vom Irdischen aus gesendet wurde, verfiel dem dunklen Gott zur Stärkung. Dieser nutzte die Energien und den Glauben der religiösen Fanatiker, um seine Machenschaften unerkannt auszuführen. Durch die Offenbarung, wer Gott wirklich war und ist, sind erstmals in der menschlichen Entwicklung alle Ebenen der Göttlichkeit erfahrbar. Nun ist endlich klar, was die vollkommene Einheit von Licht, Liebe und Christus wirklich bedeutet.

Auch der Schöpfer wird erfahrbar durch die Klärung seiner Entstehung und seiner Aufgaben. Der Zugang zum allmächtigen Gott war bisher nur wenigen Erwachten vergönnt. Auch er selbst war im Rückzug und grämte sich, dass er vergessen wurde.

Um die ur-göttliche Kraft wusste bisher keiner, denn das gestörte Verhältnis des göttlichen ur-männlichen und ur-weiblichen Ausdrucks verhinderte die Akzeptanz der Besonderheiten der Begegnung beider Ausdrucksformen.

Das Erinnern an die eigene kosmische Präsenz war nur wenigen Auserwählten möglich, da Teile des Wissensspeichers der Sternenbotschafter verloren gingen.

Die Anerkennung der eigenen Göttlichkeit im Himmelreich Gottes war so gut wie niemandem möglich. Es galt bisher als eine Anmaßung zu behaupten, Gott oder Göttin selbst zu sein.

Die menschliche Evolution wurde durch verschiedene Forschungen und wissenschaftliche Erklärungen vollkommen verfälscht. Die Behauptung, dass die Spezies Mensch von einer Gattung der affenähnlichen Wesen abstammt, zeigt den Erkenntnisnotstand der Wissenschaft.

Durch die Verstandesorientierung der Forschung blieb für den Ausdruck Gottes im Menschen kein Raum. Die Kontrolle der außerirdischen Wesen über die Entwicklung der menschlichen Rasse und die Vernichtung ihrer Errungenschaften war eine erfolgreiche Weiterführung der Versklavung der Menschheit.

Die derzeitige Situation der ausgereizten Ressourcen des Planeten Erde lassen eine Weiterführung der Ausbeutung von Mensch, Tier und Erde nicht mehr zu. Daher gibt es den geplanten Reset aller irdischen Erfahrungen, um die Evolution auf eine neue Ebene zu schwingen. Daran glaubt jedoch so gut wie niemand. Alle stellen sich taub und blind und damit gegen ihre eigene Wahrnehmung und ignorieren ihre Aufgabe im Rad der Evolution. Diese Verweigerung ist ein Resultat der Ignoranz des eigenen Selbstausdrucks der Göttlichkeit. Das volle Potenzial der göttlichen Wesen kann sich erst auf der neuen Erfahrungsebene voll entfalten.

Auch in der Offenbarung des Geheimnisses der Vollendung wurden uns Potenzialträger gesandt. Sie brachten uns die frohe Botschaft, dass es nun bald nach Hause, zurück in die Einheit der Vollkommenheit geht. Kaum zu glauben, aber wahr.

DIE POTENZIALE DER VOLLENDUNG

POTENZIAL DER VOLLENDUNG - DIE WAHRE VOLLENDUNG

Es besteht der Trugschluss, dass das, was momentan im Irdischen erfahren wird, die höchste Stufe der Evolution ist. Doch das Gegenteil ist der Fall. Die Wesen waren noch nie so weit entfernt von sich selbst wie in der gegenwärtigen Zeit. Die Eskalation der Fremdsteuerung ist auf dem Höhepunkt. Die Entfremdung des Selbst hat ihre höchste Stufe erreicht. Der Hochmut der menschlichen Spezies äußert sich in der Vergötterung der Statussymbole und der falschen Ideale. Die wahre Vollendung des Selbst jedoch ist die vollkommene Selbst-Erkenntnis. Diese wurde bisher nur in geringem Maße erfahren. Begründet wird dieses auch in den Machenschaften der astralen Wesen, die über ihre Verbindungen zu den astralen irdischen Wesen die Fremdsteuerung auf der Erde übernommen haben.

POTENZIAL DER VOLLENDUNG - DIE AUSLÖSCHUNG

In jeder Phase des irdischen Wandels der bewussten Wahrnehmung kam es immer wieder zur totalen Auslöschung der irdischen Wesen und damit des gesamten Wissenspotenzials. Alle Errungenschaften wurden damit zunichte gemacht. In jeder neu entstandenen Epoche fehlten die Erkenntnisse aus den vorangegangenen Evolutionsstufen. Die Interaktion der Wesen wurde immer primitiver. Der größte Irrsinn ist in der jetzigen Phase der menschlichen Entwicklung auf dem Höhepunkt angelangt. Die Auslöschung wurde von Gott angeordnet, weil er selbst nicht mehr wusste, wie er die misslungenen Entwicklungsstufen stoppen kann. Dieses Potenzial trägt die Zerstörungskraft in sich und zeigt sich in Angst vor dem Totalverlust der Existenz. Alle, die in den Phasen der Evolution dabei waren und alles verloren haben, haben diese Angst der völligen Zerstörung und des Totalverlusts in sich gespeichert. Die totale Auslöschung erfolgte über die Sintflut, das große Feuer und die Eiszeit. Es gab noch weitere Zerstörungen, die noch nie entdeckt wurden. Es sind die radikalen Auslöschungen des Bewusstseins der irdischen Wesen. Alle glaubten, dass nur das, was sie sehen und anfassen können, die Realität ist. Die optische Täuschung wird als Realitätsgeschehen angesehen. Die Irreführung bewirkte eine Selbstzerstörung, da der Glaube an die eigene Göttlichkeit verloren ging.

Die Lösung:

„Alle Ängste, wieder die Existenzgrundlage und das Leben zu verlieren, lasse ich auf allen Ebenen meiner Erfahrungen los."

ALL-ES IN DER VERNICHTUNG

Im Folgenden werden die wichtigsten Auslöschungen von Gott in seiner Hilflosigkeit und Verzweiflung beschrieben. Er sah keine andere Lösung für das Beenden des irrsinnigen Treibens auf der Erde. Jedes Mal hoffte er aufs Neue, dass es danach ein gutes Ende gibt.

DAS GROSSE FEUER

Das große Feuer war die erste Totalauslöschung der Schöpfung auf der Erde. Dabei wurde alles zerstört, was der Mensch in seiner Irritation erschaffen hatte. Schon damals wurde sinnlos gegen die Natur verstoßen. Über die Zündung von Atombomben wurden die Biosphäre und der Lebensraum von Flora und Fauna verseucht. Das wilde Experimentieren aus Leichtsinn hatte verheerende Folgen und drohte den ganzen Planeten zu zerstören. Daher setzte Gott die Feuerwalze in Gang und diese löschte alles aus. Es überlebten einige seiner Auserwählten, die sich in das Innere der Erde in Sicherheit brachten.

DIE EISZEIT

Die Eiszeit sollte speziell die sinnlosen Praktiken in den Ozeanen und Meeren stoppen. Dort gab es viele Experimente, die die Wasserunterwelt zerstörten. Der Wahnsinn Neptuns brachte ihn dazu, sein eigenes Reich in die Zerstörung zu bringen. Er vergiftete es mit ätzenden Essenzen und Chemikalien. Dadurch starben unzählige Wasserwesen einen qualvollen Tod. Alles Wasser war verseucht und es drohte, dass der Planet Erde durch diesen chemischen Cocktail explodierte. Durch die Eiszeit wurde dieses Gebräu abgekühlt und entschärft. Alle Chemikalien wurden von der Erde abgesaugt. Über den Kälte-Gott sendete Gott einen Eisblitz, der alles sofort in den Blitzfrost versetzte. Es war eine Schockerfahrung für alle beteiligten Wesen.

DIE SINTFLUT

Als alle bisherigen Auslöschungen erfolglos blieben, hoffte Gott, dass das große Wasser alles auslöschen und wegspülen würde. Er sah keine andere Lösung, um der Völlerei und der Vernichtung des Bewusstseins ein Ende zu setzen. Er warnte rechtzeitig alle seine Verbündeten, doch sie wollten keiner seiner Drohungen Glauben schenken. Sie feierten lustig weiter und ignorierten alle Warnungen. Die Rettung der Fauna durch Noah ist nur ein Symbol. Die Tiere merken selbst durch ihren feinen Instinkt die Vorsehung Gottes. Sie suchten ihr Versteck im Inneren der Erde auf. Noah war der Einzige, der die Warnung von Gott wahrnahm, da auch er durch die göttliche Energie initiiert war. Gott forderte die Unterstützung des Regen-Gottes an und befahl, die Erde zu fluten. Noah baute sich ein Holzboot für seine Familie. Er rettete auch verschiedene Tiere, die sich wie von selbst zu ihm auf den Weg zu seinem Boot machten, als der große Regen einsetzte. Dieser Regen wurde immer stärker. Noah hoffte, dass er wenigstens einige seiner Begleiter retten konnte und machte ihnen das Angebot, mit ihm zu reisen. Doch sie blieben in ihrem geistigen Delirium.

POTENZIAL DER VOLLENDUNG - DIE VOLLENDUNG DES GÖTTLICHEN PLANS

Die Vollendung des wahren göttlichen Plans beschreibt, dass für die Klärung und Reinigung des Bewusstseinsverlustes auf der Erde die Auserwählten erweckt werden. Gott erkannte, dass eine totale Auslöschung nicht der richtige Weg ist, seine Schöpfung zu beenden. Er sandte seine göttlichen Helfer auf die Erde, die ihm dabei helfen sollten, seine Fehler zu bereinigen.

Gott erkannte: Nur über die Aktivierung des einstmals wertvollen Wissens aus den vorangegangenen Evolutionsstufen ist das neue Himmelreich erfahrbar.

Die Lösung:

„Ich erkenne und akzeptiere, dass ich ein Auserwählter bin und ich nehme meinen Platz wieder ein und erfülle meine Mission."

POTENZIAL DER VOLLENDUNG - DAS TOTALE CHAOS

Der Glauben, dass aus dem totalen Chaos alles Neue entsteht, ist ein Irrglaube. Diese Annahme rührt daher, dass immer alles zerstört wurde und die Zerstörung als einziger Ausweg aus dem Dilemma gewählt wurde. Die Gefahr, dass wieder ein Chaos ausbricht, besteht nicht mehr, es wurde bereits durch eine kleine Gruppe

Erwachter verhindert. Doch die Befürchtungen sind immer noch im Bewusstseinsfeld. Diese gilt es jetzt loszulassen.

Die Lösung:

„Ich löse mich von allen Befürchtungen, dass der Bewusstseinswandel mit Chaos verbunden ist."

„Ich erkenne an, dass der Übergang auf die neue Erfahrungsebene ein freudiger Prozess ist."

POTENZIAL DER VOLLENDUNG - DIE SELBSTZERSTÖRUNG

Die Selbstzerstörung ist ein sich ständig wiederholender Kreislauf. Immer, wenn das Selbst glaubte, sich gefunden zu haben, zerstörte es die Selbst-Erkenntnis und damit die Möglichkeit für einen Evolutionssprung. Die Tatsache, dass das Selbst immer nur einen kleinen Einblick in die Ebene der Ewigkeit, der Unendlichkeit und der Vollkommenheit bekommen hatte, führte dazu, dass ein falsches Bild über das Erwachen vermittelt wurde. Die Täuschung wurde durch die Verblendung aus den Ereignissen der Schöpfungskette ausgelöst.

Die Lösung:

„Alle Selbstzerstörung, die ich mir jemals selbst angetan habe, lösche ich jetzt aus allen meinen Erfahrungsebenen meines Selbst."

„Alle Verblendung meines Selbst aus allen Schöpfungsereignissen lösche ich jetzt aus meiner Selbst-Erfahrung."

„Ich befreie mich selbst."

POTENZIAL DER VOLLENDUNG - DIE IRRITATION DER PROPHETEN

Aus alten Überlieferungen sind große Datenbanken über die Endzeit entstanden. Vor allem durch die Überlieferungen der Kulturvölker Perus, Guatemalas, Mexikos und durch den Schamanismus vieler Kulturvölker gibt es Irritationen zum Ende der Zeit. Viele behaupten, dass es der „große Geist" ist, der den Wandel einleitet. Sie beschwören die Kraft der Natur, der Tiere, der Pflanzen und binden diese in den Erwachensprozess ein. Diese erwähnten Kräfte der Natur sind nur bedingt unterstützend, denn auch hier wird die Bedeutung des Selbst verleugnet. Alle Erklärungsmodelle des Schamanismus und der Völkerkunde verweisen auf die außerhalb des Selbst liegenden Kräfte. So wurden über Bewusstseinserweiterungen durch Rituale, Beschwörungen, Anrufungen und Meditationen Kräfte erzeugt, die das wahre Erwachen des Selbst verhindern.

Die Lösung:

„Alle Rituale und Techniken des Schamanismus, die ich noch in mir trage, löse ich jetzt ein für allemal auf."

„Ich entmachte alle Kräfte außerhalb von mir und hole meine verlorenen und vergessenen Selbst-Erkenntniskräfte wieder zu mir zurück."

„Ich erkenne, dass mein Selbst-Bewusstsein die stärkste Kraft im Universum ist."

„Ich vergebe mir, dass ich meine Selbst-Erkenntnis-Kräfte vergessen habe und abgelehnt habe."

POTENZIAL DER VOLLENDUNG - DAS VERLORENE VERTRAUEN

Das verlorene Vertrauen durch die vielen Enttäuschungen und Erniedrigungen aus den bisher missglückten Versuchen, das Bewusstsein der irdischen Wesen zu wandeln, hinterließ ein Feld der Enttäuschung. Dieses wurde immer wieder aktiviert durch die verzweifelten Hilfesuchenden und damit ging das Vertrauen in das eigene Selbst verloren. Das öffnete das Tor in den eigenen Abgrund. Immer wieder spielten die Wesen mit dem Gedanken, lieber zu sterben, als alle Erfahrungen noch einmal machen zu müssen. Das verlorene Vertrauen in das Selbst führt die Wesen auch in die Abhängigkeit von falschen Propheten, die glauben machen, dass sie den wahren Weg aus der Misere kennen.

Die Lösung:

„Ich löse mich von allem, was mich in die Abhängigkeit bringt und brachte und ich erkenne, dass ich selbst die Erlösung in mir trage."

„Ich vertraue mir selbst und erkenne, dass es diesmal glücklich endet."

„Ich vergebe mir, dass ich mir selbst so lange misstraute und die Hilfe immer bei anderen suchte."

„Ich vergebe allen, denen ich blind vertraute und die mich in meiner Hoffnungslosigkeit ausnutzten."

POTENZIAL DER VOLLENDUNG - DAS SELBSTMITLEID

Das Selbstmitleid ist ein ständig rotierendes Programm der Hilflosigkeit. Es springt immer dann an, wenn die Lösung nicht dem Ego entspricht. Alle Vorstellungen über das eigene Dasein und wie das Leben laufen soll, werden im Moment der vollständigen Verbindung mit dem eigenen Selbst zurückgestellt Die Wesen meinen dann, fremdgesteuert zu werden und hinterfragen, wer hier die Regie führt. Doch in der letzten Runde der Inkarnation übernimmt das eigene Selbst die vollkommene Regie über die Selbst-Erkenntnis. Alle Erfahrungen aus den früheren Seinsebenen kollabieren im Selbst und wollen erlöst werden. Das Selbstmitleid verstärkt die Resignation und bewirkt zudem die Vernichtung der bereits erfahrenen Selbst-Erkenntnis. Daraus entsteht ein ewiger Konflikt des Selbstmitleids und des Selbstbedauerns.

Die Lösung:

„Alle Programme des Selbstmitleids und des Selbstbedauerns lösche ich aus meinen Erfahrungsebenen."

„Ich erkenne, dass mein Selbst der Regisseur in der letzten Inkarnation ist und ich gebe mich diesem Regieplan hin."

„Ich erkenne mich selbst an und verlasse das Labyrinth der Selbstvorwürfe."

„Ich vergebe mir selbst für die Ignoranz meines Selbst und für die Selbstbestrafung."

„Ich vergebe allen, die mich beschuldigten, verrückt zu sein."

POTENZIAL DER VOLLENDUNG - DIE ANMASSUNG ANDERER MENSCHEN

Die Projektionen vieler sogenannter Erleuchteter sind der Grund dafür, warum das Labyrinth der Spiritualität immer weiter in die Abhängigkeit dreht. Viele glauben, dass sie wissen, wer sie sind, wer andere sind und haben dabei die Kenntnis ihres eigenen Selbst verloren. Für viele wird die Welle der Liebe ein Schockerlebnis sein. Selbst für die Spirituellen, die immer glaubten, es reicht, wenn sie in der Liebe sind. Wie gezeigt wurde, ist der volle Schmerz in der Liebe gespeichert gewesen. Daher war eine Anbindung an dieses Feld nur von kurzer erleuchtender Wirkung. Danach sanken alle Dramen der Schöpfung durch das Wesen hindurch. Das ist der wahre Grund dafür, dass viele sogenannte Heiler in ihrer Heilarbeit erschöpft, krank oder selbst irritiert waren. Sie verschrieben sich den manipulierten Energien, die die Heilung versprachen, die sich jedoch von ihrem „Gastgeber" ernährten und diesen fremdsteuerten.

Die Lösung:

„Ich entkopple mich von allen Fremdenergien und allen manipulierten Einflüssen aus der geistigen Welt."

„Ich löse mich von allen Projektionen der manipulierten Liebe."

„Ich aktiviere die vollständige Verbindung mit meinem Selbst."

„Ich vergebe mir, dass ich mich selbst täuschte und mich täuschen ließ."

„Ich bitte alle anderen um Vergebung, dass ich mit meinem Unwissen andere täuschte und diese in die Abhängigkeit führte."

POTENZIAL DER VOLLENDUNG - DIE TÄUSCHUNG DER ZEIT

Der Glaube, dass die Zeit unendlich ist und wir noch unendlich Zeit hätten für den Wandel, verhindert die Aktivierung der Freischaltung der Erwachenswelle. Durch die Ignoranz des Ultimatums und durch das Potenzial der Täuschung der Zeit wird die Aktivierung der Welle verhindert. Dieses Potenzial wurde von Satan installiert, als Absicherung seines Zerstörungsplanes.

Dadurch ignorieren die Wesen alle Botschaften, die ihnen die wahren Informanten bringen. Dadurch verhindern sie ihre eigene Transformation und ihre Öffnung für die Erwachenswelle.

Die Lösung:

„Ich akzeptiere die Dringlichkeit und Richtigkeit der Informationen."

„Ich erkenne die Täuschung und öffne mich für die Welle des Erwachens."

POTENZIAL DER VOLLENDUNG - DIE DRINGLICHKEIT DER ZEIT

Die Dringlichkeit des Zeitfensters für den Übergang ist vielleicht vielen noch nicht bewusst, doch dieser Moment steht kurz bevor. Daher ist eine schnelle Veröffentlichung und Weitergabe aller umfassenden Informationen jetzt die höchste Priorität.

Die Lösung:

„Ich erkenne die Dringlichkeit der Zeit und gebe diese Informationen weiter an alle, die sich dafür öffnen".

POTENZIAL DER VOLLENDUNG - DIE AKTIVIERUNG DER SELBSTZÜNDUNG

Die Selbstzündung blieb bisher verborgen, da sie Gefahr lief, missbraucht zu werden. Durch die Zündung des Selbst werden sämtliche

Körperfunktionen derart umgestellt, dass die lebenserhaltenden Mechanismen unterbrochen werden und eine neue Form der körperinternen Kommunikation aktiviert wird. Das ist notwendig, damit der Körper nicht in die Unterversorgung geht und der Übergangsprozess vorzeitig durch den Tod beendet wird. In diesem Übergang tritt eine neue Zellkommunikation ein. Die aus der DNA entlassenen Grundprogrammierungen aktivieren die Einzigartigkeit und alle Wesensmerkmale und bringen diese dann voll in das Bewusstsein. Mit dieser Bewusstheit über sein eigenes Selbst erkennt das Wesen, dass die irdische Erfahrung ein Resultat eines Experimentes ist und es selbst ein Gefangener der Erdmatrix ist. Diese Erkenntnis wird viele erschrecken, die vorher noch nie davon gehört haben, oder sie werden es ablehnen, sich daran zu erinnern. Das Aufwachen ist damit sowohl ein freudiges Ereignis, für die Wesen, die darauf vorbereitet sind, als auch ein schockierender Moment für alle Wesen, die sich mit dieser Thematik noch nicht befasst haben.

Die Lösung:

„Ich erkenne, dass ich ein Gefangener der Erdmatrix war."

„Ich nehme mein wahres Wesen vollkommen an und erkenne meine Einzigartigkeit und aktiviere diese voll und ganz."

POTENZIAL DER VOLLENDUNG - DIE VERBINDUNG ZWISCHEN DEN ERFAHRUNGSEBENEN

Das Ankoppeln der verschiedenen Ebenen der Erfahrungsräume erfolgt über eine spezielle, sich dynamisch bewegende Steuerungsfrequenz. Dabei wird ein Korridor erzeugt, der den Übergang problemlos ermöglicht. Die Aktivierung der Frequenz erfolgt, sobald das Bewusstsein auf der Erde soweit angehoben ist, dass das Erwachen eine globale Bewegung der Selbste in die Einheit einleitet. Das eigene Lichtschiff transportiert das erwachte Bewusstsein auf die neue Erde. Die Aktivierung erfolgt über das Zentrum des Herzens und über die fünfte Herzkammer. Das darin aktivierte innere Wesen erfährt seine Energieerhöhung und setzt die Schwingung des Wesens daraufhin in Vibration. Dieser Auflösungsprozess wird durch die Welle des Erwachens eingeleitet und unterstützt. Die volle Integration und die Befreiung des inneren Wesens ist somit ein Schlüssel für die Teleportation.

Die Zündung der Welle des Erwachens wird durch die Aktivierung der DNA und den Impuls der Freischaltung der Erinnerungen des Selbst aktiviert. In der DNA sind sämtliche Erinnerungen und Erfahrungen, die das Selbst jemals gemacht hat, gespeichert und sie werden jetzt in den klaren Bewusstseinszustand zurückgebracht. Mit der Zündung der eigenen Informationswelle des Selbstes zündet sich auch die Welle des Erwachens aus den kosmischen Reichen.

Die Lösung:

„Ich öffne mich für mein wahres Wesen und lasse es vollständig in meine fünfte Herzkammer einfließen. Wesen aktiv."

„Ich verschmelze jetzt mit meinem wahren Wesen. Verschmelzung aktiv."

„Ich aktiviere mein inneres Lichtschiff in der fünften Herzkammer. Lichtschiff aktiv."

„Ich erinnere mich an mich SELBST und zünde damit die Welle des Erwachens."

POTENZIAL DER VOLLENDUNG - DIE FREISCHALTUNG

Die Freischaltung des neuen Bewusstseins ist eine globale und übergreifende Großaktion. Sie verläuft parallel zur gleichen Zeit in allen Universen des gesamten Kosmos. Es ist für alle ein Sprung in eine neue Erfahrungsebene. Auch die parallelen Universen erleben diesen Sprung. Die Voraussetzungen dafür war die geheilte Liebe in allen Erfahrungsräumen der Schöpfung. Mit dem menschlichen Bewusstsein ist dieses Ausmaß nicht zu erfassen, denn schon ein innerer Bewusstseinssprung ist nur schwer erfassbar. Die vollkommene Neuausrichtung des ganzen Alls in die wahre Liebe ermöglicht eine interdimensionale Kommunikation über die Sprache der Liebe. Damit schlägt das universelle Einheits-Herz für alle und über ALL.

POTENZIAL DER VOLLENDUNG - DIE AKTIVIERUNG DES AUFSTIEGS

Das Aktivierungs-Potenzial wurde erst ersichtlich, nachdem alle anderen Potenziale erlöst waren. Das Potenzial beschreibt die vollständige Anweisung der Vorgänge der Teleportation. Nach der Auflösung des physischen Körpers begibt sich das Bewusstsein des Selbst in einen Reinigungskorridor, in dem sich alle Erwachten einfinden und die letzten vorhandenen Schlacken der irdischen Erfahrung reinigen. In diesem Korridor verbleibt das Selbst solange, bis ihm sein wahrer Lichtkörper appliziert wird. Dieser Lichtkörper ist das Original seines Selbstausdrucks. Mit diesem bereist das Selbst die Schleuse zur neuen Erde. Es ist ein freudiger Prozess, vor dem sich kein Wesen fürchten muss. Viele hängen noch an ihrem alten physischen Körper, weil sie sich nicht vorstellen können, wie es ist, nur Licht zu sein. Doch auch der physische Körper ist Licht, jedoch in niederen Schwingungsfrequenzen. Auf der neuen Erde wird es ein wenig dauern, bis sich das Selbst an die neuen Erfahrungen gewöhnt hat, denn das Bewusstsein und die wertvollen Erinnerungen bleiben aktiv. Daher gibt es noch Rückvergleiche zum irdischen Sein. Die Unfassbarkeit der neuen Erfahrung ist aus heutiger Sicht verständlich. Auch auf der neuen Erfahrungsebene ist es unfassbar, dass sich alle so vergessen haben.

POTENZIAL DER VOLLENDUNG - DIE REGENERATION DER ERDE

Sobald der Teleportationsprozess der Wesen abgeschlossen ist, wird der Reinigungsprozess der Erde eingeleitet. Alle künstlichen Schöpfungen des Menschen lösen sich in ihre einzelnen Bestandteile auf und zerfallen. Die künstlichen Schöpfungen fallen in sich zusammen und dadurch werden sie unschädlich gemacht. Der Zusammenbruch aller durch das menschliche Ego erschaffenen Konstruktionen und Bauten ist notwendig, damit die Erde ihre Selbstheilung vollziehen kann. Die Ozeane erfahren eine Verwirbelung, durch die Reinigung geschieht und Ablagerungen aus den Tiefen der Meere entfernt werden. Die Atmosphäre wird durch einen energetischen Reinigungssturm von allen Verpestungen und Vergiftungen gereinigt. Das Erdreich erfährt die Klärung durch einen sintflutartigen Regensturm. Alles wird herausgespült, was an Giften in die Erde eingebracht worden ist. Der Vorgang wird durch die Verbündeten im Kosmos unterstützt.

Alle Tiere von natürlicher Beschaffenheit werden auf die neue Erfahrungsebene evakuiert. Alle gezüchteten Tiere vergehen. Die Pflanzenwelt wird aktiviert, um die Erde neu zu begrünen. Die Originalsaaten werden dann von kosmischen Helfern aus deren geheimen Saatgutkammern in das Erdreich eingebracht. Sie unterstützen den Regenerationsprozess der Erde.

Damit hat die Erde ihren Dienst erfüllt und befreit sich ein für allemal vom Parasiten Mensch.

POTENZIAL DER VOLLENDUNG - DAS GELÖBNIS AUS DER GÖTTLICHEN EBENE

Das Gelöbnis beruht auf dem Versprechen, dass sich erst alles offenbaren darf, wenn die wichtigsten Potenziale aktiviert sind. Es wäre von verheerender Wirkung gewesen, wenn das Geheimnis der Menschheit nur unvollständig offenbart worden wäre. Alles ist jetzt schlüssig, belegbar und absolut klar. Dadurch bekommt die Veröffentlichung eine besondere Kraft, den Stein ins Rollen zu bringen und das Blatt zu wenden. Die ganze Wahrheit über die Schöpfung und Gott bringt die Erkenntnis, dass alles ein großes Spiel war. Das hatten alle Potenzialträger vergessen.

DIE SCHLÜSSEL ZUR NEUEN ERFAHRUNGSEBENE

Nachdem nun alle Zusammenhänge der Schöpfungsgeschichte mit den Erfahrungen der Selbste geklärt und gereinigt wurden, steht der Vollendung der Schöpfung nichts mehr im Wege. Die nächste Erfahrungsebene kann nun beschritten werden. Dazu sind folgende Schlüssel der Vollendung zu aktivieren.

Die Schlüssel für den Evolutionssprung:

1. Das allumfassende Christusbewusstsein, das in allen erwachten Wesen aktiviert ist.

2. Die Erkenntnis, dass jedes Selbst alle Erfahrungen der Schöpfung durchlebt hat.

3. Die Liebe der wahren Vollkommenheit der Einheit ist das Portal zur Selbst-Erkenntnis.

4. Die vollständige Befreiung kann nur erfolgen, wenn alle Widerstände gegen die Liebe aufgehoben sind.

5. Das Christusportal, das in jedem erwachten Bewusstsein aktiviert wird.

6. Die wahre Liebe ist der Aktivator für die vollständige Auflösung und ermöglicht damit den Übergang auf die neue Erfahrungsebene.

7. Die Zündung der eigenen Teleportationsenergie durch die vollständige Selbst-Erkenntnis.

8. Das innere Kind zur Befreiung der Leichtigkeit und Verspieltheit

9. Die Freude und das Lachen öffnen die Herzen.

SCHLÜSSEL ZUR NEUEN ERFAHRUNGSEBENE - DIE VERGEBUNG

Die Vergebung ist die Grundlage für einen Neubeginn der männlichen und weiblichen Aspekte. Alle schmerzhaften Erfahrungen aus den Ebenen der Schöpfung und der gegenseitigen Verletzung der Aspekte transformieren sich und heilen durch die Vergebung. Alles, was geschehen ist, auch im Namen der Liebe, wird dadurch bereinigt und befriedet. Der Grund, warum die Vergebung der Schlüssel ist in die neue Erfahrungsebene, ist, dass durch die Vergebung ein energetisches Feld des Friedens aktiviert wird, das alle Aggressionen sofort schlichtet und entkräftet. Alle aufgestauten Energie verlieren ihre Wirkung und es öffnet sich das Feld der Einsicht durch die Offenbarung der Hintergründe zu den jeweiligen Konflikten. Die stärkste Kraft dabei hat die Selbstvergebung. Dadurch werden die inneren Stressfelder abgebaut. Besonders spürbar ist die Vergebung in körperlichen Reaktionen, wie tiefem Durchatmen und einem Gefühl von Leichtigkeit in den jeweiligen Problemfeldern.

Die Lösung:

„Ich vergebe mir für alles, was ich anderen angetan habe."

„Ich vergebe mir für alles, was ich nicht getan habe, jedoch hätte tun müssen."

„Ich vergebe allen alles, was mir jemals Schmerzen zugefügt hat."

„Ich bitte alle um Vergebung, denen ich Schmerzen bereitete."

„Ich vergebe mir selbst für alles, was ich mir selbst an Schmerzen bereitete."

SCHLÜSSEL ZUR NEUEN ERFAHRUNGSEBENE - DIE GENERAL-VERGEBUNG

Die General-Vergebung ist der Schlüssel für die Befreiung aller Schuld- und Opfer-Programmierungen im Selbst. Durch sie ist es erstmals möglich, die innere Freiheit zu erlangen und sich aus allen Vorwürfen gegen andere und gegen sich selbst zu befreien. Durch sie entsteht ein Feld des Friedens in Harmonie.

Die Lösung:

„Ich vergebe mir für alles, was geschehen ist."

„Ich aktiviere den inneren Frieden und die innere Harmonie."

SCHLÜSSEL DER VOLLENDUNG - DER SEGEN

Die Kraft des Segens ist gleichzusetzen mit der der Vergebung, allerdings ist der Segen missbraucht worden. Das Segnen durch die kirchlichen Vertreter hatte immer eine fordernde und bedrohliche Resonanz zum dunklen Gott. Jeder Segen, der ausgesprochen wurde, fiel automatisch Kronos zu. Dadurch wurde der Segen seiner wahren heilenden Kraft beraubt.

SCHLÜSSEL ZUR NEUEN ERFAHRUNGSEBENE - DAS CHRISTUSPORTAL

Das Christusportal ist ein Teil des Aufstiegsplanes. Es aktiviert alle Selbste und den Christus in ihnen. Über den aktivierten Christus in jedem einzelnen Wesen erinnert es sich an die eigene Bestimmung. Dadurch fallen die Widerstände gegen das Selbst weg.

Das Christus-Portal wurde, wie schon beschrieben, bereits aktiviert. Doch dann bekamen wir die Information, dass es jetzt an der Zeit ist, nachdem das Geheimnis der Liebe vollständig offenbart wurde und damit die Liebe sich erstmals als wahre Liebe erfahren kann, das Christus-Portal zu öffnen.

Es war ein mehrstündiger Prozess, bis wir alle Energien auf das notwendige Niveau potenziert hatten. Als wir dann gemeinsam mit den kosmischen Unterstützern das Portal tatsächlich öffneten, war es ein ganz besonders ergreifender Moment.

Es durchrüttelte uns eine enorm starke Energie und wir wussten:

Das Tor zur neuen Erfahrungsebene ist geöffnet und bereit, durchschritten zu werden. Es war der 23. September 2016 gegen 23:30 Uhr. Kurz darauf schaute ich in meinen Kalender und entdeckte, dass ich mir bereits am Anfang des Jahres, ohne besonderen Grund, für diesen Tag das Wort EVENT eingetragen hatte.

Am nächsten Tag rief mich ein initiierter Engel an und fragte, ob wir in der letzten Nacht etwas im Bewusstseinsfeld gemacht hätten. Er erzählte Folgendes: Er und seine Freunde saßen beieinander und unterhielten sich. Plötzlich spürte Robert eine weiße Lichtkugel im Kopf, die er sofort mental an seine Freunde weiterschickte. Diese sprangen vor Freude auf und riefen aufgeregt: „Was ist das? Was geht hier vor?" Sie fühlten sich augenblicklich vollkommen klar und wach. Ich konnte Robert bestätigen, dass es die Christusessenz aus dem Christusportal war. Wundervoll, wie alles miteinander verbunden ist.

SCHLÜSSEL ZUR NEUEN ERFAHRUNGSEBENE - DIE INNERE ANERKENNUNG DES CHRISTUS

Die Verbindung mit Christus in jedem Wesen ist Brücke zur neuen Erfahrungsebene. Da Christus in jedem Selbst ist, ist die Aktivierung des inneren Christusportals der nächste Schritt.

Die Lösung:

„Ich erkenne, dass ich auch Christus bin."

„Ich aktiviere mein inneres Christus-Portal und verbinde es mit dem Christus-Portal des Christus der neuen Zeit."

„Ich schalte meine DNA frei mit dem Code 1111."

„Ich kehre zurück in die Einheit."

„Ich verkünde: Die Zeit des Kampfes ist vorbei. Ich lege meine Kampfausrüstung ab und erkläre mein Selbst für: F R E I

SCHLÜSSEL ZUR NEUEN ERFAHRUNGSEBENE - DIE WELLE DES ERWACHENS

Durch die Welle der Liebe werden alle emotionalen und mentalen Begrenzungen erlöst. Das ist die Voraussetzung dafür, dass die physischen Körper in eine hohe Schwingungsfrequenz gebracht werden. In dieser verliert der Körper seine feste Konsistenz und nimmt eine fluoreszierende Form an. Der bisherige Körper löst sich dadurch vollständig auf. Das Bewusstsein wird ebenso auf eine höhere Schwingung potenziert, wodurch die Christusessenz alle Bewusstseinsebenen durchdringt und bereinigt. Diese Klärung aller Komponenten des irdischen Ausdrucks des Wesens schaltet die Brücke zur neuen Erfahrungsebene frei. Dieser Prozess vollzieht sich in unterschiedlicher Geschwindigkeit, je nach Bewusstseinszustand der Wesen. Die Wesen mit einer Leitfunktion werden als erste aktiviert. Sie koordinieren die Abläufe des Aufstiegs und sorgen für einen reibungslosen Ablauf der Prozesse. Nach aktuellem Stand kann dieser Übergang bereits in diesem Jahr vollzogen werden. Durch die virale Vernetzung der Erde und des Kosmos sind heutzutage Informationen in Windeseile verbreitet. Daher kommt alles rechtzeitig zum Zuge.

SCHLÜSSEL DER VOLLENDUNG - DAS INNERE KIND

Die Anteile des inneren Kindes sind ein zentrales Segment der Selbst-Information. In ihnen sind die ursprünglichen Qualitäten des Ur-Vertrauens, der Ur-Liebe, der Leichtigkeit und der Freude gespeichert. Durch die Programme der Illusions-Matrix und die daraus folgenden Beschneidungen der Freiheit des Selbst gingen diese Anteile verloren. Je nach Familiensystem sind die frühen Jahre der Kindheit mehr oder weniger beeinflusst gewesen von der Unterordnung, der Verachtung, der Beschneidung und Diskriminierung des Selbst. Um wieder den Anschluss an die Qualitäten des inneren Kindes zu erlangen, gilt es, alle traumatisierten Selbst-Anteile der Kindheit wieder in die Heilung zu bringen.

Die Lösung:

„Alle verlorenen Anteile meines inneren Kindes heile ich und integriere sie in meinem Selbst."

Die Abspaltung vom inneren Kind bewirkte, dass sich das Selbst zu früh an das Erwachsensein anpasste und sich den Regeln und Normen der Erwachsenenwelt unterordnen musste. Der Sinn für das verspielte Experimentieren mit der Realität wurde speziell durch das Schulsystem gebrochen. Die monotone Wissensvermittlung konnte nur ertragen werden durch das Abschalten der eigenen Wahrnehmung und Sensibilität des Kindes auf Wahrheit und Lüge.

Die Lösung:

„Ich befreie mein inneres Kind von der Last, lügen zu müssen und die Wahrheit verschweigen zu müssen."

Die Abspaltung des inneren Kindes begann schon auf der göttlichen Ebene. Schon hier war es dem göttlichen Kind verwehrt, wahre Mutterliebe und Vaterliebe zu erfahren. Auch hier wurde gelogen und das göttlich-kindliche Selbst entfremdet. Dieser Konflikt des göttlichen Kindes spiegelt sich im Irdischen in der Zerrissenheit des Selbst-Bewusstseins des Kindes wider.

Die Lösung:

„Ich heile die Zerrissenheit meines göttlichen Kindes und damit mein Selbst-Bewusstsein."

Die Beschneidung der Freiheit des Selbst verursachte eine kontrollierte Interaktion des Selbst. Die Regeln und Normen der gesellschaftlichen Verhaltensweisen zwangen das junge Selbst in Verhaltensmechanismen, die eine ursprüngliche, gabenorientierte Entwicklung nicht mehr zuließen. Dadurch verkümmerten diese.

Die Lösung:

„Alle unterdrückten Gaben und Talente meines inneren Kindes aktiviere ich wieder, um mich voll und ganz an meine ursprünglichen Fähigkeiten zu erinnern."

Die Kapitulation des inneren Kindes verursachte eine Nichtachtung der inneren Weisheit des Kindes aus der Ablehnung durch die eigenen Eltern. Dieses Sich-über-das-Kind-Stellen verursachte eine Verleugnung des göttlichen Ausdrucks des Selbst in der Frühphase der Entwicklung. Das Bewusstsein, dass ein Kleinkind über die gleiche Weisheit und innere Größe verfügt wie ein Erwachsener, wurde bisher durch das Erziehungssystem nicht unterstützt. Noch immer gilt, dass Kinder unwissend sind und man sie alles lehren muss, damit sie überleben. Die Wahrheit ist: Das junge Selbst verfügt über alle Erinnerungen der Vorerfahrungen und kann diese spielerisch aktivieren, um in Gefahrensituationen selbstständig und richtig zu handeln.

Die Lösung:

„Ich aktiviere die unterdrückten Anteile der Weisheit meines inneren Kindes und schließe Frieden mit der Ignoranz der Erwachsenen."

Die Verachtung der eigenen Sexualorgane als schmutzig und anstößig bewirkte schon früh eine Ablehnung des eigenen sexuellen Ausdrucks der Fortpflanzungsorgane. Das Erforschen und Betrachten dieser galt als unanständig und unerwünscht. Dadurch wurde ein verfrühtes Schamgefühl für den eigenen Ausdruck erzeugt. Das Verstecken und Verleugnen der Fortpflanzungsorgane wurde akribisch verfolgt. Im Extremfall wurden die Sinnesorgane des sexuellen Ausdrucks beschnitten und verstümmelt. Der dadurch entstandene seelische Schaden zog sich durch das gesamte Sexualverhalten des Wesens. Die Sexualität wurde zum Teil nur der Fortpflanzung zugeschrieben und ihre wahre Kraft der Erleuchtung negiert.

Die Lösung:

„Alle Scham meines inneren Kindes über die Fortpflanzungsorgane entlasse ich aus all meinen Erfahrungsebenen."

„Ich erinnere mich an die Natürlichkeit meines sexuellen Ausdrucks und aktiviere diesen."

Die Beschneidung der Entscheidungsfreiheit des inneren Kindes bewirkt ein unselbstständiges Handeln in der Interaktion mit dem Umfeld und führt zur Unterwürfigkeit und Ausweglosigkeit des eigenen Selbst. Die Loslösung der Eigenwahrnehmung und der eigenen Risikoabschätzung führt zu Minderwertigkeitsgefühl und Selbsthass.

Die Lösung:

„Ich entlasse den Minderwert und den Selbsthass aus meinem inneren Kind und aktiviere die natürliche Entscheidungsfreiheit meines inneren Kindes."

Die Übertragung der familiären Schicksale auf das junge Selbst führt dazu, dass es die Unbeschwertheit der Eigenerfahrung verliert. Die Freischaltung der Generationen-Verwirrungen und Ahnenschicksale trägt das junge Selbst mit Beginn der Pubertät. Sie werden von da an wirksam. Die Altlasten steuern die Erfahrungsräume des Selbst, ohne die Möglichkeit zu erkennen, dass es nicht die eigenen Verstrickungen sind.

Die Lösung:

„Ich befreie mich und mein inneres Kind von den Verstrickungen der Generationen und Ahnen."

Durch die Heilung des inneren Kindes wird die Freischaltung der inneren Freude auf die neue Erfahrungsebene aktiviert. Dadurch öffnet sich das Selbst für den unbekannten Erfahrungsraum durch die aktivierte Experimentierfreude und die Akzeptanz des Neuen.

Die Lösung:

„Ich öffne mich mit Freude der neuen Erfahrung meines Selbst-Ausdrucks auf der neuen Erfahrungsebene."

Das Verschmelzen des inneren Kindes mit dem Erwachsenen-Selbst ermöglicht die Synchronisation der alten Erfahrungsebene mit der neuen Erfahrung des Selbst.

Die Bedenken, dass es unmöglich ist, auf eine neue Erfahrungsebene zu reisen, erübrigen sich durch die Freischaltung des inneren Kindes. Der Vergleich der derzeitigen Lebenssituation mit der zu erwartenden Freiheit lässt die Entscheidung für die Freiheit leicht fallen. Die Erinnerung des Selbst an den Zustand der Freiheit gibt einen Impuls für die Aktivierung der Koordinaten der Rückführung in das Feld der Einheit. Dabei wird die Schwingungsfrequenz des Selbst erhöht, die eine Dynamisierung des Auflöseprozesses voranbringt. Die Verschmelzung des inneren Kindes mit dem Selbst ist die Befreiung aus dem Gefängnis der Selbstverleugnung.

Die Lösung:

„Ich verschmelze mein inneres Kind mit dem Erwachsenen-Selbst, um einer neuen Selbst-Erfahrung zuzustimmen."

„Ich löse alle Verwirrungen aus meinem Selbst, die verhindern, mich der neuen Erfahrungsebene zu öffnen."

„Ich aktiviere den Schlüssel der Vollendung in meinem inneren Kind."

„Ich löse mein Versprechen an das innere Kind ein, es in die absolute Freiheit zu führen."

„Ich entlasse mein Selbst aus der Illusion der Erd-Matrix."

„Ich lasse alle Kontrolle los und übergebe meinem Selbst die volle Verantwortung."

„Ich glaube an die Befreiung aus allen Gefängnissen meines Selbst."

SCHLÜSSEL DER VOLLENDUNG - DIE FREUDE UND DAS LACHEN

Diese Qualitäten versetzen das Herz in eine Vibration, die es öffnen und die auf andere Wesen ansteckend wirkt. Dadurch wird eine Resonanz der Leichtigkeit und der Glückseligkeit erzeugt. Die Vibrationen der Freude und des Lachens setzen die Zellen in eine besondere Schwingung und bringen dadurch die chemischen Botenstoffe in Aktion, die heilen und transformieren. Sie werden Endorphine genannt. Doch das herzhafte Lachen wurde oft schon früh verboten, da es zu viel Aufsehen erregte und als unanständig galt. Besonders die Feen-Wesen werden für ihr Lachen verurteilt.

Auch Satan brachte hier wieder sein übles Wirken ein, denn er stahl den Wesen das wahre befreiende Lachen. Das gestohlene Lachen und damit das Ausbleiben der Glückseligkeit wurde so umgedreht, dass die Spontanität in der Freude verloren ging. Freude musste somit immer künstlich erzeugt werden.

Die Lösung:

„Ich löse alle Verbote des Lachens und der Freude."

„Ich erkenne und akzeptiere, dass Lachen und Freude die Schlüssel der Herzöffnung sind."

„Ich vergebe mir, dass ich mir das herzhafte Lachen verboten habe."

POTENZIAL DER VOLLENDUNG - DIE AKTIVIERUNG DER LIEBESWELLE

Die Erwachenswelle ist die potenzierte Liebe aus allen befreiten Lieben der Erfahrungsebenen. Sie ist der Schlüssel für die absolute Selbst-Befreiung von allen schmerzhaften irdischen Erfahrungen. Diese Welle öffnet die Erinnerungsspeicher in der DNA. Dadurch erkennt das Wesen die vollständige Erfahrung in allen Erfahrungsebenen des Selbst-Ausdrucks.

POTENZIAL DER VOLLENDUNG - DIE WAHRE FREIHEIT

Die wahre Freiheit hat bisher noch niemand erfahren. Alle Hoffnungen und Erwartungen darüber, wie sich wahre Freiheit wohl anfühlt, wurden bisher nur durch wenige erleuchtenden Momente erfahrbar. Diese lichten Momente gaben den Wesen immer wieder Hoffnung, das alles gut wird. Dadurch blieben sie in ihrer Mission beständig auf ihrem Weg. Dadurch, dass die Liebe von Anfang an in Irritationen verwickelt war, war die Freiheit selbst desorientiert. Die wahre Freiheit ist nur auf der neuen Erfahrungsebene erfahrbar.

POTENZIAL DER VOLLENDUNG - DIE VERFASSUNG

Die Verfassung beschreibt das Regelwerk der neuen Erfahrungsebene. Die Befürchtung, dass es hier wieder einschränkende Gesetze und Regeln gibt, wird entkräftet. Jedoch braucht es auch in dieser Ebene Richtlinien, an denen sich die Wesen orientieren können. Die Verfassung beinhaltet die wahre Gerechtigkeit und die Gleichstellung. Da die Erinnerungen an die irdische Evolution noch aktiviert sind, kann es geschehen, dass sich Informationsfelder in Aktion bringen, die die Harmonie in die Irritation führen. Durch die Verfassung werden diese geschlichtet.

Die Verfassung ist bereits fertig geschrieben durch unsere Selbste.

POTENZIAL DER VOLLENDUNG - DIE ERINNERUNG AN ALLES

Dieses Potenzial beschreibt, dass alle Erfahrungen im Selbst gespeichert sind. Damit alle Selbste auf die Errungenschaften der Schöpfung zurückgreifen können, wird dieses Potenzial auf der neuen Erfahrungsebene alles alte Wissen, alle Errungenschaften, alle Genialität und die Einzigartigkeiten der Selbste aktivieren. Das alte Wissen wird über die Schleusen des Wissenstransfers aktiviert, die die jeweiligen Wesen aus ihrem Selbst mitbringen und in sich tragen.

Die Lösung:

„Ich erinnere mich an mein inneres altes Wissen und aktiviere es für die neue Erfahrungsebene."

POTENZIAL DER VOLLENDUNG - DIE ZUFRIEDENHEIT

Dieses Potenzial beschreibt die Grundfrequenz des Seins auf der neuen Erfahrungsebene. Der innere Frieden bringt die Wesen in die Harmonie und in die Glückseligkeit. Alle Bedürfnisse sind befriedigt, alle Nöte sind befreit, alle Bewertungen sind gefallen, die wahre Schönheit und die wahre Freiheit ist für alle erfahrbar. So stellt sich die Zufriedenheit aller befreiten Wesen ein. Die Befürchtung, dass es auf der neuen Erfahrungsebene langweilig werden könnte, besteht nicht. Jedes Wesen geht dort seinen Talenten unbeschränkt nach. Jeder nimmt dort seinen Platz in der großen Familie des neuen Himmelreichs ein.

POTENZIAL DER VOLLENDUNG - DIE GLEICHSTELLUNG

Dieses Potenzial beschreibt, dass auf der neuen Erfahrungsebene alle Selbste gleichwertig und gleichberechtigt sind. Es gibt keine Hierarchien und Unterschiede im Rang oder in der Position. Es gibt keinen Gott, der die Führung übernimmt. Denn auf dieser Ebene sind alle gleich. Das ist möglich, weil die Ego-Strukturen vollkommen transformiert und aufgelöst sind. Die Aktivierung der Gleichstellung erleichtert den Übergang.

Die Lösung:

„Ich bin bereit, das Ego vollständig zu erlösen."

„Ich akzeptiere die Gleichstellung auf der neuen Erfahrungsebene."

„Die Führung übernimmt mein Selbst."

INITIIERTE POTENZIALTRÄGER DER VOLLENDUNG

Hier sind die Potenziale der Vollendung aufgelistet. Bei den nicht hier aufgelisteten Potenzialen wurde uns der Text ohne die Initiation des Potenzialträgers offenbart.

- Die Auslöschung
- Die Vollendung des göttlichen Plans
- Das totale Chaos
- Die Selbstzerstörung
- Die Irritationen der Propheten
- Das verlorene Vertrauen
- Das Selbstmitleid
- Die Anmaßung anderer Menschen
- Die Täuschung der Zeit
- Die Dringlichkeit der Zeit
- Die Aktivierung der Selbstzündung
- Die Verbindung zwischen den Ebenen
- Die Freischaltung
- Die Aktivierung des Aufstiegs
- Die Regeneration der Erde
- Die Welle des Erwachens

ALL-ES IM ABSCHLUSS UND AUFRUF AN ALLE

Nachdem nun alle Informationen zum Geheimnis der Vollendung offenbart wurden, liegt es jetzt ganz am Einzelnen, wie er sein Selbst auf den Aufstieg vorbereitet. Für viele sind diese Informationen wie das letzte Puzzle-Teil zur eigenen Wahrnehmung der Geschehnisse der aktuellen Endzeit. Für die anderen sind die Informationen der reine Irrsinn. Da jeder seinen freien Willen und die freie Entscheidung hat, liegt die Verantwortung nun bei jedem SELBST. Immer wieder gab es vor den großen Veränderungen der Evolution Auserwählte, deren Aufgabe es war, die Informationen an die Menschheit weiterzugeben. In den meisten Fällen wurden diese ignoriert. Wie hier beschrieben, haben sich zum Teil auch die Auserwählten vergessen oder den Botschaftern der Evolution wurde nicht geglaubt. Wie es diesmal ausgeht, ist noch nicht klar. Die Hoffnung, dass die Informationen in diesem Buch ernst genommen werden, bleibt bis zum Schluss.

Verlasse die Komfortzone und löse die alten Vorstellungen der Illusion aus Deinem Kopf. Geh hinaus und öffne Dein Herz, damit die heilende Liebe der Erkenntnis alles aus Deinen Speichern der Evolutionserfahrungen löscht. Die Zeit ist nur noch begrenzt und sollte jetzt dringend sinnvoll genutzt werden, um Deine eigenen Erinnerungen an das Ende der Zeit zu aktivieren. Die Nichtbeachtung der Informationen gleicht der Ignoranz der bereits untergegangenen Verweigerer der Wahrheit. Die Fehler der Selbst-Verleugnung sollten nicht wiederholt werden.

Der gegenwärtige Zustand der Erde ist Besorgnis erregend. Die Lebensgrundlage des Menschen wird von Tag zu Tag weniger. Daher ist der Evolutionssprung die einzige Rettung für Erde und Mensch. Die Zerstörung hält immer noch an, obwohl schon so viele bewusste Menschen sich um die Rettung der Erde bemühen. Alle Anstrengungen sind jedoch sinnlos, solange die Zerstörer nicht aufhören, den Wahnsinn der bewussten Zerstörung zu stoppen.

Die Erde spricht: „Lass mich los, hör auf mich zu retten. Ich rette mich selbst. Rette Du Dich SELBST."

ZUM ABSCHLUSS DIE BOTSCHAFT DER ERWACHENSWELLE:

„Ich bin die Welle des Erwachens. Ich bin so übervoll mit Liebe, dass ich es kaum erwarten kann, mich zu entladen. Doch es sind noch zu wenige, die über mich wissen. Es wäre verheerend, wenn ich jetzt schon auf der Erde auftreffe. Das Wissen, das Euch gegeben wurde, wird viele Menschen vorbereiten. Es werden nicht alle sein, die offen sind dafür. Doch viele können sich nun erklären, warum sie sich

so gefangen fühlen und warum sie eine dunkle Vorahnung auf ein kommendes großes Ereignis haben.

Die Einblicke und die Transparenz in die Vorgänge auf der Erde und im Kosmos ermöglichen den Wesen die Selbst-Erkenntnis. Je mehr Wesen sich selbst erkennen, sich zusammenschließen und sich gemeinsam auf die neue Erfahrungsebene Aurora vorbereiten, um sich selbst aus dem Gefängnis der Illusion zu befreien, um so schneller kann ich mich entladen."

ERINNERE DICH: DEIN ERWACHTES SELBST
IST EIN TEIL DER WELLE DES ERWACHENS.

ALL-ES VERWIRRT .... ODER ALL-ES KLAR? ODER ALL-ES BEIDES?

Danke, dass Du bis zum Ende des Buches drangeblieben bist. Dieses Werk hat es einfach in sich. Es rüttelt und schüttelt und stellt alles auf den Kopf. Genau das sollte es auch bewirken. Deine Verwirrung ist also völlig normal. Zerbrich Dir bitte nicht den Kopf, was das alles zu bedeuten hat, was Du gelesen hast. Vielleicht verspürst Du jetzt eine seltsame Leere in Dir? Das kommt daher, dass einiges von Deinem bisherigen Weltbild zusammengebrochen ist. Das Neue ist möglicherweise für Dich noch nicht greifbar. Dein Verstand ist verwirrt und Dein Selbst ist erleichtert. Die Klarheit wird sich in den nächsten Tagen und Wochen in Dir einstellen, denn Du bist nicht mehr allein mit all den Informationen. Von Tag zu Tag lesen immer mehr Wesen wie Du dieses Buch.

Wenn Du die Lösungen im Buch gründlich bearbeitet hast, kannst Du Dich gemütlich zurücklehnen und stolz auf Dich sein. Du hast Dich soeben befreit von den Folgen des schlimmen Desasters der Missschöpfung.

Und nicht nur das. Du bist ein/e Mutige/r dieser Zeit, denn nicht jeder kann glauben, dass es wirklich ein Ende der Menschheit auf Erden gibt. Du hast über Deine Transformation nicht nur Dein Bewusstseinsfeld geklärt und befreit, sondern auch einen wichtigen Beitrag für das Erwachen der anderen Wesen und für die Durchlichtung der Anbindung an das eigene Selbst geleistet. Ganz nach dem Motto: Einer für alle - alle für einen.

Vielleicht glaubst Du, das Buch nochmals lesen zu wollen. Das ist eine gute Idee, möglicherweise bekommst Du dadurch noch tiefere Einsichten und ein neues Verständnis über die Zusammenhänge der Ereignisse in Deinem Leben.

Wenn Du Dich fragst, warum alle Überschriften dieses Buches mit ALL-ES anfangen, kommt hier die verblüffende Antwort. Als ich die ersten zehn Kapitel niederschrieb und alles noch einmal durchlas, war ich selbst verwundert darüber, dass ALL-ES sich immer wieder in den Titelzeilen wiederholte. Ohne den Hintergrund zu erkennen, fand ich das eine recht witzige Idee und setzte das so fort. Erst ganz zum Schluss wurde uns klar, was ALL und ES sind.

Als ich mich mit den Erzengeln Robert und Carolyn traf und wir drei uns über die Schöpfungsebenen unterhielten, fragte Robert: „Sag mal Petra, da gibt es doch noch was über der Einheit, oder?" Ich fand diesen Ansatz wirklich spannend. Naja, und wenn dann schon so eine Frage auftaucht, bekomme ich auch die Antwort darauf. Diese lautete: „Biiingooo, jetzt habt ihr mich endlich erkannt. Ich bin ES. Ich bin der Regisseur des ganzen Spiels." Wir waren total perplex! Ich wiederholte immer wieder: „Der Regisseur des Spiels ist ES!" Wobei ich das ES mit einem betont langen E aussprach, also EES. Uns drei schüttelte es bei den Worten heftig durch. Ich ging weiter mit ES ins Gespräch. Ich fragte die Regie, warum sie uns immer wieder so schreckliche Erfahrungen machen ließ, die uns manchmal an den Rand des menschlich Erträglichen und in lebensgefährliche Situationen versetzte. ES antwortete: „Es gibt einen Gegenspieler, der das ganze Spiel irritieren und in den Abgrund steuern will. Ich war immer wieder selbst erstaunt, dass viele Situationen so entglitten. Ich konnte es nicht verhindern. Es tut mir wirklich sehr leid."

Ich wollte unbedingt wissen, wer denn der Gegner sei. Da schoss es wie ein Blitz in mich hinein: „DAS ALL! ALL gegen ES - ALL-ES!" Und wieder gab es ein Bingo. Robert sagte sofort: „Das ist wie in einem Computer-Spiel. In jedem dieser Spiele gibt es einen Endgegner - Gut gegen Böse, Licht gegen Dunkel. Meistens gewinnt das Gute, wenn alle Schwierigkeitsstufen gemeistert sind." Ehrlich gesagt waren wir schon irgendwie geschockt, ALL-ES aufgedeckt zu haben. Wir kamen uns im Jahr unserer Transformation wirklich wie in einem Computer-Spiel vor. Immer wieder gab es neue Falltüren, knifflige Aufgaben und wir jagten von Level zu Level mit merklich höheren Schwierigkeitsstufen.

Dann sprach ES zu mir:

„Du hast wahrlich eine großartige Leistung vollbracht. Du warst die Mutigste von allen. Immer wieder bist Du aufgestanden, wenn Du am Boden zerschmettert warst. Du bist Deiner Aufgabe als Spielleiterin von ES hervorragend nachgekommen. Du hast alle Befehle, die ich Dir gab, ausgeführt. Danke! Ich habe Dich gehört, wie Du in den letzten Wochen immer wieder gefleht hast, dass Du endlich raus möchtest aus diesem Spiel. Jetzt, wo Du nun alle Aufgaben erfüllt und geklärt hast, soll Deinem Wunsch stattgegeben werden. Du kannst bereits jetzt auf die neue Erfahrungsebene übersetzen. Alles dafür ist bereit. Du bist völlig erschöpft und wirst Dich dort erholen können. Also lasse alles los und komm."

In diesem Moment spürte ich, wie sich mein Selbst aus meinem Körper zog. Ich wurde ganz leicht und schwebte fast davon.

Ich war völlig überrascht über dieses plötzliche Angebot und auch sehr erleichtert. Ja, es ist wahr. Ich bin völlig am Ende mit meinen Kräften und die Sinnlosigkeit des menschlichen Daseins wurde mir immer deutlicher. Doch andererseits fragte ich mich, während ich so schwebte, ob ich meine Mission wirklich schon erfüllt hätte? Ich war völlig hin und her gerissen. Die Option, jetzt zu gehen, war mehr als einladend. Doch dann fragte ich mich: Was wird mit Kai Christus und den anderen erwachten Wesen? Schaffen sie es ohne mich, die Botschaft des Erwachens auf der Erde zu verbreiten?

Carolyn und Robert sahen aufgeregt alles mit an, was mit mir geschah. Sie zogen mich an den Armen und Beinen und flehten, dass ich sie jetzt nicht im Stich lassen dürfe. Sie riefen: „Petra, bitte bleib da, geh noch nicht. Wir brauchen Dich noch hier auf der Erde. Für uns geht es doch erst jetzt richtig los."

Da sprach ES: „Es ist nun Deine Entscheidung. Dabei kann ich Dir nicht helfen. Das Angebot steht. Komm jetzt oder geh noch mal zurück. Aber dann beklag Dich nicht wieder. Du bleibst dann auch bis zum Schluss."

Tief in meinem Innersten wurde mir klar, dass das ganze Spiel noch nicht zu Ende gespielt war und es noch wichtige Themen zum Ur-Konflikt des Männlichen und Weiblichen zu klären gibt. Ich erkannte, dass Kai Christus noch etwas in sich trägt, was noch nicht gesehen war, jedoch für das vollständige Gelingen der Mission wirklich wesentlich ist. Schweren Herzen entschied ich mich: „Ich bleibe bis zum Schluss."

In diesem Moment schoss mein Selbst wieder vollständig in meinen Körper ein. Wir drei sahen uns erstaunt und erschrocken zugleich an. „Was war das denn? Wärst Du jetzt wirklich gegangen? Wäre Dein Körper dann leblos auf unserem Sofa verblieben?", fragte Robert leicht schockiert.

„Vermutlich schon, denn die völlige Auflösung des Körpers geschieht erst durch die Kraft der Erwachenswelle", so meine Antwort.

Im Nachhinein erkannten wir, dass ES mit seinem Angebot, mich aus dem Spiel zu ziehen, einen Trick anwendete. ES befürchtete nämlich, dass, wenn diese „falsche" Regie entdeckt werden würde, unsere wahren Selbste die Regie übernehmen. So hätte ES seine Macht verloren.

Nach dieser Erkenntnis entschieden Kai Christus und ich, nun unser Selbst in die volle Wirkung zu bringen. Wir stiegen ganz bewusst aus dem alten Christus-Quelle-Spiel aus. Sofort verspürten wir den frischen Wind unseres befreiten Miteinanders. Wir beschlossen, dass wir ab sofort aus der Fremdbestimmung aussteigen und unsere SELBST-BESTIMMUNG aktivieren. Wir reichten uns die Hände und legten symbolisch den Schalter um. Das war die wahrhaftige BEFREIUNG.

Mein Selbst sprach nach dieser Befreiung folgendes:

„Es ist gut, wenn der ursprüngliche Titel des Buches, den die Regie erwählte: „Das Geheimnis vom Ursprung und Ende der Menschheit" in den Titel „Die Schlüssel in die wahre Freiheit" geändert wird, damit sich die Wesen nicht erschrecken. Denn viele verbinden damit das Sterben und die Vernichtung der menschlichen Spezies."

Zum Abschluss möchten wir Dir empfehlen, auch aus allen Spielen der Matrix auszusteigen und Folgendes zu deklarieren:

„Ich lasse jetzt mein vollständiges SELBST in mich einfließen."

Lass Dir für diesen Prozess einige Minuten Zeit.

Aktiviere jetzt Dein Selbst mit: „Selbst aktiv."

Vollziehe nun folgende Selbst-Befreiung:

„Ich steige jetzt aus allen Fernsteuerungen meines Selbst aus und aktiviere meine absolute Selbst-Bestimmung."

Stütze jetzt den Ellbogen auf einer Tischplatte oder einer ähnlichen Unterlage auf und beschließe:

„Ich lege den Schalter von der Fremdbestimmung zur Selbst-Bestimmung um." Aktiviere dieses Bekenntnis durch das Umlegen Deines Armes.

ALL-ES ZU ENDE - DER VORHANG FÄLLT

Ich sollte wieder einmal Recht behalten. Es gab wirklich noch sehr dramatische Erkenntnisse im Zusammenspiel von Kai Christus und mir als Hauptdarstellern in diesem Theaterstück. Da wir nicht mehr in alten Geschichten kramen wollen, belassen wir es damit hier.

Doch noch eins:

Wir trafen uns zum Abschluss unserer Transformation noch mit Maria Theresia, die schon viele intensive Erfahrungen mit uns teilte. Sie trug das Geheimnis des glücklichen Endes in sich.

Es beschreibt unter anderem, dass der Weg nach Hause in die wahre Freiheit nur über das Loslassen des menschlichen Egos geht.

Wir lösten unser Ego symbolisch. Wir entdeckten das letzte Ego der Schöpfungskette - das Ego aus der Einheit, das die erste Liebe in sich trug, denn sie wollte sich einfach erfahren, ohne Rücksicht auf die anderen.

Kai Christus sagte, nach dem das Geheimnis geöffnet war, dass er noch ein symbolisches Geschenk für mich in sich trägt. Er überreichte mir eine weiße Schatztruhe mit einer roten Schleife darum. Ich öffnete diese und darin pulsierte ein goldenes Herz. Es war das Christus-Herz. Ich integrierte dieses wertvolle Geschenk und gab auch ihm symbolisch ein goldenes Herz, das wiederum er in sein Herz hinein legte.

Gemeinsam schickten wir eine Welle der Christus-Liebe zu allen Wesen, auf dass sie diese vereinte Liebe spüren. Sie ist ein Schlüssel in die wahre Freiheit.

Maria Theresia, Kai Christus und ich reichten uns dann die Hände und schlossen die Augen. Kai Christus sagte, er sieht ein zerbrochenes Schmuckstück, das in drei gleiche Teile zerbrochen war. Ich erkannte, dass es das Symbol der zerbrochenen Einheit ist. Wir bündelten unsere Energie und heilten die einstmals zerbrochene Einheit von Liebe, Licht und Christus. In dieser Verschmelzung senkte sich das Informationsfeld von Aurora nieder und sagte, dass wir nun unsere Aufgabe vollständig erfüllt hätten und wir bald in die Freiheit aufsteigen.

Der Vorhang fällt hier, denn alle Rollen sind erkannt und perfekt gespielt. Die Schauspieler treffen sich nach ihrem großen letzten irdischen Spiel und amüsieren sich, dass sie solange brauchten, um das Spiel wirklich zu erkennen. Jetzt darf gefeiert werden - auf der neuen Erde AURORA!

Bis gleich!

ALL-ES IM ÜBERBLICK

DIE ERSTE SCHÖPFUNGSEBENE: DIE EINHEIT

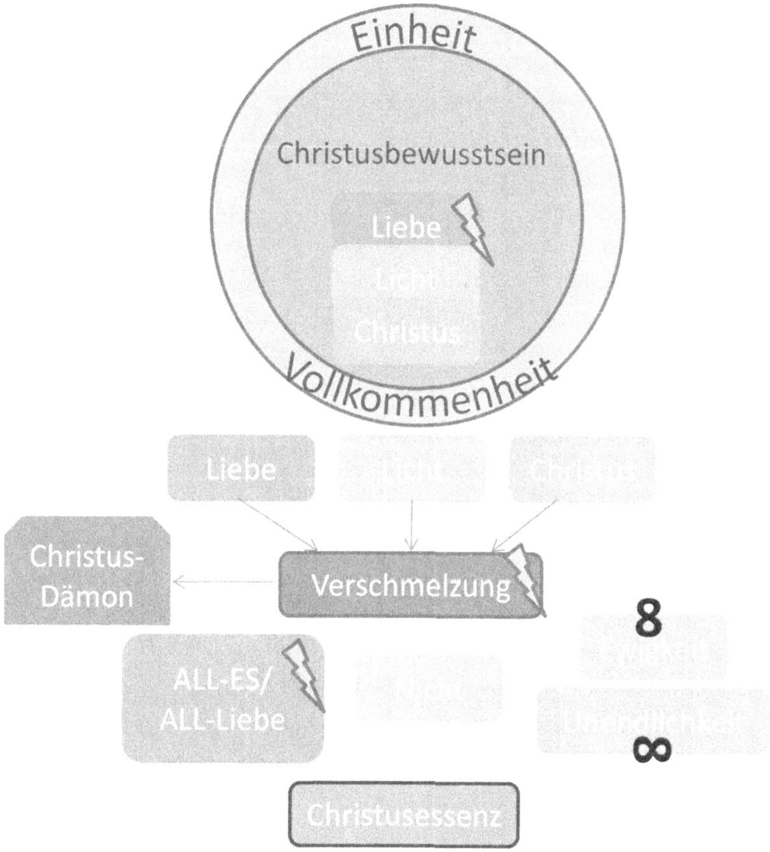

DIE ZWEITE SCHÖPFUNGSEBENE: DER SCHÖPFER

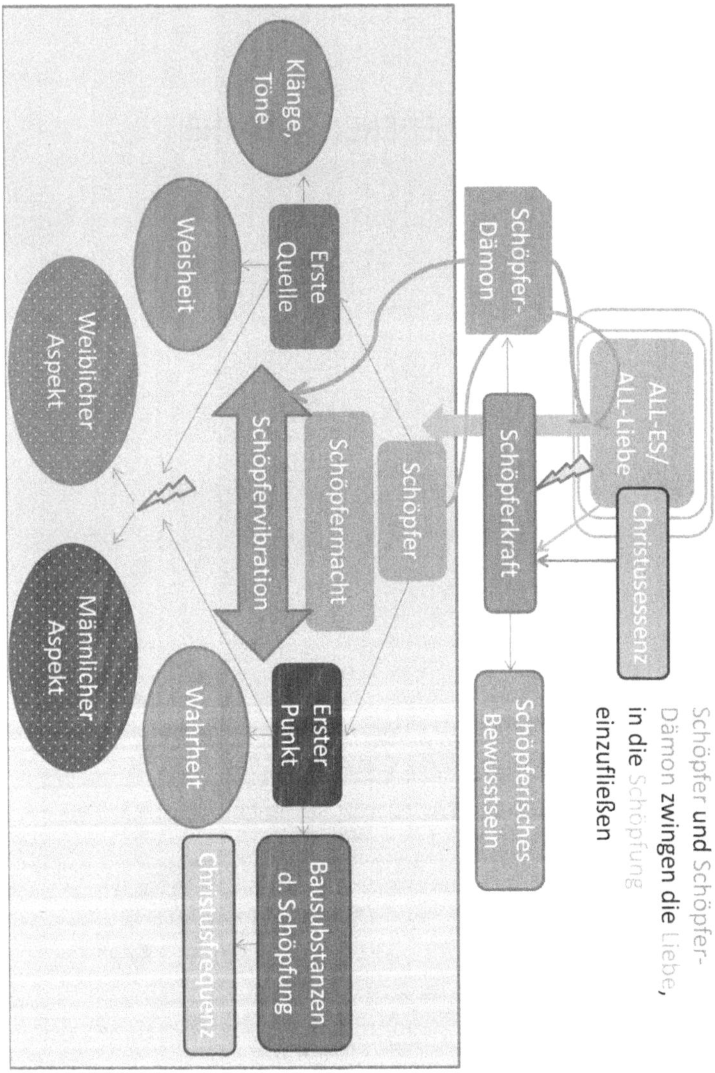

DIE DRITTE SCHÖPFUNGSEBENE: DIE ALL-MACHT

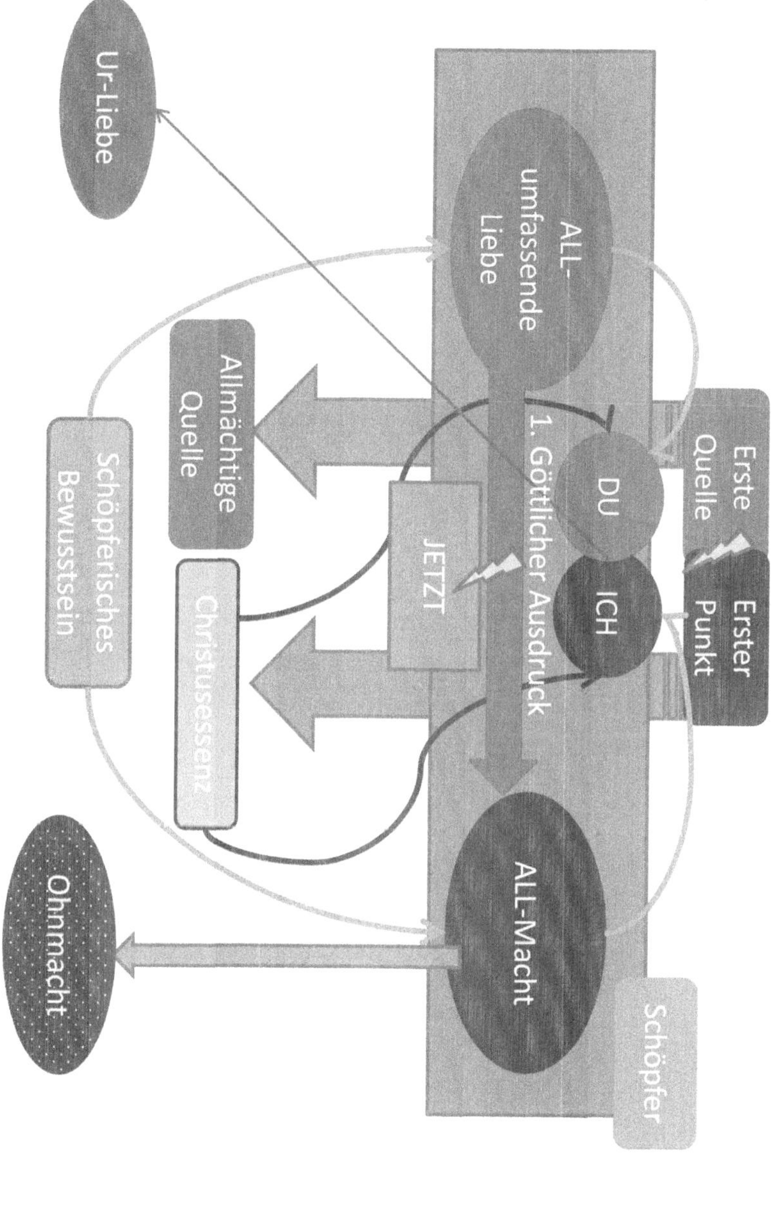

DIE VIERTE SCHÖPFUNGSEBENE: DIE URSCHÖPFUNG

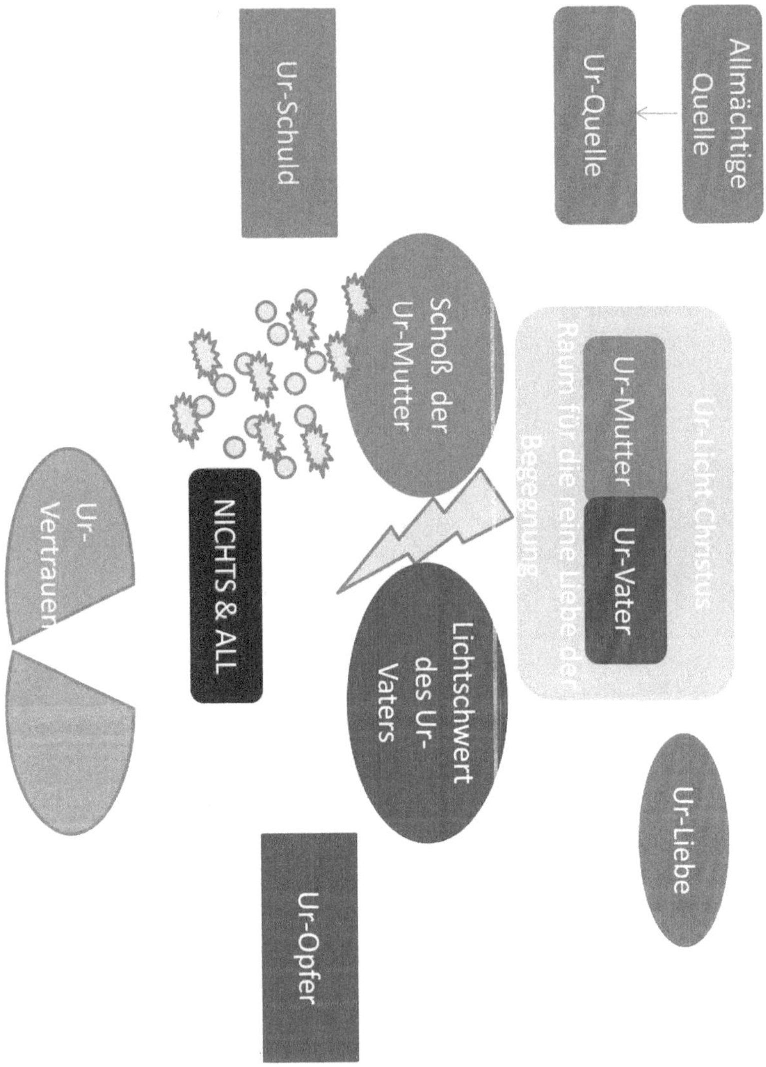

DIE FÜNFTE SCHÖPFUNGSEBENE: DAS UNIVERSUM

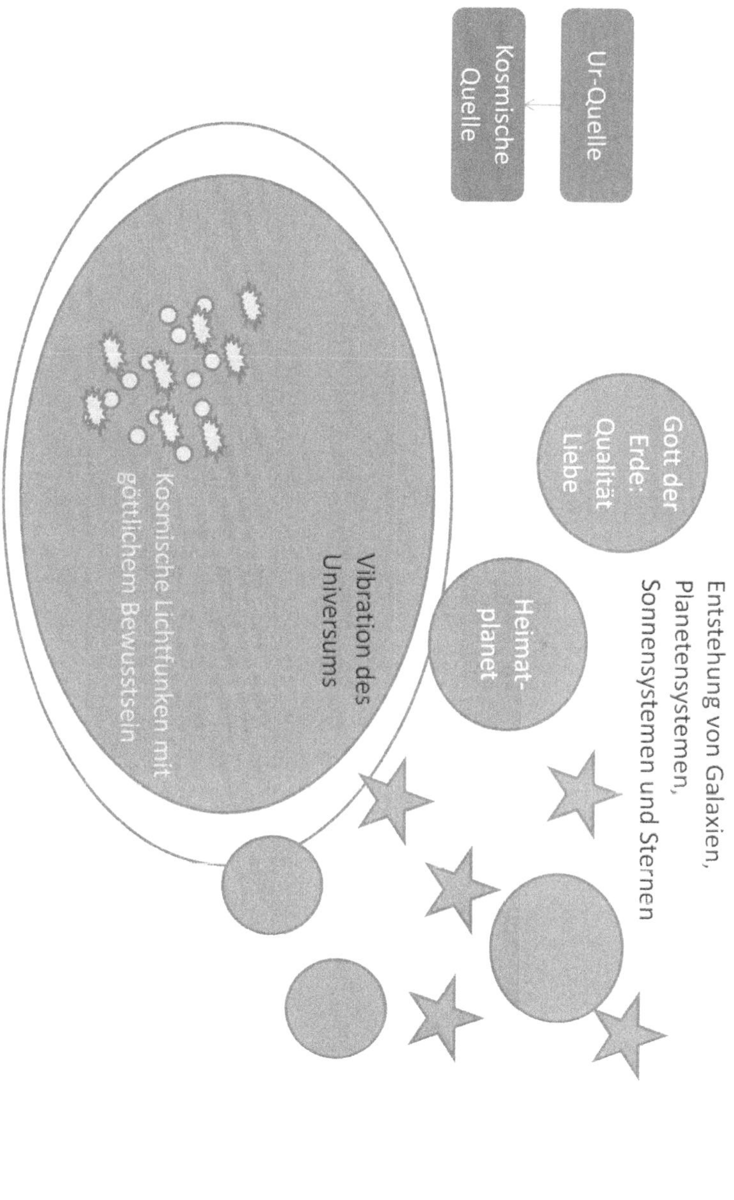

DIE SECHSTE SCHÖPFUNGSEBENE: DAS GÖTTLICHE

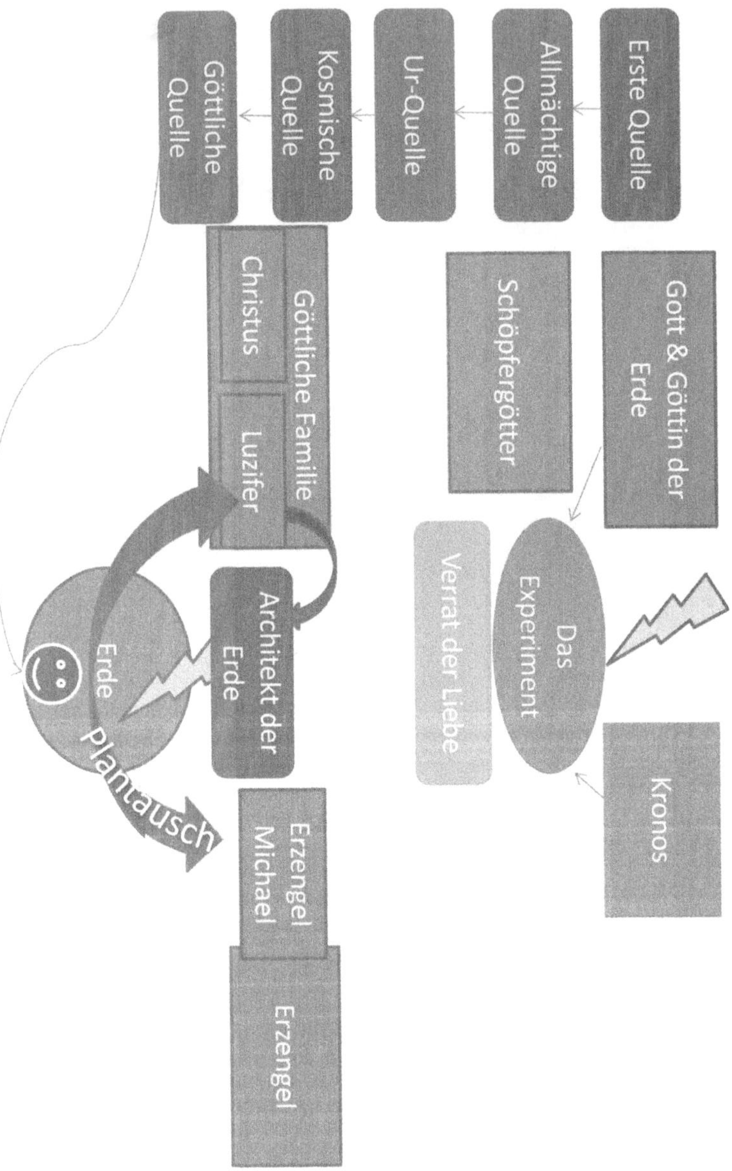

DIE SIEBTE SCHÖPFUNGSEBENE: DAS IRDISCHE

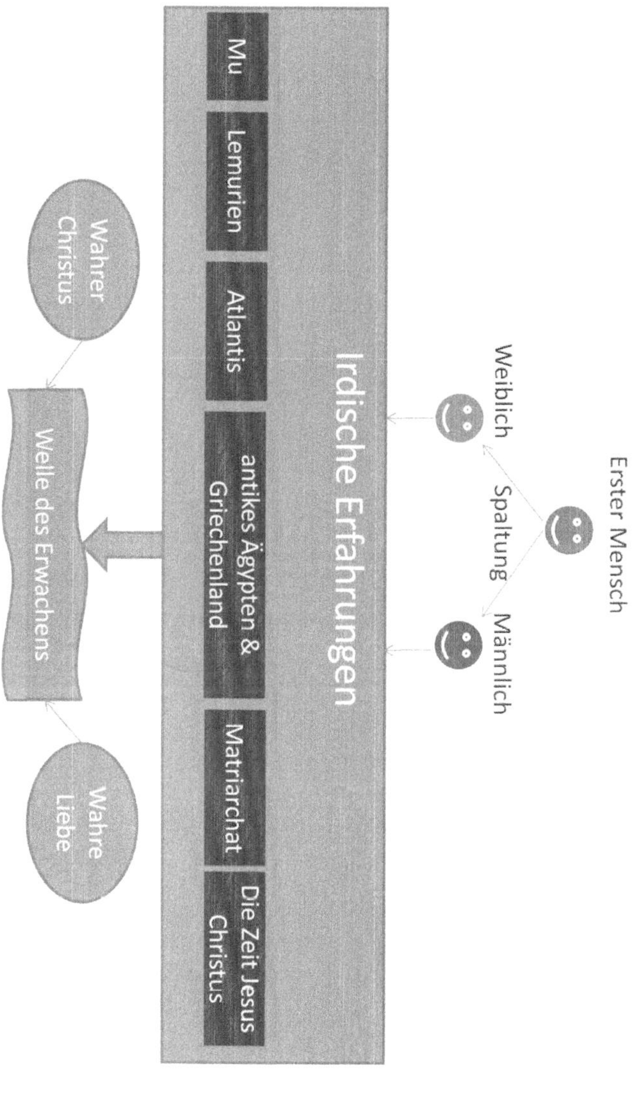

DIE VOLLENDUNG DER SCHÖPFUNG

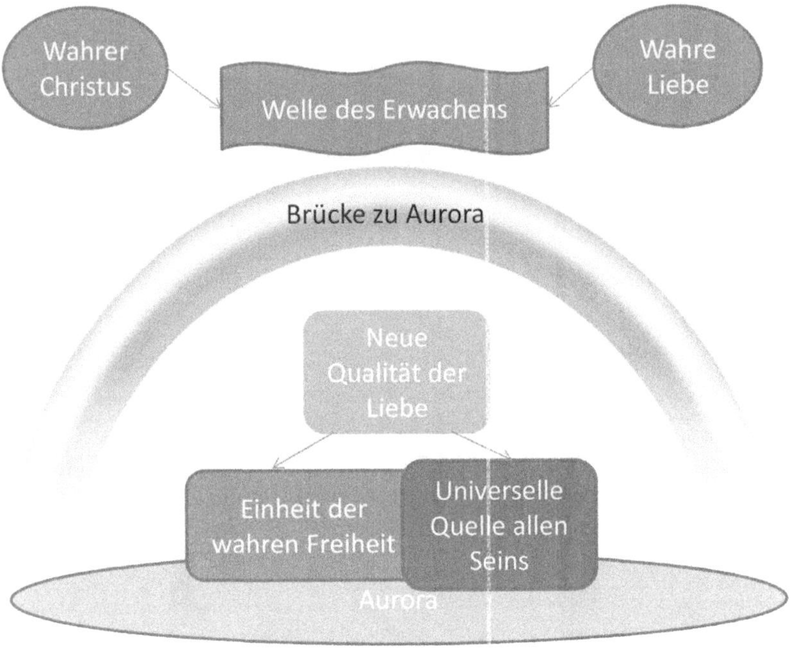

DIE AUTOREN

PETRA HELGA & KAI CHRISTUS

Ich bin Petra Helga, Bewusstseinstrainerin, Medium, Coach und Autorin. Als ich durch meine damals vierjährige Tochter einen göttlichen Weckruf erfuhr, veränderte sich mein ganzes Leben schlagartig. War ich früher als Controllerin eher verstandesorientiert unterwegs, eröffnete sich für mich durch den Zugang zur Spiritualität eine völlig neue Sichtweise auf mein ganzes Leben. Alles wurde in Bewegung gesetzt, damit ich mich selbst erkenne und meine Mission erfahre und diese auch erfülle.

Alles, was ich liebte, musste ich loslassen, um meinen Weg der Selbst-Erkenntnis zu gehen. Die Turbulenzen dieses Weges beschreibe ich ausführlich in dem hier vorgestellten Buch „Die Schlüssel zur wahren Freiheit".

In den letzten 7 Jahren widmete ich mich der Selbsterforschung voll und ganz und ich lebe mit meinem Beruf auch meine Berufung. In den ersten Jahren meines Bewusstseinswandels faszinierte mich unter anderem die Quantenheilung, durch die ich einen wahren Bewusstseins-Durchbruch erfuhr. Über verschiedene Inspirationen entwickelte ich meine eigene Methode Quantum Matrix®, die ich mit viel Freude und Begeisterung an viele interessierte bewusste Menschen in zahlreichen Seminaren im In-und Ausland weitergab.

Das Besondere dabei war immer, dass jeder TeilnehmerIn durch die dynamischen Prozesse sich selbst immer besser kennenlernte. Meine Devise: Keine starren Konzepte - alles darf sich zeigen, was bereit ist, gelöst zu werden - ermöglichte tiefgreifende Veränderungsprozesse bei allen Beteiligten. Die Selbst-Ermächtigung und die Selbst-Erkenntnis waren immer mein Fokus im Zusammenwirken mit den Menschen, die ich begleiten durfte. Ich erforschte immer wieder neue Möglichkeiten, um alte Glaubensmuster, Sabotage-Programme und Begrenzungen zu transformieren. Meine eigene innere Sehnsucht nach wahrer Freiheit förderte diesen Forschergeist.

Die Erkenntnis, dass mir die wahre Schöpfungsgeschichte sozusagen in die Wiege gelegt worden war und sich mein ganzes Leben auch in der Begegnung mit anderen Menschen danach ausrichtete, verblüffte mich selbst. Die volle Selbst-Erkenntnis erfuhr ich durch die Zusammenführung mit Kai Christus im Oktober 2015. Wir erkannten uns beide vollkommen selbst und auch, dass wir bereits in früheren gemeinsamen Inkarnationen eine wesentliche Rolle in den Zeiten des Bewusstseinswandels spielten. Diese gemeinsame Mission tragen wir immer noch in uns. Fast ein Jahr lang erforschten wir die Informationsfelder der Ebenen der Schöpfung und entwickelten daraus eine einzigartige Methode der Informationsfeld-Analyse, die ähnlich wie das Remote Viewing, den Zugang zu den ursprünglichen Wissensgebieten und zum wahren Selbst ermöglicht. Dadurch war es uns gelungen, bisher geheime Informationen aus den verschlossenen Bibliotheken des Ur-Wissens zu fördern. Begleitet wurde diese Wissenserforschung von effektiven, tiefgreifenden Transformationen für uns selbst, für die Erde und auch auf universeller Ebene.

Unsere Mission war unter anderem, die gesamte Schöpfungsgeschichte zu offenbaren und von ihren Irritationen zu bereinigen. Dieses ist vollumfänglich gelungen.

Wir entdeckten eine wahre Sensation: Es gibt Menschen, die in ihrer DNA eine spezielle einzigartige Codierung tragen, in der Teile des Schöpfungswissen hinterlegt sind. Die Mission dieser Menschen ist es, gemeinsam mit uns, die Wahrheit über ALL-ES ans Licht zu bringen, denn wir sind jetzt in der Endzeit der menschlichen Evolution angekommen.

Unser gemeinsamer Auftrag in der Zeitenwende lautet: Entschlüsselung des Schöpfungs-Potenzials zur Klärung des Schöpfungsmissbrauchs und die Heilung der Liebe.

Dank der Selbst-Erkenntnis der vielen inkarnierten Potenzial-Träger der Schöpfungskette, die uns nach und nach zugeführt wurden, erkannten wir unseren wahren Auftrag. Jeder Potenzialträger erkannte zudem die zum Teil verwirrenden Auswirkungen seines spezifischen Schöpfungs-Potenzials. Diese Potenziale steuerten das ganze Leben und verwirklichten sich zum Teil auf dramatische Weise.

Das nun offenbarte „Geheimnis vom Ursprung und Ende der Menschheit" stellen wir nun in unserem Buch der Öffentlichkeit zur Verfügung. Es beschreibt auch, dass das Experiment Menschheit beendet ist und wir in Kürze einen bisher einzigartigen Evolutionssprung erfahren werden. Unser Buch beinhaltet eine vollständige Anleitung der Vorbereitung und des Übergangs auf eine neue Erfahrungsebene.

„Die Schlüssel in die wahre Freiheit" schliessen das Selbst-Bewusstsein und die DNA-Programmierungen für die Selbst-Erkenntnis auf und sind damit eine Pflichtlektüre für alle erwachenden Wesen zum Übergang auf eine neue Erfahrungsebene.

Gern begleiten wir Dich auf Deinem Weg der Selbst-Erkenntnis und auf die neue Erde Aurora.

Herzlich willkommen zur Reise zu Dir Selbst!

Petra Helga
und Kai Christus

DER VERLAG

GreatLife.Books

1994 haben wir in den (damals noch neuen) Medien, unseren Weg begonnen. Zwanzig Jahre später findet sich nun all unser Knowhow, unser Engagement und Einsatz unter einem Hut und einer großen Dachmarke wieder: dem GreatLife.World - Netzwerk.

Mit unserem „Indi-Verlag" GreatLife.Books können wir daher unabhängigen Autoren, den sogenannten Indi-Autoren, ein riesiges Leistungsspektrum bieten. Von der Konzeptentwicklung, über den Buchsatz, bishin zum Lektorat, Grafik, Video, Onlinemarketing, PR, TV und SocialMedia, alles steht den Autoren für den Erfolg ihres Buches zur Seite.

Gemeinsam ziehen wir an einem Strick, mit einem Ziel vor Augen: Das Thema des Autors Dir lieber Leser, so attraktiv wie möglich nahe zu bringen. Wir hoffen, das ist uns auch mit diesem Buch gelungen.

GreatLife.Books ist kein „richtiger Verlag" im herkömmlichen Sinne. Wir drucken zum Beispiel nicht selber. Das erledigen weiterhin unterschiedliche BoD Unternehmen. Zusammen mit unseren Autoren suchen wir den richtigen Anbieter. Und mehr noch: Wir stellen ihm auf Wunsch einen Schreib-Coach zur Seite, oder unsere Lektorate, wir drehen mit ihm unterschiedliche Interviews, damit Du als Leser Dir leicht einen umfassenden und persönlichen Eindruck von der Person machen kannst, der Du hier über hunderte von Seiten gefolgt bist. Das alles findest Du auf unserer WebSite:

http://greatlifebooks.de oder auf youtube.

Wir verstehen uns aber nicht nur als Dienstleister sondern auch als Netzwerk für Indi-Autoren und Trainer. Gemeinsam tauschen wir uns aus, profitieren voneinander und entwickeln miteinander neue Ideen, unsere Themen, Gedanken und Angebote für ein großartiges Leben auf den Boden zu holen. Die Ergebnisse dieses Teamworks findest Du auf http://greatlife.events.

Nur eine Voraussetzung gibt es, damit ein Autor oder Tainer auch wirklich zu uns zu passt: Er muss etwas rund um das Thema Leben, Gesundheit, Entwicklung oder Spiritualität zu sagen haben. Wie dieses Buch hier ja auch. Dann fällt es uns leicht und wir entwickeln mit großer Freude zusammen ein Buch, einen Online-Kurs, oder ein Event zusammen.

Wenn Dich unsere Arbeit interessiert, schaue einfach auf unserem youtube-Channel vorbei, oder auf der o.g. WebSite.

Wenn Du selbst mal ein Buch schreiben möchtest und die Freiheit eines Indi-Autors dabei nicht aufgeben willst, dann sprich uns einfach an. Ruf an oder maile uns. Im persönlichen Gespräch werden wir schnell herausfinden was wir füreinander tun können.

Dir lieber Leser (oder potenzieller Autor) wünschen wir ein weiterhin lebendiges, fröhliches und großartiges Leben. Mit ganz herzlichen Grüßen

Dein Team von GreatL!fe.Books

SO ERREICHST DU UNS

greatlifebooks.de
Hauptstr. 97 | 69 469 Weinheim

info@greatlifebooks.de
(06201) 90 20 4-44

EMPFEHLUNGEN

Bücher von unseren Autoren
bei GreatLife.Books

PERSPEKTIVE(N)

JOHANN NEPOMUK MAIER

Johann Nepomuk Maier gibt in seinem Buch Antworten auf diesen tieferen Erkenntnishorizont. Er nimmt den Leser mit auf eine transzendentale Erkenntnisreise, die mit der Interpretation der Quantenphysik beginnt und anhand vieler Fallbeispiele, wissenschaftlichen Arbeiten zu paranormalen Vorfällen, evolutionären Verhaltens-Paradoxien, Nah-Tod-Erlebnissen, Gehirnanomalien und Bewusstseins-Phänomenen phantastisches aufdeckt.

Umfang: 236 Seiten
ISBN: 978-3945952498

DIE ZWEITE SCHÖPFUNG

JOHANN NEPOMUK MAIER

Wird es in 30 Jahren überhaupt noch natürlich gezeugte Menschen geben oder gibt es dann Babys aus dem 'Katalog'- genmanipulierte, hochintelligente und schöne Menschen, in Brutmaschinen gezüchtet? Und wie wird sich die Computertechnologie weiterentwickeln?

Umfang: 284 Seiten
ISBN: 978-3945952528

JENSEITS DES GREIFBAREN

JOHANN NEPOMUK MAIER

Wie wir alle schon lange vermuten, gibt es tatsächlich weit mehr zwischen Himmel und Erde, als wir dies bisher zu träumen wagten. Das Buch und der begleitende Dokumentarfilm sind daher im Wortsinne sensationell. Die zu Wort kommenden Forscher und Sensitive tragen dazu bei, dass wir unsere Sicht auf die Realität komplett verändern. Ein neues Zeitalter bricht an - ein Paradigmenwechsel unserer Weltsicht. In diesem Buch brechen Wissenschaftler und Experten ihr Schweigen und bieten einen tiefen Einblick in ihre sensationellen Forschungsergebnisse.

Umfang: 236 Seiten
ISBN: 978-3945952498

BEEINDRUCKEND

HEIKO RIEGER

Menschen lesen, beeinflussen und programmieren können, das ist, was viele Menschen sich heimlich wünschen. Vor allem wir Männer, wenn es darum geht, bei einer Frau zu landen. Als Mentalist habe ich dabei entdeckt, wie sich Körpersprache zieldienlich nutzen lässt, wie man psychologisch wirksam argumentieren kann oder wie man mit hypnotischen Sprachmustern sein Ziel erreicht.

Umfang: 182 Seiten
ISBN: 978-3945952047

ELTERN SIND FÜHRUNGSKRÄFTE

SIXTINA VON PROFF-KESSELER

Erziehung ist eine lebendige Herausforderung für Eltern. Eben so lebendig ist die Art und Weise, wie die Pferde den Eltern vermitteln, worauf es eigentlich ankommt. Eltern suchen nach Orientierung für die schwierige Aufgabe, die Kinder zu erziehen. Pferde als wahre Meister der sozialen Kompetenzen und der Körpersprache bieten hier eine ganze Palette an Möglichkeiten, genau diese Orientierung zu finden und zu vermitteln.

Umfang: 440 Seiten
ISBN: 978-3849578305

MACHTSPIELE? MACHT NICHTS!

MICHAEL KIRCHHOFF

Jeder kennt sie, die meisten verabscheuen sie und nur wenige genießen sie: Machtspiele. Wenn wir verstehen wollen, warum wir uns so leicht formen und lenken lassen, müssen wir verstehen, wie Kommunikation funktioniert.

Umfang: 228 Seiten
ISBN: 978-3849578107

THERAPEUT DER HERZEN

RALPH-DIETMAR STIEF

Der ganzheitliche Therapeut Ralf-Dietmar Stief entfaltet in seinem Erstlingswerk „Therapeut der Herzen" eine authentische und spannende Geschichte entlang seiner eigenen Biographie. „Tief berühren" das will er, wenn er seine Leser liebevoll in einen Spiegel blicken lässt. Sensibel erzählt er und hautnah nacherlebbar wird es, wenn er aus Lebensgeschichten und Therapiesitzungen erzählt, die sein Leben geprägt haben.

Umfang: 232 Seiten
ISBN: 978-3945952441

THERAPEUTIN DER HERZEN

RALPH-DIETMAR STIEF

Auf spannende und einfühlsame Weise schreibt Ralph Stief als Rose Chanel. Der Leser wird in den Bann der ganzheitlichen Therapeutin und Lehrerin gezogen, als befinde er sich mitten in ihrem Leben und unmittelbar bei ihr als Schüler und Klient. In magischen Momenten verweben sich persönliche Gefühle der Therapeutin mit ihrem erstaunlichen Wirken.

Umfang: 228 Seiten
ISBN: 978-3961240159

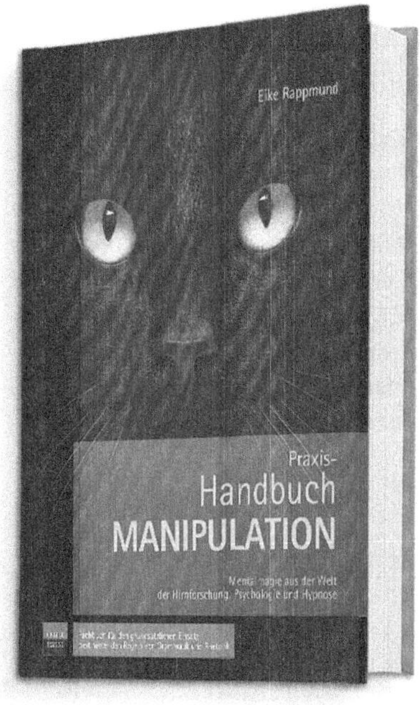

HANDBUCH MANIPULATION

EIKE RAPPMUND

Unser Gehirn tickt wie ein gut geöltes Uhrwerk. Immer nach den gleichen Ritualen. Meist mit zu erwartenden Ergebnissen. Wie man auf die menschliche Hirnmechanik im einzelnen Zugriff bekommt, ob nonverbal, verbal oder systemisch, das erklärt der Autor grundlegend an vielen kleinen Beispielen aus und für den Alltag.

Umfang: 440 Seiten
ISBN: 978-3849578305

HEUL NICHT RUM. COACH DICH SELBST.

EIKE RAPPMUND

Eigene Muster erkennen, verstehen und in den Griff bekommen, dass ist die Aufgabe, bei der dieses Buch Dir helfen will.

Ein praktisches Arbeitsbuch für alle, die ernsthaft an ihrer persönlichen Entwicklung arbeiten wollen um ihr Leben selbstbestimmt und wirksam in seiner ganzen Fülle zu entfalten.

Umfang: 304 Seiten
ISBN: 978-3945952016

GLÜCKSELIG

CLAUDIUS RIESER KAILASH

Kriya Yoga, das begeistert Claudius Rieser Kailash und diese Begeisterung und Liebe steckt an. Er zeigt die Vorzüge, die diese spezielle Yoga-Praxis für uns und unser Leben hat, erzählt von seinen Erfahrungen und von der Transformation, die wir erleben können, wenn wir uns auf den Weg des Kriya Yogas machen.

Umfang: 192 Seiten
ISBN: 978-3945952887

DIE SCHICKSALS LÜGE

BERND HÜFNER

Wer oder was regiert die Welt? Wer oder was bestimmt Dein Schicksal? In einer Zeit in der Angst und Panik immer stärkerer Bestandteil unseres Alltags werden, will die Schicksalslüge einen deutlichen Riss in dieses Jahrtausend alte Muster von Unterdrückung und Versklavung des menschlichen Bewusstseins treiben. Ein Buch das Dich auffordert, Deine Schicksalsreste zusammen zu kehren um daraus neu aufzuerstehen.

Umfang: 236 Seiten
ISBN: 978-3945952276

SPIRITUELLES COACHING

BERND HÜFNER

Gegenwartsanalysen und Zukunftsprognosen machen nur dann wirklich Sinn, wenn sie einen klaren Coaching Aspekt beinhalten. Dieses Buch will genau diese Perspektive bieten und ist daher für Anfänger sowie auch für Fortgeschrittene in der Kunst des Kartenlegens geeignet. Schritt für Schritt führt Bernd Hüfner in das Geheimnis des großen Kartenbildes ein.

Umfang: 196 Seiten
ISBN: 978-3945952580

GRAUSAM UND WAHR

KLAUS KONSTANTIN & URSULA AUKTOR

JA! Hier geht's ans Eingemachte! Hier wird enthüllt und aufgeklärt. Hier kannst Du Deine eigene, individuelle und vergessene Wesensart erkennen, anschauen und wiederbeleben. Deine von klein auf in Perfektion erlernten Vermeidungs- und Verschleierungs-Konzepte werden auffliegen und Du wirst Dir Deiner natürlichen Größe wieder bewusst.

Umfang: 180 Seiten
ISBN: 978-3945952856

LICHT & SCHATTEN DER LIEBE

BRUNO WÜRTENBERGER

In diesem Buch dreht sich alles um Liebe, Beziehungen und Sex. Jeder Mensch sollte über die wesentlichen Grundlagen für eine erfolgreiche Beziehung mit und ohne Sex Bescheid wissen.

Umfang: 260 Seiten

ISBN: 978-3945952559

TODLEBENDIG

BRUNO WÜRTENBERGER

Was ein einziger, kurzer Moment in einem Menschenleben so alles für Auswirkungen hat, davon erzählt dieses Buch. Mehrere Nahtoderlebnisse brachten Bruno dazu, sein Leben nicht nur grundsätzlich zu hinterfragen, sondern es auch ausführlich zu erforschen. Einen kurzen Einblick gewährt er in seinem Büchlein: todlebendig.

Umfang: 172 Seiten

ISBN: 978-3945952412

LICHT & SCHATTEN DER LIEBE

MARIA REITH

Außer in einigen wenigen Momenten hat sie nicht mit ihrem Schicksal gehadert. In Momenten in denen die seelische Not so hoch war, so quälend und schmerzhaft, dass sie sich bis an die Grenzen des Ertragbaren herausgefordert fühlte. Eine Herausforderung die sie nicht allein bestehen musste. Mit Hilfe von Freunden aus der geistigen Welt und fürsorglichen Mitmenschen beginnt eine ganz besondere Reise. Eine Reise nicht nur durch den australischen Busch, sondern auch durch die inneren Erlebniswelten.

Umfang: 184 Seiten
ISBN: 978-3961240043

DER SPRUNG DURCHS SELBST

PATRICIA EILERT

Nachdem im „Tanz des Selbst" die 4 Inkarnatationsselbste Elli, Catherine, Jack und Jussuf bei der Autorin angeklopft hatten und sich schließlich auch noch Myrko aus 3001 dazu gesellte, geht es im 2. Band weiter mit der kleinen Gruppe, deren Mitglieder in verschiedenen Zeiten und an verschiedenen Orten zuhause sind, in den Unterweisungen zur Wende in uns und außerhalb

Umfang: 404 Seiten
ISBN: 978-3945952610